Johannes Rau: Lust auf Zukunft – Reden

Klartext

Wir in Nordrhein-Westfalen
Unsere gesammelten Werke
2

Johannes Rau

Lust auf Zukunft

Reden

Ausgewählt und eingeleitet
von Elisabeth Domansky

Herausgegeben von Bodo Hombach,
Fritz Pleitgen und Jürgen Rüttgers

Umschlagbild: Bundesregierung/T. Köhler

Erstausgabe
1. Auflage August 2006
Satz und Gestaltung: Klartext Medienwerkstatt GmbH, Essen
Umschlaggestaltung: Marketing und Kommunikation, WAZ-Mediengruppe
Druck und Bindung: Koninklijke Wöhrmann bv, Zutphen (NL)

ISBN 3-89861-663-0
ISBN 978-3-89861-663-8

www.klartext-verlag.de

Inhalt

Kapitel 3: Kultur und kulturelle Bildung – Grundrechte der demokratischen Gesellschaft

Kapitel 4: Glaube in der Wissensgesellschaft – Quelle zukunftsorientierter Politik

Kapitel 5: Weiter Demokratie wagen – für den Primat der Politik

Jürgen Rüttgers
Vorwort

Als Johannes Rau im Jahr 2004 sein Amt als Bundespräsident niederlegte, wird er sich darauf gefreut haben, das zu verwirklichen, was er immer schon tun wollte: »Ich werde manches aufschreiben. Ich habe so viel Schönes, Aufregendes und gelegentlich auch Bedrückendes erlebt, dass ich das nicht nur meinen Kindern erzählen möchte, sondern auch anderen – damit sie möglicherweise lernen, wie man Politik menschlicher machen kann, als sie ist.«

Diesen Wunsch konnte er nicht mehr verwirklichen. Umso wichtiger ist es, dass seine bedeutsamsten Reden jetzt erstmals gesammelt in einem Band der Öffentlichkeit präsentiert werden. Denn Johannes Rau hat uns ein wichtiges politisches Vermächtnis hinterlassen.

Sein Vermächtnis heißt: »Nah bei den Menschen.« Ob als Abgeordneter oder als Oberbürgermeister, ob als Wissenschaftsminister oder als Ministerpräsident, ja: selbst als Bundespräsident ließ Johannes Rau nicht zu, dass ihn sein Amt zu einem größeren Abstand zu denen zwang, in deren Dienst er stand.

Johannes Rau hat immer wieder dafür geworben, in der Politik nicht nur darauf zu achten, *dass* etwas getan wird – sondern auch darauf, *wie* es gemacht wird. Und wenn er so viel Wert auf das Wie legte, dann nicht im Sinne einer ebenso aufgeregten wie modern gewordenen Medienfixierung. Das war ihm zuwider. Johannes Rau überzeugte mit kleinen Gesten, mit wenigen Worten, oft mit Zuwendung.

Johannes Rau hat sich als Politiker nicht immer als Nabel der Welt betrachtet. Er stand stets mit Humor und einer gewinnenden Leichtigkeit im Leben. Es war deshalb mehr als eine für Anekdoten taugende Begebenheit, als Johannes Rau an einem Herbsttag vor einer Berghütte in Oberbayern saß und von einem Touristen gefragt wurde: »Passiert es Ihnen oft, dass Sie mit dem Bundespräsidenten verwechselt werden?« Und Rau antwortete darauf: »Ja, ja. Öfter.« Ob ihm das denn aber nicht peinlich sei, so die Nachfrage des Gesprächspartners. Und die Antwort von Johannes Rau: »Eigentlich nicht, denn – ich bin es ja.« Es wird diese

Schlichtheit und Schnörkellosigkeit gewesen sein, die – versehen mit einem Schuss Selbstironie – den Menschen auch ein Stück Vertrauen in die Politik zurückgegeben hat.

Johannes Rau hat sich nicht von den Irrungen und Wirrungen des Tagesgeschäfts beeindrucken lassen. In kleinen Verhältnissen geboren, brach der Kaufmanns-Sohn seine Schulausbildung ab. Er machte eine Lehre, arbeitete in einem kleinen Verlag, engagierte sich in der Partei und in der Kommunalpolitik. Doch so sehr sich auch retrospektiv die einzelnen Schritte ineinander fügen und den Anschein eines geradlinigen, zielstrebig eingeschlagenen Weges erwecken mögen: Die politische Vita von Johannes Rau war stets auch von Brüchen, von Verwerfungen und von Enttäuschungen geprägt – sei es im Wettstreit mit dem politischen Gegner (wie 1987, als er bei der Bundestagswahl gegen Helmut Kohl verlor), sei es in der Auseinandersetzung mit der eigenen Partei (wie in den Führungskrisen Mitte der 1990er Jahre in Bund und Land). Dass er letztlich trotzdem immer wieder auf eigensinnige Art Erfolg hatte, war auf seine Verlässlichkeit und Beständigkeit zurückzuführen.

Johannes Rau hat uns das Vermächtnis hinterlassen, trotz aller Beständigkeit auch die Notwendigkeit zum Wandel zu begreifen und Politik als etwas zu verstehen, dass in die Zukunft gerichtet sein muss. Das machte er mit seiner Hochschulpolitik deutlich, der wir es zu verdanken haben, dass NRW heute das Bundesland mit den meisten Universitäten und Fachhochschulen ist. Und er machte es bei der wohl herausragendsten Aufgabe in seiner Amtszeit als Ministerpräsident deutlich, dem wirtschaftlichen Strukturwandel. Johannes Rau ging diesen Strukturwandel nicht als Technokrat und kühler Planer an. Er achtete darauf, dass beim unvermeidbaren Wandel niemand »ins Bergfreie« fallen dürfe, damit die Dynamik der Marktkräfte nicht zum Dynamit für das Soziale werde.

Johannes Rau wollte dem Wandel eine Richtung geben. Er wusste, dass dafür ein solides Wertefundament nötig ist. Johannes Rau – das war »der gute Mensch von Barmen«, »der Menschenfischer«, »der Predigersohn aus Wuppertal« oder einfach »Bruder Johannes«. Selbstverständlich kann keines dieser Worte den Politiker, den Vater, den Freund, den Menschen Johannes Rau in Gänze erfassen. Aber eines offenbaren alle diese Charakterisierungen: Rau war ein Mensch, der sich offener und klarer als viele andere, die in politischer Verantwortung stehen, zu seinem Christsein bekannt hat. Sein Glaube war ihm Richtschnur. In einem Feuilleton-Beitrag stand folgerichtig einmal über ihn: »Das Evangelium, nicht die Schriften von Marx und Engels, waren das Fundament seiner Arbeit. Wahrscheinlich war ihm die Bibel vertrauter als das je gültige Parteiprogramm – und Richtung weisender als die momentane Beschlusslage.«

Es war wahrscheinlich auch dieser Glaube, der seinen Worten und Taten jenes Fundament verlieh, damit sie als das wahrgenommen werden konnten, was sie tatsächlich waren und sein sollten: Ausdruck authentischer und gelebter Überzeugung. Wohl kaum einem Deutschen wäre wohl sonst möglich gewesen, was Johannes Rau am 6. Februar 2000 Wirklichkeit werden ließ: Er sprach in der Knesset – und zwar in der Sprache »der Täter«, auf Deutsch. Einmal mehr bewies er sich damit als ein Brückenbauer. Einmal mehr bewies er damit, dass »Versöhnen statt spalten« für ihn kein Wahlkampf-Slogan, sondern Überzeugung war. Entsprechend sind die in diesen Band aufgenommen Reden zugleich (auto-)biographische Zeugnisse.

Und Johannes Rau hat uns schließlich das Vermächtnis hinterlassen, dass es eines starken Wir-Gefühls bedarf, um gemeinsam Erfolg zu haben. Wenn er in seinen Reden, Grußworten und Ansprachen immer wieder von »Wir in Nordrhein-Westfalen« sprach, dann war das nicht nur ein Slogan, sondern ein Lebensgefühl. Aus ihm sprachen ruhige Kraft und Selbstvertrauen, nicht Überheblichkeit anderen gegenüber. Johannes Rau festigte ein Landesbewusstsein, das nicht auf Ausgrenzung setzte, sondern zur Gemeinsamkeit einlud. Auch das machen die hier dokumentierten Reden eindrucksvoll deutlich.

Johannes Rau hat uns ein Vermächtnis hinterlassen, das zu bewahren und zu pflegen wir verpflichtet sind. Ob als Oberbürgermeister, als Ministerpräsident oder als Bundespräsident: Stets wurde er von vielen als Verkörperung für das empfunden, was unser Land und seine Menschen brauchen, nämlich als Verbindung aus Bodenhaftung und Perspektive, als Garant von Verlässlichkeit und Verantwortung und als Inbegriff von Beharrlichkeit und Zielstrebigkeit.

Einzelne Personen können den Stil von Politik verändern – und zwar zum Besseren. Auch das wird bei der Lektüre dieser Reden deutlich. In seiner Bibelarbeit beim Evangelischen Kirchentag im Juni 2005 sagte Johannes Rau: »Wenn Menschen meiner Generation mich fragen, was sie denn weitergeben sollten, dann sage ich ihnen dies: Sagt euren Kindern, dass euer Leben verdankt ist dem Lebenswillen Gottes. Sagt ihnen, dass euer Mut geliehen war von der Zuversicht Gottes. Sagt ihnen, dass eure Verzweiflung geborgen war in der Gegenwart des Schöpfers. Sagt ihnen, dass wir auf den Schultern unserer Mütter und Väter stehen. Sagt ihnen, dass ohne Kenntnis unserer Geschichte und unserer Tradition eine menschliche Zukunft nicht gebaut werden kann. Sagt ihnen, dass wir ohne innere Heimat keine Reisen unternehmen können. Denn wer nirgendwo zu Hause ist, der kann auch keine Nachbarn haben. Und sagt ihnen zu guter Letzt, dass die stete Bereitschaft zum Aufbruch die einzige Form ist, die unsere Existenz zwischen dem Leben hier und dem Leben dort wirklich ernst nimmt.«

Solche Worte beschreiben eine Lücke: Die große Biographie, die die Fundamente für das politische Wirken von Johannes Rau in ihrer ganzen Breite freilegt, steht noch aus. Aber ich hoffe, dass die vorliegende Anthologie seiner Reden schon jetzt eine gute Erinnerung für jede Leserin und für jeden Leser sein kann.

Dr. Jürgen Rüttgers
Ministerpräsident von Nordrhein-Westfalen

Elisabeth Domansky

Einleitung

Lust auf Zukunft – sie ist in allen Reden von Johannes Rau zu spüren, auch dann, wenn er sie nicht ausdrücklich anspricht. Sie lag seinem Verständnis von Politik und seinem politischen Handeln zugrunde. »Politik, die nicht das Ziel hat, das Leben der Menschen menschlicher zu machen, soll sich zum Teufel scheren, ob sie schwarz oder rot oder grün oder gelb ist.« Diesen Satz Willy Brandts hat Johannes Rau immer wieder in Abwandlungen zitiert.[1]

»Das Leben der Menschen menschlicher zu machen«, das bedeutete für Johannes Rau in erster Linie, dass Politik für die Menschen da zu sein hat und nicht umgekehrt die Menschen für die Politik. Wie kaum ein anderer hat er es verstanden, diese Richtschnur seines politischen Handelns den Menschen zu vermitteln – als Oberbürgermeister in Wuppertal, als Minister und Ministerpräsident in Nordrhein-Westfalen und als Bundespräsident. Das lag in erster Linie an seiner Glaubwürdigkeit. Das lag aber auch daran, dass er so vielen Menschen selbst geschrieben und dass er so viele Veranstaltungen besucht hat. Sein Arbeitspensum hatte auch mit dem Arbeitsethos eines bergischen Calvinisten zu tun, wie oft bemerkt worden ist, aber nicht allein damit. Es entsprang seiner Überzeugung, dass Politik nicht »von oben« verordnet werden dürfe, sondern für die größtmögliche Beteiligung der Bürger am politischen Geschehen zu sorgen habe. Weil ihm das so wichtig war, finden sich in diesem Band nicht allein seine »großen« Reden, sondern auch die »kleinen« Grußworte, die sich an die Menschen »vor Ort« richteten.

Nicht erst als Bundespräsident hat Johannes Rau die politischen Parteien und Funktionsträger dazu aufgerufen, sich darum zu bemühen, das Vertrauen der Menschen in die Politik, das »Vertrauen in Deutschland«, wie er seine letzte »Berliner Rede« genannt hat, zurückzugewinnen. 1997 hat er in seiner Rede »Vordenken und Nachdenken – der verantwortliche Umgang mit der Zukunft« gefragt: »Was kann uns wieder zukunftsfroh machen, und was kann uns neue Lust auf die Zukunft geben?« Im Grunde, so Johannes Rau, drei grundlegende Dinge: mehr

Ehrlichkeit in der Politik, mehr Transparenz und mehr politischer Gestaltungswille.

Es müsse wieder deutlich werden, dass es in der Politik nicht in erster Linie um Machtgewinn und Machterhalt gehe, sondern um politische Inhalte. Entscheidungen dürften nicht hinter verschlossenen Türen und in kleinen Expertenrunden getroffen werden – und schon gar nicht in Fernsehtalkshows. Vor allem aber hätten alle politisch Verantwortlichen den Primat der Politik wieder für sich zu entdecken, statt sich hinter vermeintlichen oder tatsächlichen Sachzwängen zu verstecken. Das gelte gerade in Zeiten der Globalisierung, die man so zu gestalten habe, dass dabei nicht eine große Zahl der Menschen auf der Strecke bleibe. Was Johannes Rau 1997 über den zukünftigen Stellenwert der Arbeit in unserer Gesellschaft, über eine mögliche neue Zeitpolitik und über die Bedeutung von Freiheit und von Sicherheit, Gerechtigkeit und Solidarität für eine stabile demokratische Gesellschaft gesagt hat, hat nichts an Aktualität verloren.

Als Realist war Johannes Rau nicht grundsätzlich gegen Veränderung und gegen Fortschritt, wie ihm von politischen Gegnern manchmal vorgeworfen worden ist. Er bestand auf einer »Veränderung mit Augenmaß« und einem »Fortschritt nach menschlichem Maß«. Das hieß für ihn, dass eine Gesellschaft durchaus nicht alles erlauben müsse und dürfe, was machbar sei. Vielmehr müsse sie neben den Chancen stets auch die Gefahrenpotenziale neuer Entwicklungen einzuschätzen versuchen. Dabei sei wissenschaftliche Beratung unverzichtbar. Die notwendigen Entscheidungen zwischen dem Machbaren und dem Wünschenswerten könnten letztendlich allein auf der Grundlage ethischer Werte getroffen werden. Diese aber resultierten aus anderen als wissenschaftlichen Quellen. Eine Politik, die sich ihre Entscheidungen durch »die Wissenschaft« oder »den Markt« oder »die Globalisierung« diktieren ließe, hielt Johannes Rau nicht nur für unverantwortlich, sondern für gefährlich.

»Wenn wir den Primat der Politik – demokratisch legitimierter Politik – insgesamt aufgäben, sei es in den Regionen, auf staatlicher oder auf internationaler Ebene, dann wäre das fatal. Es führte zum Abschied von der Demokratie. Wenn die Menschen das Vertrauen in die Gestaltbarkeit ihrer wirtschaftlichen, sozialen und ökologischen Lebensbedingungen verlören, dann wäre auch die breite Zustimmung zu unserer Wirtschafts- und Gesellschaftsordnung bedroht. Das wäre dann wahrhaft Staatsgefährdung durch Politikversagen.«

»Staatsgefährdung durch Politikversagen« – das waren deutliche Worte, die durchaus auch an Politiker aus den Reihen der eigenen Partei gerichtet waren. Die Reden, die Johannes Rau ausdrücklich und in erster Linie für den »Primat der Politik« und für einen »Fortschritt nach menschlichem Maß« gehalten hat, finden sich im letzten Kapitel dieses Bandes. Sie fassen Vieles von dem, worauf er auch in anderen Zusammenhängen immer wieder eingegangen ist, zusammen.

Woher stammte Johannes Raus Verantwortungsgefühl für die Zukunft, und woraus resultierte seine Überzeugung vom Gestaltungsauftrag und von den Gestaltungsmöglichkeiten der Politik? Da muss an erster Stelle sein Glaube genannt werden. »Die Welt als Schöpfung mit der Botschaft vom Reich Gottes, der Mensch als handelndes Subjekt« – das hieß für Johannes Rau: »Ich kann etwas tun, ich kann gehen, mein Leben kann ein Ziel finden.« Die Einmischung in die Verhältnisse auch in schwierigen Zeiten war darin eingeschlossen.

Wegen solcher Vorstellungen, die er auch in der jüdischen Philosophie wiederfand, hat Johannes Rau oft darauf hingewiesen, dass religiöse Werte auch in einer sich immer mehr säkularisierenden Welt einen wesentlichen Beitrag dazu leisten könnten, eine menschlichere Welt zu denken und zu schaffen. In seiner Rede bei der Verleihung des Friedenspreises des Deutschen Buchhandels im Jahr 2001 hat sich Jürgen Habermas auch in diesem Sinne geäußert: Er rate dazu, für moralische Empfindungen, für Werte, die in der christlichen Tradition begründet sind, »Übersetzungen« zu finden, die diese Herkunft nicht verleugnen. Diese Übersetzungen müssten für all jene verständlich sein, welche die mit der Herkunft verbundene Glaubenswahrheit nicht teilen. Nur so entstehe eine »Säkularisierung, die nicht vernichtet«.

Das war ein wichtiger Grund dafür, warum Johannes Rau keinen laizistischen Staat wie in Frankreich wollte. In Deutschland wollte er auch in Zukunft Religionen – einschließlich ihrer religiösen Symbole – im öffentlichen Raum vertreten sehen. Er wünschte sich, dass sie sich weiterhin in öffentliche Angelegenheiten einmischten – dabei aber »erkennbar Kirche« blieben. Darum hat er sich in seiner Rede zum 275.

Geburtstags Lessings ausdrücklich dagegen ausgesprochen, Musliminnen das Tragen des Kopftuchs zu verbieten. Angesichts der im Grundgesetz verankerten Religionsfreiheit, so fürchtete er, müsse ein solches Verbot fast zwangsläufig der erste Schritt in Richtung auf einen laizistischen Staat hin sein. Seine Reden zum Thema Religion, Gesellschaft und Menschenrechte finden sich im vierten Kapitel dieses Bandes.

Wie eine »Säkularisierung, die vernichtet« aussieht, das hatte Johannes Rau während der Zeit des Nationalsozialismus und des Zweiten Weltkriegs selbst erlebt. Bei Kriegsende war er zwar erst vierzehn Jahre alt, und das ganze Ausmaß der nationalsozialistischen Verbrechen wurde ihm erst allmählich bekannt und bewusst. Von einem Erlebnis aus der damaligen Zeit hat er aber immer wieder gesprochen: davon, dass er in seiner Kindheit erlebt hatte, wie ein Jude in einer Straßenbahn versuchte, vor ihm und seinen Schulkameraden seinen »Gelben Stern« zu verstecken, weil er vor den Kindern Angst hatte. Für Johannes Rau war neben seinem Glauben die Zeit des Nationalsozialismus gewiss die wichtigste Quelle seiner Überzeugung, dass in jeder demokratischen Gesellschaft die »Würde des Menschen« an erster Stelle vor allen anderen Werten zu stehen habe. Darum hat er auch in der Dankesrede nach seiner Wahl zum Bundespräsidenten gesagt, er wolle der Bundespräsident aller Deutschen sein und aller Menschen, die ohne deutschen Pass in unserem Land leben. Im Grundgesetz stünde nicht, die Würde »der Deutschen« sei unantastbar, sondern die Würde »des Menschen«.

Aus der Zeit des Nationalsozialismus und des Zweiten Weltkriegs ergab sich für Johannes Rau zwingend die besondere Verantwortung Deutschlands für das Existenzrecht Israels und für das Bemühen um die Versöhnung zwischen Deutschland und Israel. Für beides hat er sich stets eingesetzt. Als er Bundespräsident wurde, war er schon mehr als dreißig Mal in Israel gewesen. Wegen seiner Glaubwürdigkeit konnte er als erstes deutsches Staatsoberhaupt vor der Knesset im Jahre 2000 auf Deutsch sprechen.

Die Pflicht zur Erinnerung an die Zeit des Nationalsozialismus bezog sich aber nicht allein auf die Geschichte der Shoah, wenn auch auf die in besonderer Weise. Er hat immer wieder angemahnt, dass keine parzielle, sondern nur eine möglichst vollständige Erinnerung an das »Dritte Reich« nötig sei, um eine zukunftsorientierte Gestaltung der Gesellschaft zu ermöglichen. Deshalb hat er sich dafür eingesetzt, auch an die Menschen zu erinnern, die Widerstand geleistet oder Verfolgten geholfen haben. Der Mut zu solchem Verhalten sollte seiner Meinung nach auch dann nicht gering geschätzt werden, wenn diese Menschen selbst in der einen oder anderen Weise in das System des »Dritten Reichs« verstrickt waren. Auch für die Erinnerung an die deutsch-deutsche Geschichte nach 1945 galt: Sie sollte ohne Tabus und ohne Vorverurteilungen stattfinden. Nur dann könne auch diese Geschichte allmählich zu einer gemeinsamen werden.

Erinnerung war für Johannes Rau eine der Grundlagen dafür, dass aus Deutschland ein Land »guter Nachbarn im Innern und nach außen« geworden war und das auch zukünftig im zusammenwachsenden Europa bleiben wolle. Dass diese Entwicklung möglich geworden war, verdankte die alte Bundesrepublik zu einem großen Teil der Großzügigkeit der USA und ihren westeuropäischen Nachbarn, die sie in die westeuropäische Staatengemeinschaft aufgenommen hatten. »Gute Nachbarschaft« – auch dieses Postulat knüpfte an einen Satz Willy Brandts an – hieß für Johannes Rau im neuen Europa besonders die Überwindung der Teilung in Ost- und Westeuropa. Eine der notwendigen Bedingungen dafür war, auch die Verbrechen der Nationalsozialisten in Ost-, in Südost- und in Südeuropa nicht zu vergessen. Johannes Rau hat auch in Marzabotto und in Kalavryta um Vergebung für deutsche Verbrechen gebeten.

Sehr wichtig war ihm die Versöhnung mit Deutschlands Nachbarn im Osten, die besonders schwer unter der deutschen Gewaltpolitik im 20. Jahrhundert gelitten hatten. Als Bundespräsident hat er deshalb kein Land so oft besucht wie Polen. Für Johannes Rau war der Einigungsprozess Europas ein Garant für einen dauerhaften Frieden. Der war aber nur möglich, wenn der Einigungsprozess nicht auf Kosten der Vielfalt der europäischen Kulturen ging. Johannes Rau hat deshalb dafür plädiert, nicht das trennende »Eure oder unsere Kultur«, sondern das vereinende »Eure und unsere Kultur« zur Grundlage der europäischen Einigung zu machen. Europa als »Heimat der vielen verschiedenen Heimaten«, das war eine Vision, die er mit Václav Havel, seinem tschechischen Amtskollegen, teilte.

Gute Nachbarschaft im Innern, das bedeutete den ehrlichen und realistischen Umgang mit der Tatsache, dass Deutschland seit Jahrzehnten ein Einwanderungsland ist. Gelungene Integration hing für ihn vom guten Willen beider Seiten ab, dem der in Deutschland seit langem ansässigen Bürger und dem der Einwanderer. Die Schwierigkeiten von Integration kannte Johannes Rau aus Nordrhein-Westfalen. Er hatte sie dort mitgestaltet. Er wusste aus diesem Grunde aber auch, dass Integration gelingen kann. Beispiele gelungener Integration waren für ihn die Zuwanderung von Polen nach Berlin und ins Ruhrgebiet, die Zuwanderung von Italienern, Jugoslawen und – in vielen Fällen – auch die der Türken. Er hat auch daran erinnert, dass Flucht und Vertreibung zur Migrationsgeschichte Deutschlands gehören – mit ihren Schwierigkeiten, aber auch mit ihrem Erfolg.

Der Transit zwischen unterschiedlichen Kulturen war für Johannes Rau ein wichtiges Thema. Das hing damit zusammen, das er das Kennenlernen anderer Kulturen grundsätzlich für eine Bereicherung der eigenen und für einen Weg zu gelungener Integration hielt. Das hing aber auch damit zusammen, dass er »Kultur« in allen Facetten dieses Begriffs für einen zentralen Faktor der Identitätsfindung des einzelnen Menschen, aber auch von ganzen Gesellschaften hielt: »In der Kultur und durch Kultur vergewissern wir uns unserer selbst und finden wir unsere Identität – nicht ein- für allemal, aber immer wieder und immer wieder neu«. So hat Johannes Rau sein Verständnis von Kultur in seiner Rede »Kohle war nicht alles« beschrieben. Kultur war in seinen Augen auch ein – weicher – Standortfaktor, er hat aber immer davor gewarnt, sie darauf zu reduzieren. Das Recht auf Kultur und auf Bildung gehörte für ihn zu den Grundrechten in einer demokratischen Gesellschaft. Darum hätte er es auch gern gesehen, wenn Kultur zur Pflichtaufgabe auf allen politischen Ebenen gemacht worden wäre. Er wusste, dass das der Kultur gerade in Zeiten knapper Kassen nicht mehr Geld einbringt, aber er wollte, dass über Einsparungen ausführlich und in verantwortlicher Weise diskutiert wird. Reden zu diesem Thema finden sich im dritten Kapitel dieses Bandes.

Einem Bundespräsidenten steht in erster Linie die Macht des Wortes zur Verfügung. Und so hatte der Politiker Johannes Rau – der Parteipolitiker in vielen Ämtern; der Kommunalpolitiker; der Minister, der »Landesvater« – und der Synodale Johannes Rau zu Beginn seiner Amtszeit als Bundespräsident durchaus »Entzugserscheinungen«, wie er immer mal wieder selbstironisch erzählte. Er hat sie aber mehr als kompensiert, indem er die Macht des Wortes beinahe exzessiv genutzt hat: In seinen fünf Amtsjahren hat er über 600 Reden und Grußworte gehalten. Er wäre aber nicht Johannes Rau gewesen, wenn er sich auf die Macht des Wortes beschränkt hätte. Er hat auch die Möglichkeiten genutzt, ganz konkrete Initiativen ins Leben zu rufen und zu begleiten. Hier können nur Beispiele genannt werden, aber sie machen deutlich, dass er nicht nur in seinen Reden ein »politischer Präsident« war. Er lobte einen Integrationswettbewerb aus, um auf Beispiele gelungener Integration aufmerksam zu machen. Er startete ein Schulpartnerschaftsprojekt zwischen ost- und westdeutschen Schulen. Er rief ein »Bündnis für Theater« ins Leben, das viel Aufsehen im Kulturbereich erregte. Und er setzte sich besonders für die kulturelle Bildung von Kindern und Jugendlichen ein, unter anderem mit seinem Projekt »Musik für Kinder«.

Der Beginn von Johannes Raus Amtszeit als Bundespräsident war schwierig, aber es gelang ihm mit der Zeit, sich den Respekt auch vieler seiner Kritiker und seiner politischen Gegner zu erwerben. Das ist ihm nicht zuletzt deshalb gelungen, weil er klare Positionen bezogen hat und sich, zum Beispiel in der Frage der Bioethik und Gentechnologie, auch gegen Positionen aus der SPD gestellt hat. Allmählich wurde klar: »Versöhnen statt spalten« bedeutete für Johannes Rau nicht, Widersprüche und Gegensätze unter den Teppich zu kehren. »Versöhnen statt spalten« bedeutete für ihn, klare Positionen zu beziehen und Gegensätze gemeinsam auszuhalten.

Zum Schluss möchte ich noch einmal Johannes Rau zu Wort kommen lassen. Als er gefragt wurde, wie er selbst seine Amtszeit als Bundespräsident einschätze, hat er so geantwortet: »Ich habe am Anfang gesagt, dass ich für die Mehrheit sprechen und gleichzeitig Minderheiten zur Sprache verhelfen will. Ich glaube, dass mir das gelungen ist. Wo es mir wichtig war, habe ich auf Fehlentwicklungen in Politik und Gesellschaft hingewiesen, und die Reaktionen haben mir gezeigt, dass ich auch verstanden worden bin. Und im Ausland, glaube ich, habe ich das Bild eines modernen, weltoffenen Deutschland vermitteln können, das Bild von einer toleranten Gesellschaft, für die ich mich immer eingesetzt habe. ... Und am wichtigsten ist mir, dass ich in diesem Amt der geblieben bin, der ich immer war. Ich habe mich nicht verbiegen lassen.«[2]

Anmerkungen

1 Siehe dazu: Weil der Mensch ein Mensch ist ... Johannes Rau im Gespräch mit Evelyn Roll, Rowohlt Verlag Berlin 2004, S. 154.
Die Reden und Grußworte von Johannes Rau aus seiner Zeit als Bundespräsident sind den vom Presse- und Informationsdienst der Bundesregierung herausgegebenen Bänden mit Reden und Interviews entnommen, die am Ende jedes Amtsjahres zusammengestellt worden sind. Die Reden finden sich fast alle derzeit auch noch im Internet unter www.bundespraesident.de. Die Reden aus Johannes Raus Zeit als Ministerpräsident sind zum Teil noch nicht veröffentlicht und haben als Redenmanuskripte vorgelegen. Die bibliographischen Angaben zu den bereits veröffentlichten Reden finden sich als Fußnote auf der jeweils ersten Seite dieser Reden. Editorische Eingriffe in die Reden habe ich so vorsichtig wie möglich und immer im Interesse ihrer Lesbarkeit gemacht.

2 Ebenda, S. 181/182.

Elisabeth Domansky, Dr. Phil., arbeitet als freie Publizistin in Berlin. Die Historikerin leitete von 2001 bis 2004 das »Referat für Kirchen, Kultur, Medienethik und Deutsche Künstlerhilfe des Bundespräsidenten« im Bundespräsidialamt.

Reden

Kapitel 1: Deutschland – ein Volk guter Nachbarn im Innern und nach außen

»Versöhnung mit Israel kann nur sein, wenn unter Deutschen nicht verschwiegen, nicht vergessen und nicht verdrängt wird«*

Ich bin sehr froh, ich bin ein wenig stolz, aber auch beschämt über die Auszeichnung, die mir die Universität Haifa heute mit der Würde des Ehrendoktors der Philosophie zuteil werden lässt. Für meine Freude will ich drei Gründe nennen: Zunächst die Tatsache, dass eine israelische Universität mich auszeichnet; weiterhin ist es das Bewusstsein, dass ich mich der Universität Haifa in ganz besonderer Weise verbunden fühle. Aus solcher Verbundenheit habe ich Anteil an der Forschung dieser Universität genommen, die dem Wiederaufbau Palästinas im 19. Jahrhundert gewidmet ist. Und ich denke, dass man es verstehen wird, und zwar hier in Israel wie in der Bundesrepublik, dass mir das im vergangenen Jahr von Willy Brandt eröffnete »Gustav-Heinemann-Institute of Middle Eastern Studies« besonders nahesteht.

Schließlich ist es ein Grund meiner Freude, dass ich Ehrendoktor der Philosophie werde. Denn es ist nicht zu vergessen, dass jüdische Philosophie und philosophisches Denken bedeutender jüdischer Persönlichkeiten in dem Deutschland vor Hitler die Kultur- und Menschheitsgeschichte befruchtet haben. Dieses Denken jüdischer Philosophen war sehr oft ein Vorausdenken, und ich möchte hoffen, durch diese Auszeichnung dem Inhalt jenes Denkens noch ein wenig stärker verbunden zu werden. Darum habe ich diese Ehrung gern angenommen, darum

* Rede aus Anlaß der Verleihung der Ehrendoktorwürde der Universität Haifa/Israel, aus: *Johannes Rau. Lebensbilder. Texte von Johannes Rau,* hg. v. Rüdiger Reitz und Manfred Zabel, Gütersloh 1992, S. 192–198.

danke ich allen, die am Zustandekommen dieser Auszeichnung beteiligt gewesen sind.

Aber ich gestehe, dass sich in meine Freude auch ein Gefühl mischt, das ich schwer beschreiben kann. Vielleicht ist das Wort Schamhaftigkeit ein Wort, das diese innere Bewegtheit annähernd ausdrückt; von der Scham der Deutschen gegenüber den Juden ist früh nach dem Kriege und nach all dem Fürchterlichen, was Deutsche den Juden angetan haben, gesprochen worden. Scham war die Empfindung, zu der wir nach Auschwitz und Treblinka vielleicht noch fähig sein konnten. Und diese Schamhaftigkeit bleibt in mir, auch wenn ich von mir sagen darf, dass ich ein Freund Israels bin. Meine Zuwendung zu Israel und zu seinen Bürgern besteht nun schon ein Vierteljahrhundert, und ich habe sie vor einigen Monaten, als ich in Ahlen vor meiner Partei ein Bild meiner politischen Ziele entworfen habe, bekräftigt. Ich möchte gerne heute noch einmal unterstreichen: Für mich ist die besondere Verpflichtung der Deutschen gegenüber dem Staat Israel und seinen Menschen ein bindendes Anliegen. Ich werde mich in jedem Amt, das ich in meinem Leben haben werde, zu dieser besonderen Verpflichtung bekennen.

Fraglos war immer ein guter Teil Bewunderung für die Aufbauleistungen der jüdischen Einwohner und der hier geborenen jungen Israelis in dieser Zuwendung enthalten. Allerdings bin ich mir auch bewusst, unter welcher Last das Leben und das Wirtschaften, der Ausbau und das Fruchtbarmachen eines kargen Bodens, die Sicherung und die Selbstbehauptung sich in Ihrem Land vollziehen. Wechselvolle Volksgeschichte von fast vier Jahrtausenden mündete in ein bald vier Jahrzehnte bestehendes junges Israel. Auf diesen Staat Israel blicken viele Deutsche mit Anteilnahme und großem Interesse, und gerade unter den jüngeren Deutschen haben viele Engagierte den Weg in dieses Land gefunden – zur Aussprache, zur Mitwirkung an diesem oder jenem Aufbauwerk, vor allem aber auch, um zu lernen.

Auch ich hatte und habe bis heute viele Fragen. Meine Fragen an die Älteren unter Ihnen waren: Sagt auch Ihr mir, wie das möglich war unter Hitler. Sagt mir, was wir unter Euren Augen tun und was wir lassen sollen, nicht um wiedergutzumachen, sondern um vom Bekenntnis des Versagens und der Schuld zu einem Weg zu finden, an dessen Ende Versöhnung stehen könnte. Und von den jungen Menschen wollte ich erfahren: Welche Aufgaben stellt Euch Israel? Welche Gemeinschaftsformen erprobt Ihr? Was kann die Teilhabe junger Deutscher bewirken? Und an alle ergeht natürlich immer auch diese Frage: Wie wird Frieden möglich sein? Und was braucht Israel zum Leben und zur sicheren Zukunft?

Unter den Antworten, die ich erhalten habe, war viel Wichtiges, was ich heimgetragen habe und was ich auch von meinen jetzigen Gesprächen und Begegnungen mitnehme. Nur von dem Wichtigsten, das ich zu erkennen glaube, will ich etwas sagen. Das Existenzrecht Israels darf und kann keine offene Frage sein, am wenigsten für die Deutschen, deren Tötungsmaschinerie unter Hitler auf die fürchterlichste Weise – wie kann man das in Worte fassen – doch auch eine Art Vollstreckungshilfe beim Werden dieses jungen jüdischen Staates gewesen ist. Es wird die große und schwere Aufgabe für Israel sein, mit Geduld und Überzeugungskraft den arabischen Nachbarn zu verdeutlichen, dass Frieden in diesem Teil der Welt mit diesem Existenzrecht zusammenhängt, und zwar auch um einer menschlichen und menschenwürdigen Zukunft der Palästinenser willen.

Ich sehe das allerdings nicht allein als eine Aufgabe Israels. Auch ich fühle mich hier, im Bewusstsein meiner bescheidenen Möglichkeiten, in der Pflicht. Vielleicht ist die deutsche Sozialdemokratie in besonderer Weise in der Lage zu helfen, wo es gilt, Brücken zu bauen, Gespräche anzuregen und einen nationalen Interessenausgleich zu fördern. Ich bitte Sie zu sehen, dass es nicht etwa ein Problem ist, sondern vielmehr eine Chance, wenn in meiner Partei auch Ihre arabischen Nachbarn Freunde haben. Uns alle eint jene tiefe Überzeugung, dass es auch in Ihrer Region nur einen gemeinsamen Weg zum dauerhaften Frieden geben kann.

Meine Gesprächspartner hier wissen, und sie sollen es wissen, dass unsere guten Dienste ihnen jederzeit zur Verfügung stehen. Sie müssen uns richtig verstehen: Es geht uns natürlich um das Schicksal der Menschen in dieser Region, aber es geht hier in Wahrheit auch um Europa. Der Friede ist unteilbar, und wer in Europa in Frieden leben will, der muss sich auch hier im Nahen Osten um Frieden bemühen. Deshalb möchte ich auch Israel und seine Bürger bitten, nicht nachzulassen in dem Bemühen, vertrauensbildend in ihrem Umkreis zu wirken. Und damit meine ich: Überall dort, wo erkennbar der Gewalt gegen diesen Staat und seine Menschen abgeschworen wird. Diese Bereitschaft, durch Vertrauen, durch das Angebot von Partnerschaft zu stabilen Verhältnissen zu kommen, steht einem klaren Selbstbehauptungswillen nicht im Wege. Wir Europäer haben jedenfalls die Erfahrung gemacht, dass Stabilität und Friedenssicherung sehr viel mit ökonomischer Prosperität, ja sogar mit gegenseitiger wirtschaftlicher Verflechtung zu tun haben, also mit dem auch bei den Bürgern entwickelten Gefühl, dass man wirtschaftlich einander nützlich ist.

Lassen Sie mich einen zweiten Gedanken aussprechen, der zu der Beschämung gehört, die ich empfinde. Hitlers Mord an den Juden hat das Zusammenleben der Deutschen und der Juden aufs Furchtbarste getroffen und belastet. Aber diese zwölf Jahre haben nicht auslöschen können, was in deutscher Geistes- und Kulturgeschichte durch jüdische Denker und durch jüdische Künstler fruchtbar geworden ist. Und jetzt möchte ich am liebsten die Zettel beiseite legen und erzählen – von Heinrich Heine, von Börne, von Lassalle, von Arthur Schnitzler und Jakob Wassermann oder von Karl Kraus, dem Wiener, und von Stefan Zweig. Von Else Lasker-Schüler, die aus meiner Heimatstadt Wuppertal stammt und an deren Grab ich vor zwei Tagen war, von Egon Erwin Kisch, von Kurt Tucholsky, von Joseph Roth oder gar von einem Mann wie Martin Buber, zu dessen Füßen ich noch sitzen durfte. Ich möchte aufklingen lassen Mendelssohn, Gustav Mahler und Schönberg und erinnern an Musiker wie Bruno Walter und Otto Klemperer, Artur Schnabel oder Rubinstein, ich möchte von großen jüdischen Frauen berichten; von Henriette Herz und Rahel Varnhagen oder von Rosa Luxemburg. Ich möchte von der Geschichte der Wissenschaft und Technik Kunde geben, von Männern wie Paul Ehrlich und Albert Einstein und Fritz Haber, von Gustav Hertz und Heinrich Hertz und Otto Warburg.

Das ist nur ein Ausschnitt, der anschaulich macht, welchen Beitrag das Judentum zur deutschen Kultur geleistet hat und wieviel ärmer wir uns selbst gemacht haben. Ich bin hier in Israel Auswanderern und ihren Söhnen und Töchtern begegnet, die auch davon sprechen. Dann wurden die Stimmen oft brüchig, wir haben einander in Erinnerung und in Trauer verstanden. Solche Erinnerung ist nicht nur Diskussionsstoff über den Weg der Juden in Deutschland und in Europa, sie kann und wird auch zu Selbstvertrauen und Kraft beim Neubau Ihres Staates geführt haben. Solche Kraft hat in den seit Hitler vergangenen vier Jahrzehnten zurückgewirkt und ausgestrahlt, auch in Deutschland. Freundschaften, Partnerschaften, Besuche hinüber und herüber zeugen davon.

Das ist die eine Seite der heutigen Beziehung zwischen Juden und Deutschen. Aber ich darf auch eine andere Seite nicht unterschlagen. Zu dieser anderen Seite gehört das Erinnern, gehört der Widerstand gegen die nachlassende Erinnerung unter Deutschen. Es gehören dazu die »Wochen der Brüderlichkeit« und all das an Verarbeitung der Vergangenheit, was Männer wie Heinrich Böll und Walter Jens und viele Tausende in den beiden Kirchen bewirkt haben. Aber es gehört auch dazu mancher Gedanke, dass dies alles nun einmal ein Ende haben müsste. Es gehört dazu das da und dort laut gewordene, tief verletzende antisemitische Zitat. Und ich will nichts verschweigen, keine schändende Schrift und keine Tat jugendlicher Neonazis. Ich kann und will vor Ihnen in Haifa dazu nicht anders sprechen als vor den jüdischen Bürgern in New York oder als zu Hause in Duisburg, wo wir die »Woche der Brüderlichkeit« jüngst mit einer wegweisenden Rede unseres Bundespräsidenten eröffnen konnten. Versöhnung kann nur sein, wenn unter Deutschen nicht verschwiegen, nicht vergessen und nicht verdrängt wird.

Aber ich will als jemand, der sich von dieser Erkenntnis nicht abbringen lässt, noch etwas hinzufügen, nicht zur Entschuldigung und schon gar nicht zur Rechtfertigung: Der Wunsch, den der Aufmerksame bei Menschen in der Bundesrepublik hört, vereinzelt nur, vermutlich aber doch ein Stück Sehnsucht von vielen, es müsse einmal Ruhe sein, eben der Wunsch, nicht mehr von Verbrechen und Massenmord an den Juden zu hören, dieser Wunsch ist, wie ich glaube, kein Zeichen von Antisemitismus. Er ist wohl der bewusste oder unbewusste Versuch, der Last des für viele Unbegreiflichen, der Last von Auschwitz, den Erklärungen von Höss zu entkommen. Zu entkommen also jener Aussage, dass allein in Auschwitz 2,5 Millionen Opfer durch Vergasung, eine halbe Million Tote durch Hunger und Krankheit zu beklagen waren. Europa ist nicht arm an Grausamkeit, aber es kennt kein zweites Auschwitz, keinen vergleichbaren Plan, kein Wannsee-Protokoll außer jenem vom 20. Januar

1942. Die Kraft zum Ertragen solcher Wahrheiten scheint offenbar begrenzt. Ich stimme dem nicht zu, dass Ruhe und Schluss sein muss, und ich kenne viele, für die ich da sprechen kann. Wäre es anders, dann könnte ich nicht vor Ihnen stehen. Doch ich bitte darum, diese Kraftlosigkeit, die oft aus Verzweiflung kommt, zu vergeben. In ihr wohnt nicht die Gleichgültigkeit, sondern eine Scham, die nicht mehr zum Bekenntnis werden kann.

Davon wollte ich Ihnen berichten, von dem Weg zu Vertrauen, ohne zu vergessen. Wir haben unter solcher Einsicht vor zwei Jahren in Köln miteinander versucht, einen Weg zu finden: Jitzhak Ben-Ari, der Botschafter Ihres Staates, Professor Alex Carmel, Professorin Anat Feinberg aus Tel-Aviv und Benjamin Armon, der uns mit seiner Rede über Yad Vashem, an dem kein Weg vorbeiführt, bewegt hat. Er hat damals in Köln von den beiden Bündnissen gesprochen, die es zu schließen gelte: dem Bündnis mit dem Leben, also mit dem dynamischen, jungen Staat Israel, und dem Bündnis mit den Toten, denen in Yad Vashem ein Ort und ein Name gegeben worden ist. Diese beiden Bündnisse haben wir Deutschen vor Augen, wenn wir nach Israel kommen, auf einem Weg zu Vertrauen ohne Vergessen.

Ich sprach von der Freude, dass es gerade die Universität Haifa war, die mich mit ihrer Ehrung überrascht hat. Ich will dazu einiges näher ausführen. Als Politiker Nordrhein-Westfalens, der in seinem früheren Amt die Verantwortung für Hochschulen und Wissenschaft dieses Landes trug, habe ich immer mit großem Interesse und Wohlwollen die Partnerschaften wissenschaftlicher Institute in unseren beiden Ländern verfolgt. Etwa zwischen dem Technion in Haifa und der Rheinisch-Westfälischen Technische Hochschule in Aachen und der Kernforschungsanlage Jülich. Oder zwischen der Ben-Gurion-Universität in Beer Sheva und der Universität meiner Heimatstadt Wuppertal. Oder zwischen dem Wingate-Institute of Sports und der Deutschen Sporthochschule Köln. Ich weiß, dass es eine Fülle von Einzelkontakten zwischen nahezu allen Hochschulen Israels und Nordrhein-Westfalens gibt. In vielen Fällen hat dabei der Staat finanzielle oder organisatorische Unterstützung gewährt.

Die Kontakte zwischen der Universität Haifa und Wissenschaftlern aus meinem Land beruhen jedoch eher auf persönlichen als auf staatlichen Initiativen. Wenn auch die akademischen Beziehungen zwischen der Universität Haifa und nordrhein-westfälischen Wissenschaftseinrichtungen eher als Auftrag für die Zukunft gesehen werden müssen, so habe ich doch zur Universität Haifa die schon eingangs angedeutete enge persönliche Beziehung. Mich berührt dabei die Kenntnis der anerkannten Leistungen dieser jungen Universität auf dem Gebiet der Human- und Geisteswissenschaften, speziell der Psychologie. Aber es ist der über die wissenschaftliche Arbeit hinausgreifende umfassende Bildungsauftrag, für den Ihre Universität mir beispielgebend erscheint, auch für die Hochschulen meines Landes. Dass zu diesem Bildungsauftrag die Förderung und Erziehung unterprivilegierter Jugendlicher genauso wie die praktische Sozialarbeit durch Wissenschaftler und Studenten in den Grenzgebieten Ihres Landes gehört, ist zukunftweisend. Wie aus der Forschung zur Lösung von Konflikten praktizierte Toleranz und friedliches Nebeneinanderleben werden können, symbolisiert das Arabisch-jüdische Zentrum an Ihrer Universität. Und wer will mir verdenken, dass ich Genugtuung empfinde darüber, dass eine mir politisch nahestehende Stiftung hierzu einen Beitrag leistet, der mit dem Namen des früheren Bundespräsidenten Gustav Heinemann verbunden ist.

Bundespräsident Richard von Weizsäcker hat im Herbst des vergangenen Jahres mit Blick auf die Bemühungen um die Errichtung des »Gottlieb-Schumacher-Lehrstuhls« auf seine landsmannschaftliche Verbundenheit mit dem segensreichen Wirken der württembergischen Templer im Palästina des ausgehenden 19. und beginnenden 20. Jahrhunderts hingewiesen. Ich kann diesen landsmannschaftlichen Bezug nicht für mich reklamieren, wenngleich von Alex Carmel zu hören ist, dass unter den ersten Christen, die nach Palästina einwanderten, auch einige waren, die aus dem Wuppertale kamen. Wie Richard von Weizsäcker sehe ich in der Erforschung des Beitrags der Templer, der Pietisten, der gesamten christlichen Welt zum Wiederaufbau Palästinas eine Hilfe für unser Verständnis deutsch-jüdischer und christlich-jüdischer Vergangenheit.

Sie haben mir die Würde eines Ehrendoktors der Philosophie verliehen. Ich will nicht den Versuch machen nachzuweisen, ob ich mit den Früchten meines Lernens und Lesens in einem philosophischen Examen bestehen könnte. Ich möchte Ihnen vielmehr sagen, was für mich die aufregende Erkenntnis jüdischer Philosophie war und bis heute ist. Wir kennen ja die anderen philosophischen Systeme, diese Gedanken von Wiederkehr im Kreislauf der Natur oder vom unablässigen Verrinnen des ewig Kommenden, auch jenes Stirb und Werde. Wir alle haben uns in der europäischen Kultur auf diese Philosophie eingelassen, und dann kommt wie ein Widerspruch, nicht bloß wie eine Ergänzung, jüdische Philosophie. Das Bild dieses Denkens erscheint mir als die Wolke, die vor einem herzieht. Es ist nicht die Wolke, die über uns steht, die das Licht nimmt, sondern es ist die Wolke, die den Weg zeigt, hinter der man hergehen kann.

Nach meiner Überzeugung hat jüdisches Denken das deutlich gemacht: Das Harren wird zum Warten. Wir begreifen: Es kommt noch etwas, der Sinn der Zukunft ist der Sinn des Lebens. Und dieser, in der Offenbarung gepriesene Weg ist ein Weg, der, wie Martin Buber gesagt hat, zum Gehen da ist. Die Welt als Schöpfung mit der Botschaft vom Reich Gottes, der Mensch als handelndes Subjekt – das sind zentrale Prinzipien, die ich bei Moses Mendelssohn, bei Karl Marx, bei Ferdinand Lassalle, bei Franz Rosenzweig, bei Martin Buber oder Ernst Bloch erkenne, bei jedem auf seine Weise, aber bei jedem wird Schluss gemacht mit der Schicksalhaftigkeit der Geschichtsprozesse. Ich kann etwas tun, ich kann gehen, mein Leben kann ein Ziel finden. Das ist, wie ich es zu erkennen meine, der Beitrag der jüdischen Philosophie, für den wir dankbar sein müssen, ein Beitrag, der uns Möglichkeiten und Wege aufgezeigt hat, und nun kommt es darauf an, dass wir sie nicht nur beschreiben und besprechen und diskutieren, sondern dass wir sie gehen. Die »in der Erkenntnis geläuterte Tat«, das wäre eine Wegweisung in die Zukunft, zu der Geistes- wie Naturwissenschaften beitragen sollten.

Wir erleben seit einigen Jahren in der Bundesrepublik, aber auch in anderen Industrieländern, vermutlich auch in Israel, eine vielschichtige Diskussion um den Fortschrittsgedanken. Viele sprechen dabei von einem Verfall der Fortschrittsidee und schließen daran häufig die Forderung nach Rückkehr zu den »alten Werten« oder zu den klassischen Bildungsidealen an. Andere sehen den Fortschritt geradezu sachzwanghaft technisch und ökonomisch determiniert. Den Menschen billigen sie allenfalls die Chance einer passiven Anpassung an die technische

Zivilisation zu. Den vielfach beschworenen technischen und ökonomischen Sachzwängen widersetzt sich ein beachtlicher Teil vor allem der jüngeren Generation. Aus solchem Widerspruch heraus wird nach einer Abkehr oder gar nach einem Ausstieg aus der wissenschaftlich-technisch geprägten Kultur verlangt.

Wie wir aber gerade aus der jüdischen Philosophiegeschichte lernen können, ist die Frage nach dem Sinn des Fortschritts nicht neu. Kultureller und wissenschaftlicher Fortschritt galt seit Beginn der Menschheitsgeschichte für den einen als Befreiung des Menschen von natürlichem Zwang, für den anderen haftete ihm der Makel der Blasphemie an, die ihre Strafe fordert. Dies gilt vom Turmbau zu Babel über die Erfindung des Fernrohrs bis zur Kernspaltung. In jüngster Zeit hat diese Ambivalenz jedoch eine neue Qualität bekommen: Nie zuvor hatte der Mensch die Macht, alles Leben auf der Erde zu vernichten. Nie zuvor wurden technische Eingriffe in die Natur für jedermann so augenfällig. Nie zuvor waren die Möglichkeit und die Gefahr so groß, dass der Mensch zum Objekt technischer, vor allem biologischer oder informationstechnischer Manipulation wird.

Wer heute von einer dritten oder gar vierten technisch-industriellen Revolution spricht, meint damit die Expansion, die Kumulation, die Geschwindigkeit und die Beschleunigung unserer gegenwärtigen technischen Entwicklung. Aber gerade Israel mit seinen Meerwasserentsalzungsanlagen, mit seiner ausgeklügelten Agrartechnologie oder mit seiner Solarenergieanlagen ist ein praktisches Beispiel dafür, dass Wissenschaft und Technik menschliches Überleben erst möglich machen, dass sie unser Leben, unsere Arbeit erleichtern und unsere Gesundheitsvorsorge verbessern können. Andererseits ist nicht zu bestreiten, dass Wissenschaft und Technik an der Entstehung zahlreicher als drängend empfundener Probleme entscheidend beteiligt sind. Darin liegt der rationale Kern der um sich greifenden Kritik an Technik und Wissenschaft und an der durch sie geprägten Kultur.

Der Blick zurück in eine vorindustrielle Gesellschaft oder die Besinnung auf die »alten Werte« bietet allenfalls Teilantworten auf unsere Frage nach einer Strategie eines menschlichen Überlebens. Blinde Fortschrittseuphorie, welche die Nebenwirkungen des technischen Fortschritts bagatellisiert, wird unserer Sehnsucht nach einer humanen

Zukunftsgesellschaft aber gleichfalls im Wege stehen. Der Ausstieg aus unserer wissenschaftlich-technisch geprägten Kultur würde mehr Probleme schaffen, als dadurch gelöst werden könnte. Mehr noch: Eine antitechnisch und antiwissenschaftlich orientierte »Kulturreform« dürfte mit Sicherheit in die soziale Katastrophe führen. Ich bin der festen Überzeugung, dass die Probleme, die durch die Vervielfältigung menschlichen Wissens entstanden sind, nur durch besseres Wissen wieder gelöst werden können. Für dieses »bessere Wissen« ist es meines Erachtens notwendig, dass wir, anknüpfend an die auf die Zukunft gerichtete jüdische Tradition der Philosophie, die Geisteswissenschaften – und dazu rechne ich auch die Theologie – gleichberechtigt an die Seite der Naturwissenschaften und der Technik stellen.

Und nun will ich noch einmal Martin Buber zitieren, der davon gesprochen hat, dass »der Weg zum Gehen da ist«. Martin Buber hat in seinem 1945 vollendeten Buch *Pfade in Utopia* geschrieben: »Je schwerer die Krisis wird, um so ernstere und verantwortungsbewusstere Erkenntnis wird von uns gefordert, denn wohl kommt es auf die Tat an, aber nur diejenige Tat, die in der Erkenntnis geläutert worden ist, wird zur Überwindung der Krisis beitragen.« Ich will solchen Gedanken des großen jüdischen Philosophen folgen und also in der Verleihung der Ehrendoktorwürde der Philosophie an mich eine Herausforderung sehen zum Nachdenken über das, was vor uns liegt und auch eine Herausforderung, meinen Teil zur Überwindung der Krisen beizutragen, so gut ich das kann. Ich werte diese Auszeichnung auch als eine Mahnung, den Wissenschaftsgeist einzubeziehen in politische Verantwortung. Und schließlich ist mir diese Ehrung auch eine Ermutigung auf dem Weg, für Versöhnung zu wirken, in dem Sinne, wie ihn Franz Rosenzweig beschrieben hat in dem schlichten Satz: »Mein Ich entsteht im Du.«

Lassen Sie mich meinen Dank an die Universität Haifa beenden mit der Hoffnung, dass ein solcher Gedanke Platz greift bei uns in der Bundesrepublik, bei Ihnen in Israel und in der Begegnung untereinander. Jeder hat sein eigenes Profil, jeder hat seine eigene Gestalt. »Gestaltlose Nebel«, hat Hermann Hesse gesagt, »begegnen sich nie.« Wir sind einander begegnet und wir werden einander in Zukunft begegnen. Und dabei werden wir uns zu sagen haben, dass Friede mehr ist als Abwesenheit von Krieg. Und wir werden auch mit dieser Erkenntnis leben wollen, die uns eine völlige Übersetzung des bedeutenden Wortes »Schalom« vermittelt. Dieses Wort verheißt »Frieden«, aber es meint auch: Der andere soll unverletzt und unversehrt leben können, es soll ihn keiner kränken, krank machen dürfen. Politik ist der Versuch, dazu ein Stückchen beizutragen.

»Das Verhältnis zwischen unseren Ländern wird für immer ein besonderes sein«*

I.

Ich weiß, was es für manchen von Ihnen bedeutet, in diesem Hohen Hause heute die deutsche Sprache zu hören. Ihre Entscheidung, mich einzuladen, erfüllt mich mit Dankbarkeit. Ich empfinde sie als Zeichen des Willens, Geschichte niemals zu verdrängen, und des Mutes, die Schreckenslähmung dieser Geschichte dennoch zu überwinden.

Im Angesicht des Volkes Israel verneige ich mich in Demut vor den Ermordeten, die keine Gräber haben, an denen ich sie um Vergebung bitten könnte. Ich bitte um Vergebung für das, was Deutsche getan haben, für mich und meine Generation, um unserer Kinder und Kindeskinder willen, deren Zukunft ich an der Seite der Kinder Israels sehen möchte. Ich tue das vor Ihnen, den Vertretern des Staates Israel, der nach 2000 Jahren wiedergeboren wurde und den Juden in der Welt, vor allem aber den Überlebenden der Shoah, eine Zuflucht geboten hat.

II.

Es gibt kein Leben ohne Erinnerung. Das Schicksal der nachwachsenden Generationen verbindet sich immer mit dem der Toten. Präsident Weizman hat uns in seiner denkwürdigen Rede vor dem Deutschen Bundestag 1996 in hebräischer Sprache den Blick für diese Kontinuität geöffnet. Für Juden scheint sie oft selbstverständlich. Aber auch wir in Deutschland und Europa mit unserer ganz anderen Geschichte dürfen das Gespür dafür nicht verlieren. Ich möchte aus seiner Parabel über die Menschen Israels zitieren, weil ich es nicht besser sagen kann: »… 150 Generationen sind seit der Feuersäule des Auszugs aus Ägypten bis zu den Rauchsäulen der Shoah vergangen. Und ich, geboren aus den

* Ansprache vor der Knesset in Jerusalem am 16. Februar 2000.

Nachkommen Abrahams im Lande Abrahams, war überall mit dabei ... Wie ich sie dort und in jenen Tagen begleitete, so begleiten mich meine Väter und stehen hier und heute neben mir.« So Präsident Weizman in seiner Rede.

Auch wir Deutschen werden in alle Zukunft von den Bildern der Morde, die Deutsche zu verantworten haben, begleitet werden. Deutsche und Israelis sind in dieser Erinnerung untrennbar miteinander verbunden. Die persönliche Schuld mag der Täter mit ins Grab nehmen, die Folgen einer Schuld hingegen, welche die Grundlagen menschlicher Sittlichkeit erschüttert hat, tragen die nach ihm kommenden Generationen. Lange vor der Shoah war solches Wissen in den gemeinsamen Traditionen der jüdischen und der christlichen Religion verankert; es war auch Grundbestand abendländischer Ethik.

Heute sorgen wir uns darum, wie die Nachgeborenen mit der Schuld ihrer Väter umgehen werden. Wir müssen unseren Kindern diese Zusammenhänge immer wieder erklären. Darum ist die Schärfung des historischen Bewusstseins eine der wichtigsten politischen und kulturellen Aufgaben im deutsch-israelischen Verhältnis. Spätestens wenn die Zeitzeugen gestorben sind, muss das Wissen sicher in die Hände der Jugend übergeben worden sein. Das sind wir auch denjenigen Deutschen schuldig, die sich damals, als es darauf ankam, gerecht verhalten haben.

III.

Oft wird gefragt, ob es für Deutsche und Israelis angesichts der Vergangenheit Normalität geben könne. So undifferenziert gestellt, kann ich diese Frage nur mit »nein« beantworten. Das Verhältnis zwischen unseren Ländern wird für immer ein besonderes sein. Im Wissen um das Geschehene halten wir die Erinnerung wach. Mit den Lehren aus der Vergangenheit gestalten wir eine gemeinsame Zukunft. Das ist deutsch-israelische Normalität.

IV.

Aus der Geschichte folgt Verantwortung. Sie beginnt mit der Erziehung in den Schulen und mit der Einrichtung und Pflege von Stätten des Gedenkens. Nach einer langen Periode des Überlegens haben wir am diesjährigen Tag der Befreiung des Lagers von Auschwitz, dem 27. Januar, der auch in Deutschland ein Erinnerungstag geworden ist, den Bau des zentralen Holocaust-Mahnmals in Berlin auf den Weg gebracht. Sie werden die Diskussion um dieses Mahnmal verfolgt haben. Ich bitte Sie, sie als das zu verstehen, was sie war: ein Ringen um die richtige Form des Gedenkens. Niemals darf es dazu kommen, dass die Errichtung eines Mahnmals als symbolische Form der Entschuldung fehlverstanden wird. Gedenken braucht Orte. Aber Orte können das Gedenken nicht ersetzen.

Ebensowenig können materielle Leistungen für das Unrecht entschädigen, das Millionen Zwangsarbeitern angetan worden ist. Dass Unternehmen und die Bundesregierung eine Stiftung für humanitäre Leistungen an diese Opfer des Nazi-Regimes gegründet haben, war wichtig, weil dieser Schritt ein Bekenntnis zu unserer Verantwortung ist. Aber an der Sache muss noch weitergearbeitet werden. Gedenken wäre eine leere Hülse, wenn es nicht begleitet würde von verantwortlichem Handeln. Zu diesem aktiven Gedenken gehört auch unsere Mitverantwortung für das Land, das den Überlebenden der Shoah die ersehnte Heimstätte gegeben hat. Die Mitverantwortung für Israel ist ein Grundsatz deutscher Außenpolitik seit der Gründung unseres Staates.

V.

Deutschland und Israel stehen mitten in einem Generationenwechsel: Noch leben Zeitzeugen des Holocaust; bald werden deren Enkel das politische Geschehen und Denken prägen. Das Wissen über die Vergangenheit von Generation zu Generation weiterzugeben ist deshalb so wichtig. Dazu gehört vor allem, dass sich die jungen Menschen unserer beiden Länder kennenlernen, sich gemeinsam mit der Vergangenheit auseinandersetzen und gemeinsam Zukunft suchen. Das gilt zunächst für die jungen Deutschen, die jedes Jahr zu Tausenden als Touristen oder als Volontäre im humanitären Einsatz Israel besuchen. Gerade diesen jungen Menschen, von denen heute einige in diesem Hohen Hause zu Gast sind, möchte ich meine Anerkennung aussprechen: Sie sind wahrhaftige Botschafter unseres Landes. Das gilt aber auch für junge Israelis, die sich -verständlicherweise vielleicht – viel weniger zu einer Reise nach Deutschland gedrängt fühlen.

Ich wünschte mir, dass sich israelische Jugendliche stärker als bisher ein eigenes Bild von Deutschland machten. Wenn ich höre, dass eine junge Israelin ihre jährlichen Besuche bei ihrem nach Deutschland zurückgekehrten Großvater zu Hause lange verheimlichte, weil sie sich schämte, dann schmerzt mich das. Ich kann das Zögern, sich Deutschland zu nähern, gut verstehen. Aber ohne den Umgang unter den Jugendlichen unserer beiden Länder werden wir die Zukunft unserer einzigartigen Beziehung nicht so gedeihlich entwickeln können, wie wir uns das wünschen.

Das Lernen und Üben des Umgangs miteinander wird zwischen den Menschen in Deutschland und Israel nie aufhören. Ich möchte Sie bitten, mit mir alles zu tun, um dieses Lernen zu fördern. Wir werden in diesen Tagen eine Vereinbarung über ein deutsch-israelisches Jugendforum unterzeichnen, das diesem Zweck dient. Wir werden ein Stipendienprogramm schaffen, das helfen soll, junge Israelis mit dem heutigen Deutschland vertraut zu machen. Ohne den Willen der politisch Verantwortlichen laufen auch die besten Bemühungen ins Leere. Darum sage ich: Diese Initiativen brauchen Ihre Hilfe, damit sie zu einem Erfolg werden können.

VI.

Welches Deutschland können israelische Jugendliche heute kennenlernen? Die Bundesrepublik Deutschland ist eine lebendige, pluralistische Demokratie. Unser Grundgesetz stellt nach all den furchtbaren Erfahrungen die Würde des Menschen allem voran. Der erste Artikel lautet: »Die Würde des Menschen ist unantastbar«. In unserem Gemeinwesen können sich Minderheiten entfalten; unterschiedliche Kulturen finden vielfältige Ausdrucksformen. Manche nennen unser Land multireligiös und multikulturell.

Natürlich erleben wir auch Fremdenfeindlichkeit, Integrationsprobleme, und es gibt auch Antisemitismus. Das zu leugnen, wäre falsch und gefährlich. Hier stehen wir weiterhin vor großen Aufgaben. Manchmal sind diese Probleme aber gerade dort am geringsten, wo die meisten Bürger nichtdeutscher Herkunft leben, zum Beispiel in Berlin oder in den Ballungszentren Westdeutschlands. Einen Fremden zu hassen fällt eben allemal leichter, wenn man ihn nicht kennt.

Zum heutigen Deutschland gehören auch die inzwischen wieder wachsenden jüdischen Gemeinden. Sie sind ein fester Teil des Lebens in unserem Land. Ignatz Bubis, der im Land seines Glaubens seine letzte Ruhe fand, hat zeitlebens Wert darauf gelegt, ein Deutscher und ein Jude zu sein.

Deutschland will ein offenes, liberales und gastfreundliches Land sein, in dem Menschen unterschiedlicher Religionen und Kulturen ihren Platz haben und zusammenleben können. Das setzt die Bereitschaft zu guter Nachbarschaft voraus, die sich im Alltag bewähren muss. Das heißt nicht das Trennende, sondern das Verbindende zu suchen. Bei allen kulturellen und religiösen Unterschieden sollten wir die gemeinsamen Werte suchen und pflegen.

VII.

Gute Nachbarschaft – das gilt im Innern eines Gemeinwesens wie für sein Verhältnis zu anderen Staaten. Deutschlands Weg hat sich deshalb in den vergangenen fünfzig Jahren eng mit dem Europas verbunden. Dieser Weg ist eine Geschichte der Hoffnung. Israelische Jugendliche, die sich mit der deutschen Geschichte nach dem Holocaust beschäftigen, können daraus durchaus wichtige Einsichten gewinnen: Auch die Europäer mussten vor fünfzig Jahren mit Deutschland vollkommen neu beginnen. Deutschland wurde von seinen Nachbarn in Europa, aus dessen humanistischer Tradition es sich selbst ausgeschlossen hatte, wieder aufgenommen – zunächst mit verständlichem Misstrauen, dann aber im Geiste der Nachbarschaft, der zum Schlüssel der europäischen Einigung wurde. Das europäische Einigungswerk ist eine der politischen Erfolgsgeschichten der hinter uns liegenden Jahrzehnte. Und sie wird weitergehen, und sie entwickelt Anziehungskraft weit über die europäischen Grenzen hinaus.

Europa hat es geschafft, sein konfliktorientiertes Staatsverständnis, von dem es Jahrhunderte lang geprägt war, in die Archive der Geschichte zu verbannen. Die nationalen Interessen aller Teilnehmer des Einigungswerkes sind jetzt so eng miteinander verknüpft, dass sich für alle ein höherer Nutzen ergibt, als jeder einzeln für sich erreichen könnte. Die europäische Integration hat eine Periode des Friedens und der Prosperität eingeleitet, wie Europa sie noch nie erlebt hat. Europa ist eine Wertegemeinschaft, die »auf den Grundsätzen der Freiheit, der Demokratie, der Achtung der Menschenrechte und Grundfreiheiten und der Rechtsstaatlichkeit« beruht. So drückt es der Amsterdamer Vertrag aus. Europa wird nicht zulassen, dass dieser Konsens von einem seiner Mitglieder in Frage gestellt wird. Wir werden nicht zulassen, dass Fremdenhass, Rassismus und Nationalismus in Europa wieder um sich greifen.

VIII.

Kann die europäische Erfahrung ein Muster sein, das auch in anderen Weltgegenden erprobt werden könnte, auch in Israel und im Nahen Osten? Das ist eine oft gestellte Frage. Konflikte sind nicht vergleichbar; die Lösung eines Konfliktes kann nur selten zur Blaupause für die Lösung anderer Konflikte werden. Das zeigt sich gerade in diesen Tagen, da erneut Gewalt ausgebrochen ist. Einen Schluss aber dürfen wir ziehen: Aus Kriegen heraus zu einem geordneten Zusammenleben zu kommen ist jenseits aller Verträge nur durch die Einigung auf einen gemeinsamen Grundgedanken möglich, nämlich nationale Egoismen in produktives, gemeinsames Handeln zu verwandeln. Dies ist der Kern des europäischen Erfolges. Aus vermeintlicher Unversöhnlichkeit kann ein geregeltes Nebeneinander und schließlich ein Miteinander entstehen.

Die Besonderheiten Ihrer Region verbieten es natürlich, vom europäischen Einigungswerk voreilig auf die Lösung der israelisch-arabischen Gegensätze zu schließen. Es wäre leichtfertig, zu vergessen, dass sschon die bloße Existenz Ihres Staates immer wieder in Frage gestellt worden ist. Und dennoch: »Ewige« Feindschaft muss es nicht geben. Geschichte kann auch gelingen. Ich bin davon überzeugt, dass der gute Wille heute auch in Ihrer Region überwiegt, und das stimmt mich hoffnungsfroh. Trotz aller Rückschläge hat sich in langer und mühevoller Arbeit die Hoffnung auf das Ende des Konfliktes entfalten können – seit den Friedensverhandlungen der siebziger Jahre, ich denke dabei an Mohammed Anwar al-Sadat und Menachem Begin, an die Zeit seit den Bemühungen des großen Itzhak Rabin bis zu den Bemühungen von heute.

Die Hoffnung der Menschen auf Frieden ist trotz aller Probleme auf dem Weg dahin größer als je zuvor. Ich bin überzeugt davon, dass dieser Friede erreichbar ist.

IX.

Europa und der Nahe Osten sind auf vielfältige Weise und besonders eng miteinander verbundene Regionen. Der Nahe Osten hatte maßgeblichen Anteil an der Entwicklung dessen, was heute europäische Kultur ist. Die Stabilität der gesamten Region ist für eine friedliche und erfolgreiche Entwicklung Europas entscheidend. Niemand kann in Ruhe leben, wenn seine Nachbarn von politischer und sozialer Unsicherheit bedroht sind. Den Frieden im Nahen Osten können nur die Beteiligten selbst schließen. Aber bei der Gestaltung des Friedens kann und will auch Europa Ihnen helfen.

X.

Vor diesem Hohen Hause sprechen zu dürfen, habe ich als Chance und als besondere Ehre empfunden. Ich wünschte mir, dass von diesem Staatsbesuch neue Impulse für die Beziehungen zwischen unseren beiden Ländern ausgehen. Ich baue auf die Jugend unserer Völker. Ich bin überzeugt davon: Wenn wir der Jugend die Erinnerung weitergeben und sie zu Begegnungen ermutigen, dann brauchen wir uns um die Zukunft der Beziehungen zwischen Israel und Deutschland nicht zu sorgen.

Ich wünsche Ihnen und uns diese Zuversicht. Das beginnende Jahrhundert soll ein Jahrhundert des Friedens werden: für die Söhne und Töchter Abrahams und für unsere Welt.

»Ohne Angst und ohne Träumereien: Gemeinsam in Deutschland leben«*

I.

30 Prozent aller Kinder an deutschen Schulen stammen aus zugewanderten oder kürzlich eingebürgerten Familien. An manchen Schulen sind es sogar 60 Prozent und mehr. 1997 und 1998 haben mehr Menschen aus anderen Ländern Deutschland verlassen, als Menschen neu zu uns gekommen sind. Von 1990 bis 1998 haben 50 Prozent aller Asylbewerber innerhalb der Europäischen Union in Deutschland um Asyl nachgesucht. 1999 war es ein gutes Viertel. Von allen, die bei uns Asyl suchen, werden vom zuständigen Bundesamt etwa vier Prozent anerkannt. Allein Türken haben in Deutschland etwa 50.000 Betriebe gegründet und 200.000 Arbeitsplätze geschaffen. Der deutschen Wirtschaft werden in Zukunft qualifizierte Arbeitskräfte fehlen.

Das sind sechs ganz unterschiedliche Feststellungen über die Wirklichkeit in Deutschland – und doch stehen sie in einem großen Zusammenhang. Zuwanderung, Einwanderung, Flüchtlingskontingente, Zuzugsbegrenzung, Integration, Green-Card, Asyl, Abschiebung, Rückführung – diese Stichworte bestimmen seit vielen Jahren immer wieder – in Schüben – die politische Diskussion. Viele einzelne Probleme, viele einzelne Fragen sind auch Gegenstand privater Gespräche – oft führen sie auch zu sprachloser Konfrontation.

Mehr als sieben Millionen Ausländer leben in Deutschland. Sie haben unsere Gesellschaft in den vergangenen Jahren verändert. Doch wir denken zu wenig darüber nach, was das für das Zusammenleben in unserem Land insgesamt bedeutet. Und wir handeln zu wenig danach. Wie wir miteinander leben, das ist eines der wichtigsten Themen überhaupt, wenn wir an die Zukunft unserer Gesellschaft denken. Wir müssen uns mit diesem Thema beschäftigen, weil es alle in unserem Land

* »Berliner Rede« im Haus der Kulturen der Welt in Berlin am 12. Mai 2000.

betrifft, auch wenn manche es bisher noch nicht gemerkt haben, weil es in manchen Punkten bis an den Kern unserer Verfassungsordnung und unserer Verfassungswirklichkeit reicht, weil Abwarten die Probleme, die es gibt, nicht löst, sondern größer macht, weil es letztlich darum geht, ob wir gemeinsam an einer guten Zukunft für alle arbeiten können.

Jeder weiß, dass die Zuwanderung bei vielen Menschen starke Emotionen auslöst – gute und weniger gute. Gerade deswegen müssen wir darüber möglichst offen sprechen, möglichst unaufgeregt und realistisch. Häufig bleibt zu vieles unausgesprochen. Häufig führen wir Scheindebatten, statt uns dem Thema des Zusammenlebens insgesamt zu widmen.

Wir müssen uns mit den richtigen Fragen beschäftigen: Wie wollen wir mit den Menschen zusammenleben, die rechtmäßig und auf Dauer in Deutschland leben und bei uns bleiben wollen? Wie gehen wir mit denen um, die wir nur auf Zeit aufnehmen wollen oder können? Wie gehen wir mit den Sorgen um, die viele Menschen in unserem Land bewegen? Was dürfen und müssen wir von denen verlangen, die auf Dauer in Deutschland leben und arbeiten wollen? Welche Anforderungen müssen wir an uns selbst stellen?

Wir brauchen über diese Fragen eine breite öffentliche Diskussion, weit über die Parteien hinaus. Wir müssen überall in der Gesellschaft über Zuwanderung und Zusammenleben in Deutschland reden – über die Chancen und über die Probleme.

Und wir müssen handeln – und zwar ohne Angst und ohne Träumereien.

Erfolgreich können wir nur dann handeln, wenn wir zwei Haltungen überwinden, die zu weit verbreitet sind: Wir müssen Unsicherheit und Angst überwinden, die manchmal zu Fremdenfeindschaft, zu Hass und Gewalt führen, und wir müssen eine falsch verstandene Ausländerfreundlichkeit überwinden, die so tut, als gebe es überhaupt keine Probleme und Konflikte, wenn Menschen unterschiedlicher Herkunft zusammenleben.

II.

Zunächst ist eine schlichte Tatsache anzuerkennen: Dass Menschen unterschiedlicher Herkunft und Kultur in unserem Land zusammenleben, wird sich nicht mehr ändern. Integration ist daher die Aufgabe, die wir gemeinsam anpacken müssen, wenn wir das Zusammenleben erfolgreich und friedlich gestalten wollen. Wir haben allzu lange mit der Vorstellung gelebt, das alles sei ein vorübergehender Zustand. Besonders deutlich wird das an dem Wort »Gastarbeiter«. Damit sollte einmal zum Ausdruck gebracht werden, dass es sich um Gäste handele, die nach einer gewissen Zeit wieder gehen. Wir wissen aber seit langem, dass die meisten, die gekommen sind, bleiben – und wir haben zu lange die Augen davor verschlossen, dass das viele praktische Folgen hat.

Sie sind geblieben – und die meisten auch zu unser aller Vorteil: Ohne Arbeiter und Angestellte aus anderen Ländern kämen viele Wirtschaftszweige in große Schwierigkeiten. Männer und Frauen mit einem anderen Pass haben inzwischen Zehntausende von kleinen und größeren Betrieben gegründet. Sie bieten Arbeitsplätze und Ausbildungsplätze. Die ganz überwiegende Mehrheit der ausländischen Bevölkerung kommt ihren Pflichten nach und trägt dazu bei, dass wir Wohlstand erwirtschaften und soziale Sicherheit finanzieren können. Sie zahlen Einkommenssteuer und Mehrwertsteuer, wie wir alle. Sie zahlen Beiträge zur Rentenversicherung und sie finanzieren die Bundesanstalt für Arbeit genauso mit wie die gesetzliche Krankenversicherung.

Wir brauchen keine künstlichen Debatten darüber, ob Deutschland ein Zuwanderungs- oder ein Einwanderungsland ist. Wir dürfen in der Diskussion nicht immer nur Teilaspekte herausgreifen: heute islamischer Religionsunterricht, morgen Green-Card, dann wieder Arbeitserlaubnisse für Saisonarbeiter oder die Behandlung von Bürgerkriegsflüchtlingen. Wir müssen den Blick für das Ganze gewinnen. Wir müssen Realitätsblindheit und Illusionen überwinden, notwendige Entscheidungen anpacken und neue Wege gehen. Wir brauchen eine neue Anstrengung für das Zusammenleben aller Menschen in Deutschland – ohne Angst und ohne Träumereien.

Am Beginn aller Diskussionen muss klar sein: »Die« Ausländer gibt es nicht. Es geht immer um einzelne Menschen: um Menschen mit ihren individuellen Wurzeln, ob als Arbeitssuchende aus Anatolien, ob als Spätaussiedler aus einem kleinen Dorf im Herzen von Kasachstan, ob auf der Flucht vor Verfolgung und Folter im Sudan, ob als Vertriebene aus den zerstörten Städten und Dörfern des Kosovo. Jeder hat seine Biographie, jeder hat seine Träume, alle haben ihre kulturellen und religiösen Prägungen, jeder hat seine besondere Art des Umgangs mit anderen. So unterschiedlich sie sind, eines haben sie alle gemeinsam: Jeder von ihnen sucht in Deutschland Zuflucht oder Heimat – freiwillig oder notgedrungen, manche für eine Zeit des Übergangs, Viele aber auf Dauer.

III.

Das Verlassen der Heimat und das Einleben in eine andere Kultur: Das sind in der Geschichte keine neuen Phänomene – auch nicht in der Geschichte unseres Landes. Darum wissen wir, dass Einwanderung und Integration nicht konfliktfrei sind und nicht automatisch gelingen.

Die Zuwanderung vergangener Jahrhunderte nach Deutschland lässt sich freilich mit der heutigen Situation nicht ohne weiteres vergleichen. Vieles dauert länger, manches ist schwieriger, wenn es um das Zusammenleben von Menschen mit sehr unterschiedlichem kulturellen und religiösen Hintergrund geht. Vieles ist heute auch schwieriger, weil die Zuwanderer mittels Telefon und Satellitenfernsehen eng mit ihrer Heimat verbunden bleiben. Dennoch kann der Blick zurück zeigen, dass uns Integration in der Vergangenheit gelungen ist und dass sie auch wieder gelingen kann.

Wir in Deutschland haben in der zweiten Hälfte des 19. Jahrhunderts und danach Hunderttausende aufgenommen, die auf der Suche nach Arbeit und Brot waren. Sie kamen aus den östlichen Provinzen des Deutschen Reiches, aus Österreich-Ungarn, aus Russland, und unter ihnen waren besonders viele Polen. Sie kamen in das damalige Industriezentrum Berlin und in den »goldenen Westen«, zu den Gruben und Hütten des Ruhrgebiets. Da wurden in der Lebensspanne einer Generation Dörfer und kleine Städte zu Großstädten.

Die erste Generation der Einwanderer lebte noch ganz in den mitgebrachten Traditionen, etwa der polnisch-katholischen Frömmigkeit.

Schon die zweite Generation, die in dieselben Zechen einfuhr und in denselben Fußballvereinen spielte, fing an, die polnischen Namen westfälisch auszusprechen. So wie sie von ihrer neuen Umwelt geprägt wurden, so haben auch sie ihr neues Zuhause mitgeprägt. Wie viele von uns, nicht nur hier in Berlin oder im Ruhrgebiet, sind Nachkommen von Zuwanderern! Von Vätern und Müttern, die in der Fremde ein besseres Leben gesucht haben! Welche Aufnahme, welches Willkommen hätten wir unseren Großvätern und Urgroßvätern gewünscht? Und wie wurden unsere Landsleute aufgenommen, die in die Fremde gegangen sind?

Deutschland war in seiner Geschichte nicht nur ein Einwanderungsland. Armut und Not, aber auch Abenteuerlust und Unternehmungsgeist haben in der zweiten Hälfte des 19. Jahrhunderts Viele unserer Vorfahren nach Kanada und Amerika geführt – Jahr für Jahr die Einwohnerzahl einer Großstadt. Auch Deutsche waren einmal Wirtschaftsflüchtlinge. Auch Deutsche sind vor politischer Verfolgung geflohen. Auch Deutsche haben zum Aufbau anderer Länder beigetragen.

Als Folge des Zweiten Weltkriegs haben wir in Deutschland Millionen Flüchtlinge und Vertriebene aufgenommen. Auch diese letztlich erfolgreiche Integration war am Anfang alles andere als leicht, obwohl Deutsche nach Deutschland kamen. Viele werden nicht vergessen, auf wie viel Ablehnung sie nicht nur in Dörfern und Kleinstädten stießen – obwohl sie schwerstes Leid getragen hatten, obwohl sie dieselbe deutsche Sprache sprachen, obwohl sie zur selben Kultur gehörten, oft sogar zur selben Konfession wie ihre neuen Mitbürger.

Integration braucht langen Atem und Geduld. Sie braucht die Offenheit der angestammten Bevölkerung. Noch mehr braucht sie aber – und das gilt heute besonders – die Bereitschaft und die Anstrengung der neu Dazukommenden – die Bereitschaft, nicht nur dazuzukommen, sondern auch dazu gehören zu wollen.

IV.

Die Begegnung mit Fremdem, mit Menschen und Dingen, die wir nicht kennen, ist voller Spannung. Sie ist bestimmt von gemischten Gefühlen: von Neugier und Abwehr, von Willkommen und Abgrenzung, von Unverständnis und langsamem Vertrautwerden. Zuwanderung ist stets beides: Belastung und Bereicherung. Man kann über das eine nicht sprechen, ohne auch das andere zu sehen und zu nennen. Viele Vorteile, die uns die Zuwanderung und der Kontakt mit anderen Kulturen gebracht haben, nehmen wir gar nicht mehr wahr, weil sie für uns inzwischen selbstverständlich sind.

Ohne die damals so genannten Gastarbeiter hätte die Bundesrepublik nicht den wirtschaftlichen Aufschwung gehabt, den sie tatsächlich erlebt hat. Wir haben dringend benötigte Arbeitskräfte gerufen, und sie sind gekommen. Sie haben wesentlich zur Leistungsfähigkeit der deutschen Wirtschaft beigetragen. Sie haben durch Überweisungen nach Hause übrigens auch viel zum wirtschaftlichen Aufschwung in ihren Heimatländern beigetragen.

Wir sind kulturell reicher geworden: Musik aus anderen Ländern hat Vielen von uns neue Welten geöffnet. Wir hören heute Vieles mit Freude, was uns noch vor zwei oder drei Jahrzehnten fremd war. Die Ausstellung »Heimat Kunst« hier im Hause und die damit verbundenen Projekte zeigen, dass Musiker, Sänger, Maler und Schriftsteller aus der Begegnung unterschiedlicher Kulturen zu neuen künstlerischen Ausdrucksformen gelangen.

Ganz nebenbei: Wir essen heute auch anders. Die Einwanderer haben ihre Rezepte mitgebracht, ihre Spezialitäten, ihre Gewürze und ihre Getränke. Pizza und Döner sind aus unseren Straßen nicht mehr wegzudenken. Olivenöl und Fladenbrot gehören für Viele inzwischen zum täglichen Essen.

Deutschland zählt heute zu den buntesten und offensten Ländern der Welt. Wir haben an Lockerheit, an Erfahrungsmöglichkeiten und an toleranter Einstellung gewonnen. Es stimmt aber auch, dass manche Menschen diesen Gewinn nicht sehen – oder nicht sehen können. Sie erleben und erfahren oft stärker die Probleme, die eine so große Zahl an Zuwanderern ja auch tatsächlich bedeuten.

V.

Das Zusammenleben ist auch schwierig und es ist anstrengend. Wer das leugnet oder nicht wahrhaben will, ist mit allen Appellen zu mehr Toleranz, Freundlichkeit und Aufnahmebereitschaft unglaubwürdig.

Es hilft nichts, vor Problemen die Augen zu verschließen oder allein schon ihre Beschreibung als Ausländerfeindlichkeit hinzustellen.

Es ist nicht schwer, in wohlsituierten Vierteln eine ausländerfreundliche Gesinnung zu zeigen. Schwerer ist es dort, wo sich immer mehr verändert, wo man als Einheimischer die Schilder an und in den Geschäften nicht mehr lesen kann, wo in einem Haus Familien aus aller Welt zusammenwohnen, wo sich im Hausflur ganz unterschiedliche Essensgerüche mischen, wo laut fremde Musik gemacht wird, wo wir ganz andere Lebensstile und religiöse Bräuche erfahren. Schwer wird das Zusammenleben dort, wo sich manche alteingesessenen Deutschen nicht mehr zu Hause fühlen, sondern wie Fremde im eigenen Land. Im klimatisierten Auto multikulturelle Radioprogramme zu genießen ist eine Sache. In der U-Bahn oder im Bus umgeben zu sein von Menschen, deren Sprache man nicht versteht, ist eine ganz andere.

Ich kann Eltern verstehen, die um die Bildungschancen ihrer Kinder fürchten, wenn der Ausländeranteil an der Schule sehr hoch ist. Ich kenne das aus eigener Erfahrung. Ich kann auch verstehen, wenn überdurchschnittlich hohe Kriminalität junger Ausländer und Aussiedler vielen Menschen Angst macht. Ich kann verstehen, wenn nicht nur Mädchen und junge Frauen Angst vor Anmache oder Einschüchterung durch Cliquen von ausländischen Jugendlichen haben.

Wer die Sorgen und Ängste nicht ernst nimmt, redet über die Köpfe der Menschen hinweg und trägt zu einer Haltung bei, die lautet: Ja, die haben gut reden. Wo Sorgen und Ängste berechtigt sind, muss versucht werden, Abhilfe zu schaffen. Wir müssen erklären und erklären können, warum es nicht anders geht, jedenfalls nicht besser. Wo Sorgen und Ängste nicht berechtigt sind, muss informiert und aufgeklärt werden. Im Leben ist es oft wie in der Schule: Das falsch Verstandene behält man leider am Besten. Fehler setzen sich am hartnäckigsten fest. Damit Vorurteile sich nicht festsetzen und weiter verbreiten, muss man ihnen immer aufs Neue widersprechen. Ich sehe hier eine besondere Aufgabe und eine besondere Verantwortung der Medien. Aufklärung und Information tun Not.

Ein Beispiel: Menschen ärgern sich über Asylbewerber, die in den Innenstädten sitzen und den Eindruck vermitteln, sie ließen sich für Nichtstun vom Steuerzahler aushalten. Viel zu wenige Menschen wissen, dass es Asylbewerbern in den ersten drei Monaten gesetzlich verboten ist zu arbeiten, und dass sie danach von den Arbeitsämtern als Arbeitssuchende abgelehnt werden. Wer das weiß, mag am Sinn dieser Vorschrift zweifeln. Aber er wird den Asylbewerbern nicht mehr mangelnden Arbeitswillen unterstellen.

Ich engagiere mich von ganzem Herzen für einen Dialog der Kulturen und Religionen weltweit. Das ist eine wichtige Aufgabe. Ich habe sie allerdings nie als Ersatz dafür verstanden, dass wir uns ganz handfest um die praktischen Probleme des Alltags kümmern, die sich aus dem Zusammenleben unterschiedlicher Kulturen im eigenen Land ergeben. Wir müssen über das Zusammenleben da reden, wo das Leben konkret ist.

VI.

Es gibt in unserer Gesellschaft Ausländerfeindlichkeit, ja Fremdenhass. Es gibt Gewalt bis hin zu Mord. Gefährlicher noch als einzelne Gewaltakte ist ein gesellschaftliches Klima, das Ausländerfeindlichkeit mit klammheimlicher oder sogar offener Sympathie begleitet. Es gibt eine aggressive Intoleranz gegenüber Ausländern. Sie wird gefördert, wenn eine Mehrheit schweigt. Wer schweigt, macht sich mitschuldig. Da sind wir alle gefordert. Politiker, Polizei und Justiz, Lehrerinnen und Lehrer tragen besondere Verantwortung, sich menschenfeindlichen Tendenzen entgegenzustellen. Das braucht Zivilcourage und Unterstützung. Kein politisch Verantwortlicher darf der Versuchung nachgeben, aus fremdenfeindlichen Stimmungen Kapital zu schlagen. Der sorgfältige Umgang mit dem Wort gehört dabei an die erste Stelle. Ich erwarte von allen Selbstdisziplin und Fingerspitzengefühl. Wer sich über die Untaten aus Fremdenfeindlichkeit empört, der darf die Unworte nicht überhören oder gar selbst gebrauchen, die viel zu häufig die Runde machen. Unworte bereiten Untaten den Boden.

Wir dürfen freilich niemanden mit seinen Vorurteilen und Ressentiments alleine lassen. Wie oft sind Ausländerfeindlichkeit und Fremdenhass das Ergebnis von Unkenntnis und mangelnder Erfahrung! Nur so ist zu erklären, dass es Gegenden in Deutschland gibt, in denen nur ganz wenige Ausländer leben, Fremdenfeindlichkeit aber stark verbreitet ist.

Wenn Rechtsextreme stolz von »national befreiten Zonen« sprechen, dann ist das ein Alarmsignal für Rechtsstaat und Demokratie und ein Grund zur Scham für alle wirklichen Patrioten. Für Rassismus und rassistische Gewalt gibt es Gründe und Erklärungen, aber nichts kann sie rechtfertigen. Wer Gewalt anwendet, gehört bestraft – je schneller, desto besser. Ich will das alte Argument vom Ansehen Deutschlands in der Welt nicht hervorholen. Gewiss ist wichtig, wie wir von außen gesehen werden. Wir sind es uns aber in erster Linie selber schuldig, dass Fremdenfeindlichkeit geächtet wird.

VII.

Wenn wir über Zuwanderung und Integration sprechen, dann ist es nicht nur legitim, sondern auch wichtig, dass wir auch an unsere eigenen Interessen denken. Wer zu uns nach Deutschland kommt, der muss die demokratisch festgelegten Regeln akzeptieren. Sie sind Grundlage unseres Zusammenlebens. Diese Regeln sind auf Integration angelegt und nicht auf Ausgrenzung. Sie bieten genügend Raum für kulturelle Vielfalt. Sie sichern die Freiheit des Glaubens und die Rechte von Minderheiten. Diese Regeln setzen aber auch Grenzen, die niemand unter Hinweis auf seine Herkunft oder seine religiöse Überzeugung außer Kraft setzen darf.

Ein wichtiges Beispiel dafür sind das Recht und die Rolle der Frauen in der Gesellschaft. Jeder muss wissen, dass wir es nicht dulden, wenn Frauen aus traditionellen oder kulturellen Gründen nur mindere Rechte haben sollen. Alle müssen sich an die Regeln halten, die sich unsere Gesellschaft gegeben hat: Zugewanderte und Einheimische. Integration kommt nicht von allein. Man muss etwas dafür tun. Das ist oft anstrengend. Wir dürfen diese neue Anstrengung nicht missverstehen als einen mildtätigen Akt, mit dem wir Ausländern einen Gefallen tun. Wenn wir etwas für bessere Integration tun, dann tun wir das nicht nur aus Mitmenschlichkeit oder christlicher Nächstenliebe, sondern in unserem aufgeklärten Eigeninteresse.

Es ist viel darüber geredet worden, ob wir eine »multikulturelle Gesellschaft« sind oder sein sollen. Ich sage dazu nur: Wir sind jedenfalls eine kulturell vielfältige Gesellschaft. Die unterschiedlichen Kulturen leben aber oft mehr nebeneinander als miteinander. Das geht dann gut, wenn Vielfalt nicht mit Beliebigkeit verwechselt wird und wenn wir uns darin einig sind, dass eine Gesellschaft keine Addition von Minderheiten ist. Wir brauchen eine gemeinsame Vorstellung davon, wie wir in Deutschland zusammenleben wollen. Wir brauchen klare Grundwerte, die unser Handeln gemeinsam binden.

Eine Gesellschaft, die in Fragmente zerfällt, kann keine wirklich demokratische Gesellschaft sein. Demokratie bedeutet ja auch, dass Minderheiten Mehrheitsentscheidungen akzeptieren, ja innerlich bejahen. Das setzt voraus, dass Mehrheit und Minderheit, jenseits aller tagespolitischen Konflikte und Kontroversen, gemeinsame Grundvorstellungen teilen. Dann können sie Wir-Gefühl entwickeln, das beide bindet und verbindet. Wir brauchen das, auch wenn wir auf das Pathos aus vielen Gründen nicht zurückgreifen können, mit dem andere Nationen ihre Gemeinsamkeit begründen.

Verfassungspatriotismus ist wichtig. Aber wir brauchen eine gewisse emotionale Gemeinsamkeit darüber hinaus. Den Gegensatz zwischen »Wir hier« und »Die da« verträgt eine demokratische Gesellschaft auf Dauer nicht. Wenn wir von der Gefahr sprechen, dass unsere Gesellschaft auseinander fällt, dann dürfen wir nicht nur mit den Fingern auf andere zeigen. Wir müssen uns auch selbst fragen, ob wir uns in all den Jahren unserer eigenen Identität immer genügend bewusst waren und ob wir genügend selbstbewusst waren, um Neuankömmlinge für uns in einem tieferen Sinne einzunehmen. Haben wir nicht gute Gründe – nach 50 Jahren erfolgreicher Friedens- und Demokratiegeschichte –, für unsere Gesellschaft, für ihre Kultur und ihre Lebensformen, vielleicht auch für ihre Symbole, zu werben? Sollten wir nicht viel deutlicher machen, dass nicht nur Wohlstand und wirtschaftliche Leistungsfähigkeit unser Land attraktiv machen?

Wenn uns das gelingt, dann können wir erwarten, dass aus Immigranten Bürgerinnen und Bürger werden, die hier nicht nur zu Hause sind, sondern sich hier auch heimisch fühlen. Integration: Das bedeutet nicht Entwurzelung und gesichtslose Assimilation. Integration ist auch die Alternative zum beziehungslosen Nebeneinander unvereinbarer Kulturen. Integration: Das ist die immer wieder zu erneuernde Bindung aller an gemeinsame Werte. Wer dauerhaft in Deutschland leben will, braucht seine Herkunft nicht zu verleugnen. Er muss aber bereit sein, eine offene Gesellschaft nach dem Leitbild des Grundgesetzes mitzugestalten. Das ist unser Angebot an alle. Wir können nur dann eine offene Gesellschaft sein und bleiben, wenn sich keine Inseln bilden, die außerhalb des gesellschaftlichen Grundkonsenses liegen. Darum müssen wir Integration aktiv und systematisch fördern. Jeder Mensch, der das Recht hat, sich dauerhaft in Deutschland aufzuhalten, sollte verpflichtet sein, sich mit unserer Gesellschaft vertraut zu machen: mit unseren Wertvorstellungen, unseren Traditionen und ganz besonders mit unserer Sprache. Wir sollten ernsthaft darüber nachdenken, ob wir nicht dem Beispiel anderer Länder folgen und uns über ein Gesetz zur aktiven Förderung der Integration verständigen.

VIII.

Von denen, die sich ernsthaft mit diesen Fragen beschäftigen, bestreitet kaum jemand, dass wir auch in Zukunft – und zwar im eigenem Interesse – Einwanderung brauchen. Das gilt nicht nur für Deutschland, sondern auch für andere westliche Länder. Viele unserer Unternehmer schauen gerne nach Amerika und weisen auf die überwältigende Dynamik der amerikanischen Wirtschaft in den letzten zehn Jahren hin. Diese Dynamik ist ganz wesentlich auf die Einwanderer zurückzuführen, die Amerika in den letzten zehn Jahren in großer Zahl aufgenommen hat. Präsident Clinton hat vor einigen Jahren ein großes Programm zur Integration der verschiedenen Bevölkerungsgruppen aufgelegt: Das Programm heißt: »One America« und wendet sich gegen das Auseinanderfallen der Gesellschaft in unterschiedliche ethnische Gruppen. Darauf wird bei uns nicht so häufig hingewiesen.

Warum werden wir und andere Länder auch in Zukunft Einwanderung brauchen? Dafür wird immer wieder eine Reihe von Gründen genannt. Zum Beispiel: Nur durch Einwanderung sei unser Sozial- und Rentensystem weiterhin zu finanzieren. Es stimmt: Alle westlichen Gesellschaften haben ein demographisches Problem. Das dürfen wir weder verharmlosen noch dramatisieren. Durch Einwanderung allein kann das Problem nicht gelöst werden. Auf Fragen, die so komplexe Ursachen und Folgen haben wie die Umkehrung der Alterspyramide, gibt es nie nur eine einzig richtige Antwort. Gewiss täten wir gut daran, wenn unser Land kinderfreundlicher würde. Es ist nicht Aufgabe der Politik, die Zahl der Geburten zu erhöhen. Aber die Politik sollte dazu beitragen, dass der Wunsch, Kinder zu bekommen, gefördert und nicht gehemmt wird. Kinder zu haben darf finanziell nicht bestraft werden. Ein zweiter Grund für die Forderung nach Einwanderung ist ebenfalls ernstzunehmen. Schon heute, und in Zukunft noch mehr, fehlen in wichtigen Bereichen hochqualifizierte Arbeitskräfte. Hier machen sich Defizite früherer Bildungs- und Ausbildungspolitik schmerzlich bemerkbar.

Der Bundeskanzler hat mit seiner Green-Card-Initiative darauf reagiert. Soviel Zustimmung dieser Ansatz findet – auch bei mir –, wir alle wissen: Einwanderung allein kann das Defizit an qualifizierten Arbeitskräften nicht ausgleichen. Wir werden auf auswärtige Spitzenkräfte nicht verzichten könnten. Aber wir müssen dringend unsere eigenen Qualifizierungsanstrengungen verstärken. Das wird nur in Zusammenarbeit zwischen den Bildungseinrichtungen und der Wirtschaft gelingen, die in ihrem ureigenen Interesse mehr in Ausbildung und Qualifikation investieren muss. Auch darauf hat der Bundeskanzler hingewiesen.

IX.

Wir können das Zusammenleben in unserem Land nicht dem Zufall überlassen. Die Anforderungen, die wir an uns selbst stellen und an die, die zu uns kommen, müssen gut durchdacht, besonnen diskutiert und klug festgelegt werden. Wir müssen uns über die Bedingungen der Zuwanderung klar werden und wir müssen die Zuwanderung verbindlich regeln. Jeder muss wissen, was ihn erwartet und was von ihm erwartet wird. Es wird gewiss nicht leicht sein, sich in diesen Grundfragen unseres gesellschaftlichen Zusammenlebens zu verständigen. Aber wir dürfen diesen Themen nicht ausweichen. Wir müssen die Diskussion jetzt führen.

Die Regeln für Integration und Einwanderung müssen von den sozialen und wirtschaftlichen Interessen geprägt sein, die unsere Gesellschaft hat. Umso wichtiger ist es, zwei Dinge auseinanderzuhalten: Einwanderung und das Recht auf Asyl. Eine Einwanderungsregelung ist eigennützig, das Recht auf Asyl ist uneigennützig. Wer sagt: Auf deutschem Boden können nicht alle Probleme dieser Welt gelöst werden, der hat Recht. Ich füge aber hinzu: Deutschland muss für Menschen, die um Freiheit, um Leib und Leben fürchten müssen, eine gute und eine sichere Adresse sein und bleiben.

X.

Wie immer wir künftig die Einwanderung regeln: Wir müssen gut vorbereitet sein – geistig, politisch und institutionell. Wir müssen darauf vorbereitet sein, dass Menschen kommen, von denen wir etwas erwarten und die von uns etwas erwarten. Vorbereitet sein müssen wir in vielen Bereichen. Am wichtigsten sind Kindergärten, Schulen und Hochschulen. Das sind die Orte, an denen sich entscheidet, ob Integration in unserem Land gelingt. Sie sind die Lernorte des Zusammenlebens und sie liefern gleichzeitig die Grundlagen dafür. Im Alltag kann man sich abkapseln, in den eigenen Vierteln und unter sich bleiben. In der Schule kommt man unvermeidlich zusammen. Hier muss man mit anderen auskommen, ob man will oder nicht. Die Schule der Nation ist die Schule. Hier zeigen sich alle Schwierigkeiten, die das Zusammenleben mit sich bringen kann, oft am deutlichsten.

Darum möchte ich all den Lehrerinnen und Lehrern ganz herzlich danken, die sich Tag für Tag damit auseinandersetzen müssen, dass unsere Gesellschaft so vielfältig und damit auch so schwierig geworden ist. Vor allem in den Grund- und Hauptschulen spüren sie hautnah, was in und was mit unserer Gesellschaft los ist. In meinen Dank schließe ich alle ein, die in Kindertagesstätten, in den Jugendabteilungen der Vereine und in der offenen Jugendarbeit alltägliche Integrationsarbeit für uns alle leisten. Auch den Beschäftigten bei Polizei und Justiz, auch den Mitarbeitern von Meldeämtern und Ausländerämtern, von Arbeits- und Sozialämtern möchte ich für ihre oft schwierige und manchmal frustrierende Arbeit danken, für die sie viel Geduld und Fingerspitzengefühl brauchen.

Ich habe schon zu Anfang darauf aufmerksam gemacht: 30 Prozent aller Schulkinder in Deutschland haben inzwischen einen »Migrationshintergrund«. Das bedeutet oft: geringe Sprachkenntnisse, schlechte Integration in der Lerngruppe, mangelndes Engagement der Eltern, die mit Kindergarten und Schule nicht oder nur wenig zusammenarbeiten. Wie viele Probleme werden – vom Kindergarten an – an die jeweils nächsthöhere Bildungseinrichtung weitergereicht! In Wirklichkeit brauchen wir also vom Kindergarten und von der Grundschule an eine Pädagogik, die Integrationsförderung nicht als Beiwerk missversteht.

Hat diese Aufgabe bei der Lehrerausbildung schon genügend Niederschlag gefunden? Sind Lehrerinnen und Lehrer schon genügend darauf vorbereitet, in Klassen mit der Hälfte oder mehr nichtdeutscher Kinder zu unterrichten? Vor allem Lehrerinnen sehen sich oft mit nicht akzeptablen Verhaltensweisen konfrontiert, die aus ganz anderen Vorstellungen von Autorität und Geschlechterrollen stammen. Was tun wir dagegen? Was in der Schule nicht geleistet wird, das kann oft ein Leben lang nicht ausgeglichen werden. Wenn die Zahl der türkischstämmigen Studierenden an unseren Hochschulen sich in den letzten zehn Jahren verdoppelt hat, dann ist das erfreulich. Aber die Zahl der ausländischen Hauptschüler ist im Verhältnis zu ihrer Altersgruppe dreimal so groß ist wie die der deutschen – und bei den weiterführenden Schulen ist es genau umgekehrt. 40 Prozent der nicht deutschstämmigen Jugendlichen mit Hauptschulabschluss bekommen keinen Ausbildungsplatz.

Wir brauchen Bildungskonzepte, die stärker zur Kenntnis nehmen, dass der Schüler aus einer deutschen Familie mit abendländisch-christlichem Hintergrund nicht mehr überall der Normalfall ist. Das gehört viel stärker in die pädagogische und didaktische Ausbildung und Weiterbildung der Lehrerinnen und Lehrer. Wir haben gute Modellprojekte, in denen Mütter und Kinder gemeinsam Deutsch lernen, weil die Mütter in den meisten Fällen den Hauptteil der Erziehung leisten.

Wer auf Dauer in Deutschland lebt, muss Deutsch sprechen können. Darum ist »Deutsch für Ausländer« ein zentrales Bildungsprojekt für die Zukunft unserer Gesellschaft. Wir brauchen dafür mehr Lehrerinnen und Lehrer. Ich weiß: Das kostet Geld. Ich weiß aber auch: Wer heute an der falschen Stelle spart, muss dafür später teuer bezahlen. Es ist kein Zeichen von Ausländerfeindlichkeit, wenn Lehrer und Schulleiter darauf achten, dass in der Schule Deutsch gesprochen wird. Ganz im Gegenteil: Wo das nicht geschieht, scheitert die Integration von

Anfang an – zum Schaden aller Kinder. Es ist in unserem gemeinsamen Interesse, dass alle Ausländer oder neu Eingebürgerten möglichst gute Bildungschancen haben. Bildung fördert die Integration, Bildung eröffnet Chancen auf gute Arbeitsplätze, Bildung macht gesprächsfähig. Bildung ist schließlich das A und O jeder Begegnung der Kulturen, die diesen Namen wirklich verdient. Nur Bildung hilft, Vorurteile zu überwinden. Sie ist der beste Schutz vor Fundamentalismus und Rassismus. Was wir unbedingt verhindern müssen, ist die Entstehung eines neuen Bildungsproletariats, einer Schicht, die aus Mangel an Bildung den sozialen Anschluss verliert. Das führt zu ethnischer Ghettobildung mit allen schädlichen, ja gefährlichen Folgen.

XI.

Zu den schädlichen Folgen von Ghetto- und Cliquenbildung, von misslungener Integration, von Aussichtslosigkeit auf dem Arbeitsmarkt, von sozialer Randständigkeit gehören Gewalttätigkeit und Kriminalität. Mit Zahlen und Statistiken darüber wird oft Missbrauch getrieben. Sie müssen sorgfältig gelesen werden. Dann erweist sich manches Urteil als Vorurteil. Es stimmt aber, dass vor allem jüngere männliche Ausländer und Aussiedler überdurchschnittlich an Straftaten und Gewalttaten beteiligt sind. Sie müssen, wie alle anderen Straftäter auch, nach Recht und Gesetz – und möglichst schnell – bestraft werden.

Die Statistik zeigt aber auch ganz deutlich: Wo Integration – durch Bildung, Ausbildung und Arbeit – gelungen ist, da sind Gewalt und Kriminalität bei jungen Ausländern nicht stärker verbreitet als bei jungen Deutschen. Übrigens: Ein Skinhead mit Springerstiefeln wirkt auf mich auch dann nicht weniger gefährlich, wenn er womöglich einen deutschen Pass hat.

XII.

Unsere Gesellschaft ist immer noch stark von christlichen Traditionen geprägt, doch sie ist stärker säkularisiert, als Viele wahrnehmen. Erleben inzwischen nicht manche, die selbst ohne religiöse Prägung sind, im muslimischen Nachbarn zum ersten Mal einen Menschen, der seinen Glauben im Alltag lebt? Und müssen nicht umgekehrt gläubige Muslime besonders in unseren Großstädten oft den Eindruck haben, tatsächlich in einer Welt der »Ungläubigen« zu leben, gegen die sie sich nur durch besonders strenges Festhalten am Althergebrachten meinen schützen zu können? Strenge islamische Erzieher und Eltern befürchten für ihre Kinder eine ähnliche Abkehr von der Religion, wie es bei uns Eltern mit ihren Kindern seit Jahrzehnten erleben.

Die Freiheit des Glaubens und der Religion gilt für alle Menschen in unserem Land, nicht nur für Christen. Dazu gehört auch die Freiheit, dem Glauben Ausdruck zu geben – in Gottesdienst und gottesdienstlichen Räumen. Darum gibt es inzwischen in vielen Städten in Deutschland Moscheen. An den Anblick dieser Moscheen, wenn sie denn wie klassische Moscheen aussehen, haben sich Viele erst gewöhnen müssen. Ich füge hinzu: Vielen würde das leichter fallen, wenn Christen in islamischen Ländern das gleiche Recht hätten, ihren Glauben zu leben und auch Kirchen zu bauen.

Ich bin dafür, dass in unseren Schulen islamischer Religionsunterricht erteilt werden kann. Das sollte in deutscher Sprache geschehen, durch staatlich ausgebildete und anerkannte Lehrer und auf der Grundlage von Unterrichtskonzepten, die von anerkannten islamischen Partnern erarbeitet und von den Schulministerien genehmigt werden. Das bedeutet: Wir brauchen eine akademische islamische Religionslehrerausbildung, wir brauchen verlässliche islamische Partner, mit denen diese schwierigen Fragen erörtert werden können.

Unsere Verfassung baut auf die vertrauensvolle Zusammenarbeit zwischen dem Staat und den Religionsgemeinschaften. Der Islam ist nicht wie eine Kirche strukturiert. Deshalb brauchen wir eine andere Form verlässlicher, institutioneller Kooperation mit den Muslimen in Deutschland. Wir brauchen auf der Grundlage unserer Verfassung eine Regelung, die den berechtigten Interessen der Mitbürger muslimischen Glaubens entspricht. Worauf wir bestehen müssen, auch im Interesse aller Kinder, die hier leben, will ich klar sagen: In unseren staatlichen und privaten Schulen werden die Kinder – auch im Religionsunterricht – im Sinne der Grundwerte unserer Verfassung erzogen.

XIII.

Ich habe vorhin davon gesprochen, dass wir das Grundrecht auf Asyl, so wie es seit einigen Jahren neu gefasst worden ist, nicht zur Disposition stellen sollten. Allerdings führt das geltende Recht in vielen einzelnen Fällen immer wieder zu Entscheidungen, die auch Viele von denen für falsch und unvertretbar halten, die im Grundsatz für eine restriktive Asylpraxis eintreten. Ich bekomme viele Briefe, in denen sich Abgeordnete und Unternehmer, Schulklassen, Kirchengemeinden und engagierte Bürger gegen die Abschiebung von einzelnen Flüchtlingen einsetzen. Ich kann das oft sehr gut verstehen. In den meisten Fällen stellt sich aber heraus, dass diesen Menschen nicht geholfen werden kann. Sie können nicht hier bleiben, weil das gegen geltendes Recht verstieße. Ich frage mich, ob die Behörden nicht einen größeren Entscheidungsspielraum bräuchten, damit sie der jeweils besonderen Situation besser gerecht werden können. Wer das auch will, muss im Parlament für entsprechende Änderungen eintreten. Meine Sympathie dafür hat er.

XIV.

Wir brauchen eine neue, gemeinsame Anstrengung für das Zusammenleben in unserem Lande. Wir müssen in allen Bereichen des gesellschaftlichen Lebens und des politischen und staatlichen Handelns umdenken. Wir müssen die Wirklichkeit zur Kenntnis nehmen, wenn wir sie erfolgreich gestalten wollen – ohne Angst und ohne Träumereien. Gelungene Integration ist in unserem eigenen, vitalen Interesse. Sie mobilisiert Kräfte, die wir für eine gute Zukunft brauchen. Bestimmen wir klar unsere Interessen und Ziele. Entscheiden wir, wie wir Integration gestalten wollen. Legen wir realistische Ziele fest.

Bildung und nochmals Bildung – das ist die grundlegende Voraussetzung für jede Integration. Integration muss ein zentraler Bestandteil jeder Bildungspolitik werden. Einwanderung darf nicht dem Zufall überlassen bleiben. Wir brauchen gut durchdachte, praktikable Konzepte, die niemanden überfordern. Wir brauchen den Mut, das Richtige auch dann zu tun, wenn es nicht immer und überall populär ist. Wir brauchen einen breiten Konsens über Integration und Zuwanderung.

Darum bitte ich alle, die in unserer Gesellschaft Auftrag und Stimme haben: Streiten Sie über den besten Weg zu diesem Ziel. Aber so, dass weder Angst geschürt noch Illusionen geweckt werden. Wir brauchen auch europäische Abstimmung in der Migrationspolitik. Aber das darf keine Ausrede dafür sein, im eigenen Land nicht zu tun, was getan werden kann.

Viele ausländische Mitbürgerinnen und Mitbürger engagieren sich in unserem Land: in Organisationen und Vereinen, als Selbständige und Unternehmer, die Arbeitsplätze schaffen und Ausbildungsplätze anbieten. Dafür danke ich Ihnen. Ich möchte Sie alle ermutigen: Beteiligen Sie sich am gesellschaftlichen Leben – in den Stadtteilen und den Schulen, in Gewerkschaften oder in Sportvereinen. Nur wenn möglichst Viele mittun, werden wir den ganzen Reichtum erschließen können, der aus dem Zusammenleben von unterschiedlichen Menschen entstehen kann. Mein dringender Appell ist: Lernen Sie Deutsch! Wenn wir miteinander leben, müssen wir einander verstehen. Wer in Deutschland aufwächst oder neu zu uns kommt, muss Deutsch sprechen und verstehen.

Die Förderung der Integration ist eine gesellschaftspolitische Aufgabe allerersten Ordnung. Wir müssen sie wirklich ernstnehmen. Sie sollte uns so wichtig sein, dass wir dafür eine gesetzliche Grundlage schaffen. Wir brauchen die Diskussion darüber, wie wir Einwanderung gestalten wollen und welche Regeln dafür nötig sind. Ich wünsche mir ein vielfältiges und lebendiges Deutschland – friedlich und weltoffen. Daran zu arbeiten lohnt jede Mühe.

Es kommt nicht auf die Herkunft des Einzelnen an, sondern darauf, dass wir gemeinsam die Zukunft gewinnen.

»Wir haben guten Grund, uns an die Vielfalt der Wurzeln Europas zu erinnern«*

Ich freue mich ganz besonders darüber, heute zum zweiten Mal in so kurzer Zeit eines der bedeutenden Aachener Jubiläen dieses Jahres mit den Aachenern und ihren Gästen feiern zu dürfen. Vor einer guten Woche war ich mit dem amerikanischen Präsidenten hier, als er den Karlspreis erhielt, der vor fünfzig Jahren zum ersten Mal verliehen wurde. Das ist ein schönes rundes Jubiläum für eine Ehrung, deren Ziel – die Einigung Westeuropas – anfangs eher eine Utopie zu sein schien. Ein fünfzigster ist aber ein recht junger Jahrestag, wenn man ihn mit den beiden Jubiläen vergleicht, die wir heute hier begehen: das der Krönung Karls des Großen zum Römischen Kaiser und das der Errichtung des Doms vor 1200 Jahren. Jedes dieser Jubiläen ist Grund genug zu feiern, und das haben Sie seit Januar hier in Aachen ja auch ausgiebig getan – und werden das hoffentlich auch weiterhin tun.

Nun sind Jubiläen – das wissen die Älteren unter uns aus eigener Erfahrung – nicht nur Gründe zum Feiern. Sie sind auch Anlässe zum Nachdenken, und beide Vorredner haben das deutlich gemacht. Jubiläen sind Schwellen zwischen der Vergangenheit und der Zukunft: Schwellen, die uns dazu bringen, inne zu halten; zurückzuschauen auf das, was geschah, zu bedenken, was davon gut und was nicht so gut war. Dies Be-Denken des Vergangenen muss nicht allein rückwärts gerichtet bleiben. Vielmehr kann und soll es uns auch dazu ermutigen, den Blick von der Vergangenheit wieder in die Zukunft zu richten und, wenn nötig, Korrekturen vorzunehmen oder gar neue Ziele abzustecken. Jubiläen sind zwar Schwellen, aber keine Hemm-Schwellen: Sie trennen zwar Vergangenheit und Zukunft, schaffen zugleich aber auch eine Verbindung.

Ich habe die Ausstellung, die wir heute hier eröffnen, besonders gern unter meine Schirmherrschaft gestellt, weil sie den Brückenschlag zwischen Vergangenheit und Gegenwart zu ihrem entscheidenden Thema

* Grußwort zur Eröffnung der Ausstellung: »Krönungen. Könige in Aachen – Geschichte und Mythos« am 11. Juni 2000 in Aachen.

macht. Sie betreibt nicht einfach Rückschau auf vergangenen Glanz. Die gibt es natürlich auch. Aber es gibt nicht bloß Nostalgie. Die Ausstellung macht die europäische Dimension der Aachener Krönungen ganz bewusst zu ihrem Thema. Sie lenkt dadurch unseren Blick zugleich auf die Wurzeln des heutigen Europa. Ich bin kein Historiker, ich kann und will Ihnen auch keinen historischen Vortrag halten. Das wird gewiss gleich Professor Fuhrmann tun, von dem wir wissen, dass er zu den bedeutendsten Kapazitäten auf diesem Feld gehört.

Ich möchte statt dessen einige Gedanken mit Ihnen teilen, die mir in den Sinn kommen, wenn ich auf Karl den Großen und auf seine Nachfolger blicke, wenn ich mir überlege, was die Geschichte ihrer Krönungen uns heute, kurz nach dem so gewaltsamen 20. Jahrhundert, über die Wurzeln Europas sagen kann.

Betrachten wir für einen Augenblick die Krönung des fränkischen Königs Karl zum Römischen Kaiser durch den Papst in Rom: Diese Krönung war, wenn ich es richtig sehe, in gewisser Weise die Anerkennung von Karls politischem Wirken und zugleich die seines politischen Traums: Er wollte das untergegangene christlich-weströmische Kaiserreich der Spätantike wieder auferstehen lassen. Das war ihm auch auf bemerkenswerte Weise gelungen: Als er gekrönt wurde, umfasste Karls Reich den größten Teil des heutigen Westeuropa: Frankreich, Belgien, die Niederlande, die Schweiz und große Teile Deutschlands und Italiens. Im Osten des Reiches hatte er die Christianisierung weiter vorangetrieben, im Südwesten hatte er einen Teil Spaniens in den christlichen Herrschaftsbereich zurückgebracht.

Die »karolingische Renaissance« war ein bescheidener, aber ein bedeutender Versuch, an das kulturelle Niveau der Spätantike anzuknüpfen. Man kann gut verstehen, warum Zeitgenossen Karl nach dem allgemeinen politischen und kulturellen Niedergang der vorhergehenden Jahrhunderte als »Vater Europas« – »pater Europae« – bezeichneten.

Europa hatte gleichwohl mehrere Väter und natürlich auch Mütter: Hier in Aachen wurden ja auch Königinnen gekrönt, wie uns diese Ausstellung zeigt. Karls Krönung erinnert uns auch daran, dass es damals bereits einen Römischen Kaiser gab: den oströmischen, den Herrscher über das Byzantinische Reich, Michael I. Er erkannte Karl als Kaiser an in einem Vertrag, der hier in Aachen geschlossen wurde. Wichtige Voraussetzungen dafür waren Karls Krönung durch den Papst und seine Bereitschaft, dem byzantinischen Herrscher Land abzutreten.

Das lenkt unseren Blick darauf, dass es das Oströmische, das Byzantinische Reich war, in dem die Kontinuität des Römischen Reiches bis ins 15. Jahrhundert hinein ungebrochen fortbestand. Seinem Glauben nach war es christlich, kulturell und sprachlich stand es in griechischer Tradition. Es hatte immensen Einfluss auf die Christianisierung der Völker Osteuropas, der slawischen und der nicht-slawischen. Dass wir die oströmischen Wurzeln Europas so lange vergessen haben, liegt wohl nicht nur am Untergang des Byzantinischen Reiches im 15. Jahrhundert. Es liegt auch an der politisch-ideologischen Spaltung Europas im vergangenen Jahrhundert. Sie hat dazu geführt, dass wir neben den oströmischen auch seine slawischen Wurzeln vergessen haben, obwohl auch diese beiden christlich geprägt waren. Das dritte bedeutende europäische Machtzentrum in der Zeit, um die es in dieser Ausstellung geht, war ja das christlich-slawische Reich von Kiew.

Es gab noch einen anderen Erben der Antike und zugleich Vater Europas, an den uns die Kaiserkrönung Karls erinnert. Zu Karls Reich gehörte damals ja nur ein kleiner Teil Spaniens. Der größte Teil stand lange unter arabischer Herrschaft. Auch Sizilien gehörte lange zum arabischen Herrschaftsbereich. Es gehörte dem Islam an, sah sich aber kulturell ebenfalls als Erben der Antike.

Die arabisch-islamische Kultur gehört nicht nur deshalb zu den Wurzeln des heutigen Europa, weil Teile Europas lange Zeit unter arabischer oder später osmanischer Herrschaft gestanden haben. Die Schriften des großen Griechen Aristoteles haben seit dem 13. Jahrhundert die westeuropäische Kultur wieder nachhaltig geprägt. Diese Schriften waren viele Jahrhunderte in Westeuropa vergessen und allein in arabischen Übersetzungen überliefert. Sie kamen durch arabische und durch jüdische Gelehrte über Spanien erst im 12. Jahrhundert wieder nach Westeuropa. Das war nur möglich, weil die vielen unterschiedlichen europäischen Kulturen jener Zeit – und die jüdische gehört dazu – zwar oft in Konflikte verwickelt waren, gleichzeitig aber in regem wirtschaftlichen und kulturellen Austausch miteinander standen. Karl der Große unterhielt diplomatische Beziehungen zum Byzantinischen Reich wie zu den arabischen Reichen, und Friedrich II. von Hohenstaufen sprach fließend Arabisch und korrespondierte mit den besten arabischen Gelehrten seiner Zeit.

All das zeigt uns: Wir haben guten Grund, uns an die Vielfalt der Wurzeln Europas zu erinnern. Sie sind lange Zeit in Vergessenheit geraten, weil gegenwartsorientierte Interessen uns dazu verleitet haben, die Wurzeln Europas einseitig im lateinisch-christlichen Mittelalter zu suchen. Diese Einseitigkeit zu überwinden, das könnte ein wichtiger Beitrag zu einer zukunftsorientierten Vorstellung von Europa sein, zu einer Vorstellung, die nicht voraussetzt, dass viele seiner gegenwärtigen oder potenziellen zukünftigen Mitglieder einen Teil ihrer jeweiligen Geschichte vergessen oder verleugnen müssen; zu einer Vorstellung, die sie nicht dazu zwänge, im nachhinein die Geschichte des lateinisch-christlichen Mittelalters als die eigene Geschichte umzudeuten.

Europa kann in meinen Augen nur dann gelingen, wenn wir nicht das spaltende »eure oder unsere Kultur«, sondern das versöhnende »eure und unsere Kultur« zu seiner Grundlage machen, wenn wir in seiner Vielfalt keine Gefahr, sondern die Grundlage seiner Einheit sehen. Der Erfolg eines zusammenwachsenden Europa wird davon abhängen, ob wir ein starkes Zentrum haben, das angelegt ist auf Erweiterung, nicht auf Abschottung.

Ich habe kürzlich in anderem Zusammenhang davon gesprochen, dass in einer multikulturellen Gesellschaft wie der deutschen ethnische Minderheiten die deutsche Sprache lernen müssen – im eigenen und in unser aller Interesse. In einem zusammenwachsenden Europa müssen wir Deutschen auch bereit sein, andere Sprachen als unsere eigene zu lernen. Die Ausstellung, die heute hier eröffnet wird, zeigt uns dafür genügend Vorbilder.

»Wir kämpfen in der ganzen Welt gemeinsam gegen den Terror. Aber wir kämpfen nicht gegen Glaubensgemeinschaften, nicht gegen Religionen und nicht gegen Kulturen«*

Bei meinen Auslandsreisen bin ich schon häufig in Moscheen gewesen. Aber heute ist ein besonderer Tag: Mit meinem Besuch in der Fatih Moschee hier in Marl möchte ich deutlich machen: Wir grüßen die muslimischen Mitbürger am Ende des Ramadan und wünschen Glück und Segen.

Muslime und Christen feiern unterschiedliche Feste, aber beide sind aufeinander angewiesen. Das muss in diesem Jahr und an diesem Jahreswechsel besonders deutlich werden. Darum ist der Papst in Rom in eine Moschee gegangen, darum hat der amerikanische Präsident nach dem 11. September in Amerika eine Moschee besucht, darum komme ich heute hierher, um Ihnen zu sagen: Wir kämpfen in der ganzen Welt gemeinsam gegen den Terror. Aber wir kämpfen nicht gegen Glaubensgemeinschaften, nicht gegen Religionen und nicht gegen Kulturen. Das ist sehr wichtig, weil es immer wieder Menschen gibt, die uns einreden wollen, der Glaube könne die Grundlage für Hass bilden. In Wirklichkeit aber führt gelebter Glaube zur Versöhnung, zur Verständigung und zum Miteinanderleben. Das müssen manche in Deutschland und auch in der Türkei noch lernen.

Aber Europa hat Wurzeln, die uns darauf hinweisen, dass wir es lernen können: Istanbul hieß einmal Konstantinopel. Lange Zeit gab es dort einen großen Zweig des Christentums, die oströmische Kirche. Die christliche Welt, das Abendland, ist in Vielem ohne muslimischen Einfluss nicht denkbar. Wir würden einige der großen christlichen Theologen gar nicht kennen, wenn es nicht die arabischen Gelehrten gegeben hätte, die ihre Texte für uns übersetzt haben.

So haben wir viele Gemeinsamkeiten und erleben doch im Alltag oft Schwierigkeiten und Probleme. Darum muss ein Bundespräsident,

* Grußwort beim Besuch der Fatih Moschee in Marl-Hamm am 17. 12.2001.

der sein Amt ernst nimmt, manchmal allen ins Gewissen reden. Aber er darf auch sagen: Seid herzlich willkommen, wir sind ein Einwanderungs- und ein Zuwanderungsland! Diesen Tatbestand sollte niemand mehr bestreiten.

Diejenigen, die zu uns kommen, sollen nicht ihrem Glauben abschwören, sollen nicht ihre Kultur aufgeben. Aber wir bitten sie: Lernt unsere Sprache! Helft mit, dass Eure Kinder unsere Sprache lernen, damit sie in der Schule keine Nachteile haben, die ihnen später den Zugang zu einem Ausbildungs- und Arbeitsplatz verwehren. Helft also frühzeitig mit, dass Integration auf beiden Seiten stattfindet – bei denen, die aufnehmen, und bei denen, die zu uns kommen.

Hier in Marl wurde seit Jahren das Gespräch miteinander gesucht und in einer Breite gefunden, wie das sonst nicht selbstverständlich ist. Ich habe gehört, dass in der christlich-islamischen Arbeitsgemeinschaft in Marl evangelische und römisch-katholische Christen, einige Freikirchen und viele Moscheevereine zusammenarbeiten, aufeinander hören und dabei Neugier entwickeln und entfalten. Aus der Neugier entsteht Staunen und aus dem Staunen die Freude daran, dass es den anderen gibt.

Ich wünschte mir, das wäre in ganz Deutschland so, damit ein Besuch des Staatsoberhaupts in einer Moschee nicht mehr ein großes Presseereignis sein muss. Ebenso wünschte ich mir, dass umgekehrt auch in muslimischen Ländern Christen die Chance hätten, ihre Kirchen zu besuchen. Ich habe das in Indonesien und in der Türkei gesagt, und ich wiederhole es hier in Marl.

Ihnen wünsche ich, dass die Kraft, die der Ramadan durch den Verzicht und durch das Fasten verleiht, Ihnen in den nächsten Wochen erhalten bleibt und dass Sie jetzt ein fröhliches und entspanntes Zuckerfest feiern können.

Gewiss wünschen auch Sie denen, die sich als Christen verstehen, dass ihnen aus dem Weihnachtsfest neue Kraft für den Alltag erwächst. Ich danke Ihnen dafür, dass ich heute dabeisein konnte. Wer seinen Glauben lebt, der braucht keinen Fundamentalismus. Und so wünsche ich mir abschließend, dass wir auch ohne Fundamentalismus ein Fundament haben, auf dem wir stehen und von dem aus wir uns gegenseitig grüßen, begegnen, kennenlernen und stützen, wo immer das sein mag.

»Die Gewalt darf doch auf dieser Welt nicht das letzte Wort haben«*

Selten habe ich mich so hilflos gefühlt wie an dem Morgen des Pfingstsamstags vor zehn Jahren, als ich hier stand, wo Sie jetzt stehen.

Ich war an jenem Morgen ganz früh aufgestanden, denn in meiner Heimatstadt, in der Nachbarstadt Wuppertal, fand ein Gedenkgottesdienst statt, zu dem ich gehen wollte – zur Erinnerung an den Fliegerangriff vom 29. Mai 1943. Ich war früh aufgestanden, weil ich meinen Text noch nicht fertig hatte. Da ging das Telefon, und ich bekam die Nachricht von dem, was hier in der Unteren Wernerstraße geschehen war.

Ich konnte nicht warten, bis Fahrer oder Sicherheitsbeamte da waren; also habe ich mich selber ins Auto gesetzt und bin hierher gefahren. Dann habe ich hier gestanden und gedacht: Es hat also doch alles keinen Zweck. Da arbeitet man, da rackert man sich jahrelang ab für Frieden, für Toleranz, für das Miteinander der Menschen – und dann so eine schreckliche Tat.

Manches Mal haben auch die Solinger damals gedacht: Es hat also doch keinen Zweck. Aber dann sagt man sich: Das darf doch nicht wahr sein! Die Gewalt darf doch auf dieser Welt nicht das letzte Wort haben! Und dann wird man sehr realistisch und sehr vorsichtig, es gibt eine Kette, die geht von der Fremdheit über die Angst weiter zum Hass und zur Gewalt. Wir brauchen eine Kette von der Fremdheit über die Neugier zum Reichtum der Völker und der Ethnien. Darum bitte ich die deutschen Mitbürger: Nehmt die auf, die als Fremde zu uns kommen. Darum bitte ich diejenigen, die als Ausländer zu uns kommen: Baut keine Mauern auf zu dem Land, in dem Ihr Gäste seid und Mitbürger werden sollt. Wir müssen einander erzählen von unserem Leben, von unserem Leben in Solingen und in Wuppertal und in Berlin und wo immer wir sind. Und Sie müssen uns erzählen von den Städten und von den Dörfern, aus denen Sie kommen und in denen Sie Wurzeln haben.

* Grußwort bei der Gedenkveranstaltung zum zehnten Jahrestag des Brandanschlags in Solingen am 29. Mai 2003.

Wir müssen Fremdheit überwinden, um den Reichtum der Begegnung zu gewinnen.

Solingen hat einen guten Namen in der ganzen Welt. Auch weil die Solinger aufgestanden sind gegen Hass und Gewalt heute vor zehn Jahren und in der Zeit danach. An manchen Ecken haben wir gestanden und haben heftig diskutiert. Aber, wenn es eine Lehre von Solingen gibt, dann ist es die: Hass tötet, Liebe macht lebendig. Ich denke, das lebende Beispiel dafür, dass Liebe lebendig macht, das ist Mutter Genč. Ich würde gern mehr Türkisch können, um mich mit ihr zu unterhalten, und ich wünschte ihr, dass sie ein bisschen mehr Deutsch könnte, um mich zu verstehen.

Darum sage ich bei dieser Gelegenheit: Wer länger bei uns bleibt, sollte unsere Sprache lernen, damit unsere Neugier befriedigt wird, damit wir mehr voneinander erfahren. Und jetzt, meine ich, sollten wir von diesem Tag an, von diesem 29. Mai 2003 an, die Botschaft in die Welt tragen: Hass – gegen wen auch immer – tötet, und er darf nirgendwo auf der Welt erlaubt sein, am wenigsten bei uns zu Hause.

Ich wünsche Solingen eine gute Zukunft, und ich danke allen Solingerinnen und Solingern, die mitgeholfen haben, dass kein Makel auf dem Schild der Stadt ist, sondern ein Zeichen der Weltoffenheit und der Toleranz. Ich wünsche uns allen eine friedliche Zukunft.

Erinnerung im Geiste der Versöhnung – Für einen europäischen Dialog über Flucht und Vertreibung*

I.

»Liebe Mutter! Ich liege hier in einem Behelfskrankenhaus auf dem Flur und muss morgen weiter, weil alles überfüllt ist und die Russen auch hierher kommen. (…) Bitte, erschrick' nicht, liebe Mutter, aber ich bringe Gabi nicht mit, und ich habe einen erfrorenen Arm. Ich hätte vielleicht Gabi sonst noch weiter getragen. (…) Ich … habe sie gut eingewickelt und an der Straße hinter Kanth tief in den Schnee gelegt. Da war Gabi nicht allein, denn mit mir waren ein paar tausend Frauen mit ihren Kindern unterwegs, und sie legten auch die Gestorbenen in den Graben, weil dort bestimmt kein Wagen und keine Autos fahren und ihnen noch ein Leid antun können. (…) Es war so schrecklich kalt, und es stürmte so eisig, und es fiel Schnee, und es gab nichts Warmes, keine Milch und nichts. (…) Hier liegt eine Frau aus der Brandenburger Straße. Die hat alle drei Kinder verloren.«

Solch schreckliches Leid steht hinter dem Wort »Flucht«, hinter dem Wort »Vertreibung« und hinter dem Unwort »ethnische Säuberung«. Es gibt Millionen solcher Leidensgeschichten, weil Millionen von Menschen zu Flüchtlingen und Vertriebenen gemacht worden sind und immer noch werden – im vergangenen Jahrhundert vor allem in Europa, heute vor allem in Afrika. Auch in Zukunft wird die Welt dieses Übel wohl niemals ganz überwinden, trotz allem, was wir dafür tun müssen und tun können.

Das Leid der Vertriebenen ist zuallererst persönliches Leid. Auch wenn Millionen gleichzeitig vertrieben werden – die Furcht und den Schmerz, die Trauer und das Heimweh erleidet immer der Einzelne Mensch, und er muss in seinem Leben mit den Verletzungen und Erin-

* Rede beim Tag der Heimat des Bundes der Vertriebenen am 7. September 2003 in Berlin.

nerungen fertigwerden. Das Leid jeder und jedes Einzelnen steht vor allen Bewertungen, vor allen Betrachtungen über Recht und Unrecht und Ursache und Folge. Sich diesem Leid zuzuwenden, mit denen zu fühlen, die es ertragen müssen, das ist ein Gebot der Menschlichkeit.

II.

Vor zwei Generationen wurden im Zuge des Krieges, den Deutschland begonnen hatte, auch etwa fünfzehn Millionen Deutsche aus ihrer Heimat vertrieben. Ihnen ist bitteres Unrecht zugefügt worden. Sie haben unermesslich gelitten. Die meisten Vertriebenen haben Unvorstellbares durchgemacht. Das lässt sich nacherzählen – die ungeheuren Strapazen der Trecks, die Gnadenlosigkeit der Angriffe, die Gräueltaten an Unschuldigen und Wehrlosen, das oft jahrelange Dahinvegetieren, die Behandlung als Freiwild und als Arbeitssklaven, das Elend der Abschiebungstransporte. All das lässt sich nacherzählen. Und es lässt sich auch zählen: Allein in den ehemaligen deutschen Ostgebieten kam es im Zuge von Flucht und Vertreibung zu weit über eine Million Vergewaltigungen. Wie groß aber die Qualen der Menschen tatsächlich waren und wie das Erlittene bis heute an den Betroffenen nagt, das bleibt unvorstellbar.

All dies trifft und prägt niemals nur die Erlebnisgeneration allein. Das Trauma der Vertreibung und der Verlust der Heimat haben auch auf die Nachkommen gewirkt. Ich zitiere noch einmal: »Ich war vier Jahre alt, als mit Gewehrkolben an die Eingangstür meines Elternhauses gehämmert wurde. (...) Innerhalb von 15 Minuten mussten wir unter Bewachung das Haus verlassen. (...) Wir wurden nach Sibirien deportiert. (...) Dort träumten Mama und Oma nie enden wollende Familiengeschichten. Im Lauf des sechsjährigen Aufenthaltes ... war ich in der Lage, mir viele familiäre Ereignisse, wie sie sich in den glücklichen Vorkriegsjahren ereignet haben, ins Gedächtnis zu rufen. Ich wusste auch genau, wie mein Elternhaus aussah.« Das sagte eine Polin, die nach der im Geheimen Zusatzprotokoll zum Deutsch-sowjetischen Nichtangriffspakt vom August 1939 vereinbarten Teilung Polens von den Sowjets aus ihrer Heimat vertrieben wurde. So wie in dieser polnischen Vertriebenenfamilie war es nach dem Krieg viele Jahre auch unter deutschen Dächern: schier endlose Gespräche am Familientisch über glücklichere Tage, über die Schönheit der Heimat, über das Elternhaus, über die Hoffnung auf Rückkehr und schließlich voller Wehmut über das Schwinden dieser Hoffnung.

Dabei ist den Vertriebenen etwas Wichtiges und Wertvolles gelungen – und darin liegt eine ihrer großen Leistungen, von denen ich heute sprechen möchte: Die Vertriebenen haben ihren Kindern und Enkeln nicht Hass und auch nicht den Wunsch nach Vergeltung eingepflanzt, sondern die Überzeugung und den Willen, am Aufbau eines besseren Deutschlands und eines friedlich geeinten Europas mitzuarbeiten. Gewiss, anfangs hörte man in Vertriebenenkreisen noch oft den Ruf nach Rache und nach Revanche. Wer wollte das leugnen? Die allermeisten Vertriebenen wussten aber, dass dieser Weg nur neues Leid heraufbeschworen und dass er ins Abseits geführt hätte. Sie wählten stattdessen den friedlichen Neubeginn. Dies war die zentrale Botschaft der Charta der deutschen Heimatvertriebenen von 1950. Sie war ein zukunftsweisendes Zeichen für Einsicht, Mut und Hoffnung; aber sie musste ja auch wirklich gelebt werden. Das haben Millionen von Vertriebenen getan und diese Einstellung ihren Kindern weitergegeben, im Westen wie im Osten unseres geteilten Landes. Heute gibt es längst keinen nennenswerten Unterschied mehr zwischen den Bundesbürgern mit und denen ohne Vertreibungsschicksal.

III.

Diese Haltung der Vertriebenen ist gewiss auch eine der Voraussetzungen dafür gewesen, dass sie in der neuen Umgebung heimisch werden und neue Wurzeln schlagen konnten. Es war eine wichtige Bedingung, aber beileibe nicht die einzige. Am Anfang ging es für Viele ums schiere Überleben, so drückend war die allgemeine Not. Einen Strom von zehn, zwölf Millionen völlig mittellosen Menschen aufzunehmen, das würde unser Land selbst heute noch bis zum äußersten beanspruchen. Dabei leben wir doch in einer vergleichsweise heilen und komfortablen Welt. Damals jedoch waren fast alle größeren Städte Trümmerwüsten. Allein im Westen waren mehr als vier Millionen Wohnungen zerstört. Schon von den Einheimischen hatten Millionen kein vernünftiges Dach über dem Kopf.

Anfangs schien es fast unmöglich, angemessen für die Vertriebenen zu sorgen. In Schleswig-Holstein war 1947 fast jeder zweite Einwohner Vertriebener, 1950 noch jeder dritte. Ich selbst habe 1946 in Wuppertal zwei jüngere Brüder bekommen. Meine Eltern nahmen zwei Jungen aus Ostpreußen auf. Die beiden hatten auf der Flucht ihre Mutter und ihre drei Geschwister begraben. Der Vater war verschollen. Bis weit in die fünfziger Jahre hinein gab es fast überall an den Stadträndern Flüchtlingslager. Noch im Herbst 1949 lebten allein in Bayern über 94.000 Menschen in 465 Flüchtlingslagern. Das letzte Lager wurde dort erst im Juli 1963 aufgelöst.

In Ostdeutschland bekamen viele Vertriebene Land, dessen vormalige Besitzer auf Befehl der sowjetischen Besatzungsmacht enteignet worden waren; weil es aber nur wenig Hilfe bei der Bewirtschaftung gab, mussten viele Neubauern schnell aufgeben und sich erneut auf die Suche nach Einkommen und Unterkommen machen. Schon wenige Jahre nach Kriegsende wollte die SED von den Nöten der sogenannten »Umsiedler« nichts mehr wissen. Sie drohten die Freundschaft zu den kommunistischen Bruderstaaten zu stören. Das »Umsiedlerproblem« wurde kurzerhand für erledigt erklärt, obwohl davon keine Rede sein konnte.

Auch im Westen war die Zeit bis zu Wirtschaftswunder und Vollbeschäftigung noch lang und bitter. 1950, im Jahr der Charta der deutschen Heimatvertriebenen, waren in der Bundesrepublik noch zwei von fünf Vertriebenen arbeitslos, und weit über die Hälfte von ihnen hatte keine ausreichende Wohnung. Wer Arbeit hatte, war meist berufsfremd beschäftigt und musste sich oft mit einer Einstufung in die unteren Lohngruppen zufrieden geben. Bundespräsident Heinrich Lübke hat an all das vor 43 Jahren erinnert, zum zehnten Jahrestag der Charta im Jahr 1960, weil es schon damals so aussah, als hätten Viele es vergessen.

IV.

All das darf und soll jedoch nicht vergessen werden. Nur wenn wir uns an das erinnern, was damals war, wird deutlich, wie unendlich viel die Deutschen in jenen Jahren gemeinsam geleistet haben. Sie haben das Land wieder aufgebaut und eine stabile Ordnung begründet. Unser

Volk hat sich der entsetzlichen Wahrheit der von Deutschen begangenen Verbrechen – bis hin zum Völkermord – gestellt. Wir haben uns darum bemüht, Sühne zu leisten, und Schritt für Schritt das Vertrauen der Welt zurückgewonnen.

An all diesen Leistungen haben die Vertriebenen ihren Anteil. Ihr Aufbauwille und ihr Unternehmungsgeist waren enorm. Sie wollten anpacken. Auch fast 60 Jahre später spürt man noch etwas von der Verblüffung, mit der ein bayerischer Landrat seinerzeit über die Neuankömmlinge berichtete: »Wenn irgendwo eine Baracke [leer-]steht, taucht sofort ein Gründer auf, um darin eine Industrie aufzuziehen.«

Auch aus Baden-Württemberg waren der Erfindergeist und die Schaffenskraft der Vertriebenen binnen kurzem nicht mehr wegzudenken. Die Vertriebenen machten dort bald ein Fünftel der Bevölkerung aus, und auch dort haben sie Unschätzbares zum Aufbau und zum Aufschwung beigetragen. So war es überall. Dabei haben die Vertriebenen viel Solidarität erfahren und viel materielle Unterstützung bekommen. Für Westdeutschland genügen in diesem Zusammenhang die Stichworte »Lastenausgleich« und »Bundesvertriebenengesetz«.

Das meiste allerdings haben die Vertriebenen bei ihrem Neuanfang aus eigener Kraft schaffen müssen. Dabei hatten es die Alten gewiss am schwersten – sie blieben oft auf Dauer entwurzelt und heimatlos. Auch der mittleren Generation verlangte der Neubeginn unsagbar viel Kraft und Arbeit ab. Am leichtesten fanden die Kinder ihren Weg; aber auch für sie war er steinig. Kurz: Die Vertriebenen schufen sich mit harter Arbeit eine neue Lebensgrundlage und trugen entscheidend dazu bei, Deutschland in Ost und West wieder aufzubauen. Dabei hatten sie es insgesamt ungleich schwerer als die Alteingesessenen.

V.

Leider ist es den Vertriebenen oft unnötig schwer gemacht worden. Es gab Kränkungen, von denen manche bis heute fortwirken. Zunächst einmal hat wohl jede und jeder Vertriebene irgendwann erlebt, dass Einheimische mit ihnen anfangs hartherzig umgingen, ihnen voller Vorurteile und ablehnend begegneten – später kam der Neid auf die Hilfen für die Vertriebenen und auf ihren Gewerbefleiß hinzu. Oft schnitt die Ablehnung ins Herz. Als Flüchtlingskind vor der Tür der Nachbarskinder warten zu müssen, während die Kinder der Einheimischen hereingebeten wurden – das vergisst man nicht. Und beim wohlbestallten Bauern vergeblich um ein wenig Milch für das kranke Kind zu bitten, auch das vergisst man nicht.

Solchen Erfahrungen stehen freilich die Hilfsbereitschaft und die Solidarität vieler anderer Alteingesessener gegenüber, und auch die guten Beispiele sind unvergessen: »Meine Mutter sagte immer«, erinnerte sich ein Mann viele Jahre später, »wenn sie zum Bäcker L. gegangen ist und ihr Brot geholt hat, dann hat der manchmal die Brotmarken nicht angenommen. Oder er hat ihr ein Brot gegeben, das war dann größer, als sie es den Marken nach kriegen durfte. Das ist der Grund, deswegen gehen wir auch heute noch dahin unser Brot kaufen.« Solche guten Beispiele fanden sich bald allerorten. Die Menschen lernten sich kennen, legten Vorurteile ab, fanden zueinander – übrigens auch vor dem Traualtar. Ehen zwischen Einheimischen und Vertriebenen wurden schnell zu einer Selbstverständlichkeit.

Eine andere Kränkung haben die Vertriebenen wohl viel dauerhafter empfunden: Ihr schweres Schicksal sei den Einheimischen im Grunde gleichgültig gewesen, sie hätten davon nichts hören wollen und sich abgewandt. Die Vertriebenen seien mit ihrem Leid innerlich sich selbst überlassen worden, obwohl sie so sehr der Anteilnahme bedurft hätten. Daran ist gewiss und leider viel Wahres. Aber auch viele Einheimische hatten ja unendliches Leid erfahren: Auch mehr als 800.000 Menschen aus den westlichen Teilen des Reiches, die vor dem Bombenkrieg im Osten Zuflucht gesucht hatten, haben Flucht und Vertreibung durchgemacht. Auch wer an Rhein und Ruhr in Trümmern hauste, unter denen tote Freunde und Verwandte lagen, auch der hatte ein Stück Heimat verloren. Auch dort fanden Menschen zusammen, die einander immer wieder die erlebten Schrecken erzählten, um Halt zu finden und um gemeinsam Kraft zum Überleben zu schöpfen. Deutschland war 1945 ein Land von Entwurzelten, niedergedrückt von persönlichem Unglück und auch stumm und starr angesichts der immer genaueren Erkenntnis der ungeheuren Verbrechen des nationalsozialistischen Deutschland. Darum plädiere ich für Verständnis dafür, dass die Heimatvertriebenen bei ihren Mitmenschen leider oft wenig Gehör fanden.

Die Vertriebenen erfuhren aber noch eine weitere Kränkung, und die ging wahrscheinlich am tiefsten. Viele wollten den Vertriebenen nicht nur nicht zuhören, sie wollten ihnen sogar den Mund verbieten. Manche hatten selbst nie Leid erlebt und wollten darum vom Leid anderer nichts hören. Manche wendeten ein, die Vertreibung liege doch schon so weit zurück, das sei doch längst uninteressant. Manche schließlich sprachen auch dort nur von den historischen Ursachen, wo es um das unendlich große Leid ging, das Vielen daraus entstanden war: Sie hielten den Vertriebenen vor, ihr Schicksal sei letztendlich die Quittung für früheren Nationalismus und den von Deutschland begonnenen Krieg.

Das war nicht nur herzlos, das war auch dumm. Ich habe das nie verstehen können. Aber selbst hier gilt: Es ist nie zu spät, doch noch miteinander ins Gespräch und ins Reine zu kommen. Gottlob hat sich seitdem hierzulande in den Köpfen und in den Herzen viel getan. Ich bin überzeugt davon, dass die Zeiten niemals günstiger waren, um in Deutschland und in Europa mit unseren Nachbarn das Gespräch über das Thema Flucht und Vertreibung neu aufzunehmen und mit Herz und Verstand voranzubringen.

VI.

Ich will dies zuerst mit Blick auf Deutschland begründen: Unser Land hat die Einheit in Freiheit erlangt. Nun können auch die Vertriebenen in den östlichen Bundesländern ihre Geschichte erzählen, und auch die meisten anderen ehemaligen Bürger der DDR können darüber berichten, wie lange sie ganz besonders unter den Folgen des von Deutschland entfesselten Krieges leiden mussten.

Seit einigen Jahren haben Historiker, Soziologen und Psychologen das Thema Flucht und Vertreibung wiederentdeckt. Bisher verschlossene Archive stehen nun offen. Manche Fragen sind noch wenig oder gar nicht wissenschaftlich untersucht, zum Beispiel das Schicksal der Vertriebenen in der SBZ und in der DDR und die Langzeitfolgen der Vertreibung für die Erlebnisgeneration und deren Kinder und Enkel. Die größte Forschungslücke klafft noch bei vergleichenden Untersuchungen über Umsiedlungen und Vertreibungen in ganz Mittel-, Ost-

und Südosteuropa. Viel zu wenig erforscht ist auch der enge Zusammenhang zwischen Vertreibungspolitik und Holocaust.

Mindestens ebenso positiv wie das neuerwachte Interesse der Wissenschaft sind das Interesse und die große Anteilnahme der Bürgerinnen und Bürger an diesem Kapitel unserer Geschichte. In den vergangenen Jahren haben wir einen erfreulichen Wandel erlebt: Zeitzeugen der Vertreibung, zeitgeschichtliche Darstellungen, literarische Gestaltungen des Themas wie die Novelle »Im Krebsgang« von Günter Grass und Fernsehdokumentationen stoßen auf ein großes und interessiertes Publikum. Die Menschen reagieren betroffen und mit Trauer auf das geschilderte Leid, und manche, vor allem Jüngere, erkennen überhaupt zum ersten Mal, wie hart der Zweite Weltkrieg auch die Deutschen traf.

Für diese neue Anteilnahme gibt es gewiss mancherlei Gründe. Besonders wichtig erscheinen mir zwei. Zunächst einmal ist die Erinnerung an die Vertreibung spätestens seit 1990 nicht mehr mit dem Ost-West-Konflikt und denstrittigen Fragen der deutschen Außenpolitik belastet. Die Deutschen – auch die große Mehrheit der Vertriebenen – wollten den Ausgleich mit Polen und Tschechien und mit den anderen mittel- und osteuropäischen Völkern, und wir haben diesen Ausgleich erreicht. Deutschland und seine Nachbarn sind sich darin einig, ihre Beziehungen auf die Zukunft auszurichten und nicht mit politischen und rechtlichen Fragen zu belasten, die aus der Vergangenheit herrühren. Wenn wir das ernst meinen und wenn wir uns im Alltag daran halten, dann steht die Beschäftigung mit dem Unrecht der Vertreibung grundsätzlich nicht mehr unter dem Verdacht, es gehe wechselseitig um alte Vorwürfe und um gegenseitiges Aufrechnen. Das spüren die Menschen und darum öffnen sie sich für das Thema.

Ich sehe aber noch einen zweiten wichtigen Grund für die verstärkte Zuwendung der Deutschen zu diesem Abschnitt der deutschen und europäischen Geschichte: Die meisten Menschen, welche die Vertreibung bewusst erlebt haben, sind heute im Rentenalter. Sie waren eine unauffällige, »stille« Generation, die anpackte und in der DDR und in der Bundesrepublik mithalf, »den Karren aus dem Dreck zu ziehen« – und zwar die meisten durchaus in dem Bewusstsein: »Das haben wir uns alle gemeinsam eingebrockt, das müssen wir nun gemeinsam auslöffeln.« Diese Generation geht nun den eigenen Spuren noch einmal nach und erzählt ihr Schicksal auch den Enkeln. Allerdings haben auch gerade viele Angehörige der Enkelgeneration fundierte Kenntnisse über die Vertreibung und deren Vorgeschichte bitter nötig. Ohnehin lässt der Stand der historischen Allgemeinbildung einiges zu wünschen übrig, und um die Kenntnisse über den früheren deutschen Osten und die Vertreibung ist es besonders schlecht bestellt.

Natürlich gibt es erfreuliche Ausnahmen. So lautete das Thema des letzten Geschichtswettbewerbs des Bundespräsidenten: »Weggehen – Ankommen. Migration in der Geschichte«. Und die inzwischen vorliegenden Wettbewerbsbeiträge zeigen, wie einfühlsam und sachkundig die jungen Leute sich mit dem Thema Flucht und Vertreibung auseinandergesetzt haben. Aber im Allgemeinen trifft leider zu, was der Althistoriker Alfred Heuß schon 1984 beklagt hat: Die jüngeren Deutschen wissen nur noch wenig über den früheren deutschen Osten und über die Katastrophe, die zu seinem Verlust geführt hat. Dass Königsberg und Breslau deutsche Großstädte waren wie Köln und München, ist heute Vielen unbekannt, und entsprechende Unwissenheit herrscht dann natürlich auch darüber, in welchem Land eigentlich Immanuel Kant oder Gerhart Hauptmann geboren wurden, wo sie lebten und arbeiteten. Wer so wenig über den deutschen Osten wisse, kritisierte Heuß mit Recht, der begreife gar nicht, welchen Substanzverlust die Deutschen durch den Zweiten Weltkrieg erlitten hätten und wie »sich hierin Hitlers Verbrechensprinzipien gegen die Deutschen selbst kehrten«.

Dabei ist diese Erkenntnis entscheidend. Denn im Grunde lässt sich die gesamte deutsche Politik ab 1933 überhaupt nur auf der Folie nationalistischer und rassistischer Vertreibung verstehen. Diesem Ziel dienten die Verfolgung und Vertreibung der Juden schon zu Friedenszeiten und das Münchner Abkommen ebenso wie die Umsiedlung der Südtiroler und schließlich das Hereinholen vieler anderer deutscher Minderheiten »heim ins Reich«, wie es in der NS-Propaganda hieß. Überall im deutschen Machtbereich wurden ethnische Minderheiten und ganze Völker verfolgt, versklavt und vertrieben, sobald man sie in die Gewalt bekam: So wurde aus dem westlichen Polen gleich nach der Besetzung binnen Monaten weit mehr als eine Million polnische Bürger deportiert, um Platz für Deutsche zu schaffen. Und dies sollte erst der

Anfang sein: Die Pläne für die Vertreibung von Millionen Polen und Russen lagen schon bereit. Im »Generalplan Ost« und im »Generalsiedlungsplan Ost« rechnete die SS allein mit mehr als dreißig Millionen russischen Opfern dieser Landnahme. In der Vernichtung der europäischen Juden erreichte diese rassistische und ethnokratische Politik ihre schrecklichste Form. Und man kann mit dem Historiker Götz Aly zu Recht sagen, dass der Holocaust »mitten hinein« gehört in die historische Konstellation, der am Ende auch die deutschen Vertriebenen zum Opfer fielen.

Wie untrennbar die deutschen Verbrechen und die Vertreibung der Deutschen bis zuletzt ineinander verschlungen waren, das haben viele Vertriebene mit eigenen Augen erlebt. Ein Schlesier erinnerte sich: »Eine böse Vorahnung ergriff mich, als der Elendszug der KZ-Häftlinge des Lagers Auschwitz Anfang Januar 1945 durch unser Dorf zog. Ein schreckliches Erlebnis. Sie waren alle, obwohl es bitterkalt war, nur mit der dünnen Häftlingsbekleidung, mit Holzpantinen ohne Strümpfe bekleidet. (...) Als ich am nächsten Morgen zur Schule ging, lagen Dutzende von erschossenen Häftlingen am Straßenrand.« Auch in der Nacht, als die »Wilhelm Gustloff« sank und in Pillau unzählige verzweifelte Flüchtlinge auf den Transport über die Ostsee warteten, wurden nahebei am Strand noch viele Häftlinge aus dem KZ Stutthof erschossen.

Gewiss, Umsiedlungen und Vertreibungen hat es schon vor 1933 gegeben, und schon damals lag kein Segen darauf. Aber erst mit den Nationalsozialisten schlug diese Praxis europaweit in gesetzlose Brutalität um. Der Historiker Hans Lemberg hat es auf den Begriff gebracht: »So ist durch Hitler die Hemmschwelle hinsichtlich dessen, was man mit Menschen und Menschengruppen meinte zu tun können ... ebenso gesenkt worden, wie das Grenzen-Verschieben durch ihn wieder in Schwung gekommen ist.« Diese Erkenntnis spricht niemanden von der Verantwortung für eigenes Handeln frei – nicht die, die Hitler die Hand zum Münchner Abkommen reichten und nicht die Konferenzteilnehmer von Teheran, Jalta und Potsdam; nicht die, die in Mittel- und Osteuropa zuerst gemeinsam mit den Deutschen die Juden entrechteten und danach die Deutschen, und auch nicht jene, die schon im Exil jahrelang die Vertreibung geplant hatten. Hitlers verbrecherische

Politik entlastet niemanden, der furchtbares Unrecht mit furchtbarem Unrecht beantwortete. Die gesamteuropäische Katastrophe kann aber nur in ihrem Gesamtzusammenhang wirklich verstanden werden, und nur das kann aufklärend wirken. Solche Aufklärung wünsche ich mir für die heutigen und für die künftigen Generationen in Deutschland und überall in Europa. Dafür brauchen wir einen europäischen Dialog, und der wird von allen Beteiligten ungeschminkte Selbsterkenntnis verlangen.

VII.

Für einen solchen aufrichtigen europäischen Dialog sind die Bedingungen nach meiner Überzeugung so günstig wie nie zuvor: Deutschland ist zum ersten Mal in seiner Geschichte von Freunden und Partnern umgeben und erhebt gegen niemanden Gebietsansprüche. Wir Deutschen haben mit Sympathie und voller Anerkennung und Dankbarkeit erlebt, wie die Völker Mittel- und Osteuropas sich 1989 von der sowjetischen Vorherrschaft befreit haben. Das war eine wichtige Bedingung für den Erfolg der friedlichen Revolution in der DDR und für die deutsche Einheit. Unsere Nachbarn im Osten haben dieser Einheit zugestimmt und uns aufrichtig zu ihr beglückwünscht. Wir werden bald mit ihnen gemeinsam in der Europäischen Union zusammenleben, in der Grenzen nicht mehr trennen, sondern verbinden sollen. Unsere Kinder werden die Zukunft Europas gemeinsam gestalten.

In den ehemaligen deutschen Gebieten im Osten und in den früheren deutschen Siedlungsgebieten in Mittel- und Osteuropa verändert sich auch die Einstellung der Menschen zum deutschen Kulturerbe: »Ich könnte jeden Tag einen Artikel über die Deutschen in Breslau schreiben«, sagt eine Journalistin einer großen polnischen Tageszeitung, die im heutigen Wrocław erscheint. Sie habe jüngst ein Foto von vier Volkssturm-Kindersoldaten veröffentlicht. Da hätten die meisten Leser voller Mitleid wissen wollen, »ob die Jungen heute noch am Leben sind«. Eine solche Reaktion wäre vor 1990 wohl kaum vorstellbar gewesen.

Bei unseren östlichen Nachbarn verändert sich auch die Einstellung zur Vertreibung der Deutschen. Sie war in Polen und auch in Tschechien

Gegenstand aufrichtiger und sehr selbstkritischer Debatten; es gibt dort schon heute viele Stimmen des Bedauerns und der Trauer, der Erinnerung an das damalige Unrecht und der Mahnung. Natürlich gibt es auch andere Stimmen, wer wollte das leugnen. Auch bei unseren Nachbarn schmerzen viele Narben noch, und immer noch ist das Argument sehr leicht zur Hand, es seien schließlich die Deutschen selbst gewesen, die Stalin an die Elbe geholt hätten. Dennoch scheint mir das Nachdenken darüber, was den Deutschen an Unrecht und Leid zugefügt worden ist, weit vorangekommen, seit diese Staaten ihre Freiheit wiedererlangt haben. Die Verleihung des Franz-Werfel-Menschenrechtspreises an die Initiatoren des »Kreuzes der Versöhnung« im tschechischen Wekelsdorf zeigt, wieviel Gutes schon auf den Weg gebracht wurde.

Das alles sind günstige Voraussetzungen dafür, dass in Deutschland und in Europa im Geist der Wahrhaftigkeit und der Versöhnung über das Thema Flucht und Vertreibung gesprochen werden kann. Wir können die Gunst der Stunde nutzen, wir können sie aber auch verspielen. Welche Wahl wollen wir treffen?

VIII.

Vielleicht treffen wir die Wahl bereits, ohne es zu merken und ohne es zu wollen. In Deutschland ist eine Debatte entbrannt, die bei unseren Nachbarn manche beunruhigt und sorgenvoll stimmt. Es geht um ein Zentrum gegen Vertreibungen. Ich gestehe, dass mich der Ton und der Stil mancher Beiträge in dieser Debatte bedrücken. Wenn ich mir die prominenten Kontrahenten ansehe, dann finde ich auf beiden Seiten untadelige Demokraten, aufrechte Europäer und Menschen, an deren Engagement für die Verständigung und Versöhnung zwischen den Völkern Europas kein Zweifel besteht. Dennoch prägen Unterstellungen und Schuldzuweisungen auf beiden Seiten die Debatte. Diese Atmosphäre gegenseitigen Misstrauens verringert unsere Gesprächsfähigkeit und bestärkt unsere Nachbarn in dem Verdacht, dass ihnen nichts Gutes ins Haus stehe – warum sollten die Deutschen sonst so erbittert darüber streiten? Ich glaube noch immer daran, dass alle einen aufrichtigen und umfassenden europäischen Dialog wollen. Deshalb sollten wir gemeinsam darüber nachdenken, wie eine Einladung an unsere europäischen Partner und Freunde aussehen muss, damit sie eine reelle Chance hat, angenommen zu werden.

Der Beschluss des Deutschen Bundestages vom vergangenen Juli enthält wichtige Kriterien für eine solche Einladung. Wir brauchen einen Ansatz, der nach Möglichkeit einem gesamteuropäischen Dialog über die Vertreibungen, die im vergangenen Jahrhundert auf unserem Kontinent stattgefunden haben, den Weg ebnet. Wir müssen in Europa Wege finden, um die europäische Öffentlichkeit über diese Vertreibungen in ihrem historischen Kontext und mit ihren ideologischen Hintergründen zu informieren. Wir brauchen die dauerhafte Erinnerung an das individuelle Leid der Opfer und an das schwere Schicksal ganzer Volksgruppen. Es muss gelingen, die fortdauernden psychischen, mentalen und sozialen Wirkungen von Flucht und Vertreibung auf die Opfer und auf die Täter, auf das Zusammenleben in den Gesellschaften und auf die Beziehungen der europäischen Völker zueinander zu erforschen.

All dies muss im Geiste der Zusammenarbeit und der Versöhnung und mit Blick auf unsere gemeinsame Zukunft in Europa geschehen. Alle sollten dazu eingeladen sein, niemand soll ein Veto dagegen einlegen können, und niemand soll glauben, er könne totschweigen, was geschehen ist. Für gegenseitige Schuldzuweisungen aber, für das Hin und Her von Aufrechnung und Gegenaufrechnung und für die Anmeldung gegenseitiger materieller Ansprüche darf es keinen Raum mehr geben, denn diese Querelen liegen hinter uns, und wer solches Verhalten wiederbeleben will, der führt uns erneut in den Teufelskreis.

IX.

In ganz Europa sprechen viele Menschen für sich und mit anderen das Vaterunser. Sie tun es auf Deutsch, auf Polnisch, auf Tschechisch, und sie bitten: »Und vergib uns unsere Schuld, wie auch wir vergeben unseren Schuldigern.« Wir alle sind auf Vergebung angewiesen. Auch Gläubige anderer Religionen beten darum. Ohne Vergebung gibt es keine Zukunft. Vergebung leugnet die Schuld nicht und wischt sie nicht weg. Aber Vergebung ist eine Voraussetzung dafür, dass wir dauerhaft in Frieden zusammenleben. Und das ist es, was wir in Europa wollen.

»Deutschland und Polen – unsere Zukunft in Europa«*

I.

Ich danke Ihnen für die Einladung, heute, am Tag vor dem Beitritt Polens zur Europäischen Union, vor beiden Häusern des polnischen Parlaments sprechen zu können. Eine solche Einladung ist für jeden ausländischen Politiker eine Auszeichnung. Für mich, den Präsidenten der Bundesrepublik Deutschland, hat sie angesichts der wechselvollen Geschichte unserer Völker eine ganz besondere Bedeutung. Hier in Warschau im Sejm zu sprechen, das berührt mich sehr.

Warschau – der Name dieser großen europäischen Metropole ruft viele Bilder in uns hervor, weckt viele Assoziationen: Da ist die moderne, elegante Hauptstadt der Vorkriegszeit – aber auch die Erinnerung an deutsche Besatzung und an polnischen Widerstand, an Zerstörung und Vernichtung. Untrennbar sind mit der polnischen Hauptstadt in allen Sprachen der Welt zwei Begriffe verbunden: »Warschauer Ghetto« und »Warschauer Aufstand«. In diesem Jahr erinnern wir uns in besonderer Weise an den Warschauer Aufstand, der am 1. August 1944 begann. Der Wiederaufbau der Stadt, auch dieses Saales, aus den Ruinen nach dem Kriege bezeugt den Selbstbehauptungswillen des polnischen Volkes.

Für unsere beiden Völker ist der Name dieser Stadt auch verbunden mit dem Bild des knieenden Willy Brandt am Denkmal für die Helden des Ghetto-Aufstandes. Ein Bild, das so Vieles gesagt hat, was man in Worte nicht fassen kann.

Heute ist Warschau die Hauptstadt eines freien und selbstbewussten Polen, Hauptstadt eines Volkes, das nie aufgegeben hat in dem Kampf um seinen Platz unter den freien Nationen Europas.

* Rede vor beiden Kammern des polnischen Parlaments am 30. April 2004 in Warschau.

II.

Morgen wird Polen Mitglied der Europäischen Union. Für Deutsche und Polen beginnt ein völlig neuer Abschnitt ihrer Nachbarschaft, beginnt eine neue Epoche mit großartigen Möglichkeiten und weitreichenden Perspektiven.

Nach den Schrecken des Zweiten Weltkrieges hatten zunächst nur die Völker Westeuropas die Chance, sich zu verbünden – für Frieden, gute Nachbarschaft und Wohlstand für alle. Alte europäische Nationen wie die polnische blieben durch Zwang davon ausgeschlossen. Doch die willkürliche Trennung unseres Kontinents, so waffenstarrend sie auch durchgesetzt wurde, erwies sich letztlich als unhaltbar gegen den Freiheitswillen der Völker. Nirgends hat er sich mächtiger und eindrucksvoller formiert als in der »Solidarność«. Das polnische Volk bewies einen Zusammenhalt und eine Geschlossenheit, wie die Welt sie ganz selten erlebt hat. Und doch wäre der Gang der Geschichte undenkbar gewesen ohne den Einsatz und ohne das Beispiel, ohne den Glauben und ohne die Überzeugungskraft eines großen Sohnes Ihres Volkes. Der erste Besuch von Papst Johannes Paul II. in Polen 1979 veränderte den Gang der Geschichte. Die kommunistische Regierung hatte diesen Besuch gefürchtet – und wie wir heute wissen: zu Recht.

Ich bin 1931 geboren. Ich habe die Tragödie und die Zerrissenheit Europas in all den Jahrzehnten bewusst erlebt. Erlauben Sie mir deshalb, dass ich von dieser Stelle aus sage, was ich bis heute empfinde: Die Entwicklung, welche die Geschichte genommen hat, grenzt für mich unverändert an ein Wunder; sie lässt mich staunen, und ich bin zutiefst dankbar für dieses große Geschenk.

III.

Der Weg Polens in die Europäische Union war steinig, er führte bergauf, und das in raschem Tempo. Der Beitritt machte eine gewaltige Umstellung auf die neue Ordnung nötig. Polen hat die bewundernswerte Leistung vollbracht, in so kurzer Zeit derart Vielem eine neue Richtung zu geben. Und das ist ja längst noch nicht vorbei, schwierige Veränderungen stehen noch bevor. Polen hat zur Vorbereitung des Beitritts vielfältige, auch finanzielle, Hilfen erhalten. Dazu haben auch wir Deutsche gerne beigetragen. Der Beitritt der neuen Mitgliedsstaaten ist aber wahrlich kein westeuropäischer Gnadenakt. Er ist eine historische Notwendigkeit. Er liegt in unserem gemeinsamen Interesse an einer guten Zukunft für unseren ganzen Kontinent. Solidarität soll auch in Zukunft unser Handeln bestimmen. Alte und neue Mitglieder sind Teil der europäischen Familie, in der Solidarität gegeben und erwartet wird. Das heißt, dass es bei allem Wettbewerb auch in dieser Familie fair zugehen muss – auf allen Feldern der Politik.

Kein anderer politischer Zusammenschluss ist so existenziell auf die Fähigkeit angewiesen, sich in die Lage der anderen zu versetzen, und auf die Bereitschaft zum Kompromiss wie das europäische Einigungsprojekt. Kein anderes politisches Projekt ist, bei allen Schwächen und Mängeln, insgesamt so erfolgreich wie die Europäische Union – weil sie diesen Grundsatz letztlich immer ernst genommen hat. Bei unserem Handeln und bei unseren Entscheidungen müssen wir auch in Zukunft danach fragen: Was ist gut für das ganze Europa? Dann wird, alles in allem, auch jedes Mitgliedsland davon profitieren.

Die Mitgliedsstaaten übertragen Teile ihrer klassischen nationalstaatlichen Souveränitätsrechte auf die Union, weil nur so jeder einzelne Staat politische Gestaltungsräume zurückgewinnt, die er – allein auf sich gestellt – nicht mehr hätte. Wenn wir nicht wollen, dass die Souveränität unserer Staaten durch politische und wirtschaftliche Machtballung bei wenigen schleichend ausgehöhlt wird, dann müssen wir Souveränitätsrechte politisch gewollt und kontrolliert übertragen.

IV.

Wir haben es in Polen, aber auch in Deutschland, mit einer allgemein wenig optimistischen Stimmungslage zu tun. Jeder weiß: Nicht alle Menschen in Polen und in Deutschland oder auch in den anderen Ländern freuen sich über die Erweiterung. Wirtschaftliche Sorgen bedrängen die Bürger. Alte und neue Ängste steigen auf. Die Größe der Gemeinschaft und die Distanz der Entscheidungen wecken Misstrauen. Das wirkt sich auch auf die Politik von Regierungen aus. Hinter diesen Schwierigkeiten und Sorgen darf aber in der öffentlichen Wahrnehmung die epochale Bedeutung des Beitritts nicht verschwinden. Wir müssen immer wieder deutlich machen, was es bedeutet, dass die so lange umstrittene Grenze an Oder und Neiße morgen zur Binnengrenze wird, also zu einer Grenze, der das Trennende genommen ist.

Es lohnt auch, immer wieder darauf hinzuweisen, welche enormen Vorteile, welchen wirtschaftlichen Aufschwung jene Länder erlebt haben, die in der Vergangenheit der Europäischen Union beigetreten sind – oft gegen Unkenrufe und Schwarzmalerei, wie wir sie auch heute wieder erleben. Irland, Portugal, Spanien und Griechenland sind Beispiele, die uns Mut machen können.

Wir müssen freilich die Befürchtungen und Ängste der Menschen ernst nehmen, die in den Grenzregionen leben. Da ist auf der einen Seite die Sorge vor dem Verlust von Arbeitsplätzen und vor der Verlagerung von Firmen, auf der anderen Seite die Furcht vor Rückforderungen oder Ausverkauf. Ich bin aber zuversichtlich: Wir werden jene, die zweifeln, überzeugen können durch die Wirklichkeit Europas. Dazu gehört, dass wir den Parolen von Populisten deutlich widersprechen, die in vielen Ländern Europas Ängste und Sorgen ausbeuten wollen. Populisten haben auf alles eine Antwort und für nichts eine Lösung. Lassen Sie uns mutig vorangehen: Geben wir den Menschen in den Grenzregionen größere Freiheit bei der Zusammenarbeit über die Grenze hinweg. Deutschland und die Niederlande haben damit sehr gute Erfahrungen gemacht.

An der Oder erinnern uns noch die Stümpfe gesprengter Brücken an zerstörte Nachbarschaft. An beiden Ufern des Flusses lagen – einander abgewandt – Grenzregionen. Morgen wird aus der Außengrenze der Europäischen Union eine Binnengrenze. Die Bürger von Frankfurt und Slubice, von Görlitz und Zgorzelec, von Guben und Gubin werden enger zusammenrücken. Alte Wirtschaftsräume werden wieder zusammenwachsen. Die Menschen beiderseits der Grenze können vom anderen gewinnen, ohne ihm etwas zu nehmen.

V.

Ich habe als Präsident der Bundesrepublik Deutschland kein Land so oft besucht wie Polen. Das war mir eine Herzenssache. Das erste Mal kam ich bald nach meiner Vereidigung, am 1. September 1999, dem

60. Jahrestag des deutschen Überfalls auf Polen, und heute bin ich hier, wenige Wochen bevor ich aus dem Amt scheide. Ich erinnere mich besonders gut an zwei andere Besuche: Im März 2000 war ich in Gnesen bei der Feier zur Erinnerung an das Treffen zwischen Bolesłav Chrobry und Kaiser Otto III. vor tausend Jahren. Das war der Beginn vieler Jahrhunderte fruchtbarer Nachbarschaft zwischen Polen und Deutschen. In Breslau habe ich im November 2002 an der Dreihundertjahrfeier der Universität teilgenommen und miterlebt, dass der weltoffene Geist dieser Hochschule alle Brüche und Zäsuren unbeschadet überdauert hat.

Ich bin oft in Polen gewesen, und Sie, Aleksander Kwaśniewski, sind oft in Deutschland gewesen, weil wir gerne im Land des anderen sind, aber auch, weil wir wissen, dass Polen und Deutsche sich umeinander bemühen müssen. Wir müssen uns umeinander bemühen und aufeinander zugehen, immer wieder, und jede Generation neu. Wir müssen miteinander auch über die großen Tragödien des letzten Jahrhunderts sprechen. Entscheidend ist, in welchem Geist wir das tun.

An der Kirche von Trieglaff in Pommern können wir auf einer zweisprachigen Tafel lesen: »Zur Erinnerung an viele Generationen deutscher Einwohner von Trieglaff, die hier lebten und glücklich waren, und mit guten Wünschen für die, die hier ihre Heimstatt fanden.« In diesem Geist haben Präsident Kwaśniewski und ich uns von Danzig aus an die Menschen in Polen, Deutschland und Europa gewandt. Wir haben zu einem aufrichtigen europäischen Dialog über Flucht und Vertreibung und über ihre Ursachen aufgerufen. Wir haben gesagt, dass wir der Opfer gedenken und dass wir dafür sorgen müssen, dass es die letzten waren.

In der »Danziger Erklärung« heißt es: »Jede Nation hat das selbstverständliche Recht, um sie zu trauern, und es ist unsere gemeinsame Verpflichtung, dafür zu sorgen, dass Erinnerung und Trauer nicht missbraucht werden, um Europa erneut zu spalten. Deshalb darf es heute keinen Raum mehr geben für Entschädigungsansprüche, für gegenseitige Schuldzuweisungen und für das Aufrechnen der Verbrechen und Verluste.« Soweit unsere gemeinsame Erklärung.

Das gilt. Lassen Sie sich deshalb nicht beeindrucken von dubiosen Stimmen, die partikulare Interessen vertreten – auch wenn sie mit ihrem Namen einen anderen Eindruck erwecken wollen. Störversuchen weniger sollten wir nicht ein Echo verschaffen, das sie nicht verdienen, und wir sollten uns auch nicht die Äußerungen unserer jeweiligen Extremisten entgegenhalten! Ich bin froh darüber, dass die »Danziger Erklärung« soviel Zuspruch gefunden hat. Ich freue mich darüber, dass in der vergangenen Woche Vertreter von sechs europäischen Staaten hier in Warschau über ein europäisches Netzwerk des Gedenkens und der Verantwortung gesprochen haben.

Alle Menschen guten Willens in Deutschland und in Polen sind sich einig, dass wir den Dialog im Geiste der Versöhnung und der guten Nachbarschaft führen müssen: im Bewusstsein der Geschichte und der Zukunft zugewandt. Ich freue mich besonders darüber, dass sich in beiden Ländern so viele Menschen daran beteiligen, die selbst ganz unmittelbar von den Tragödien betroffen waren. In Deutschland und in Polen gibt es viele Geschichten von Leid und Trauer, von Nachbarschaft und von Freundschaft, die erzählt werden müssen. Es ist gut, dass sie erzählt werden können und erzählt werden, denn sonst wirken sie unter der Oberfläche, wie ein schleichendes Gift. Wir müssen den Menschen zuhören, die so Vieles und Schreckliches erlebt haben. Und wir sind dankbar dafür, wie Günter Grass oder Andrzej Szczypiorski uns diese Geschichten erzählen.

VI.

Anfang der neunziger Jahre war viel von der deutsch-polnischen Interessengemeinschaft die Rede. Heute gibt es Stimmen, die diese Interessengemeinschaft angesichts aktueller Differenzen in Frage stellen. Lassen wir uns von der Konjunktur der Meinungen nicht beirren! Als Verbündete und Partner in NATO und Europäischer Union ist unsere Interessengemeinschaft enger geworden. Sie hat eine neue Qualität erreicht. In dieser Union werden wir unsere Interessen so eng miteinander verknüpfen, dass das Wohl des anderen zum eigenen Interesse wird. Geht es Polen gut, dann geht es auch Deutschland besser, und von einem Aufschwung in Deutschland profitiert auch Polen. Das wird sich in Zukunft nicht ändern. Wir werden einander verlässliche und vertrauensvolle Partner sein.

Die europäische Einigung war die Voraussetzung für den Ausgleich zwischen Deutschland und Frankreich. Das Verhältnis unserer beiden Länder hat das Stadium feierlicher Erklärungen längst überwunden: Deutsche und Franzosen arbeiten auf vielen Feldern und auf den unterschiedlichsten Ebenen ganz eng und zum gegenseitigen Nutzen zusammen. Genauso eng wünsche ich mir die Zusammenarbeit zwischen Polen und Deutschen. Ich freue mich auch über jede deutsch-polnische Städtepartnerschaft, die von den Bürgern getragen wird. So wächst Europa von unten. Ich wünschte mir, dass sich in unseren Ländern noch viel mehr Menschen fänden, die sich für das andere Land und seine Menschen interessieren und die sich aus Überzeugung und aus Sympathie in die Politik einmischen.

Es wird darauf ankommen, junge Menschen zu gewinnen. Viele begeistern sich für das andere Land und für seine Sprache, seine Kultur und seine Landschaften. Das Interesse polnischer Jugendlicher ist sehr groß, auch an unserer Sprache. Ich denke gerne an die lebhafte Diskussion mit polnischen Schülern zurück, die Präsident Kwaśniewski und ich 1999 in Berlin führten. In den Gesprächen mit jungen Menschen aus Polen und aus Deutschland habe ich gelernt, dass Europa in den Herzen und Köpfen der jungen Generation oft weit stärker verankert ist, als viele glauben. Junge Menschen in Polen und Deutschland denken auf ihre Weise europäisch – erfrischend einfach und praktisch. Die Begeisterung, mit der junge Polen ganz selbstverständlich Deutschland erkunden, wünsche ich mir auch stärker bei meinen Landsleuten. Doch auch in Deutschland gibt es gute Ansätze: In Berlin wird die erste zweisprachige Europaschule eingerichtet, und dieser Tage meldete eine Zeitung, in Berlin seien, mit Blick auf die Erweiterung, die Volkshochschulkurse für Polnisch ausgebucht. Eine ganz besondere Bedeutung für das Miteinander von Polen und Deutschen hat die Viadrina, die Europa-Universität in Frankfurt an der Oder. Sie verdient unsere gemeinsame Aufmerksamkeit und Sympathie.

VII.

Die Europäische Union gewinnt mit der Erweiterung eine Dimension, von der ihre Gründerväter kaum zu träumen wagten. Das fordert aber auch neue Strukturen der Union, damit sie leistungsfähig bleibt und in manchem leistungsfähiger wird und die Zustimmung ihrer Bürger findet, die sie für ihren Erfolg braucht. Wir können den globalen Herausforderungen nur mehr gemeinsam begegnen. Wenn wir unseren Wohlstand sichern wollen, wenn Europas Stimme in der Welt gehört werden soll, wenn unsere Friedensordnung ihre Anziehungskraft behalten soll, dann müssen wir die Europäische Union weiterentwickeln. Eines muss dabei völlig außer Frage stehen: Wir wollen eine Gemeinschaft gleichberechtigter Partner bleiben, in der niemand die Nummer Eins sein will.

Ich bin zuversichtlich, dass es uns bald gelingen wird, eine Verfassung für Europa zu vereinbaren, der alle zustimmen können und die unsere Fähigkeit stärkt, innere und äußere Herausforderungen zu bestehen. Ich freue mich darüber, dass das europäische Kernprinzip, im Kompromiss zueinander zu finden, sich durchzusetzen scheint. Dafür möchte ich auch Ihnen ganz ausdrücklich danken.

Mit der Verfassung wird Europa auch an außenpolitischer Handlungsfähigkeit gewinnen. Wir brauchen diese Handlungsfähigkeit, das ist eine offensichtliche Lehre aus der jüngsten Vergangenheit. Nur ein einiges Europa stärkt das transatlantische Bündnis. Nur wenn wir uns zusammentun, sind wir echte Partner der USA, Partner mit politischem Gewicht. Nur gemeinsam sind wir Europäer in der Lage, für die Welt und in der Welt Verantwortung zu übernehmen.

Ein Grundsatz des europäischen Einigungsprozesses ist mir besonders wichtig: Wir wollen unsere Zusammenarbeit vertiefen – doch das darf keinesfalls bedeuten, dass wir die Vielfalt und die Verschiedenheit der Nationen und Regionen aufgeben, dass wir sie auflösen zugunsten eines europäischen Einerleis. In der Vielfalt liegt der Reichtum Europas.

Das neue Europa ist eine machtvolle, aus leidvoller Geschichte geborene Idee, die morgen wieder ein Stück mehr zur Wirklichkeit wird. Die Bürgerinnen und Bürger werden Europa nur dann dauerhaft zustimmen, wenn sie ihre Traditionen und Besonderheiten auch im großen Europa gut aufgehoben wissen. Das ist gerade für Polen wichtig, diesem Land mit so starken und so reichen Traditionen. Wir werden unsere Heimat, in der wir verwurzelt sind, aus der wir unsere Kraft gewinnen, nicht an das größere Europa verlieren. So hat es auch Papst Johannes Paul II. formuliert, als ihm vor kurzem der Karls-Preis verliehen wurde. »Ich denke an ein Europa ohne selbstsüchtige Nationalismen, in dem die Nationen als lebendige Zentren kulturellen Reichtums wahrgenommen werden, der es verdient, zum Vorteil aller geschützt und gefördert zu werden.«

Lassen Sie mich einen Punkt anfügen, der mir besonders am Herzen liegt. Unsere beiden Völker und Kulturen sind tief in christlicher Tradition verwurzelt. Mag sich manches wandeln, mag die kirchliche Bindung auch zurückgehen: Keine Idee und keine Macht hat unsere Länder, ihre Geschichte, unsere Kultur, unser Zusammenleben und das Denken der Menschen in Deutschland und in Polen stärker geprägt als der christliche Glaube in seinen unterschiedlichen Ausprägungen. Daher sollten wir einen Gottesbezug in der Europäischen Verfassung verankern – warum nicht nach dem polnischen Vorbild? Der Bezug auf Gott entspricht der christlichen Tradition Europas, schließt aber weder Menschen anderen Glaubens noch Menschen ohne Glauben aus. Die Präambel der polnischen Verfassung nennt ausdrücklich alle Staatsbürger, »sowohl diejenigen, die an Gott als Quelle der Wahrheit, Gerechtigkeit, des Guten und Schönen glauben, als auch diejenigen, die diesen Glauben nicht teilen, sondern diese universellen Werte aus anderen Quellen ableiten.«

VIII.

Morgen also feiern wir die fünfte und bisher größte Erweiterung der Europäischen Union. Die Union bekommt neue Nachbarn im Osten. Polen hat aufgrund seiner Lage und seiner Geschichte besondere Beziehungen zu ihnen. Polen wird seine spezifischen Kenntnisse und Erfahrungen in die gemeinsame Außen- und Sicherheitspolitik gegenüber diesen Nachbarn einbringen, so wünschen wir uns das jedenfalls.

Im Jahr 1924 fragte Joseph Roth in seinen Reisebildern aus Galizien, ob hier Europa aufhöre. Nein, antwortete er, es ist verbannt, aber nicht abgeschnitten. Wir dürfen jetzt keine alten Bindungen abschneiden und keine neuen Mauern errichten. Das dürfen wir nicht – um der Geschichte willen, um der Kultur, um unserer Sicherheit und vor allem um der Menschen willen. Wenn Polen seine Stimme für seine östlichen Nachbarn erhebt, wird jeder zuhören. Gerade zwischen Warschau und Berlin kann ich mir auf diesem Feld viel intensive Zusammenarbeit vorstellen. Niemand kann aus größerer Erfahrung sprechen als Polen. Und Polen ist auch deswegen glaubwürdig, weil es, trotz aller Grenzveränderungen, nie offene Rechnungen präsentiert hat. Nicht heimlich, vor 1989, und auch nicht, als jeder sich frei äußern durfte. Auf Polen wird es hier also besonders ankommen!

IX.

Polens Existenz war über Jahrhunderte durch seine Nachbarn gefährdet. Diese Sorge ist jetzt gebannt. Das freie Polen gehört zu einer großen Familie. Wir schaffen von Portugal bis Polen einen Raum gleicher demokratischer Werte. Unser gemeinsames Ziel ist die Wohlfahrt unserer Bürger, sind Friede und Sicherheit. Ein stolzes Land mit seiner reichen Kultur und seiner großen Geschichte kehrt in die Mitte Europas zurück. Europa findet wieder zu sich selbst, weil ein Europa ohne die Länder und Völker, die morgen beitreten werden, nicht Europa wäre.

Bez Polski, Europa to nie Europa!
(Ohne Polen ist Europa nicht Europa!)

Kapitel 2: Erinnerung wachhalten – um der Zukunft willen

»Die Bedeutung des Widerstandes für die demokratische Kultur der Bundesrepublik heute«*

Gedenktage verpflichten uns zur Rückbesinnung auf Menschen und Ereignisse, die in unserer Geschichte tiefe Spuren hinterlassen haben. Sie sind Merkposten der historischen Überlieferung, und uns Deutschen zeigen sie auch, dass wir in einem schwierigen Vaterland leben. Ich denke an den 30. Januar 1933, an den 1. September 1939 und an den 8. Mai 1945. Das sind Tage, die uns an das Leid erinnern, das Deutsche anderen zugefügt und sich selbst bereitet haben, Tage, die nicht Freude wecken, sondern zur Trauer mahnen und die uns mehr über das Scheitern als über das Gelingen von Geschichte sagen. Dazu gehört auch ein Tag wie der 17. Juni 1953, der sich heute zum einundvierzigsten Mal jährt und der uns schmerzhaft an die Teilung Deutschlands erinnert und an die Menschen, die sich unter Einsatz ihres Lebens gegen die Teilung aufgelehnt haben. Dieser 17. Juni war auch ein Volksaufstand gegen die Diktatur und ein Volksbegehren für Freiheit und Demokratie.

Und dann gibt es den 9. November. Dieser Tag ist der schwierigste Gedenktag in unserer jüngeren Geschichte. Er erinnert an eine gescheiterte (1918) und an eine erfolgreiche Revolution (1989), an Hitlers Putschversuch in München (1923) und an die schreckliche Pogromnacht 1938, die Schande über Deutschland brachte. Diese vier Ereignisse machen

* Vortrag auf der Veranstaltung »Protestanten im Widerstand gegen den Nationalsozialismus« der Evangelischen Akademie Bochum und der Evangelisch-Theologischen Fakultät der Ruhr-Universität Bochum am 17. Juni 1994 *(Redenmanuskript).*

aus einem einfachen Kalendertag ein historisches Datum. In ihm bündeln sich die Hoffnungen der Deutschen ebenso wie die Irrwege, die in die Barbarei geführt haben.

Auch der 20. Juli hat mehr als ein Gesicht, wenn wir genauer hinsehen. Er steht in guten Geschichtsbüchern auch als der Tag, an dem 1932 das demokratische Preußen – die letzte Bastion der Republik – zerschlagen wurde. Nicht wenige, die zu den Befürwortern des »Preußenschlags« zählten, gehörten später zu den entschiedenen Gegnern Hitlers.

I.

Ein halbes Jahrhundert ist es her, dass Offiziere und Beamte, Arbeiterführer und Kirchenmänner gegen die nationalsozialistische Diktatur aufgestanden sind. Der 20. Juli 1944 ist so zum Sinnbild für den Widerstand gegen die verbrecherische Unrechtsherrschaft geworden. Aber das Attentat steht nicht allein. Es gab nicht nur den 20. Juli, nicht nur Claus Graf Schenk von Stauffenberg und seine mutigen Freunde. Längst nicht so aufsehenerregend, aber weit stärker und von Anfang an der rücksichtslosen Verfolgung durch das Regime ausgesetzt, war der Widerstand, der aus allen Teilen der Arbeiterbewegung kam.

Bekannt, ja berühmt wurden der Kreisauer Kreis durch das Charisma der Persönlichkeiten, die ihn prägten, die Weiße Rose durch das Aufbegehren junger Menschen aus der katholischen Jugendbewegung »Neudeutschland«, die nicht länger in der Lüge leben wollten, und vielleicht noch die Rote Kapelle, weil sie und ihr Wollen von Anfang an die Gemüter und die Phantasie der Menschen bewegt hatten. Andere Gruppen sind nur Historikern vertraut. Wer von uns kennt schon die Roten Kämpfer und die Schwarze Kapelle, die Helmuth-Hübener-Gruppe und die Saarkampf-Bewegung, den Solf-Kreis oder die Herbert-Baum-Gruppe?

Nur in ihrem engeren Umfeld bekannt sind Frauen und Männer, die vor Ort widerstanden haben – etwa hier in Bochum der Kommunist Franz Vogt, der Sozialdemokrat Heinrich König und Hans Ehrenberg, der getaufte Jude und evangelische Pfarrer. Und dann gibt es die Namenlosen im Widerstand. Da war der Offizier, dem erst in der Kriegsgefangenschaft bewusst wurde, welche trügerischen Illusionen über Sieg und Ehre er sich gemacht hatte; der katholische Geistliche, der sich bei der Gestapo auf das Beichtgeheimnis berief und dafür ins KZ gebracht wurde; der Arbeiter, der die ausländischen Zwangsarbeiter nicht als Feinde, sondern als Kollegen behandelte; der Beamte, der nach langem Widerstreben persönlichen Anstand und Redlichkeit höherstellte als die Loyalität gegenüber einem verbrecherischen System; und da waren die mutigen Frauen, die zu ihren rassisch verfolgten Männern standen und die auch den öffentlichen Protest gegen das staatlich verordnete Unrecht nicht scheuten. Diese Männer und Frauen gehörten zum »lautlosen Widerstand«, dem Günter Weisenborn schon früh ein Denkmal gesetzt hat. Ihrer haben wir zu gedenken und die Erinnerung an sie haben wir wachzuhalten. Aber auch die Erinnerung an den Deserteur. Wer wollte sich heute zum Richter darüber aufschwingen, dass Soldaten damals dem mörderischen Irrsinn des Krieges durch Flucht in die Gefangenschaft oder einfach nach Hause entkommen wollten?

Unsere Erinnerung muss auch zu den Menschen gehen, die Opfer wurden und kaum Möglichkeiten hatten, Widerstand zu leisten. Ich denke an ausländische Fremd- und Zwangsarbeiter, an Sinti und Roma, an Zeugen Jehovas, an Homosexuelle, an geistig und körperlich Behinderte und am Anfang und am Ende an die Juden, die in Europa millionenfach Opfer wurden. Ich denke an Anne Frank, das jüdische Mädchen, und an die bewegende Kraft, die noch heute von ihrem Tagebuch ausgeht.

Und ich denke an die Frauen und Männer im Warschauer Ghetto, die alles wagten, die alles verloren und die in den Herzen der Menschen weiterleben.

II.

An ihren Widerstand und an die Befreiungsbewegungen in den Ländern, die von Deutschen besetzt worden waren, haben wir gerade in einem Jahr zu denken, in dem wir mit der fünfzigsten Wiederkehr des 20. Juli 1944 den ersten wichtigen historischen Gedenktag im vereinten Deutschland begehen. Wie wir diesen Tag gestalten, wie wir uns dem Vermächtnis des Widerstandes stellen, das wird uns selbst und unseren Nachbarn einiges über das größer gewordene Deutschland verraten, und auch darüber, ob und wie wir aus unserer Rückbesinnung Kraft und Einsicht gewinnen, um Gegenwart und Zukunft human und demokratisch zu gestalten.

Gedenktage geben uns die Chance, Geschichte zu erarbeiten und zu verarbeiten, also nicht »Schwamm drüber« zu sagen, sondern uns dem zu stellen, was geschehen ist. Die historische Bedeutung des Widerstandes steht heute nicht in Zweifel. Aber gerade junge Menschen wollen wissen, wie es damals wirklich war und welche aktuelle Bedeutung der Widerstand hat. Sie fragen uns: Unter welchen Bedingungen hat der Widerstand gehandelt? Welche Wirkungen hat er erzielt? Welche Ziele hat er verfolgt? Und auch: Warum ist der Widerstand gescheitert? Sie fragen: Wer waren die Frauen und Männer, die Widerstand geleistet haben? Warum waren sie offenbar eine verschwindende Minderheit? Warum hat die Mehrheit der Deutschen sie nicht unterstützt? Warum stand diese Mehrheit vielfach sogar auf der anderen Seite?

Diese Fragen führen uns mitten hinein in die Jahre des nationalsozialistischen Regimes. Wir wissen heute, dass Hitlers Diktatur für die meisten Deutschen nicht allein eine absolute Herrschaft von oben war. Sie konnte sich lange Zeit auf großen Zuspruch von unten stützen. Das verlieh ihr bis weit in den Krieg hinein eine bemerkenswerte Stabilität, die nicht nur auf Zwang und Gewalt beruhte, sondern auch darauf, dass die Nationalsozialisten viele Hoffnungen der Menschen aufgriffen, einige sogar erfüllten und deshalb auch missbrauchen konnten, und dass sie den Vorstellungen von Zucht und Ordnung entgegenkamen, die Viele hatten.

Nur wenige wollten damals wahrhaben, dass diese Stabilität mit Verbrechen erkauft war, dass sie auf Kosten der Humanität ging. Das spürten zuerst diejenigen, die diskriminiert und verfolgt und aus der Gesellschaft gedrängt wurden. Im Krieg spürten es dann die Menschen in den besetzten Gebieten, von deren oft schonungsloser Ausbeutung die Deutschen zehrten, und schließlich spürten es auch die Deutschen selbst, als sie mitten in den Trümmern ihrer Städte standen und am eigenen Leib erfuhren, welchem Ungeist sie gefolgt waren. Gerade junge Menschen können heute nur schwer verstehen, warum die Älteren dieses Unrechtssystem zulassen und auch nur entfernt etwas mit ihm zu tun haben konnten.

Wir dürfen uns aber nicht aus der Warte stabiler demokratischer Verhältnisse über das Verhalten der meisten Deutschen in der Diktatur erheben. Wir wissen heute von Vielen, dass sie den Verführungen der nationalsozialistischen Propaganda erlagen, dass sie aus Angst oder aus irregeführtem Idealismus heraus den Machthabern gehorchten oder gar zujubelten. Es gab auch Deutsche, die aus der Zwangslage der Verfolgten einen Vorteil zogen, etwa wenn sie die Ausschaltung ihrer jüdischen Konkurrenten unterstützten oder sich an der staatlich befohlenen »Arisierung« zum eigenen Nutzen beteiligten.

Darum müssen wir genau hinsehen und unterscheiden zwischen persönlicher Schuld und Verstrickung einerseits und der Anpassung und Zustimmung einer großen Mehrheit andererseits. Wir müssen genau hinsehen, weil es eine Kollektivschuld aller Deutschen nicht gibt, wohl aber eine kollektive Scham, von der schon Theodor Heuss gesprochen hat. So wenig es eine kollektive Schuld geben kann, so sehr könnte es aber eine kollektive Schande sein, wenn wir das Verhalten und das Versagen von damals nicht nachträglich zu erkennen vermöchten und wenn wir seine Gründe heute nicht wissen wollten.

III.

Erst vor diesem Hintergrund lässt sich richtig ermessen, was politische Opposition, was Verweigerung oder Widerstehen in der Diktatur bedeuteten und dass sie die Sache einer Minderheit blieben. Darum haben Historiker auch zu Recht von einem »Widerstand ohne Volk« gesprochen. Heute dürfen wir beim Widerstand nicht nach gerecht und ungerecht unterscheiden und ihn mit Maßstäben messen, die anderen Erfahrungen entstammen. Wir dürfen niemanden aus unserer Erinnerung ausgrenzen, der damals sein Leben im Kampf gegen Hitler gelassen hat.

Dies gilt auch für die Kommunisten im Widerstand, die den höchsten Blutzoll entrichteten. Wir können ihre Opfer nicht in Haftung nehmen für die spätere Politik Ulbrichts, Piecks und Honeckers in der DDR. Um der historischen Wahrheit willen muss auch gesagt werden, dass keine andere Widerstandsgruppe ihre einfachen Mitglieder so großen Gefahren ausgesetzt hat wie die Kommunisten. Ideologische Verblendung und politische Hörigkeit waren und sind ein schlechtes Rüstzeug für den Untergrund. Vor allem die kommunistischen Führungen außerhalb Deutschlands haben nur wenig aus der Niederlage gegen die Nationalsozialisten gelernt. Das hatte auch zur Folge, dass nach dem Krieg aus Verfolgten beinahe im Handumdrehen Verfolger wurden.

Ganz anders verhielt es sich mit den Gewerkschaften und den Sozialdemokraten unter der Diktatur. Wer vom Widerstand der Gewerkschaften sprechen will, der darf nicht von der Anpassung schweigen, die es auch gegeben hat. Er muss auch von dem gescheiterten Versuch berichten, die Organisationen zu retten, und auch davon, dass viele Gewerkschafter Dauer und Stabilität, Dynamik und Brutalität des Regimes unterschätzten. Dies gilt auch für große Teile der Sozialdemokraten. Sicher nicht für die jungen Sozialisten in Willy Brandts Sozialistischer Arbeiterpartei und in Willi Eichlers Internationalem Sozialistischen Kampfbund. Sie hatten schon früh vor Hitler gewarnt und ihre Arbeit im Untergrund vorbereitet. Aber auch ihre Widerstandsgruppen wurden bald zerschlagen oder lösten sich auf.

Sozialdemokratischer und gewerkschaftlicher Widerstand – das war zuerst der Versuch, persönliche Verbindungen aufrechtzuerhalten und mit anderen Gruppen im Reich und im Exil in Kontakt zu bleiben, es war der Versuch, auf illegalem Wege Informationen über die Situation in den Betrieben zu sammeln und sie, etwa über die Sopade-Berichte* zu verbreiten, es war der Versuch, den Propaganda-Tiraden des Regimes politische Aufklärung entgegenzusetzen, und es war vor allem der Versuch, Vorbereitungen für »die Zeit danach« zu treffen. Auch das hat viele Menschen das Leben gekostet.

So wurde Widerstand auch zu einem »Wartestand«, aus dem heraus Tradition und Gesinnung gegen die Anmaßungen der nationalsozialistischen Diktatur bewahrt werden konnten. Im Glauben nicht zu wanken, an der Welt nicht zu verzweifeln, den Mut nicht sinken zu lassen, das vor allem vermittelten die Kirchen ihren Mitgliedern im Dritten Reich. Dabei gelang die Selbstbehauptung gegenüber dem Regime der katholischen Seite insgesamt wohl etwas besser als der

* Deutschland-Berichte der Sozialdemokratischen Partei Deutschlands 1934–1940.

evangelischen. Das lag gewiss an der ganz anderen Kirchenstruktur, aber auch daran, dass das Reichskonkordat vom 20. Juli 1933 einen im ganzen verlässlichen Schutz wenigstens gegen die schlimmsten Übergriffe der Diktatur bot.

Auch das, was man als katholisches Milieu bezeichnet, zeigte sich resistenter gegen die Einflüsse des Nationalsozialismus als viele evangelische Gemeinden. Den 28 evangelischen Landeskirchen setzten vor allem die Deutschen Christen zu. Ein tiefer Riss ging bekanntlich auch durch die Bekennende Kirche. Erst im Krieg kam es zu einer Wiederannäherung ihrer beiden großen Flügel. Daran hatte der württembergische Landesbischof Theophil Wurm den größten Anteil. Wir kennen eine Reihe von Beispielen für mutige Widersetzlichkeit gegen Anmaßung und Willkür auf Seiten der Bischöfe beider Konfessionen. Es gab darüber hinaus in der Stille viel Seelsorge und aktive Lebenshilfe, die Pfarrer in ihren Gemeinden leisteten. Ihrem Trostamt kamen die Kirchen ohne Zweifel nach. Aber wie stand es um das Wächteramt, das ihnen ja auch aufgetragen ist? Hier gab es in allen Kirchenleitungen viel Schweigen, wo Sprechen verlangt, viel Wegsehen, wo Hinsehen nötig, und viel Diplomatie, wo deutliche Töne gefordert gewesen wären.

Der Historiker Karl Otmar von Aretin hat recht, wenn er schreibt, dass es keinen katholischen Widerstand in Deutschland, wohl aber Katholiken im Widerstand gegeben habe. Das trifft im großen und ganzen auch auf die evangelische Seite zu. Fast immer waren es Einzelne oder Gruppen, die sich auf ihre Christenpflicht besannen und die entschieden gegen Willkür und Terror eintraten, die schutzbedürftigen und verfolgten Menschen halfen. Fast immer taten sie das, was sie glaubten, tun zu müssen, ohne ausdrückliche Ermutigung durch die kirchliche Obrigkeit. Das gilt für Clemens August Graf von Galen und seine beherzten Predigten gegen die Euthanasieverbrechen ebenso wie für den Jesuitenpater Alfred Delp, dem der Kreisauer Kreis so Vieles verdankt. Das gilt für Martin Niemöller, den mutigen Pfarrer der Bekennenden Kirche, und natürlich in besonderer Weise für Dietrich Bonhoeffer, der die Christen schon 1933 aufforderte, den Juden aktiv zu helfen und »dem Rad des Terrors«, das auf sie zurollte, »in die Speichen zu fallen«.

IV.

Dietrich Bonhoeffer war eng mit den Widerstandskämpfern verbunden, die später das Attentat auf Hitler wagten. Zu ihnen zählte auch eine Reihe von Sozialdemokraten, etwa Theodor Haubach und Adolf Reichwein, Carlo Mierendorff und Wilhelm Leuschner und vor allen Julius Leber. Sie alle standen von Anfang an in schroffem Gegensatz zum NS-Regime, und auch das Regime zählte die meisten von ihnen zu seinen ärgsten Feinden. Die Nationalsozialisten haben Julius Leber verhaftet, geschlagen und geschunden. Brechen konnten sie diesen großen Sozialdemokraten nicht. Leber wird sich der Attentäter Claus Graf Schenk von Stauffenberg später besonders verbunden fühlen. Das Zusammenwirken dieser beiden gegensätzlichen Männer wird das Unternehmen des 20. Juli entscheidend voranbringen.

Die Freundschaft zwischen dem Aristokraten und dem Arbeiterführer gehört schon zum Ende der Geschichte des 20. Juli. Den Anfang dieses Widerstandes müssen wir aber genauso beleuchten, wenn wir seine Bedeutung für unsere Gegenwart richtig einschätzen wollen. Es muss zur Sprache kommen, dass der 20. Juli kein Widerstand der ersten Stunde war. Die meisten der späteren Verschwörer gegen Hitler kamen aus den deutschen Oberschichten. Sie gehörten damit zu jener sozialen, politischen und militärischen Elite, die den Weimarer Staat nie beherzt verteidigt, aber häufig genug scharf bekämpft hatte. Nur wenige standen wie Helmuth James Graf von Moltke den Nationalsozialisten von Anfang an skeptisch gegenüber. Noch geringer war die Zahl derjenigen, die wie Adam von Trott zu Solz in der Machtergreifung Hitlers ein »schreckliches Unglück für Deutschland« sahen.

Die traditionellen Führungsschichten hatten die neuen Verhältnisse begrüßt und willkommen geheißen Sie hofften, den alten Traum von einer neuen deutschen Großmachtrolle mit Hilfe Hitlers doch noch verwirklichen zu können. Sie schauten weg, als der Terror der Nationalsozialisten gegen die politischen Gegner des Systems, gegen die Juden und gegen andere Minderheiten einsetzte. Der Terror richtete sich ja schließlich gegen diejenigen, die sie selbst politisch bekämpft oder denen sie schon immer misstraut hatten. Spätere Widerstandskämpfer wie Carl Goerdeler, Ludwig Beck, Ulrich von Hassel und Johannes

Popitz blieben in ihren Ämtern, obwohl sie keine Nationalsozialisten waren und das später auch nicht wurden. Sie unterschätzten Hitler und glaubten viel zu lange, den nationalsozialistischen Führer und die radikalen Elemente der Partei zähmen zu können. Sie hofften wohl auch, sie könnten Hitlers unbestreitbare Popularität bei den Massen für die eigenen politischen Ziele instrumentalisieren. Es dauerte eine Weile, bis diese Honoratioren begriffen, dass sie selbst es waren, die man benutzt hatte. Ihr guter Ruf im In- und Ausland verschaffte dem Regime jenen Anschein von Seriosität, der die Welt zu lange über den wahren Charakter des Dritten Reiches täuschte.

Nicht wenige der späteren Verschwörer gehörten zu den frühen Anhängern der NSDAP. Der Berliner Polizeipräsident Wolf Heinrich Graf von Helldorf war ein bekannter SA-Mann gewesen. Auch Fritz Dietlof Graf von der Schulenburg, sein langjährigen Vertreter, war schon vor 1933 Mitglied der NSDAP geworden. Zu Recht hat der Historiker Klaus Hildebrand deshalb darauf hingewiesen, dass sich das, was im Attentat Stauffenbergs seinen Gipfelpunkt fand, aus einem sehr widersprüchlichen Prozess entwickelte: Es gab – wie Hildebrand schreibt – eine »Dialektik von Mitmachen und Widerstehen, von Zusammenarbeit und Verweigerung, von Loyalität und Opposition«.

Wir wissen heute, dass die Fritsch-Blomberg-Affäre und die Sudetenkrise im Jahr 1938 der Opposition gegen Hitler neue Kräfte zuführten. Der Überfall auf die Tschechoslowakei und auf Polen, der Krieg im Westen und auch die Niederlage von Stalingrad machten dann aus Systemkritikern Regimegegner, die zu allem entschlossen waren. Politische und militärische Ereignisse haben daher einen großen Anteil daran, dass es zum 20. Juli kam. Aber letztlich erwuchs der Entschluss zum Widerstand nicht aus einem politischen Kalkül oder aus militärischer Ratio. Schließlich und endlich war er eine moralische Entscheidung. Sie erwuchs aus der Erkenntnis, dass das Unrecht, das sich epidemisch ausbreitete, eben keine Kinderkrankheit des Regimes war, sondern dass Ausgrenzung und Willkür, Gewalt und Mord im nationalsozialistischen Deutschland vielmehr System hatten.

V.

Auch die Bereitschaft zum Attentat entwickelte sich erst im Laufe der Zeit. Der Entschluss zum Attentat fiel erst, als immer deutlicher wurde, dass jeder Tag, den das Regime weiter an der Macht war, Deutschland und die Deutschen nicht nur in eine politische und territoriale, sondern auch in die tiefste moralische Katastrophe ihrer Geschichte stürzen würde. Dass Stauffenberg und seine Freunde sich von ihrem Gewissen leiten ließen, sich dem Morden aktiv zu widersetzen, das ist ihre große historische Leistung. Dass sie nicht in Passivität und Resignation verfielen, sondern der Diktatur schließlich konsequent Widerstand leisteten, einer Diktatur, welche die Menschen verachtete und vernichtete, und dass sie dafür das eigene Leben einsetzten, das ist wahrlich nicht hoch genug zu rühmen.

Aus der eigenen Lebenserfahrung wissen wir: Nie in Irrtümern befangen, nie von falschen Gedanken berührt worden zu sein, das ist ein beinahe unverdientes Glück. Aus einem Labyrinth von Irrwegen zurückzufinden auf den richtigen Weg, das Festgeglaubte aufzugeben, wenn es sich als falsch herausstellt, dann den Sieg davonzutragen auch über die eigenen Vorurteile, das erst macht Größe aus. Deshalb ist es auch richtig und wichtig, die Männer des 20. Juli nicht als strahlende und unbeirrbare Heroen auf einen Sockel zu stellen, sondern sie als Menschen in all ihren Widersprüchen zu begreifen, und vor ihren Fehlern und Irrtümern nicht die Augen zu verschließen.

Vielleicht meinen manche von uns, aus einer solchen Haltung erwachse eher Distanz und Abgrenzung statt Verständnis, Nähe und Sympathie. Ich glaube das nicht: Nur wenn wir die Widerstandskämpfer als Menschen aus Fleisch und Blut begreifen, wenn wir sie nicht idealisieren und zu Ikonen machen, nur dann kann sich jene Glaubwürdigkeit entwickeln, die Menschen brauchen, damit sie von mündigen Bürgerinnen und Bürgern in einer offenen und demokratischen Gesellschaft als Vorbilder geachtet und geehrt werden können. Wer sich auf diese Betrachtungsweise einlässt, der kann auch besser differenzieren, der kann auch dem einzelnen Widerstandskämpfer, seinem Lebens- und Leidensweg, besser gerecht werden.

Dann erkennen wir, dass die Männer des 20. Juli zwar eine verschworene Gemeinschaft waren, aber längst keine homogene Gruppe. Einig waren sich die Verschwörer, bei allen Unterschieden, nur in dem Ziel: Deutschland von Hitler und seinem Regime zu befreien. Über den Weg dahin wurde heftig diskutiert. Vor allem stritt man über die Frage, ob der Tyrannenmord erlaubt sei – eingedenk des Risikos, dadurch Deutschlands Niederlage zu besiegeln.

Auch über die künftige Verfassung, die soziale und politische Ordnung im Nachkriegsdeutschland, gab es große Differenzen. Politisch lagen zwischen Claus Graf Schenk von Stauffenberg und Julius Leber Welten, auch wenn sie im Widerstand zu Freunden geworden waren. Helmuth James Graf von Moltke und Carl Goerdeler blieben sich dagegen persönlich *und* politisch fremd. Diese Fremdheit erwuchs nicht zuletzt aus der unterschiedlichen Lebenserfahrung. Die Älteren orientierten sich noch am Obrigkeitsstaat des Deutschen Kaiserreichs. Die Jüngeren waren vom Ersten Weltkrieg und mehr noch von den politischen Wirren in den ersten Jahren der Weimarer Republik geprägt.

Die junge Generation des 20. Juli dachte und handelte anders als die Honoratioren. Sie stand der Suche nach neuen Wegen und Kräften unbefangener gegenüber. Auch der Plan, die Diktatur gewaltsam zu beseitigen, fand hier weit stärkeren Nachhall. Aber alle Verschwörer waren geeint in dem Willen, das Letzte zu wagen, alle traten sie entschieden für Freiheit und Rechtsstaatlichkeit, für die Menschenrechte ein, und alle waren sie davon überzeugt, dass der Weg aus der moralischen Katastrophe der Deutschen nur über eine Neubesinnung auf die Kräfte des christlichen Glaubens führen könne.

VI.

Der 20. Juli war – so hat Ralf Dahrendorf es einmal formuliert – »der Aufstand des Anstandes gegen eine von allen guten Geistern verlassene Staatsführung«. Damit gab der 20. Juli eines der leuchtenden Beispiele für die moralische Selbstbehauptung des anderen, des besseren Deutschland. Dies ist das bleibende Vermächtnis dieses Tages für unsere Demokratie. Was bedeutet es demgegenüber, dass uns heute Vieles fremd ist, was wir über die politischen Einstellungen der Verschwörer hören? Beispielsweise über die bisweilen ins Schwärmerische gehende Gefühlsbindung an Deutschland, über eine fast wörtlich zu nehmende Liebe zum Vaterland, von der nicht zuletzt Stauffenberg erfüllt war; über die soldatischen Ehrbegriffe der Offiziere um Henning von Tresckow, von denen ein direkter Weg in die Bereitschaft zum Selbstopfer führte; und schließlich über die altpreußischen Grundsätze des Grafen von der Schulenburg, die in Vielem hinter der Zeit zurückblieben, die aber in einer Konsequenz gelebt wurden, die mir Bewunderung abringt. Anderes in den Zukunftsplänen der Verschwörer ist uns sehr viel vertrauter, ja, es könnte aus den Debatten unserer Zeit stammen: so die Kritik an den Auswüchsen des Kapitalismus und die Skepsis gegenüber dem technischen Fortschritt – beide allerdings erwachsend aus einer unverkennbaren Vorliebe für ständische Wirtschafts- und Gesellschaftsmodelle – oder die naturverbundenen, beinahe schon ökologischen Grundhaltungen, die wir vornehmlich im Kreisauer Kreis finden.

Im Politischen standen Stauffenberg und die meisten seiner Freunde (mit Ausnahme der Sozialdemokraten des 20. Juli) der Potsdamer Garnisonskirche näher als der Frankfurter Paulskirche und den Idealen der Französischen Revolution. Bis zuletzt hielt sich in den Reihen der Verschwörer ein starkes Misstrauen gegen die moderne Massendemokratie. Ihre Verfassungspläne und Neuordnungskonzepte waren alles andere als liberal. Hans Mommsen hat sie – wohl zu Recht – ein »Arsenal konservativer Gegenutopien« genannt. Hier blieben die meisten Vertreter des 20. Juli ganz ihrer Zeit verhaftet. Das »Ethos des Unbedingten«, wie es Marion Gräfin Dönhoff einmal genannt hat, zeichnete die Männer des 20. Juli aus. Dagegen haben die Ideen und Ideale der Jüngeren um Stauffenberg in der Bundesrepublik keine besondere Rolle gespielt. Das haben Überlebende wie Jakob Kaiser und Theodor Steltzer später bitter beklagt.

Autoritäres politisches Denken und illiberale Traditionen hatten sich historisch verbraucht. Allzusehr erinnerten sie noch an jenes deutsche Sonder- und Sendungsbewusstsein, das die Welt längst als eine geistige Quelle des nationalsozialistischen Größenwahns identifiziert hatte. Die bedingungslose Kapitulation des Deutschen Reiches am 8. Mai 1945 ließ nur den zivilen Weg zum Wiederaufbau des Landes offen. Die politische Westbindung und auch die Orientierung an der Tradition westlich-aufgeklärten Denkens wurden zum Königsweg, auf dem Freiheit, Wohlfahrt und Demokratie gesichert werden konnten.

VII.

Auf der anderen Seite birgt das Vermächtnis des 20. Juli eine politische Vision, die wir noch immer als einen Auftrag an uns begreifen sollten. Es ist die »europäische Perspektive«, die vor allem im Kreisauer Kreis sehr ausgeprägt war. An sie erinnerte Willy Brandt in seiner großen Berliner Rede zum einhundertsten Geburtstag von Julius Leber am 16. November 1990. In dieser Vision, so Brandt, »war von der europäischen Überwindung der Nationalstaatlichkeit ebenso die Rede wie vom Regionalismus als Grundlage künftiger transnationaler Strukturen. Das war alles noch ziemlich abstrakt.« Aber, so fährt Brandt fort, »Deutschland in Europa, Deutschland mit Europa – das ist gewiss nicht erst ein Thema der neuesten Zeit«, und, so füge ich hinzu, das ist sicherlich eine große und eine gute Hoffnung für die Zukunft.

Wenn wir heute, fünfzig Jahre nach dem 20. Juli 1944, Bilanz ziehen, dann dürfen wir auch nicht vergessen, dass ein Mann wie Wilhelm Leuschner zum engsten Kreis der Verschwörer zählte – jener Gewerkschaftsführer, der im Angesicht des Schafotts seinen Freunden zurief: »Schafft die Einheit.« Mit dieser Mahnung erinnerte Leuschner daran, welches leichte Spiel die Nationalsozialisten hatten, als sie die politisch zersplitterten und durch die weltweite wirtschaftliche Krise geschwächten Gewerkschaften zerschlugen. Die bittere Erfahrung des 2. Mai 1933, der den Anfang vom Ende der freien Gewerkschaften in Deutschland markierte, gab nach dem Krieg auch den Anstoß für die Gründung der Einheitsgewerkschaft. Es begann eine Erfolgsgeschichte der deutschen Gewerkschaftsbewegung, die in der Welt ihresgleichen sucht – trotz mancher Rückschläge in der Vergangenheit und großer Herausforderungen in Gegenwart und Zukunft.

VIII.

Schon an diesen wenigen Beispielen können wir ablesen, dass das Vermächtnis des Widerstands gegen Hitler beileibe nicht nur Stoff für die Lese- und Geschichtsbücher birgt. Dieses historische Erbe wirkt in unserem demokratischen Alltag nach. Aber wie gehen wir mit diesem Erbe um? Was sagen wir vor allem den jungen Menschen, wenn sie uns danach fragen?

Zunächst darf uns das Gedenken an die Widerstandskämpfer gerade im Jubiläumsjahr nicht zu einem »Kult der Gerechten« missraten, hinter dem die Schuld der Täter von damals verblasst, das Schweigen der Mehrheit und die Verantwortung der Mitläufer im Dritten Reich verschwinden. Wir sollten uns auch vor kurzschlüssigen Analogien hüten. Ich nenne hier das Problem des zivilen Ungehorsams – ein eigenes, durchaus ernst zu nehmendes Konfliktfeld in der Demokratie. Mit dem Widerstand des 20. Juli, von dem wir heute sprechen, darf es trotzdem nicht verwechselt oder gar gleichgesetzt werden. Zivilen Ungehorsam in einem liberalen Rechtsstaat und Widerstand in einer totalitären Diktatur trennen Welten. Schon die Voraussetzungen und Bedingungen sind in keiner Weise vergleichbar und noch viel weniger sind es – zum Glück – die Wagnisse und Risiken, die damit verbunden sind.

Aus dem Nachdenken über den Widerstand in allen seinen Formen und Facetten lassen sich einige klare historische Lehren ziehen, die Richtgrößen sein können für ethisch begründetes Handeln heute. Wenn wir uns beispielsweise vergegenwärtigen, wie lang, wie mühsam und wie quälend der Weg war, den die meisten Widerstandskämpfer bis zum 20. Juli zurücklegten, dann sollte uns das vor Hochmut und Ungerechtigkeit bei der notwendigen und dringlichen Aufarbeitung der DDR-Vergangenheit bewahren.

Das Beispiel Stauffenbergs und seiner Freunde zeigt uns außerdem, dass es moralisch nie zu spät sein kann, ein Fanal zu setzen gegen barbarische Gewalt, selbst wenn die Gefahr des Scheiterns mehr als wahrscheinlich, wenn der praktische Zweck kaum noch zu erfüllen und der Erfolg damit mehr als unwahrscheinlich ist. Andererseits belegt der Widerstand gegen den Nationalsozialismus, dass wir politisch dem Ungeist der Menschenverachtung nicht früh genug Paroli bieten können, dass wir agieren müssen und nicht nur reagieren dürfen, um den Gespenstern des Rassismus, des Nationalismus und des Antisemitismus tatkräftig und erfolgreich beizukommen und ihnen das Handwerk zu legen. Hat sich ein totalitäres Regime erst einmal etabliert, sind Willkür und Unrecht erst einmal staatliche Politik geworden, dann ist es meist schon zu spät. Joseph Rovan, der französische Historiker, sagt deshalb zu Recht, dass die beste Ehrung für die Männer und Frauen des Widerstands darin bestehe, ihrer nicht nur passiv zu gedenken, sondern aktiv daran mitzuwirken, dass sich unser Gemeinwesen als immun erweist gegen das Gift völkischer Überheblichkeit und gegen den Bazillus brutaler Gewalt. Hier dürfe – so Rovan – der Staat nicht auf seine Bürger warten und die Bürger nicht dem Staat den Vortritt lassen. Zum Kampf gegen die neue Form des alten Übels sind alle aufgerufen, und keiner darf sich damit entschuldigen, er habe darauf gewartet, dass andere mit dem Widerstand begönnen. Auch das war ja eine Antwort der jungen Sophie Scholl auf den brüllenden Freisler.

IX.

Ich habe es bereits gesagt: Manche, die damals nicht gewartet haben, sind heute vergessen. Das Regime hatte sie als Gegner nicht im Visier und wohl nicht auf der Rechnung. Sie machten von sich selbst und ihrer Haltung auch kein Aufhebens. Motive wie Tradition, Ehre, die vergangene oder künftige Größe des Vaterlandes spielten bei ihrem Entschluss zum Widerstand keine Rolle – weder am Anfang noch am Ende. Trotzdem kümmerten sie sich selbstlos um die Opfer des Regimes und arbeiteten von Anfang an auf den Sturz der Diktatur hin. Es ging ihnen immer auch um die Bewahrung des gesunden Menschenverstandes gegen ein zunehmend ungesundes Volksempfinden. Offenbar waren sie aber nicht aus dem Stoff, aus dem die Nachwelt ihre Helden macht. In *meiner* persönlichen Bilanz des Widerstands gehören sie allerdings zu den wichtigsten Aktivposten. Ich denke an die Liberalen im Widerstand um Ernst Strassmann und Hans Robinsohn, deren Bedeutung in der wissenschaftlichen Forschung erst vor kurzem entdeckt und gewürdigt worden ist. Hans Robinsohn musste schon früh ins Exil gehen. Sein Beispiel zeigt uns, dass wir auch diejenigen nicht vergessen dürfen, die von den Nationalsozialsten außer Landes gezwungen wurden. Viele von ihnen haben durch ihr humanes Engagement der Welt schon im Krieg bewiesen, dass es ein anderes, ein besseres Deutschland gab.

Für ein solches Deutschland stand auch einer, den wir in diesen Tagen auf keinen Fall übersehen dürfen. Es ist Johann Georg Elser, der am 8. November 1939 das Attentat auf Hitler im Münchner Bürgerbräukeller verübte. Elser, ein einfacher Schreinergeselle, wusste gewiss nicht mehr als die meisten seiner Zeitgenossen, aber er ahnte, wohin die Nationalsozialisten Deutschland steuern würden. Er handelte entschlossen und wollte keine Kompromisse. Dieser einfache Mann stand allein, niemand schützte ihn, keiner deckte ihn. Vermutlich hatte er keine ausgereiften Pläne für ein künftiges Deutschland. Er folgte lediglich seinem untrüglichen Gespür für Anstand und Menschlichkeit.

Elser stand damit einem Widerstandskämpfer wie Helmuth James Graf von Moltke ganz nahe. Es ging beiden, darum, »das Bild des Menschen in den Herzen unserer Mitbürger« wiederherzustellen. So hat es Moltke einmal gesagt. Das ist – auf den kürzesten Nenner gebracht – das Vermächtnis des deutschen Widerstands gegen Hitler. Dieses Vermächtnis bleibt aktuell. Unter den ganz anderen Bedingungen, unter denen wir heute leben und handeln, bleibt es eine ständige Aufgabe nicht nur für die Politik, sondern für jeden von uns. Damit die Geschichte sich nicht wiederholt.

Genau hinsehen – für eine Erinnerung ohne Frageverbote und ohne Vorverurteilungen*

Die Zeit des Nationalsozialismus und des Zweiten Weltkriegs ist vor kurzem mit einem historischen Gestade verglichen worden, mit einem Gestade, dessen Brandung uns Deutschen nicht aus den Ohren gehe (Michael Jeismann in der *FAZ* vom 30. April 1998). Das Geräusch dieser Brandung werde nicht leiser, auch wenn wir uns davon entfernten, ja es komme näher, sobald wir uns ihm entziehen wollten. Das ist ein ungewöhnliches und ein ungewöhnlich treffendes Bild.

Dieses »Brandungsgeräusch« der jüngeren Geschichte konnte deutlich vernehmen, wer in den letzten Wochen und Monaten die Medien und die Feuilletons aufmerksam verfolgte. Das war so im Streit über das so genannte Schweizer Raubgold, in den Debatten über die Zwangsarbeit und auch in den Diskussionen über das geplante Holocaust-Mahnmal in Berlin.

Die Vergangenheit des Dritten Reiches vergeht offenbar nicht. Immer wieder kehrt sie in unsere Gegenwart zurück: mit einer Macht, die Viele verstört und die manchem alles andere als lieb ist. Die deutschen Historiker haben das gerade jüngst in Frankfurt erfahren. Auch sie wurden von ihrer und unserer Geschichte eingeholt. Aber sie haben sich im guten Sinne als »erinnerungstüchtig« erwiesen. So hat es Ruth Klüger vor kurzem gesagt, und das ist wohl eine zutreffende Einschätzung.

Für die verstörende Kraft der Vergangenheit gibt es ein anderes eindrucksvolles Beispiel. Das ist die Ausstellung »Vernichtungskrieg. Verbrechen der Wehrmacht 1941–1944«. Sie war schon in vielen deutschen Städten zu sehen. Von heute an wird sie in Bonn gezeigt. Diese Ausstellung, zu deren Eröffnung wir heute zusammengekommen sind, beschäftigt sich nicht mit abstrakter Geschichte und auch nicht mit Haupt- und Staatsaktionen. Sie konfrontiert uns vielmehr mit Bildern, die – so unglaublich das heute scheinen muss – aus dem Alltag stammen, aus einem Alltag des Grauens am Ende der sozialen Welt. »Ein

* Rede aus Anlass der Ausstellung »Vernichtungskrieg. Verbrechen der Wehrmacht 1941 bis 1944« am 28. September 1998 in Bonn *(Redenmanuskript)*.

entsetzliches Dokument der Unmenschlichkeit«, so ist diese Ausstellung genannt worden, als sie vor kurzem in Koblenz eröffnet wurde.

Das ist gewiss richtig, aber ich sehe in ihr noch etwas anderes. Eine Reihe ihrer Bilder lässt mich erahnen, was Hannah Arendt mit dem Wort von der »Banalität des Bösen« gemeint haben mag. Diese Bilder zeigen etwas, das wir in dieser Eindringlichkeit wohl selten gesehen haben: Die Routine von Tätern ist darauf zu sehen, die ebenso teilnahmslos wie brutal war; dann das anscheinend völlig fehlende Mitleid von Zuschauern, die nicht selten belustigt wirken; schließlich das ungläubige Entsetzen von Menschen, die zu Opfern werden. Nicht wenige scheinen rein zufällig in die Todesrazzien gelangt zu sein – noch vor wenigen Stunden, ja gar Minuten mit ihren völlig normalen Alltagsdingen beschäftigt.

Die Dokumentation des Hamburger Instituts für Sozialforschung über den Vernichtungskrieg ist eine sehr erfolgreiche Ausstellung, und sie ist sehr umstritten. Sie schont ihre Besucher nicht; sie verstört; sie weckt Betroffenheit; sie regt zum Nachdenken an; sie hat aber auch heftige Diskussionen ausgelöst, und das wiederum hat gewiss damit zu tun, dass sie ein Tabu berührt, ja bricht. Sie rührt an eine Frage, die lange beantwortet schien, auf die Viele für sich längst fertige Antworten hatten: Es ist die Frage nach Rolle und Funktion der deutschen Wehrmacht im Dritten Reich. Es ist die Frage danach, was die Führung, was die Soldaten der Wehrmacht in Hitlers Krieg getan und was sie unterlassen haben.

Lange schien festzustehen: Die Wehrmacht war anders; diese Armee war anständig geblieben – an allen Fronten, nicht nur im Westen, auch im Osten. Dort hatte es zweifellos schwere Untaten gegeben, aber die hatten die berüchtigten Einsatzgruppen der SS verübt – auf Befehl Himmlers und seiner Vasallen, hinter den Linien, im Verborgenen. Offiziere und Mannschaften der Wehrmacht – so die lange bestehende Meinung – hätten davon wenig bis nichts mitbekommen. Sie hätten im offenen, regelgerechten Kampf Mann gegen Mann, später im verzweifelten Abwehrkampf um die Heimat gestanden.

Das Bild von der Wehrmacht, die als Ganzes sauber geblieben war, ist ein Produkt der späten vierziger und frühen fünfziger Jahre. Es entstand in einem Klima des scharfen Protests. Das war der Protest beinahe aller politischen Parteien, vor allem auch der beiden Kirchen gegen die so genannten Kriegsverbrecherprozesse der Sieger. An dem Bild von der insgesamt sauberen Wehrmacht arbeiteten damals Viele mit – auch hochrangige Generäle. Ihnen gelang ein nachträglicher Triumph; es gelang, die totale militärische Niederlage, welche die Generalität mit zu verantworten hatte, zumindest in einen moralischen Sieg umzuschreiben. Das war eine bittere Ironie der Geschichte.

Es setzte sich ein Geschichtsbild durch, das ungemein populär wurde, weil es im Zeichen des Kalten Krieges die alten Feindbilder fortschrieb. Hunderttausende ehemaliger Soldaten konnten auf diese Weise den gestohlenen Jahren doch noch einen Sinn geben; Viele, die schuldig geworden waren, konnten sich entlastet fühlen. Die weitgehende strafrechtliche Amnestie mündete in einer tiefgreifenden historisch-politischen Amnesie. Auch damals gab es allerdings schon andere, kritische Stimmen. Sie drangen nur nicht durch, wurden bald vergessen.

Auf eine dieser Stimmen bin ich vor kurzem gestoßen, zufällig, in einer Anthologie über die frühe Literatur in unserem Lande, in Nordrhein-Westfalen. Es ist die Stimme von Hans Schwab-Felisch. Er war Kulturkorrespondent der *Frankfurter Allgemeinen Zeitung,* später Herausgeber des *Merkur,* und ich habe ihn gut gekannt. Schwab-Felisch berichtete über seine Eindrücke von den Kriegsverbrecherprozessen. Sein Aufsatz trägt den bezeichnenden Titel »Fassade in Scherben«. Er schreibt von Beweisen, die während der Prozesse jedermann hätten bewusst werden lassen – wie stark sich (ich zitiere) »die verantwortlichen Generäle mit den Zielen der SS, mit den Zielen des Nationalsozialismus identifiziert hätten«, – und wie eng letztlich die »Zusammenarbeit der Wehrmachtsführung mit den berüchtigten Einsatzgruppen« gewesen sei. Die Beweise, von denen Schwab-Felisch schreibt, gab es also von Anfang an. Wir Deutschen haben sie damals nicht beachtet oder wollten sie nicht beachten. Wir wollten uns nicht damit auseinandersetzen, wir wollten in Ruhe gelassen werden.

Auch heute noch liegt manches im Dunkeln. Doch die Geschichtsforschung ist schon seit längerer Zeit ein gutes Stück vorangekommen. Und soviel steht zweifelsfrei fest: Die Wehrmacht war aktiv eingebunden in Hitlers Vernichtungskrieg – nicht nur im Osten, sondern auch im Südosten und im Süden; ihre Führung war tief in den Völkermord an den europäischen Juden verstrickt; darüberhinaus müssen wir den Kreis der als Täter beteiligten Offiziere und Soldaten viel weiter ziehen, als wir es lange getan haben, und dies gilt erst recht für den Kreis der mitwissenden Zuschauer unter den Wehrmachtsangehörigen.

Aber wie weit reichte die Komplizenschaft mit Himmlers »Todesschwadronen« an den verschiedenen Frontabschnitten? Wie sehr verwischten sich im Laufe des Krieges die Grenzen zwischen SS und Wehrmacht? Gab es nicht auch die »andere« Wehrmacht, den militärischen Widerstand der Tresckow, Stauffenberg und anderer? Das sind nur wenige Fragen aus der Kontroverse zwischen den Ausstellungsmachern und ihren Kritikern. Diese Kritiker verweisen auf den Terror des Kriegsgegners, auf die Grausamkeiten in *seiner* Kriegführung. Sie hätten Repressalien geradezu herausgefordert. Das komme in der Ausstellung aber nicht vor. Das mache sie einseitig, das fördere Pauschalurteile, das verzerre das Bild der Wirklichkeit jener Zeit.

Ich meine, diese Kritik muss man ernst nehmen, man muss ihr nachgehen. Die Betroffenheit, die diese Dokumentation auslöst, darf uns nicht den Blick trüben, darf uns nicht daran hindern, genau hinzusehen. Denn dass Bilder von Krieg und Gewalt nicht immer das zeigen, was wir vermeintlich klar und eindeutig aus ihnen lesen können oder wollen, das haben wir gerade in den letzten Jahren bitter erfahren müssen – im Nahen Osten beispielsweise, aber auch auf dem Balkan. Deshalb müssen wir auch hier kritische Fragen stellen, Fragen nach dem, was dem abgebildeten Geschehen vorausging, nach dem Kontext, in dem die gezeigten Bildserien stehen.

Und noch etwas anderes muss angemerkt werden: Einen Generalverdacht gegen eine ganze Generation von Soldaten, immerhin gegen rund 18 Millionen Menschen, kann und darf es nicht geben. Das wäre historisch unseriös und moralisch überheblich. In jedem Wehrmachtssoldaten einen Verbrecher zu vermuten, das würde die Wirklichkeit krass verfehlen; und natürlich haben auch längst nicht alle, die damals dabei waren, von den kriminellen Exzessen gewusst. Dazu war das Feld zu eingeschränkt, das man vor allem als einfacher Landser übersehen konnte. Dazu war man – vor allem an der Front – zu sehr mit sich selbst und dem eigenen Überleben beschäftigt.

Auch von denen, die von den Verbrechen erfuhren, haben längst nicht alle sie gebilligt oder gar mitgemacht. Für mich ist Richard von Weizsäcker auch hier ein glaubwürdiger Zeuge. Er berichtet, dass man in seinem Regiment, empört war über die Mordbefehle aus der Wehrmachtsführung, dass man sich weigerte, sie auszuführen. All diese Differenzierungen sind – so meine ich – notwendig, weil wir im Zweifel auf jeden einzelnen Fall sehen müssen, wenn wir historisch genau und damit moralisch gerecht bleiben wollen. Helmut Schmidt hat im Zusammenhang mit der Geistesverfassung vieler Soldaten damals von einer »Zweiteilung des Bewusstseins« gesprochen. Das Pflichtgefühl und die Heimatliebe wirkten fort, obwohl einem mit der Zeit dämmerte, dass man der Aggressor war und damit schweres Unrecht auf sich lud.

Trotzdem blieb es ein Vernichtungskrieg, in den Hitler und viele Generäle auch diejenigen zogen, die anständig bleiben wollten. Es blieb ein unsagbar menschenverachtendes Unternehmen, dem auch die gedient haben, die anständig geblieben sind. Sie gaben »das Beste für die schlechteste Sache der Welt«, so hat es Hans-Adolf Jacobsen jüngst einleuchtend und treffend beschrieben. Das wurde zum Beispiel in Ostpreußen und Pommern besonders deutlich. Hier deckte man in den letzten Kriegsmonaten mit Mut und Opferbereitschaft die Flucht hunderttausender Deutscher, hielt damit aber gleichzeitig das Mordsystem am Leben und ermöglichte so die fast restlose Vernichtung der europäischen Juden. Solche und ähnliche Ambivalenzen gab es Viele, zu unterschiedlichen Zeiten, an vielen Orten.

Diese Zwiespältigkeit des Lebens und Handelns in der menschenverachtenden Diktatur dürfen wir in unserem Erinnern nicht ausblenden. Deshalb ist es wichtig, dass wir alles, und zwar restlos alles, zusammentragen, was wir historisch wissen oder wissen können. Wir müssen es auch *zusammen* sehen, ob es uns passt oder nicht, so schmerzhaft es im Einzelfall sein mag. Statt eines fragmentierten Gedächtnisses brauchen wir eine *ungeteilte Erinnerung*, eine Erinnerung, die es uns beispielsweise ermöglicht, die herzlose Gleichgültigkeit vieler Deutscher gegenüber dem Schicksal der Juden als eine der Bedingungen der Möglichkeit des Holocaust zu erkennen und zu beklagen. Und *gleichzeitig* das millionenfache, individuelle Leid von Deutschen in Bombenhagel, Flucht und Vertreibung zu sehen und zu beklagen.

Nur eine solche aufrichtige Zusammenschau der Dinge bringt uns wirklich weiter, eine Zusammenschau, die Schuld und Verantwortung nicht leugnet, die Leid nicht gegeneinander aufrechnet, die aber auch Mut und Anstand, Trauer und Tragik nicht kleiner macht, als sie waren. Mut und Tragik des deutschen Widerstandes etwa: Er am allerwenigsten konnte sich seine Bündnispartner aussuchen. Um Hitler und das Regime zu beseitigen, arbeiteten die Männer des 20. Juli wohl oder übel mit Generälen (wie Erich Hoepner und Karl-Heinrich v. Stülpnagel) zusammen, die sich im Feld mit den SS-Einsatzgruppen gut verstanden hatten; und einer ihrer Mitverschwörer war Arthur Nebe, ein hoher Polizeibeamter, der im Osten zum Massenmörder geworden war. Stauffenberg und seine Freunde mussten wohl – so denke ich – handeln, wie sie gehandelt haben. Für sie ging es wohl nicht anders, wenn sie zum Erfolg kommen wollten. Und dieser Erfolg hätte – das wissen wir heute – noch Millionen gerettet.

Wer will hier rechten, wer wirft hier den ersten Stein? Gewiss: In der *ungeteilten* Erinnerung, wie sie mir vorschwebt, steht manches neben- und wohl auch gegeneinander. Sicher geht auch nicht alles auf, aber es geht wenigstens *nichts* verloren. Wer aber aus politischem Opportunismus oder Kalkül oder aus Verblendung etwas von dem Leid und dem Unrecht, das dieses Zeitalter der Extreme über die Menschen brachte, nicht sehen will oder unterschlägt, der handelt fahrlässig, der fälscht nicht nur die Vergangenheit, der belastet auch Gegenwart und Zukunft. Dies gilt auch für die Verbrechen des Kommunismus. Für sie hat das so genannten »Schwarzbuch« kürzlich eine zusammenfassende Schreckensbilanz vorgelegt. Auch diese Dokumentation ist sehr umstritten, aber an ihr lässt sich doch ablesen, was heute nottut.

Was nottut, ist nicht Betroffenheitskult und noch weniger Schlussstrichdenken. Was wir vielmehr fördern müssen, das ist eine historische Wahrnehmung mit den vielen Farben und Schattierungen des wirklichen Lebens – und nicht das Nur-Schwarz oder Nur-Weiß politisch vorgeblich korrekter Geschichtsbilder! Nur eine *ungeteilte* Erinnerung dürfen wir an unsere Jugend weitergeben und nicht die Schwierigkeiten, die Viele von uns mit unserer Geschichte haben. Wir müssen verhindern, dass Geschichte und Geschichtsbilder wieder zum Arsenal für Obsessionen werden, wie sie es lange bei uns waren und wie sie es anderswo noch heute sind, etwa auf dem Balkan – mit fürchterlichen Konsequenzen für den Frieden und das Zusammenleben der Menschen dort. Geschichte muss vielmehr zum Medium für ein prinzipiell humanes Denken werden, für eine kritische und selbstkritische Orientierung, die in der Gegenwart hilft und in die Zukunft weist, damit sich die Vergangenheit nicht wiederholt.

Damit die Geschichte nicht zurückkehrt, müssen wir den jungen Leute einige der schlimmsten Erfahrungen des 20. Jahrhunderts weitergeben: Wir müssen weitergeben, dass der Firniss dünn ist, der die Zivilisation vom Abgrund der Barbarei trennt; dass auch so genannte Kulturnationen nie sicher vor diesem Abgrund sein können. Das haben wir am Beispiel unseres eigenen Volkes schmerzhaft erfahren müssen. Und auch diese Erfahrung müssen wir an die Jungen weitergeben: Ganz normale Menschen können sich unter ganz bestimmten Bedingungen dazu hinreißen lassen, Ungeheuerliches zu tun. Sie können sogar zu Mördern werden. Jedes Erinnern muss deshalb dazu beitragen, immer auch Bedingungen zu schaffen, die solche schlimmen Versuchungen ausschließen.

Dabei hilft diese Ausstellung. Sie ist ein bedrückender Erinnerungsort der deutschen Geschichte. Sie ist aber zugleich ein erhellender Lernort über die Gefahren menschlicher Abgründe, über den Wert menschlichen Anstandes. Sie mahnt, nicht zu vergessen, dass uns die Achtung vor dem Leben allemal mehr bedeuten muss als die Todesverachtung; dass es wichtiger ist, Mitleid mit anderen zu üben als Härte gegen sich selbst.

Und alle, die heute – in einer ganz anderen Zeit – als Soldaten ihre Pflicht tun, kann diese Ausstellung auch sensibel mache für Situationen, in denen sie auf ihr Gewissen hören müssen und einen Befehl nicht befolgen dürfen, in denen sie im Zweifel Ungnade zu wählen haben, wo Gehorsam nicht Ehre bringt. Diese Worte, die heute vielleicht etwas fremd klingen mögen, sind im wohlverstandenen Sinne Kern der preußischen Militärtradition. Die Spitzen der Wehrmacht haben diese Tradition oft genug im Munde geführt, sie im Alltag des Krieges aber leider noch öfter missachtet und damit diskreditiert.

So wenig die Bundeswehr in der Tradition der Wehrmacht stehen kann und *darf*, so sehr kann diese Wehrmachtsausstellung gewissermaßen *ex negativo* fassbar machen, was die einzige Legitimation einer demokratischen Armee sein darf: Sie hat bei allem, was ihr Auftrag ist, zunächst und vor allem Leben und Frieden, Freiheit und Wohlfahrt zu schützen, nicht Frieden zu brechen, nicht Unfreiheit zu bringen, nicht Leben zu nehmen.

Ich wünsche der Ausstellung hier in Bonn ein volles Haus; ich wünsche ihr aufmerksame und nachdenkliche Besucherinnen und Besucher. Ich wünsche ihrem Rahmenprogramm kritische Zuhörerinnen und Zuhörer in großer Zahl. Ich wünsche mir in Bonn viele Gespräche, vor allem zwischen den Generationen. Das sollten Gespräche ohne Frageverbote sein, aber auch ohne Vorverurteilungen, vertrauensbildende Gespräche mit dem *einen* Ziel, dass wir gemeinsam aus dem Vergangenen für die Zukunft lernen. Und noch einen Wunsch habe ich: Ich wäre froh, wenn in die Ausstellung und zu den Diskussionsveranstaltungen möglichst viele Soldaten und Offiziere unserer Bundeswehr kämen.

Zum 100. Geburtstag von Gustav Heinemann*

Heute vor hundert Jahren wurde Gustav Heinemann geboren. Er war einer der großen deutschen Politiker dieses Jahrhunderts und vielen Menschen ein Vorbild – in vielem auch für mich, der ich ihn gern meinen politischen Lehrmeister nenne.

Bundespräsident wurde Heinemann in einer bewegten Zeit. Es war die Zeit, in der nahezu alle Autoritäten in Frage gestellt wurden, in der die Kritik an Staat und Institutionen zu einer alltäglichen Übung wurde. In dieser Zeit wurde ausgerechnet er, der in mancherlei Hinsicht altmodisch wirkte, der sich dem Zeitgeist nie auslieferte, zu einer Autorität. Gustav Heinemann war glaubwürdig und prinzipientreu, er verbarg weder seinen christlichen Glauben noch seine politischen Überzeugungen. Er wurde zu einer moralischen und politischen Instanz, weil er höchste Ansprüche zuerst an sich selbst stellte.

Die Wahl Gustav Heinemanns zum dritten Bundespräsidenten am 5. März 1969 war ein symbolischer Einschnitt in der Geschichte der Bundesrepublik Deutschland. Zum erstenmal wurde ein Sozialdemokrat in das höchste Staatsamt gewählt. Obwohl auch Gustav Heinemann selbest seine Wahl als »ein Stück Machtwechsel« bezeichnete, führte er das Amt von Anfang an so überparteilich und überkonfessionell, wie das seinem Amtsverständnis und seinem Pflichtgefühl entsprach. Das Zusammenführen gesellschaftlicher Gruppen und die Integration der am Ende der sechziger Jahre auseinanderdriftenden Generationen waren Kennzeichen seiner Präsidentschaft.

Für Gustav Heinemann war der Friede und seine Erhaltung die erste Aufgabe, ja der eigentliche »Ernstfall« der Politik. Als entschiedener Gegner der Wiederbewaffnung, der nie Pazifist gewesen war, besuchte er die Bundeswehr häufiger als alle anderen Bundespräsidenten vor ihm. Er achtete den Dienst in der Bundeswehr genauso als Gewissensentscheidung wie den Zivildienst.

* Ansprache im Haus der Geschichte in Bonn am 23. Juli 1999.

An die »unruhige« Jugend, wie er sie nannte, richtet er den Appell, diejenigen zu unterstützen, die »den langen Marsch« der Reformen bereits früher angetreten hatten und nun fortsetzen wollten. Gerade die oppositionellen Gruppen sollten die »elementaren Formen der Freiheiten unserer Ordnung« beachten, denn gerade sie genössen ja auch den Schutz dieser Freiheiten. Immer wieder setzte Gustav Heinemann Zeichen der Verständigung und Versöhnung. Schon bei seinem ersten Besuch in Berlin lud er durch Vermittlung seines Freundes Helmut Gollwitzer Vertreter der »Außerparlamentarischen Opposition« ins Schloss Bellevue ein.

Bei aller Überparteilichkeit scheute Heinemann Konflikte nicht. Vor allem seine starke Betonung der deutschen Freiheitsgeschichte, der Bauernkriege, der badischen Revolution, der verschiedenen Aufstände und demokratischen Bewegungen trugen ihm nicht nur Zustimmung und Unterstützung ein. Ihm war wichtig, dass sich nicht nur Kriegsdaten wie »70/71«, »14/18«, »39/45« im geschichtlichen Bewusstsein festsetzten, sondern mehr noch die Freiheitsdaten der demokratischen Geschichte in Deutschland wie 1517, 1848 oder 1949. Leicht kann man sich ausmalen, welche Freude er erst über das Jahr 1989 empfunden hätte.

Die betonte Schlichtheit seiner Amtsführung, die von protestantischem Pflichtethos und preußischem Sinn für das Angemessene geprägt war, die Abschaffung protokollarischer Schnörkel und seine klare und unmissverständliche Sprache trugen ihm die Bezeichnung »Bürgerpräsident« ein. Gustav Heinemann wollte den Menschen und ihren konkreten Sorgen nahe sein. Oft lud er kleine Gesprächsrunden in die Villa Hammerschmidt ein. Vertreter von Berufsgruppen, Verbänden und Initiativen, Künstler, Wissenschaftler und Abgeordnete konnten ungezwungen über das reden, was ihnen wichtig war. Er nannte das seinen »dauernden Fortbildungskurs« – und blieb so dem konkreten Leben der Bürger verbunden.

Ganz besonders kümmerte er sich immer wieder um all diejenigen, die im Schatten einer Wohlstandsgesellschaft lebten, deren Reichtum damals wie heute zu ungleich verteilt ist. »Es sind die, die den einseitig auf Leistung bedachten Forderungen der Wirtschaftsgesellschaft am wenigsten entsprechen: die alten Menschen, die Kinder, die Behinderten und die Nichtanpassungsfähigen und Nichtanpassungsgeeigneten.«

Gustav Heinemann ließ sich 1974 aus gesundheitlichen Gründen nicht zu einer Wiederwahl bewegen. Als er aus seinem Amt ausschied, genoss er großes Ansehen und Respekt bei der überwiegenden Mehrheit der Deutschen, und er hatte unserem Land neue Freunde bei unseren Nachbarn und Partnern in der Welt gewonnen. So hatte er als erster deutscher Bundespräsident die Niederlande besucht und damit ein Zeichen der Versöhnung gesetzt, eine Politik, die er mit Besuchen bei anderen im Krieg von Deutschen besetzten Ländern fortsetzte. Als Gustav Heinemann am 7. Juli 1976 im Alter von fast siebenundsiebzig Jahren starb, verlor unser Land eine bedeutende Gestalt seiner demokratischen Geschichte. Wenn wir uns heute an ihn erinnern, steht vor uns das Bild eines Mannes, der Politik als Dienst an den Menschen verstand mit dem Ziel, soviel Freiheit und soviel Gerechtigkeit wie irgend möglich zu verwirklichen.

»Die Quellen unseres freiheitlichen demokratischen Staatswesens freilegen und uns zu ihnen bekennen«*

Es gibt diesen Schülerwettbewerb seit über 25 Jahren, und seit über 25 Jahren ist der Bundespräsident der Schirmherr des Wettbewerbs Deutsche Geschichte. Ich nehme diese von Gustav Heinemann begründete Tradition gerne auf, zumal ich mit ihm ganz besonders verbunden gewesen bin, mein ganzes Leben lang. Mit ihm glaube ich, dass wir den Blick in die Geschichte brauchen, damit wir soziale und politische Entwicklungen erklären können, und damit wir unsere Verfassung und die gesellschaftlichen Institutionen besser verstehen.

Johann Gustav Droysen, ein bedeutender deutscher Historiker, sagte einmal: »Das, was war, interessiert uns nicht darum, weil es war, sondern weil es in einem gewissen Sinne noch ist.« Und Hans von Keler – er war Bischof in Württemberg – meinte einmal: »Geschichte ist nicht nur Geschehenes, sondern Geschichtetes.« Das Bild hat mir immer besonders gut gefallen. Gustav Heinemann ging es nicht nur darum, die Heimatgeschichte mit neuen Forschungsergebnissen zu bereichern oder künftige Geschichtsprofessoren zu entdecken. Ihm war der gesellschaftliche Auftrag wichtig. Junge Menschen sollten angeregt werden, sich mit unserer Geschichte und ihren demokratischen Traditionen auseinanderzusetzen, um, wie Gustav Heinemann es formuliert hat, »die Quellen unseres freiheitlichen und demokratischen Staatswesens freizulegen und uns zu ihnen zu bekennen«.

Ich habe, unabhängig davon, wer Preisträger wird, vor allen Teilnehmerinnen und Teilnehmern großen Respekt und freue mich darüber, dass es viele engagierte Lehrerinnen und Lehrer gibt, die Geschichte auf diese Art und Weise zu mehr machen als zu einem bloßen Unterrichtsstoff. Das Thema hieß diesmal: »Aufbegehren, Handeln, Verändern – Protest in der Geschichte«. Und da haben fast 5.000 Jugendliche

* Begrüßungsworte anlässlich der Preisverleihung zum Schülerwettbewerb Deutsche Geschichte um den Preis des Bundespräsidenten im Schloss Bellevue am 29. September 1999.

den Weg zur historischen Spurensuche gefunden und 1.151 Beiträge eingereicht.

Das Thema knüpft an die erste Ausschreibung an. Damals ging es um die deutsche Revolution 1848/49. Ich weiß von Gustav Heinemann, wie er sich bemüht hat, diese Freiheitsbewegungen von 48/49 lebendig zu machen, bewusst zu machen. Denn die führten lange ein Schattendasein. Der letzte Brief, den Gustav Heinemann im Juli 1974 diktierte, am Morgen seines Todes, war ein Brief an Georg Leber, den damaligen Verteidigungsminister, in dem er ihn bat, doch dem beengten Museum der Freiheitsgeschichte in Rastatt zwei Räume des benachbarten militärgeschichtlichen Museums abzutreten. Gustav Heinemann diktierte diesen Brief morgens, und er hat ihn nicht mehr unterschreiben können. Für mich ist dieser Brief immer eine Art Vermächtnis gewesen. Die Freiheitsbewegungen haben es nämlich schwer gehabt, positiv wahrgenommen zu werden. Protestieren galt lange Zeit nicht als typisch deutsche Eigenschaft.

Nun ist Protest ja auch nicht automatisch eine gute Sache. Manchmal gibt es egoistische Einzel- oder Gruppeninteressen, die zum Protest führen. Und manchmal sind die Mittel, die man wählt, um zu protestieren, nicht angemessen und darum nicht zulässig. Aber ohne Proteste würde auch mancher Missstand nicht öffentlich und könnte deshalb auch nicht beseitigt werden. Ohne Proteste ist eine lebendige Zivilgesellschaft nicht mehr denkbar, und ohne Proteste, daran muss man sich gerade in diesem Jahr erinnern, gäbe es keine deutsche Einheit. Übrigens Proteste nicht nur in Berlin, in Leipzig, in Plauen, in Dresden, in Rostock, sondern auch Proteste in Warschau, in Prag, in Budapest.

Diejenigen, die am diesjährigen Wettbewerb teilgenommen haben, haben sich mit der Frage nach der Berechtigung der jeweiligen Proteste befasst. Ich habe mir sagen lassen, dass es eine sehr wahrnehmbare Skepsis gegenüber rein ideologisch motivierten Protesten gegeben habe, gegenüber dem, was man Partikularinteressen, Einzelinteressen nennt. Aber Viele haben eine Menge Sympathie für den Einsatz und die Zivilcourage einzelner Menschen gezeigt, wenn es um brennende Probleme vor Ort ging, etwa um die Schließung einer sozialen Einrichtung. Ihr Verhältnis zum Protest ist nüchtern und pragmatisch, aber es ist damit nicht unpolitisch. Für sie ist Protest eine Form der politischen Auseinandersetzung neben anderen.

Das zeigt mir, dass junge Menschen heute nicht automatisch politikmüde oder konfliktscheu sind, sondern dass sie einfach andere Erwartungen haben als frühere Generationen: Sie möchten weniger Auseinandersetzungen um Grundsatzfragen, die oft fruchtlos sind, sie lehnen das Beharren auf absoluten Wahrheiten ab, sie wünschen sich mehr Einsatz für konkrete Probleme vor Ort und eine stärkere Anerkennung des Engagements couragierter Bürger. Vielleicht lässt sich als Resümee sagen: Protest hat seinen Stellenwert, aber es darf nicht bei einer bloßen Antihaltung bleiben.

Ich hoffe sehr, dass Sie durch Ihre intensive Beschäftigung mit einem geschichtlichen Thema manches differenzierter und gleichzeitig bestimmter sehen. Differenzierter, weil sich fast nichts so einfach erklären lässt, wie es auf dem ersten Blick scheint. Albert Einstein hat einmal gesagt, man soll alle Dinge möglichst einfach sagen, aber nicht einfacher. Und bestimmter, weil Sie sich durch Ihre Arbeit ein Stück Kompetenz erworben haben. Ich rate Ihnen, diese Kompetenz zu nutzen im Sinne eines Satzes von Gustav Heinemann: «Das Grundgesetz gibt der Mitverantwortung und der Mitarbeit des Bürgers großen Spielraum. Dies Angebot sollte genutzt und ausgeschöpft werden.«

»Der Holocaust ist nicht die Summe der deutsch-jüdischen Geschichte«*

I.

Das Museum, das wir heute eröffnen und das ab übermorgen allen offen steht, ist ein besonderes Museum. Das Jüdische Museum Berlin soll uns vertraut machen mit »Zwei Jahrtausenden deutsch-jüdischer Geschichte«. Das ist ein ehrgeiziges, ein eigentlich unerreichbares Ziel. »Zwei Jahrtausende deutsch-jüdischer Geschichte« zu zeigen und anschaulich zu machen, das ist aber nicht nur ehrgeizig, das ist auch dringend notwendig. Wie viele wissen denn, dass es schon seit fast zweitausend Jahren jüdisches Leben auf dem Gebiet des heutigen Deutschland gibt?

Die erste Urkunde, die jüdisches Leben auf deutschem Boden bezeugt, stammt aus dem Jahre 321 n. Chr. Damals bestimmte der römische Kaiser Konstantin der Große, dass Juden in die Kurie, heute würden wir sagen: in den Stadtrat, von Colonia Agrippina, dem heutigen Köln, gewählt werden konnten. Sie hatten also schon seit Jahrzehnten dort gelebt. Die meisten Juden, die sich später auch in anderen Zentren am Rhein und an der Mosel ansiedelten, lebten zunächst von der Landwirtschaft. Später gab es unter ihnen Weinbergbesitzer, Kaufleute, Handwerker oder Ärzte. Wir wissen bis heute wenig über den Alltag der Juden in Städten wie Speyer, Worms, Mainz und Trier in den ersten christlichen Jahrhunderten. Sie lebten in eigenen Gemeinschaften. Im Frühen Mittelalter waren sie den meisten ihrer christlichen Nachbarn fremd, aber sie nahmen am Alltagsleben teil.

Mit den Kreuzzügen änderte sich das Verhältnis zwischen Christen und Juden dramatisch. Schon während des Ersten Kreuzzugs (1096) brachten Kreuzfahrer fünftausend Juden um. Damit begann eine neue, eine verhängnisvolle Phase in der Geschichte der Juden in Deutsch-

* Grußwort bei der Eröffnung der ständigen Ausstellung des Jüdischen Museums Berlin am 9. September 2001 in Berlin.

land und in Europa, die – mit Unterbrechungen – bis ins 18. Jahrhundert, bis zur Aufklärung, dauerte. Das waren Jahrhunderte der Aussonderung, der Abgrenzung und der Verfolgung: Juden mussten einen gelben Fleck auf ihrer Kleidung tragen. Schritt für Schritt wurden sie aus der Landwirtschaft, aus dem Fernhandel und aus vielen Berufen vertrieben und in andere Berufe gedrängt. Sie wurden Opfer absurder Beschuldigungen und Phantasien. »Ritualmord« und »Brunnenvergiftung« wurden ihnen vorgeworfen. Auch für die Pest sollten sie verantwortlich sein. Solche Anschuldigungen provozierten in Zeiten religiöser, wirtschaftlicher und politischer Krisen überall in Europa Verfolgung und schreckliche Pogrome und dienten zugleich deren Rechtfertigung.

II.

Ungeachtet aller Verfolgung, ungeachtet aller Ausgrenzung und Benachteiligung hatten die jüdischen Gemeinden in Deutschland und in Europa ein intensives religiöses, soziales und kulturelles Gemeindeleben. Dazu gehörte eine reichhaltige jiddische Literatur. Jiddisch und Deutsch haben sich gegenseitig befruchtet. Im Jiddischen hat sich eine frühe Form des Deutschen erhalten, und viele jiddische Lehnwörter und Redewendungen finden sich noch heute im Deutschen.

Juden lebten nicht abgeschottet, sondern in regem Austausch mit ihrer Umwelt. Sie wirkten über die eigene Gemeinschaft hinaus in die ganze Gesellschaft hinein. Lassen Sie mich nur zwei Beispiele nennen: Die Schriften von Aristoteles waren jahrhundertelang in Westeuropa unbekannt. Jüdische Gelehrte waren es, die sie aus dem Arabischen ins Lateinische übersetzten und im 12. Jahrhundert wieder nach Westeuropa brachten. Juden trugen zur höfischen Kultur Europas bei. Ich erinnere an Süßkind von Trimberg, den Minnesänger. Juden leisteten also nicht erst seit der Aufklärung des 18. Jahrhunderts einen wichtigen Beitrag zur Entwicklung der deutschen und der europäischen Kultur. Sie waren von Anfang an daran beteiligt. Die Wurzeln Europas liegen nicht allein im Christentum. Zu den Wurzeln Europas gehört auch die jüdische Kultur – und übrigens auch die islamische.

III.

Der Beitrag von Juden zur Wissenschaft, zu Kunst und Kultur in Deutschland und Europa ist außerordentlich, wenn wir nur an die letzten drei Jahrhunderte denken. Stellvertretend für viele andere nenne ich Moses Mendelssohn, Rahel Varnhagen, Heinrich Heine, Max Liebermann, Kurt Tucholsky, Else Lasker-Schüler, Albert Einstein, Theodor W. Adorno und den kürzlich verstorbenen Hans Mayer. So unverwechselbar jede und jeder von ihnen war, so unverwechselbar gehören sie zu der über Jahrhunderte gewachsenen deutsch-jüdischen Kultur.

Das Museum, das wir heute eröffnen, möchte uns diese Kultur in all ihren Facetten nahbringen. Das Jüdische Museum Berlin will und soll kein Holocaust-Museum sein. Das ist eine wichtige und richtige Entscheidung. Heute wissen ja nicht nur viele junge Leute von der Geschichte der Juden in Deutschland und in Europa nur eines: dass die Nationalsozialisten den Massenmord an den europäischen Juden planten und exekutierten. Wir müssen die Erinnerung an diese Katastrophe wachhalten. Das tut auch dieses Gebäude, das tut auch die Ausstellung, die wir heute eröffnen. Das darf aber nicht zu dem Fehlschluss führen, dass der Holocaust die Summe der deutsch-jüdischen Geschichte sei. Dem müssen wir entgegentreten. Und dazu leistet dieses Museum einen ganz wichtigen Beitrag. Die Nationalsozialisten wollten die europäischen Juden ja nicht nur physisch vernichten, sondern auch auf immer darüber bestimmen, wie jüdische Kultur und wie die deutsch-jüdischen Beziehungen künftig dargestellt würden. Darum ist es so wichtig, dass wir in diesem Museum Zeichen und Zeugnisse der deutsch-jüdischen Beziehungen aus fast zweitausend Jahren finden. Wenn wir uns mit dieser Geschichte in ihrer Gesamtheit vertraut machen, dann wird uns noch stärker bewusst werden, wie schwer der Verlust wiegt, den wir uns auch selbst durch den Holocaust zugefügt haben.

IV.

Zu Beginn des 20. Jahrhunderts hätte sich wohl niemand in Deutschland das unsäglich Schreckliche vorstellen können, das zwischen 1933 und 1945 geschehen ist. Die staatsbürgerliche Gleichstellung der Juden hatte sich langsam und schrittweise durchgesetzt. Mit der Verfassung des Deutschen Reichs von 1871 hatten Juden erstmals die gleichen Rechte und Pflichten wie alle anderen deutschen Staatsbürger. Erst recht galt dies für die Verfassung der ersten deutschen Republik 1919. Gewiss stellten sich seit dem Deutschen Kaiserreich antisemitische Parteien zur Wahl. Aber weder im Kaiserreich noch in der Weimarer Republik bis kurz vor 1933 konnten sie bestimmenden Einfluss gewinnen.

Wir wissen natürlich, dass Juden in vielen gesellschaftlichen Bereichen diskriminiert wurden. Ein besonders abschreckendes Beispiel war der Historiker Heinrich von Treitschke mit seinen antisemitischen Ausfällen. Zur deutschen Geschichte gehört aber auch, dass ein anderer Historiker, Theodor Mommsen, Treitschke klar und unmissverständlich entgegengetreten ist und die deutschen Juden gegen Verleumdung und Infamie verteidigt hat. Zu Beginn des 20. Jahrhunderts schien vielen der Antisemitismus ein Relikt aus unaufgeklärten Zeiten, das die moderne Gesellschaft zum Verschwinden bringen werde. Für viele Juden war Deutschland ganz selbstverständlich ihr Vaterland. Sie waren geachtete Staatsbürger und fest in die Gesellschaft integriert. Gerade deshalb stellen so viele seit einem halben Jahrhundert die Frage, wie es zu Auschwitz kommen konnte. Auch ich kenne keine schlüssige Antwort. Gewiss: Ohne den religiösen, ohne den ökonomischen und ohne den rassistischen Antisemitismus wäre der Holocaust nicht möglich gewesen; einen Automatismus aber hat es nicht gegeben.

V.

Bis heute hört man die Behauptung, die deutschen Juden hätten ihre Situation in der deutschen Gesellschaft völlig verkannt. Hätten sie die antisemitischen Tendenzen ernst genommen, dann wäre ihnen klar geworden, wohin das führen würde. Ich kann dieses Argument verstehen, weil es der Versuch ist, etwas Unfassbares zu erklären. Verständlich ist dieses Argument, richtig ist es nicht. Es stimmt: In der Geschichte gibt es wenig, was wirkungsmächtiger ist als Traditionen, die über Jahrhunderte gewachsen sind. Es stimmt aber auch, dass es in der Geschichte Brüche gibt, die man nicht voraussehen kann und die man auch im Rückblick nur schwer verstehen kann, wenn sie denn überhaupt zu verstehen sind.

Der Holocaust war ein solcher Bruch. Er war ein Zivilisationsbruch und eben nicht das von Anfang an absehbare böse Ende jüdischen Lebens in Deutschland. Der Holocaust war weder im deutschen Wesen noch in der deutschen Geschichte angelegt. Die Schuld für das, was den deutschen und europäischen Juden angetan wurde, tragen die, die den Massenmord planten, anordneten und begingen.

VI.

Zur Geschichte der deutsch-jüdischen Beziehungen gehören auch Frauen und Männer in Deutschland, die Juden in der Zeit schlimmster Verfolgung geschützt, versteckt und gerettet haben. Einer dieser Männer ist der Besen- und Bürstenbinder Otto Weidt, der bis 1945 in seiner Blindenwerkstatt in der Rosenthaler Straße hier in Berlin Juden beschäftigte, andere versteckte und ihnen so das Leben rettete. Otto Weidt gehört zu den »Stillen Helden«, von denen es viel weniger gegeben hat, als wir uns das heute wünschen. Es waren aber dennoch viel mehr, als wir lange gewusst haben. Darum ist es ein ganz wichtiges Zeichen, dass die Räume der Blindenwerkstatt Otto Weidt, die fast unverändert erhalten sind, heute als Dependance zum Jüdischen Museum Berlin gehören.

Ich finde es großartig, dass auf diese Weise an Männer und Frauen erinnert wird, die gezeigt haben, dass es selbst im Dritten Reich Entscheidungsspielräume und Handlungsmöglichkeiten gegeben hat. Das oft gehörte Argument, man habe eben nichts tun können, hält vor dem Beispiel dieser Menschen nicht stand. Auch das gehört zur Geschichte der deutsch-jüdischen Beziehungen. Auch das sollten wir gerade an die jungen Menschen weitergeben, die wir für die Geschichte interessieren wollen. Engagement für Humanität und Menschenwürde entsteht ja nicht nur in der Auseinandersetzung mit den Schrecken der Vergangenheit. Solches Engagement entsteht auch dann, wenn wir die Lebensgeschichte von Menschen kennenlernen, die unter schwierigsten Bedingungen Humanität gelebt haben. Zivilcourage braucht positive Beispiele.

VII.

Das Jüdische Museum Berlin möchte bewusst kein Ausstellungsort sein, an dem Geschichte in Vitrinen eingeschlossen und aufbewahrt wird. Dies Museum will ein Lehr- und Lernort sein. Es soll ein Ort der Begegnung werden für Jung und Alt, für Juden und Nicht-Juden, für Menschen unterschiedlicher Herkunft und aus unterschiedlichen Kulturen. Das ist schon dem leeren Gebäude gelungen: Seit seiner Eröffnung vor zwei Jahren hat fast eine halbe Million Menschen diesen faszinierenden Bau besucht. Daniel Libeskind hat damit einen unverwechselbaren Akzent gesetzt für die Architektur des neuen Berlin.

Dieses Museum wird das Bewusstsein für den großen Beitrag wecken, den viele jüdische Deutsche und deutsche Juden zu unserer Kultur geleistet haben. Das Jüdische Museum Berlin zeigt uns, dass jüdische und deutsche Geschichte mehr sind als Holocaust und Drittes Reich. Ich wünsche mir, dass das Museum den Blick dafür schärft, wohin Vorurteile und Ressentiments führen können, und dafür, dass es zu Toleranz und friedlichem Zusammenleben keine humane Alternative gibt.

VIII.

Der Zeitpunkt der Eröffnung des Jüdischen Museums Berlin ist gut gewählt. Am 18. September beginnt nach dem jüdischen Kalender der siebte, der heilige Monat mit dem Fest Rosh Hashana. Ihm folgen Jom Kippur und das Laubhüttenfest. Mit diesen Festen beginnt das jüdische Jahr. Damit stehen sie im Zeichen der Erinnerung und der Hoffnung auf eine gute Zukunft. Dass wir die Erinnerung wach halten und so zu einer guten Zukunft beitragen, darin sehe ich das Geschenk dieses Tages.

»Wer ein Leben rettet, rettet die ganze Welt« – Hilfe für Verfolgte in der NS-Zeit*

I.

»Wer ein Leben rettet, rettet die ganze Welt« – dieser Satz steht auf der Einladung für den heutigen Abend. Das Zitat stammt aus dem Talmud. Manche von Ihnen werden sich gefragt haben, ob es nicht vermessen ist, mit diesem Zitat an Menschen zu erinnern, die während der Zeit des Nationalsozialismus in Deutschland Verfolgten geholfen haben. Ist die Zahl der Helfer und Retter verglichen mit der Zahl der Täter und Zuschauer nicht viel zu klein? Ist die Zahl der Geretteten verglichen mit der Zahl der Ermordeten nicht viel zu gering? Mehr noch: Der Holocaust hat doch wirklich eine ganze Welt, die Jahrtausende alte Welt des europäischen Judentums, unwiederbringlich vernichtet.

All das stimmt, und all das kann und soll nicht relativiert und schon gar nicht »ausgeglichen« werden durch den Satz: »Wer ein Leben rettet, rettet die ganze Welt.« Dieser Satz sagt uns etwas über die jüdisch-religiöse Weltsicht. Danach ist das, was dem jüdischen Volk in seiner Gesamtheit und in seiner gesamten Geschichte widerfahren ist, jedem einzelnen Juden widerfahren: »Was meinen Vätern und Müttern geschehen ist, das ist auch mir geschehen.« In diesem Sinne gehört auch der Holocaust zur persönlichen Erfahrung aller Juden – unabhängig davon, ob sie persönlich betroffen waren, oder ob sie Nachgeborene sind. Diese Sicht gilt nicht nur für die Verbrechen des nationalsozialistischen Deutschland. Sie gilt auch für die Hilfe, die Juden damals erfahren haben. Diesem Geschichtsverständnis entspricht es, dass Yad Vashem eine gemeinsame Gedenkstätte für Opfer und Retter ist, eine Gedenkstätte, in der schon früh Männer und Frauen als »Gerechte unter den Völkern« geehrt worden sind, die verfolgte Juden unterstützt und gerettet haben.

* Grußwort bei der Veranstaltung »Hilfe für Verfolgte in der NS-Zeit« am 13. März 2003 im Schloss Bellevue.

Gedenkstätten in Deutschland gibt es in ehemaligen Konzentrationslagern. Es gibt das »Haus der Wannseekonferenz«. Es gibt die »Gedenkstätte deutscher Widerstand«, um nur zwei Beispiele zu nennen. Sie haben eine andere Aufgabe. Sie erinnern an die Opfer und an die Täter. Was es bis heute nicht gibt, ist eine Gedenkstätte für die Menschen, die während der Zeit des Nationalsozialismus unter Einsatz des eigenen Lebens Verfolgten geholfen und Menschen gerettet haben.

Hier in Berlin gibt es einen Ort, der sich in besonderer Weise für eine solche Gedenkstätte eignet. Dieser Ort liegt nicht weit von hier, in der Nähe der Synagoge in der Oranienburger Straße, in der Rosenthaler Straße in Berlin-Mitte. Dort hat Otto Weidt in seiner Besen- und Bürstenbinderei viele Juden vor der Deportation bewahrt, weil er sie als Arbeitskräfte für die kriegswichtige Produktion angefordert hat. Zu den Menschen, die er gerettet hat, gehört Inge Deutschkron, die heute Abend hier bei uns ist.

II.

Inge Deutschkron hat sich schon früh dafür eingesetzt, dass wir auch in Deutschland die Menschen ehren, die in der Zeit des Nationalsozialismus Verfolgten geholfen haben. Sie hat das gegen viele Widerstände getan. Sie hat immer wieder gefragt, warum wir diesen Menschen nicht die Aufmerksamkeit schenken, die sie verdienen. Diese Frage stellen heute auch viele, gerade junge Menschen. Diese Frage ist nicht ganz leicht zu beantworten.

Jungen Menschen leuchtet ein, dass es den meisten Deutschen nach dem Krieg zunächst schwer fiel, sich damit auseinanderzusetzen, dass die Verbrechen in der Zeit des Nationalsozialismus von Deutschen begangen wurden und nicht nur im »deutschen Namen«, wie es lange Zeit hieß. Viel schwerer zu verstehen – das erlebe ich immer wieder in Gesprächen – ist die Tatsache, dass wir uns als Gesellschaft so lange schwer damit getan haben, jene Menschen zu ehren, die damals weder zu den Tätern noch zu den Mitläufern gehörten. Junge Menschen verstehen oft nicht, warum in Deutschland – anders als in anderen Ländern – nicht viele Menschen versucht haben, sich selber nachträglich als heimliche oder offene Widerstandskämpfer darzustellen. Sie verstehen nicht, warum die, die tatsächlich Widerstand geleistet haben, so wenig beachtet und geachtet worden sind.

Für diesen Widerstand gegen das Erinnern an den Widerstand gibt es viele Gründe. Der wichtigste Grund scheint mir zu sein, dass all die Menschen, die damals Widerstand geleistet und Verfolgten geholfen haben, uns an eine unbequeme Wahrheit erinnern: Sie erinnern uns daran, dass es selbst in Deutschlands dunkelster Zeit eine Alternative zum Mitmachen und zum Wegschauen gegeben hat. Sie erinnern uns daran, dass es selbst damals Handlungsmöglichkeiten und Entscheidungsspielräume gegeben hat.

III.

Die Erinnerung an die Vergangenheit wachzuhalten und an die jüngeren Generationen weiterzugeben, das gehört zu den Grundlagen jeder Gesellschaft. Dazu gehört in Deutschland auch die Erinnerung an die Opfer und an die Täter der NS-Zeit. Dazu gehört aber auch die Erinnerung daran, dass es zwischen 1933 und 1945 Menschen gegeben hat, die sich in ihrer Achtung vor der Würde des Menschen, vor der Würde jedes einzelnen Menschen, nicht haben beirren lassen.

Da war die Schülerin und Studentin, die jüdische Nachbarn heimlich mit Lebensmitteln versorgte. Da war der Offizier, der auf einem Genesungsurlaub vier Menschen traf, die sich ihm als Juden zu erkennen gaben und der sie deshalb versteckte. Da war der Friedhofswärter, der Juden auf dem Friedhof verbarg. Da war die Frau, die ein jüdisches Mädchen als ihr uneheliches Kind ausgab. Da war der Druckereibesitzer, der Juden mit falschen Papieren versorgte. Auch das gehört zur Geschichte des »Dritten Reiches«. Auch darüber müssen wir reden: nicht um aufzurechnen, sondern weil wir auch positive Beispiele brauchen, wenn heute junge Menschen zu guten Demokraten heranwachsen sollen. Wir alle wissen doch: Es genügt nicht, Zivilcourage zu proklamieren und zu beschwören. Zivilcourage braucht auch praktische Vorbilder.

IV.

Darum freue ich mich darüber, dass die Menschen, die zur Zeit des Nationalsozialismus Verfolgten geholfen haben, in den letzten Jahren stärker in den Blick der wissenschaftlichen Forschung gerückt sind. Von diesen Menschen hat es viel weniger gegeben, als wir uns das wünschen würden, aber doch mehr, als den meisten von uns heute bewusst ist.

Da gibt es noch viel zu entdecken. Einige Beispiele finden Sie in dem Buch, das heute Abend hier vorgestellt wird.* Der beste Text ersetzt aber nicht die persönliche Begegnung. Darum freue ich mich besonders darüber, dass heute Zeitzeuginnen und Zeitzeugen hier sind – auf dem Podium und im Publikum. Es sind Frauen und Männer hier, die verfolgt und gerettet wurden, und es sind Männer und Frauen hier, die damals andere vor Verfolgung schützten und ihnen das Leben retteten. Sie alle heiße ich ganz besonders herzlich willkommen. Einige von Ihnen sind weit gereist, um heute hier zu sein. Einige kommen aus den USA, einige aus Litauen. Sie haben diese Mühe auf sich genommen, weil sie dazu beitragen möchten, dass wir in Deutschland endlich jene Menschen gebührend ehren, die damals Verfolgten geholfen haben. Dafür möchte ich Ihnen meinen Dank und meinen Respekt ausdrücken.

V.

Gewiss, Retter und Helfer sind im Nachkriegsdeutschland nicht völlig vergessen worden. Etwa dreihundertfünfzig von ihnen sind mit dem Bundesverdienstkreuz ausgezeichnet worden; andere haben Auszeichnungen der Länder erhalten. Der Berliner Senat hat in den fünfziger Jahren Menschen, die während der NS-Zeit Juden gerettet haben, geehrt und materiell unterstützt, wenn sie in finanziell ungesicherten Verhältnissen lebten. Breite öffentliche Aufmerksamkeit hat all das nicht gefunden. Das hat wohl damit zu tun, dass die meisten Retter und Helfer von ihren Taten kein Aufheben gemacht haben. Viele haben von sich aus

* Johannes Rau, Hg., Hilfe für Verfolgte in der NS-Zeit. Jugendliche forschen vor Ort. Edition Körber-Stiftung, Hamburg 2002

nicht darüber gesprochen, und viele haben Ehrungen abgelehnt, weil sie ihrer Meinung nach etwas Selbstverständliches getan hatten.

Es hat aber auch damit zu tun, dass sie, um ihrer eigenen Sicherheit willen und der Sicherheit der von ihnen Beschützten willen, ihre Taten nicht belegen konnten. Darum brauchen wir die Spurensuche vor Ort. Wie fruchtbar die sein kann, das zeigen uns Beiträge zum Geschichtswettbewerb für Schüler, der unter der Schirmherrschaft des jeweiligen Bundespräsidenten steht und den seit vielen Jahren die Körber-Stiftung organisiert. Herr Dr. Schmidt wird uns gleich mehr davon berichten.

VI.

Wenn wir über Retter und Helfer sprechen, dann fallen den meisten von uns Namen ein wie Oskar Schindler, Raoul Wallenberg und Bertold Beitz. Das ist gut und richtig, und wir dürfen sie nicht vergessen. Genauso wichtig scheint mir aber, dass wir auch an Menschen erinnern, die bislang nur wenig oder gar nicht bekannt sind. Ich denke zum Beispiel an Otto Weidt. Ich denke an Ruth Held und Heinz Droßel, die heute stellvertretend für viele andere hier sind. Ihr Beispiel zeigt, dass man helfen konnte, auch ohne wirtschaftliche Macht und ohne gesellschaftlichen Einfluss.

Viele der Helfer haben ganz uneigennützig gehandelt. Andere haben auch eigene Interessen damit verbunden. Wer wollte im Nachhinein Otto Weidt oder Oskar Schindler dafür anklagen, dass sie mit dem nationalsozialistischen Staat auch Geschäfte machten: Wie viele haben das damals getan, ohne Menschen zu retten! Wie viele haben auf Kosten anderer Menschen Geschäfte gemacht! Denken wir nur an die Zwangsarbeiter! Wenn wir an Retter und Helfer erinnern, dann nicht, weil sie Übermenschen gewesen wären, sondern weil sie Menschen geblieben sind in einer Zeit, in der allein das schon eine Leistung war. Darum sollten wir an vielen Orten an sie erinnern.

Ich freue mich darüber, dass heute viele Botschafter hier sind, viele von ihnen aus Ländern, deren Menschen das nationalsozialistische Deutschland schlimmes Unrecht zugefügt hat. Ich freue mich auch darüber, dass so viele Vertreter von Kirchen, Parteien, Gewerkschaften, Bildungseinrichtungen und Medien hier sind. Sie wünsche ich mir als

Botschafter im eigenen Land. Meine Bitte an Sie alle: Erzählen Sie davon, dass es im nationalsozialistischen Deutschland Menschen gegeben hat, die die Werte der Menschlichkeit praktisch gelebt haben. Berichten Sie darüber, dass es Menschen gegeben hat, die Bedrohten und Verfolgten geholfen und vielen das Leben gerettet haben. Helfen Sie mit, dass diese Frauen und Männer einen Platz in unserer Erinnerung haben.

»Es hat viel zu lange gedauert, bis die Zwangsarbeiter entschädigt wurden«*

»Ich habe die Deutschen nie als Volk gehasst, sondern nur die, die mich schlecht und unmenschlich behandelt haben.« Das hat eine der ehemaligen Zwangsarbeiterinnen aus der Ukraine gesagt, die auf Einladung der Stadt und der Hammer Initiative zur Unterstützung ehemaliger Zwangsarbeiter im vergangenen Jahr Hamm besucht haben.

Antonina Iwanowna Bakurowa gehörte zu den etwa 10.000 Zwangsarbeitern, die in Hamm zum Teil schwere und Schwerstarbeit verrichten mussten. Sie ist eine von insgesamt 13 Millionen Menschen, die während der Zeit des Nationalsozialismus zur Zwangsarbeit nach Deutschland verschleppt wurden.

Welch unermessliches Leid verbirgt sich hinter diesen Zahlen: Familien wurden auseinander gerissen, Menschen verloren ihre Heimat. In Deutschland mussten sie schwere Arbeit verrichten, viele lebten in Behelfsunterkünften, sie bekamen nicht genug zu essen, und oft wurden sie geschlagen und misshandelt. Die Zwangsarbeiter aus Osteuropa und aus der Sowjetunion, die als Menschen zweiter Klasse galten, mussten eine besonders demütigende Behandlung durch ihre deutschen Arbeitsaufseher und Bewacher erdulden. Darum sind sie so dankbar dafür, dass es damals auch Deutsche gegeben hat, die ihnen geholfen haben oder zu helfen versucht haben. Das hat ihre Not erträglicher gemacht. Wichtig war vor allem, dass sie erfahren durften, dass es auch im nationalsozialistischen Deutschland Menschen gab, die in ihnen keine Arbeitssklaven, sondern Mitmenschen gesehen haben.

Umso beschämender ist, dass es über fünfzig Jahre gedauert hat, bis das Unrecht, das den Zwangsarbeitern angetan wurde, endlich offiziell anerkannt worden ist. Entschädigungszahlungen können erlittenes Unrecht nicht ungeschehen machen. Sie bringen aber zum Ausdruck,

* »Geleitbrief des Bundespräsidenten Johannes Rau«, in: *Zwangsarbeit 1939–1945. »Ich habe die Deutschen nie als Volk gehasst«. Briefe ehemaliger Zwangsarbeiter aus der Ukraine. Dokumentation einer Begegnung*, hg. v. Heike Kroker, Barbara Neuhaus, Wolfgang Schriek, Hamm 2003, S. 4–6.

dass wir die Menschenwürde dieser Frauen und Männer anerkennen, die ihnen damals abgesprochen wurde. Darum bin ich froh über die vielen Initiativen von Städten und Gemeinden, von Schulen und anderen Bildungseinrichtungen, von Kirchen und Gewerkschaften und von Einzelnen, die nicht gewartet haben, bis die Stiftung zur Entschädigung von Zwangsarbeitern zustande gekommen ist, sondern die selber Geld für ehemalige Zwangsarbeiter gesammelt und sie nach Deutschland eingeladen haben. Das gilt auch für die Hammer Initiative zur Unterstützung ehemaliger Zwangsarbeiter, und darum möchte ich allen, die daran beteiligt waren, die sie unterstützt und die für sie gespendet haben, meinen herzlichen Dank sagen.

Wie wichtig die Arbeit der Hammer Initiative war und ist, das zeigen die Briefe ehemaliger Hammer Zwangsarbeiter, die ihr schweres Schicksal schildern, das ja für viele mit dem Ende des Krieges keineswegs vorbei war. Es ist fast unvorstellbar, dass viele von ihnen in ihren Heimatländern als angebliche Kollaborateure der Deutschen erneut verfolgt wurden. Ich finde es gut, dass diese Briefe nun in einer Dokumentation veröffentlicht werden. Sie zeigen uns nicht nur, was diese Menschen erdulden mussten, sondern sie zeigen uns auch, mit welchem Mut und mit welcher Kraft sie ihr Leben unter schwierigen Bedingungen trotzdem gemeistert haben und bis heute meistern. Sie zeigen uns auch, dass die meisten von ihnen ihre Peiniger nicht gleichgesetzt haben mit den Deutschen. Das verdient unseren besonderen Respekt. Die Briefe zeigen auch, dass es Wunden gibt, die die Zeit nicht heilt, die gelebte Mitmenschlichkeit aber erträglicher machen kann.

Darum wünsche ich der Dokumentation mit Briefen ehemaliger Zwangsarbeiter viele Leserinnen und Leser und der Hammer Initiative zur Unterstützung ehemaliger Zwangsarbeiter viel Erfolg bei ihrer Arbeit.

»Wir sollten anfangen, die deutsche Geschichte der letzten fünfzig Jahre als gemeinsame Geschichte zu erzählen«*

Unsere Feierstunde hat sich schon gelohnt, hochansehnliche Festversammlung, wenn wir in Herz und Seele und Gedanken behalten, was die Kinder von den Europa-Schulen uns gerade gesagt haben. So lebensfroh, so praktisch, so hoffnungsvoll und zuversichtlich – so möchten wir alle sein und bleiben.

Auch ich möchte Ihnen zunächst von einigen Kindern erzählen. Ich habe gestern von ihnen in der Zeitung gelesen. Ein zwölfjähriger Junge aus Berlin-Friedrichshain wurde gefragt, was ihm zur Teilung Deutschlands einfalle. Er sagte, dass man in der DDR nicht verreisen durfte, dass es im Osten weniger Luxus gab und im Westen bessere Autos. Ihm ist aufgefallen, dass seine Eltern neuerdings wieder gerne Ost-Schokolade kaufen. Ein zwölfjähriges Mädchen aus Berlin-Spandau berichtete, dass niemand in der Schule von Ossis und Wessis spreche. Es sei doch auch egal, woher ihre Freundinnen kämen. Und dann kritisierte sie noch, dass wir nur den 3. Oktober feiern, nicht aber den Tag des Mauerfalls. Das ließe sich aber leicht in Ordnung bringen, meinte sie. Ein Tag schulfrei am 9. November würde schon reichen. So einfach kann eine Bilanz nach zwölf Jahren der deutschen Einheit also aussehen. Ich finde es ermutigend, wie unbefangen Kinder mit diesem Thema umgehen. Sie empfinden die Einheit unseres Landes als selbstverständlich.

Am 9. November 1989 hatten sich die ersten Grenzübergänge zwischen West- und Ost-Berlin geöffnet. Begeisterte Menschen hatten sie gestürmt. Dem vorausgegangen waren Kerzen und Friedensgebete, Montagsdemonstrationen und wachsender Unmut. Zehntausende nahmen sich die vom Staat verwehrte Reisefreiheit selber. Der Fall der Mauer, das war die sichtbarste und die spürbarste aller Veränderungen, die in diesem Jahr 1989 in Mittel- und Osteuropa stattfanden. Für viele war es die am meisten erhoffte und zugleich die am wenigsten erwartete

* Rede beim Festakt zum Jahrestag der deutschen Einheit im Konzerthaus am Gendarmenmarkt in Berlin am 3. Oktober 2002.

Veränderung. Dieser Umbruch bleibt für immer auch mit dem Namen Michail Gorbatschow verbunden.

Wir sind froh darüber, dass wir die unnatürliche und willkürliche Teilung unseres Landes überwunden haben, die über Jahrzehnte hinweg unendlich viele Menschen und Familien schmerzhaft voneinander getrennt hatte. Wir sind froh darüber, dass wir heute ungehindert von Magdeburg nach Hamburg, von Hof nach Meißen, von Dessau nach Düsseldorf fahren können. Und in Berlin, wo zwei hochgerüstete Blöcke einander unmittelbar gegenüberstanden, da können wir heute die Heinrich-Heine-Straße oder die Bornholmer Straße oder den Checkpoint Charlie – Namen, die früher für den Übergang von einer Welt in eine andere standen – mit einem Kurzstreckenfahrschein passieren. Für wie viele Menschen verband sich der Bahnhof Friedrichstraße mit Angst und Tränen, mit Demütigung und Misstrauen. Vieles, was lange Zeit unvorstellbar schien, ist uns in Deutschland inzwischen zur Normalität geworden – und zwar viel schneller, als wir alle es erhofft hatten.

Der Weg vom geteilten Land bis zur Einheit der Deutschen ist eine Langstrecke. Dass die Ideale von Demokratie und Freiheit sich endlich durchgesetzt haben, das verdanken wir den Bürgerinnen und Bürgern im Osten, aber wahrlich auch unseren Freunden und Verbündeten. Das werden wir ihnen nicht vergessen. In den Jahren bis zur Einheit leisteten sie ganz unmittelbare Hilfe: Es ging um Versorgung und um Schutz. Gleichzeitig war es jahrelang darum gegangen, praktische Erleichterungen für die Menschen vertraglich zu regeln.

Gerade hier in Berlin ging es aber auch darum, den Menschen Mut zu machen und ihnen die Zuversicht zu erhalten, dass Teilung und Mauer nicht auf ewig bestehen würden. Wer könnte die großen Reden John F. Kennedys hier in Berlin vergessen – vor dem Schöneberger Rathaus und in der Freien Universität, als er über die Ideale von Wahrheit, Gerechtigkeit und Freiheit sprach, die Amerika verteidigen wolle, damit Deutschland seine Einheit wieder gewinnen könne! Für diese Ideale wollen wir auch in Zukunft gemeinsam eintreten. George Bush hat den Weg der Deutschen zur staatlichen Einheit aus ganzem Herzen gewollt und mit Erfolg unterstützt. Wir bleiben unseren Freunden in der Welt für ihre Hilfe und Unterstützung dankbar. Ich bin sicher, dass

Präsident Clinton, der heute und morgen bei uns in Berlin sein wird, den Menschen in seinem Land genau dies sagen wird. Wir Deutschen sind uns nicht selbst genug, wir bringen unseren Standpunkt ein und leisten unseren Beitrag. Wir stehen zu unserer Verantwortung und zu unseren Verpflichtungen.

Der Tag der deutschen Einheit ist unser nationaler Feiertag. Was feiern wir wirklich an diesem Tag? Manche tun sich schwer mit Begriffen wie Nation oder nationale Einheit. Die Einheit selber zu feiern – das geht nur deshalb und das ist nur deshalb richtig, weil die Einheit zugleich auch die Freiheit gebracht hat. Deutsche Einheit ohne Freiheit, das wäre wahrlich kein Grund zum Feiern. Als Günter de Bruyn sich am 24. Mai dieses Jahres für den Deutschen Nationalpreis bedankte, sagte er: »Mir, der ich die DDR durchlebt habe, fällt die Überwindung der unangenehmen Gefühle, die uns bei Betonung des Nationalen beschleichen, möglicherweise leichter als einem Altbundesbürger, weil nämlich in diesen vierzig unfreien Jahren jede Hoffnung auf Freiheit mit der auf nationale Einheit verbunden war.«

Eines Tages – vielleicht in Jahren, vielleicht erst in Jahrzehnten – wird uns hoffentlich die deutsche Einheit so selbstverständlich sein, dass es uns merkwürdig vorkommen mag, sie eigens zu feiern. Dann sollten wir darüber aber nicht in deutscher Tiefsinnigkeit nachgrübeln, sondern den Tag einfach ebenso festlich und fröhlich begehen wie die Niederländer den Königinnentag, die Franzosen den 14. Juli oder wie die Amerikaner den Unabhängigkeitstag. Immer wieder aber wird die Erinnerung daran wach bleiben, dass es 1989 und 1990 zuerst und zuletzt um die Freiheit für alle Deutschen ging. Dann müssen wir daran erinnern, dass es eben diese Freiheit ist, die uns allen mit der Einheit wieder geschenkt wurde. Und dass die Ursache der Teilung darin bestand, dass Deutschland zuvor mit Krieg und Diktatur die Freiheit aller Deutschen selbst verspielt hatte.

Hans Mayer, der große Intellektuelle, der in den Sechzigerjahren aus Leipzig nach Hannover und Tübingen vertrieben wurde, hat einmal das »deutsche Selbstempfinden«, wie er es nannte, gewarnt vor der »Verachtung der eigenen Herkunft, Landschaft und Überlieferung«. Hans Mayer, der jeglicher Art von Nationalismus unverdächtig war, prangerte eine »entschiedene Geschichtsfeindlichkeit« an, die er sogar für »eigentümlich deutsch« hielt. Geschichtsfeindlichkeit – das ist vielleicht ein zu hartes Wort. Es gibt aber eine Geschichtsvergessenheit, die tatsächlich schädlich ist, schädlich für unser eigenes Selbstverständnis. Wir sind ja nicht nur von heute. Wir kommen von weit her. Unsere Geschichte bestimmt unsere Regionen und Städte, unsere Bewegungen und sozialen Gruppen, unser ganzes Land und unsere deutsche Nation.

Manch einer in unserem Landempfindet eher Unbehagen, wenn er das Wort »Nation« hört oder wenn von unserer »nationalen Geschichte« die Rede ist. Ich kann das verstehen. Dafür gibt es in der deutschen Geschichte in der Tat viele Gründe. Um so wichtiger ist es für uns heute, dass wir zwischen Nationalismus und Patriotismus unterscheiden. Nationalisten verachten die Vaterländer aller anderen. Patrioten lieben ihr Vaterland und verstehen deshalb gut, wenn andere das ihre lieben. Wenn wir diesen Unterschied begreifen und auf ihm bestehen, dann können wir uns auf unsere nationale Geschichte als eine der Quellen unserer Identität besinnen. Dann können wir die eigene Herkunft, Landschaft und Überlieferung als unser Erbe annehmen und pflegen. Und dazu gehören auch unsere Feiertage.

Feiertage sind Tage der Freude und Tage der Erinnerung. Bei denen, die am 3. Oktober 1990 unmittelbar dabei waren – und zumindest vor dem Fernseher waren wir ja alle dabei –, kommt die Erinnerung von selbst. Im zwölften Jahr der Einheit merken wir jedoch alle langsam, dass auch das große und uns alle bewegende Ereignis zu Geschichte wird, zu einer Geschichte, die man erzählen muss, die man nicht mehr einfach bei jedem als bekannt voraussetzen kann. Die heute Achtzehnjährigen, die ihr Abitur oder den Führerschein machen und jetzt zum ersten Mal wählen durften, haben ihr ganzes politisch bewusstes Leben lang gar nichts anderes erlebt als das vereinte Deutschland. Namen wie Dreilinden oder Marienborn lösen bei ihnen gewiss keine Emotionen mehr aus. Im übrigen sind dies Namen, die vor allem für Deutsche aus dem Westen wichtig waren. Im Osten wird bald die erste Generation junger Menschen volljährig, die nicht mehr weiß, wo Karl-Marx-Stadt lag, eine Generation, die den Gruß der Jungen Pioniere nicht mehr kennt und die nicht mehr weiß, aus welchem Lied die Zeile »Deutschland, einig Vaterland« stammt. Was diese jüngere Generation angeht, so werden wir immer mehr zu gemeinsamer Normalität finden oder auch zu normaler Gemeinsamkeit. Unsere Geschichte wird immer mehr unsere gemeinsame Geschichte. Darauf haben wir gehofft. Das haben wir immer gewollt.

Vergessen wir darüber aber nicht, dass die deutsche Geschichte mehr als vierzig Jahre lang, mindestens bis zum November 1989, aus zwei sehr verschiedenen Geschichten bestand. Die gegensätzlichen Gesellschaftssysteme brachten es zwischen 1949 und 1989 mit sich, dass die Deutschen in Ost und West ganz unterschiedliche Lebenserfahrungen machten und biografisch ganz unterschiedlich geprägt wurden. Einheitspartei, Planwirtschaft, staatliche Jugendorganisationen, Reisebeschränkungen, aber auch die Verweigerung staatlicher Vereinnahmung und der Rückzug ins Private, all das war ja nicht nur Ausdruck eines bestimmten Gesellschaftssystems, all das prägte die Biografien der Menschen bis in Kleinste – selbst das, was sie trotz allem als positiv erlebten: Gemeinschaftsgefühl und menschliche Wärme, Familiensinn und gute Nachbarschaft.

Genauso prägten die großen Einflüsse der westlichen Zivilisation die Deutschen im Westen bis tief in ihren Seelenhaushalt hinein. Wer alles kaufen kann, was er bezahlen kann, wer fahren kann, wohin er will, sagen darf, was er will, wer wählen darf, wen er will, wer ein Telefon nur zu beantragen braucht und es nach wenigen Wochen bekommt, wer seinen Beruf frei wählen und die Erziehung seiner Kinder selbst bestimmen kann, der kann sich nur schwer in eine Gesellschaft hineinversetzen, in der all dies den Bürgern verweigert wird.

Gewiss: Wir hatten unsere gemeinsame Sprache und wir haben – zumindest die meisten von uns – daran festgehalten, dass wir zu einer Nation gehören. Dennoch ist uns nach der wiedergewonnenen Einheit schmerzlich bewusst geworden, wie unterschiedlich unsere Geschichten tatsächlich gewesen sind und wie verschieden wir deshalb geworden waren. Viele Irritationen, viele Missverständnisse, viele schnelle Urteile über den anderen haben ihre Ursache in den unterschiedlichen Geschichten, in der Unvergleichbarkeit der Geschichten.

Der Gedanke an die deutsche Nation, das Bewusstsein für das, was nach dem Wort Willy Brandts »zusammengehört«, war nie ganz verschwunden. Bis heute merken wir aber, was es tatsächlich bedeutet, wenn ein Volk über vierzig Jahre nicht nur durch eine schreckliche Grenze, sondern durch zwei gegensätzliche Gesellschaftssysteme getrennt wird. Der so genannte reale Sozialismus und die freiheitliche Demokratie haben eben auch unterschiedliche geistige und seelische Daseinsformen geschaffen. Nach der wiedergewonnenen Einheit sind wir darüber in der ersten Euphorie womöglich zu leicht hinweggegangen. Wie immer sind es die Mühen der Ebenen, die uns die meiste Kraft abverlangen. Die Mühen der Ebenen, das ist das langsame und geduldige Aufeinanderzugehen. Mit dem richtig gemeinten Wort von der »inneren Einheit« darf kein falsches, unerreichbares Ideal postuliert werden.

Die »innere Einheit« zwischen Mecklenburgern und Rheinländern wird vermutlich nie größer sein als es die innere Einheit zwischen Franken und Westfalen je gewesen ist. Wir sollten also gelassen respektieren, dass es bei aller Gemeinsamkeit immer viele Unterschiede geben wird, allein schon landsmannschaftlicher Art. Darüber dürfen wir die Brüche und die tiefen Unterschiede zwischen Ost und West nicht vernachlässigen, die über vier Jahrzehnte gewachsen sind und uns geprägt haben. Zum Teil sind sie immer noch wirksam. Das gilt auch für unser Bild von der deutschen Geschichte. Da sind wir mit ganz unterschiedlichen Interpretationen und Sichtweisen aufgewachsen. Wo im Osten die deutsche Geschichte oft erst mit der Revolution von 1848/49 oder dem »Kommunistischen Manifest« begann, da kam in den Geschichtsbüchern des Westens die Arbeiterbewegung, wenn überhaupt, nur am Rande vor. Dies ist nur ein Beispiel für den unterschiedlichen Blick auf die gemeinsame Geschichte. Ähnliches gilt für die Darstellung und Wahrnehmung des Zweiten Weltkriegs und der Zeit des Nationalsozialismus.

Nur weniges wirkt so trennend wie unterschiedliche Geschichtsbilder. Trennend wirkt aber auch die Unkenntnis der jeweils anderen Geschichte während der Zeit der Teilung. Das führt dazu, dass jemand aus den neuen Ländern sagt: »Jetzt habe ich mein Leben lang in diesem Land, in Deutschland, gelebt, und ich kenne die Gesichter auf den Briefmarken nicht.« Und wer im Westen weiß schon, wie der erste Deutsche im Weltall hieß?

Wer im Osten lebte, der musste in kürzester Zeit von vielem Abschied nehmen, was ihm vertraut war. Von manchem nahm man sehr gern Abschied, ja man hatte sehnsüchtig darauf gewartet, es endlich abschütteln zu können, es nicht mehr hören und sehen zu müssen, sich den ungezählten Gängelungen nicht mehr aussetzen zu müssen. Dennoch war es eben in sehr vielem ein völliger Neuanfang. Für die meisten Menschen aus der DDR war der Neuanfang, den die Einheit brachte, schöner und verheißungsvoller, aber zugleich auch schwieriger als für die Menschen im Westen Deutschlands. Ihnen wurde mehr abverlangt. Bildung und Arbeit, Preise und Produkte, Gesundheitssystem und Wirtschaft, Recht und Politik: Nahezu jeder Lebensbereich veränderte sich radikal. Und zuerst einmal brach vieles zusammen, zuerst einmal wurde sichtbar, was alles unbrauchbar geworden war für eine neue Zukunft. Manches ist auch nur vorschnell für unbrauchbar erklärt worden. So kamen mit neuen Hoffnungen auch viele Ängste und Enttäuschungen, zumal, wie man sehr schnell feststellte, auch im Westen längst nicht alles Gold war. Auch deshalb löst die Einheit, die wir heute gemeinsam erleben und gestalten, in Ost und West ganz unterschiedliche Gefühle und Erinnerungen aus.

Wir sollten jetzt anfangen, die Geschichte der letzten fünfzig Jahre als gemeinsame Geschichte zu erzählen. Gemeinsame Geschichte entsteht vor allem durch gemeinsam Erlebtes, durch gemeinsam Erkämpftes oder Erlittenes, durch gemeinsam bestandene Herausforderungen. Die deutsche Einheit ist ein großartiges Geschenk, aber sie war und ist nicht kostenlos. Der Aufbau Ost ist eine gemeinsame Aufgabe aller Deutschen, und der Solidaritätszuschlag, der ja in Ost und West bezahlt wird, macht das hoffentlich deutlich. Wir dürfen in diesen Anstrengungen nicht nachlassen. Sie sind wichtig für uns alle.

Dieser Aufbau Ost hat in den Tagen der Flut im letzten Sommer einen schlimmen Rückschlag erlitten. So vieles, was mit großer Mühe aufgebaut worden war, was gerade Hoffnungen zu erfüllen begann, was gerade einen Grundstein für die Zukunft gelegt hatte, wurde von den Fluten eingerissen und weggespült. Manche in West und Ost haben erst angesichts der Zerstörung wirklich erkannt, wie viel in diesen zwölf Jahren entstanden war, was die Menschen schon alles geschafft hatten. Ich habe bei meinen Besuchen in den Katastrophengebieten viel Verzweiflung und Resignation erlebt, aber auch ebenso viel Mut und Entschlossenheit, jetzt nicht aufzugeben, sondern trotz allem neu anzufangen.

Mich hat die beispiellose Solidarität bewegt, die wir in diesen Tagen und Wochen in Deutschland gesehen und erlebt haben. Freiwillige aus allen Teilen Deutschlands haben mitgemacht bei den Schutz- und Aufräumarbeiten. Die Spenden haben eine nie erwartete Höhe erreicht. Die Flutkatastrophe war eine nationale Herausforderung, eine Herausforderung für alle – und so haben wir sie auch als eine nationale Herausforderung verstanden. Spätestens in diesen schlimmen Tagen hat sich gezeigt: Wir sind ein Volk, wir gehören zusammen, wir können uns aufeinander verlassen. Solche gemeinsamen Erfahrungenmarkieren den Anfang einer gemeinsamen Geschichte.

Wir brauchen aber auch gemeinsame Erfahrungen im Alltag, jenseits der großen Ereignisse. Immer noch reden viele Menschen von »drüben« und meinen damit den jeweiligen ehemals anderen Teil Deutschlands. Damit das nicht so bleibt, ist es besonders wichtig, jungen Menschen gemeinsame Erfahrungen zu ermöglichen. Darum bemühen sich bis heute viele Initiativen. Sie haben meine volle Sympathie und meine ganz praktische Unterstützung. Ich nenne ein Beispiel: Viele Schulen haben Partner in anderen Ländern. Das ist gut, aber wirbrauchen auch Schulpartnerschaften innerhalb Deutschlands. Damit wurden bereits sehr gute Erfahrungen gemacht. Bisher kann allerdings nur eine Minderheit von Schülerinnen und Schülern an diesen Partnerschaften teilnehmen. Ich möchte, dass es mehr werden. Deswegen habe ich vor einem Jahr die Initiative »schulpartnerschaften.de« ins Leben gerufen. Ich freue mich darüber, dass Sir Simon Rattle und die Berliner Philharmoniker heute Nachmittag ein Benefizkonzert zugunsten dieser Initiative geben werden.

Ein zweites Beispiel: Demnächst beginnt das Projekt »Jugend trifft Jugend«. Jugendliche aus West und Ost sollen gemeinsam mithelfen, die Folgen der Flutkatastrophe zu beseitigen, indem sie zum Beispiel Sportanlagen wieder aufbauen. So kann aus spontaner Hilfsbereitschaft dauernde Solidarität werden. Das ist ein wichtiger Schritt, damit unser Land weiter zusammenwächst. Nicht nur Sportvereine und Schulen, Kirchen und Gewerkschaften, Parteien und Verbände – auch viele einzelne Bürgerinnen und Bürger können dabei helfen, Begegnungen zu vermitteln, Freundschaften zu stiften, Verbindungen und Bindungen herzustellen. Ich wünsche mir sehr, dass möglichst viele junge Menschen aus allen deutschen Ländern einander begegnen.

Ich habe an diesem Feiertag bewusst von zwei konkreten Projekten aus dem Alltag erzählt. Sie sollen Beispiel sein für viele andere. Das Zusammenwachsen ist ja nie zu Ende. Die Einheit wird nicht einfach irgendwann abgeschlossen sein. Sie lebt von dem, was wir uns gemeinsam vornehmen und erreichen. Sie lebt von den Zielen und den Idealen, die wir gemeinsam zu erreichen suchen. Mit dem Fall der Mauer und mit der staatlichen Einheit hat für uns Deutsche und uns Europäer eine neue Geschichte begonnen: Eine Geschichte, in der aus Hoffnungen Wirklichkeit werden kann. Wir haben uns aus beiden Teilen Deutschlands auf den Weg zur Einheit gemacht. Gemeinsam wollen wir sie gestalten. Dann können wir, ganz gleich, ob wir aus München oder Magdeburg kommen, eines Tages zur ganzen jüngeren deutschen Geschichte, auch zur geteilten Geschichte nach dem Kriege, sagen: Das ist unsere Geschichte. Erst dann wird daraus gemeinsame Zukunft.

»Einer der stolzen Tage in der deutschen Geschichte«*

I.

Wiederholungen von Daten, Fakten und Zahlen können ermüden und überdrüssig machen. Aber sie können auch das Gedächtnis schärfen und erneuern. Angesichts der Fülle von Reden, Artikeln, Fernsehberichten, Büchern und Gesprächen wünschte ich mir, dass wir mit Blick auf den 17. Juni 1953 diesen zweiten Weg gingen, also den der Bildung eines kollektiven Gedächtnisses in unserem Land und nicht den des Überdrusses.

Bilder bestimmen mehr als alles andere unsere Vorstellung von historischen Ereignissen. Auch unsere Vorstellung vom 17. Juni 1953 ist vor allem durch Bilder geprägt. Zwei besonders bekannte sind wenige hundert Meter von hier entfernt entstanden: Das eine zeigt begeisterte Menschen, Männer in Arbeitskleidung und Jugendliche, die durch das Brandenburger Tor ziehen, in den Händen schwarz-rot-goldene, mit Blumen geschmückte Fahnen. Das andere zeigt zwei junge Männer vor einem sowjetischen Panzer. Der eine hat gerade einen Stein auf den Panzer geworfen, der andere holt zum Wurf aus. Die Mündung der Panzerkanone ist auf die beiden gerichtet. Zwei Bilder, aufgenommen im Abstand von wenigen Stunden. So dicht lagen Höhepunkt und Scheitern des Juni-Aufstandes beieinander – Aufbruch und Niederlage, Zuversicht und Verzweiflung. Zwei Bilder, die die Nachricht vom Mut und vom Freiheitswillen der Ostberliner Arbeiter und vom Scheitern ihrer Auflehnung um die Welt getragen haben.

Diese Bilder zeigen jedoch, wie so viele andere, die uns aus Schulbüchern und historischen Standardwerken vergangener Jahrzehnte vertraut sind, nur einen Teil der Wirklichkeit. Heute wissen wir: Der

* Rede von Bundespräsident Johannes Rau bei der Gedenkveranstaltung im Deutschen Bundestag anlässlich der 50. Wiederkehr des 17. Juni 1953 am 17. Juni 2003 in Berlin.

Aufstand vom 17. Juni 1953 erfasste praktisch die gesamte sowjetisch besetzte Zone, wie man die DDR damals im Westen nannte. Mehr als eine Million Menschen in mehr als siebenhundert Orten setzten sich für die Ziele des Aufstandes ein. Er hatte an vielen Orten eine Vorgeschichte und fand oft auch eine Fortsetzung. Bis in den Juli hinein kam es zu Protesten und zu Arbeitsniederlegungen. In vielen Orten ging der Aufstand noch weiter als in Berlin: In Halle, in Görlitz, in Bitterfeld gelang es den Aufständischen, vorübergehend die Macht zu übernehmen. Sie bildeten Streikleitungen und Komitees und versuchten die politischen Verhältnisse neu zu ordnen. Zum Aufstand der Arbeiter kam ein Aufstand der Bauern in mehr als zweihundert kleinen Dörfern hinzu. Der 17. Juni 1953 war ein Aufstand der Arbeiter und der Bauern – aber auch der Angestellten, der Verkäuferinnen, der Jugendlichen und mancher Akademiker – und vereinzelt schlossen sich ihm Mitglieder der SED und sogar Angehörige der Sicherheitskräfte an. Es war ein Aufstand des ganzen Volkes. Er wurde ausgelöst durch die Erhöhung der Arbeitsnormen der Bauarbeiter, was einer Senkung der Löhne gleichkam. Innerhalb weniger Stunden wurde daraus eine landesweite Erhebung für Freiheit, Demokratie und Einheit.

Seit dem Ende der DDR wissen wir viel mehr über das tatsächliche Ausmaß und den Ablauf der Ereignisse. Das Ende des Kalten Krieges hat auch bestimmte ideologische Kontroversen erledigt, die aus der alten Bundesrepublik stammten und das Gedenken an den 17. Juni belasteten. Aus der Distanz können wir den Juni-Aufstand klarer und unbefangener sehen und beurteilen. Und heute wissen wir: Der 17. Juni 1953 ist einer der großen Tage deutscher Freiheitsgeschichte. Die Frauen und Männer, die den Aufstand trugen, verdienen unsere Anerkennung und unseren Dank. Sie haben sich um Deutschland und um die Deutschen verdient gemacht. Einige von ihnen sind heute hier. Ihnen gilt mein besonderer Gruß.

II.

Im Juni 1953 entluden sich lange angestaute Unzufriedenheit und Ablehnung der herrschenden Zustände. Die Ursachen waren vielfältig: Schikanen und Bevormundung, politische Unterdrückung, religiöse

Verfolgung und existenzielle Not. Wie so viele revolutionäre Bewegungen begann auch der Juni-Aufstand mit materiellen Forderungen, denen rasch der Ruf nach Freiheit und nach politischer Veränderung folgte. Wie ein Lauffeuer breitete er sich aus, spontan und unorganisiert, geschweige denn gesteuert. Das Ausmaß, die Wucht und die ungeheure Dynamik des Aufstandes überraschten alle: die Führung in Moskau und in Ost-Berlin, die Sicherheitskräfte der DDR, die Bundesregierung und die westlichen Alliierten, aber auch die Aufständischen selbst. Wut, Not und Verbitterung bahnten sich ihren Weg. Der Aufstand folgte keinem Plan, und an den meisten Orten hatte er auch keine Führung.

III.

Unser Bild des Juni-Aufstands ist geprägt von seinem tragischen Ausgang. Nach allem, was wir heute wissen, forderte er insgesamt mehr als einhundert Tote. Zwanzig Menschen wurden hingerichtet. Verhaftet wurden bis zum 1. August 1953 sogar dreizehntausend. Allein bis Ende Januar 1954 wurden 1.526 Menschen angeklagt und verurteilt. Mehr als dreihundertzwanzigtausend Menschen kehrten der DDR im Jahr 1953 den Rücken. Einer kurzen Phase politischen Entgegenkommens folgte erneute Unterdrückung, begleitet vom umfassenden Aufbau der Staatssicherheit. Die genaue Zahl all jener, die in der Folge des 17. Juni enorm gelitten haben und deren gesamte Biografie davon geprägt wurde, werden wir nie erfahren.

Der tragische Ausgang lässt uns leicht übersehen, welche ungeheure Freude, ja welche Euphorie die Menschen erfasste, als es ihnen gelang, ihr Geschick für wenige Stunden in die eigenen Hände zu nehmen. Selbst als die sowjetische Besatzungsmacht brutal eingriff, konnten viele sich nicht vorstellen, dass es wieder würde wie zuvor. Ein Teilnehmer schrieb über die Stimmung in Görlitz: »Es war eine euphorische Stimmung, unglaublich freiheitlich. Jeder war sicher: Es ist heute Abend eine neue Regierung da. Es wird eine freiheitliche Demokratie geben. Es ist eigentlich vorbei mit der DDR. Obwohl die Russen schon eingegriffen hatten.« In Bitterfeld gehörte der Elektromonteur Paul Othma zu den Streikführern – so zufällig wie fast alle anderen. Er sprach zu einer Versammlung von annähernd fünfzigtausend Menschen – mehr als die Stadt damals Einwohner hatte! »Wenn ich Eure lachenden Gesichter hier sehe«, rief Paul Othma ihnen zu, »dann könnte ich Euch an mein Herz drücken vor Freude ... «

Paul Othma setzte sich gegen jede Gewalt ein. Er sorgte dafür, dass die Waffenkammer der besetzten Polizeidienststelle nicht aufgebrochen wurde. Zwei Tage später wurde er verhaftet. Paul Othma erhielt zwölf Jahre Zuchthaus wegen »Boykotthetze« und »faschistischer Provokation«. Was damit tatsächlich gemeint war, das zeigen die Forderungen des Bitterfelder Streikkomitees in einem Telegramm an die Regierung der DDR: sofortiger Rücktritt der Regierung, freie demokratische und direkte Wahlen, Öffnung der Zonengrenzen, Freilassung der politischen Häftlinge, Normalisierung des Lebensstandards, Zulassung aller großen demokratischen Parteien Westdeutschlands.

Paul Othma hielt daran fest, dass seine Überzeugungen und sein Handeln nicht verwerflich und schon gar nicht strafbar waren. Auch die DDR-Verfassung garantiere schließlich das Streikrecht. Seine Strafe musste er trotzdem fast vollständig absitzen. Für ihn und seine Frau hieß das: einmal im Monat ein Brief von zwanzig Zeilen, ein Päckchen, viermal im Jahr Besuch – und oft genug wurden selbst diese so genannten Vergünstigungen gestrichen. Als Paul Othma 1964 aus gesundheitlichen Gründen aus der Haft entlassen wurde, war er ein kranker und gebrochener Mann, der nur noch wenige Jahre lebte.

Die Streikführer von Bitterfeld hatten am 17. Juni noch ein zweites Telegramm nach Berlin geschickt – an Wladimir Semjonow, den sowjetischen Hohen Kommissar. Sie baten ihn darum, »alle Maßnahmen, die gegen die Arbeiterschaft gerichtet sind, sofort aufzuheben, damit« – so steht es in dem Telegramm – »wir Deutsche wirklich den Glauben in uns behalten können, dass Sie tatsächlich der Vertreter einer Werktätigen-Regierung, ein Freund des Friedens und der Völkerverständigung sind.« Welch ein Tiefschlag muss es für diese Männer und Frauen gewesen sein, als der Aufstand von sowjetischem Militär niedergeschlagen wurde: Allein in Berlin kamen drei Divisionen mit zwanzigtausend Mann und sechshundert Panzern zum Einsatz, in der gesamten DDR waren es sechzehn Divisionen.

IV.

Zu den Unrechtsurteilen der Gerichte kamen organisierte Verdächtigung und Verleumdung. Die streikenden und protestierenden Menschen wurden als westliche Agenten und als Faschisten denunziert. Was wir früher nur ahnten, wissen wir heute: Der Staatssicherheit war keine Fälschung zu plump, keine Behauptung zu dreist, keine Verleumdung zu niedrig für den Vorwurf, die Aufständischen hätten vorgehabt, die NS-Diktatur wieder aufleben zu lassen. Die SED wollte und konnte eben nicht wahrhaben, dass Arbeiter und Bauern sich gegen die angebliche Arbeiter- und Bauernmacht erhoben. Diese Verleumdung gehörte zum gemeinsten: Die Aufständischen sollten nicht nur wehrlos, sondern auch ehrlos gemacht werden. Die Strategie, den Aufständischen niedrigste Absichten zu unterschieben, verfing nur allzu leicht, da viele Menschen den Versuch, einen besseren deutschen Staat zu errichten, ehrlichen Herzens unterstützten. Deshalb ließen viele sich von der These eines faschistischen Putsches beeindrucken.

Wenn man von gewissen Verbesserungen der Lebensbedingungen absieht, dann ist der Aufstand vom 17. Juni in seinen wesentlichen Zielen gescheitert. Das ändert nichts an seiner überragenden Bedeutung für die deutsche Geschichte und nichts an seinem unschätzbaren Wert für das Ansehen ganz Deutschlands. Die unmissverständliche politische Botschaft der Streikenden und der Demonstranten lautete: Ein unterdrücktes Volk, das noch wenige Jahre zuvor eine Diktatur nicht nur hingenommen, sondern gestützt hat, lehnt sich mit dem Ruf auf: »Wir wollen freie Menschen sein!« Auf einer Massenkundgebung in Paris Anfang Juli 1953, die sich mit den Männern und Frauen des 17. Juni solidarisierte, rief einer der Redner aus: »Die Arbeiter von Ost-Berlin haben Deutschland seine Würde wiedergegeben.« Dieser Satz gilt und wirkt bis heute.

V.

Wie reagierte der Westen auf den Aufstand? Die Verantwortlichen in Bonn und West-Berlin, in Washington, in London und Paris waren genauso unvorbereitet wie jene in Ost-Berlin und Moskau. Niemand hatte ein Konzept für diese Situation. Fasst man die Reaktionen am 17. Juni und in den Tagen danach zusammen, dann lässt sich sagen: Der Westen tat alles, damit in West-Berlin Ruhe und Ordnung herrschten und damit eine Eskalation in der sowjetischen Zone oder zwischen den Blöcken vermieden wurde. Die internationale Lage war angespannt, die Entwicklung in der Sowjetunion unübersichtlich. Ich kann verstehen, dass viele Aufständische davon tief und bitter enttäuscht waren. Sie hatten fest mit Unterstützung aus dem Westen gerechnet, und manche politische Rhetorik hatte solche Hoffnungen ja auch genährt. 1953 haben viele einen hohen Preis dafür bezahlen müssen, dass nicht um jeden Preis versucht werden durfte, Einheit und Freiheit in Selbstbestimmung jetzt zu erreichen.

Alle demokratischen Parteien der Bundesrepublik Deutschland waren sich in der Bewertung des Aufstands weitgehend einig. Herbert Wehner fasste den Konsens im Deutschen Bundestag am 1. Juli 1953 so zusammen: »... das alles mündete in dieses glühende Bekenntnis, für das in Berlin an einem Tag fast hundertprozentiger Generalstreik war und für das in der Zone Hunderttausende gestreikt haben, in dieses glühende Bekenntnis: Wir wollen nicht mehr in einem gespaltenen Deutschland leben, wir wollen Wiedervereinigung!« Der soziale Protest, materielle Forderungen und das Verlangen nach Freiheit und nach Einheit waren unauflösbar miteinander verbunden; das Streben nach Freiheit war der Kern der deutschen Frage. Schon am 1. Juli einigten sich die Parteien im Bundestag darauf, den 17. Juni zum »Tag der deutschen Einheit« zu erklären und zum gesetzlichen Feiertag zu machen. Kontrovers zwischen den Parteien war und blieb die Frage, wie rasch und auf welchem Wege die deutsche Einheit erreicht werden könnte. Die Bundestagswahl im September 1953 zeigte, dass der Kurs Konrad Adenauers, zunächst den Weg der Westintegration und der Wiederbewaffnung zu wählen, die größte Unterstützung erhielt.

Erlauben Sie mir an dieser Stelle eine persönliche Bemerkung: Ich selbst bin Ende 1952 politisch aktiv geworden, aus der Sorge heraus, die Wiederbewaffnung und die forcierte Westintegration könnten die deutsche Spaltung vertiefen. Ich wurde Mitglied der Gesamtdeutschen Volkspartei, die Gustav Heinemann mit anderen gegründet hatte. Der 17. Juni zeigte aus unserer Sicht, »wie wahrhaft dringlich die Wiedervereinigung unseres Volkes ist«, so Gustav Heinemann in den Tagen nach dem Aufstand. Die Politik der Bundesregierung diente dem aus unserer Sicht nicht. Im Rückblick weiß und respektiere ich, dass Konrad Adenauer auf einem anderen Weg das gleiche Ziel verfolgte.

VI.

Deutschlands Zukunft in Einheit und Freiheit – das war das große Thema, das die Menschen bewegte, wenige Jahre nachdem Deutschland geteilt worden war. Daher lag es nahe und war damals gewiss richtig, den 17. Juni zum »Tag der deutschen Einheit« zu erklären. Zugleich war diese Entscheidung aber auch sehr zeitgebunden. Spätestens seit 1961, seit dem Bau der Mauer, wurde deutlich: Die deutsche Einheit war kein vorrangiges Thema der internationalen Politik mehr. Das geteilte Land zu vereinen, das verlangte Geduld, langen Atem – und den Mut neue Wege zu gehen, die manche für Abwege hielten, obwohl es wahrscheinlich unvermeidbare Umwege waren. Die Bedeutung staatlichen und organisierten Gedenkens am 17. Juni nahm immer weiter ab. Viele Menschen in der alten Bundesrepublik konnten mit dem nationalen Gedenktag im Lauf der Zeit nicht mehr viel anfangen. Der »Tag der deutschen Einheit« wurde schließlich zum Gegenstand parteipolitischer Auseinandersetzungen. Ihn zu wenig oder zu deutlich zu begehen – beides gereichte zum Vorwurf.

Die Festlegung des 17. Juni als »Tag der deutschen Einheit« hat andere Ziele des Aufstands überlagert; sie hat das Gedenken kompliziert und das Vergessen befördert. Im Westen ist die umfassende Bedeutung des Aufstands über die Jahre aus dem Blick geraten, soweit sie damals überhaupt ganz erfasst werden konnte. Wir haben die Chance, die dieser Tag geboten hat, nicht genug genutzt. Die meisten im Westen, die reisen durften, haben sich Jahre und Jahrzehnte ganz gut in getrennten Verhältnissen eingerichtet und die Wirklichkeit in der DDR nicht genügend wahrgenommen. Wir haben zu wenig mitgefühlt und mitgedacht mit den Menschen im östlichen Teil Deutschlands, denen politische Freiheit und mit dieser viele alltägliche Freiheiten fehlten. Gewiss, es gab zahlreiche Frauen und Männer, die familiäre Bindungen pflegten, die einander besuchten, die »Päckchen nach drüben« schickten und sich gegenseitig halfen, wo sie konnten. Auch in den Kirchen bemühten viele sich darum, das Gefühl der Zusammengehörigkeit wachzuhalten und zu fördern.

Doch seien wir ehrlich: Vielen von uns war der 17. Juni – aus dem einen oder anderen Grund – irgendwie lästig geworden. Fünfzig Jahre danach müssen die Opfer Anerkennung erfahren – die des 17. Juni und alle anderen, die in der DDR Unrecht erlitten haben. Manches wird dafür getan, dennoch begegne ich immer wieder Opfern des DDR-Regimes, die nicht bekommen haben, worauf sie auch nach meinem Eindruck billigerweise Anspruch haben sollten. Da ist manches hinter dem zurückgeblieben, was wir uns unter Gerechtigkeit vorstellen – so schwierig das rechtlich auch oft zu regeln sein mag. Haben wir alle genug dafür getan, dass niemand verbittert, weil er sich ein zweites Mal bestraft und obendrein missachtet fühlt?

VII.

Der 17. Juni 1953 war für die Menschen in der DDR kein Fixpunkt, als sie 1989 wieder für Demokratie und Freiheit auf die Straße gingen. Das hat sicher damit zu tun, dass und wie die DDR-Führung die Aufständischen und ihre Ziele verleumdet hatte. Manche Männer und Frauen der Bürgerbewegung fragen sich heute, warum sie sich 1989 so gar nicht auf den 17. Juni bezogen haben. Darüber offen und öffentlich zu sprechen, auch dazu gehört Mut und Ehrlichkeit.

1989 wurde vollendet, was 1953 scheiterte: freie und demokratische Verhältnisse in einem geeinten Land und in einem zusammenwachsenden Europa, denn die revolutionären Erhebungen von 1953 und von 1989 waren Teile eines europäischen Freiheitskampfes. Die Demonstranten von 1989 standen ja in der Tradition der Frauen und Männer des 17. Juni, auch wenn das den meisten nicht bewusst war. Sie handelten in der Tradition der Aufstände von 1953 in der DDR und von 1956 in Ungarn, von 1968 in der Tschechoslowakei und von 1980/81 in Polen. Nur wer sich den Ausgang der früheren Aufstände vor Augen hält, kann den Mut der Menschen ermessen, die am 9. Oktober 1989 in Leipzig auf die Straße gegangen sind.

In nur vier Jahrzehnten haben Frauen und Männer in der DDR zwei großeFreiheitsbewegungen in Gang gesetzt. Das ist ohne Beispiel in der deutschen Geschichte. Lange Zeit haben wir nicht gewusst, welches Ausmaß und welch breite Unterstützung der Aufstand im Juni 1953 hatte. Lange Zeit fehlte es an einer gerechten Erinnerung an den Aufstand. Die Namen der Männer und Frauen des 17. Juni verblassten – oft sogar in ihrer engeren Heimat. In Deutschland heißen dagegen noch immer über einhundert Straßen nach Männern, die Verantwortung trugen, als der Aufstand niedergeschlagen wurde. Wenige Orte und Städte erinnern an die Aufständischen, an ihren Mut und ihre Ziele. Das sollte sich ändern – und ich meine, wir sind auf einem guten Weg: Selten zuvor ist an ein historisches Ereignis so umfassend erinnert worden wie dieser Tage in Deutschland an den 17. Juni 1953 – in Hunderten von Veranstaltungen, mit Filmen und Dokumentationen, in Schulen, Kirchen und Theatern, in den Zeitungen und Fernsehprogrammen. Heute wird in Sandersdorf, dem Wohnort von Paul Othma, das Gemeindezentrum nach ihm benannt. In vielen Städten werden Straßen zu Ehren von Aufständischen umbenannt.

Es gibt so viele Tage in unserer Geschichte, die mit Niederlagen oder mit Irrtümern zusammenhängen. Der 17. Juni war äußerlich eine Niederlage, aber er war kein Irrtum, und darum können wir heute sagen: Der 17. Juni ist einer der stolzen Tage in der deutschen Geschichte. Wir tun gut daran, das Erbe des 17. Juni 1953 wach und in Ehren zu halten. Der mutige, der spontane und von Menschen aus allen Schichten und Generationen des Volkes getragene Aufstand ist eine der großen Wegmarken deutscher und europäischer Freiheitsgeschichte. Der Einsatz für Freiheit, Demokratie und Einheit sollte uns auch künftig dauerndes Vorbild sein.

Kapitel 3: Kultur und kulturelle Bildung – Grundrechte der demokratischen Gesellschaft

Theater auch bei knappen Kassen*

I.

Der 15. April 1919 war für viele Bochumer ein denkwürdiger Tag. Die Zeiten waren mehr als schlecht, aber was die Kultur betraf, hatten die Bürger an diesem Tag die Qual der Wahl. Franz Grillparzer oder Henny Porten, das war die Alternative. »Des Meeres und der Liebe Wellen« im eben gegründeten Stadttheater oder »Das Mädchen aus der Opiumhölle«, ein Stummfilm in (wie es hieß) »vier glänzenden Akten«, der im Weltlichtspiel-Theater am Bahnhof Süd gegeben wurde. Da stellt sich auch aus der historischen Rückschau die Frage: Wie hätten wir entschieden?

Da hatte es das Städtische Orchester bei seinem Debüt am 20. Mai 1919 schon wesentlich einfacher. Statt ins Konzert zu gehen, konnten die Bochumer an jenem Abend auch die Ortsgruppe der Deutschnationalen Volkspartei besuchen. Der dort anstehende Vortrag über den drohenden »Schandvertrag« von Versailles dürfte viele interessiert haben, aber dass ein Eintritt von 40 Pfennigen erhoben wurde, schreckte vermutlich die meisten ab. Die Moral von dieser Geschichte: Schon damals war Politik ein kostspieliges Vergnügen.

II.

Henny Porten kennen in unseren Tagen nur noch die Cineasten; die Deutschnationale Volkspartei ist – mit einem gerüttelt Maß an eigenem Verschulden – in der Versenkung der Geschichte verschwunden. Aber

* Grußwort zum Festakt »75 Jahre Schauspielhaus Bochum und Bochumer Symphoniker« am 17. April 1994 in Bochum *(Redenmanuskript)*.

die Bochumer Symphoniker und wohl noch mehr das Bochumer Schauspiel haben in ihren jeweiligen Kunstsparten Geschichte geschrieben. Sie sind bekannt und berühmt weit über die städtischen, regionalen und auch über die nationalen Grenzen hinaus. Was vor 75 Jahren als Unternehmen mit ungewissem Ausgang – übrigens mit zwei umjubelten Premieren – begann, ist in den zurückliegenden Jahrzehnten zu einer handfesten Erfolgsgeschichte geworden.

Bedenkt man die Voraussetzungen, dann muss man in der deutschen Theaterlandschaft lange suchen, um Vergleichbares zu finden. Die Gründe für das kleine Bochumer Kulturwunder sind vielschichtig und heute im Einzelnen kaum nachvollziehbar. Die Bochumer konnten kurz nach dem Ersten Weltkrieg eben nicht auf eine lange und ruhmreiche Kulturtradition zurückgreifen, wohl aber auf viel Engagement und noch mehr Enthusiasmus bei kunstsinnigen Bürgern, Politikern und Beamten. Dazu ergaben sich aus der Krise der Zeit offenbar große Chancen, die nur beim Schopfe gefasst werden mussten. So fiel das Theater – ursprünglich als privates Variété-Haus geplant – durch einen Konkurs an die Stadt. Der Intendant und sein komplettes Ensemble, die noch im Kriege in Brüssel gewirkt hatten, konnten nach Bochum verpflichtet werden. Auch das Orchester lebte von Kulturimporten: Nicht nur der junge Kapellmeister Rudolf Schulz-Dornburg, sondern auch viele Musiker kamen aus Mitteldeutschland, wo als Signatur der neuen Zeit die Hofkapellen reihenweise aufgelöst worden waren. So wurde aus des einen Leid des andern Glück, und in Bochum versammelte sich nach der Novemberrevolution 1918 eine seltene Auswahl von Könnern. Niemand von ihnen hatte etwas zu verlieren; alle beseelte die Faszination des künstlerischen Neuanfangs in einer Industrie- und Arbeiterstadt, auf einem kulturellen Boden, der noch nicht dutzendfach durchgepflügt, aber damit auch noch nicht ausgelaugt war.

III.

Zwei Merkmale bestimmten von nun an das, was auf dem Gebiet des Schauspiels und der Musik aus Bochum kam und bald über Bochum hinaus von sich reden machen sollte: Da war zum einen die Qualität als Gütesiegel des Bochumer Stils, und da war zum anderen das Bekenntnis der Musiker und Schauspieler zur Stadt, zum Ruhrgebiet und zu seinen Menschen. So sehr die Künstler in den folgenden Jahren und Jahrzehnten auch über sich hinauswuchsen, mit den Füßen blieben sie stets auf der Erde. Sie waren damals, und sie sind heute – wenn man das überhaupt so sagen kann – eine Avantgarde mit Bodenhaftung.

Im Musikalischen spiegelte sich das von Anfang an wider. Schon Rudolf Schulz-Dornburg, der auch Klassisches und Romantisches liebte, setzte auf zeitgenössische Komponisten und auf grundstürzend moderne Kompositionen. Hindemith, Schönberg und Wellesz gehörten in Bochum fest zum Repertoire. Die Nachfolger, etwa Leopold Reichwein, Hermann Meißner, Franz-Paul Decker, und Othmar Maga, setzten diese Tradition fort und fanden so den Anschluss an das internationale Musikleben. Eberhard Kloke wagt sich seit einiger Zeit auf künstlerisches Neuland. Seine szenischen symphonischen Aktionen vermitteln neue Formen und Dimensionen musikalischen Erlebens. Der Erfolg bleibt da nicht aus. Einladungen in alle Welt belegen, wie sehr die Bochumer Symphoniker an internationaler Reputation gewonnen haben.

IV.

Doch noch mehr als die Musik hat das Schauspiel den Namen Bochums berühmt gemacht. Nur fünf Intendanten haben in 75 Jahren dieses Reviertheater zu einer der führenden deutschen Bühnen geformt – eine beispiellose Kontinuität: Saladin Schmitt, Hans Schalla, Peter Zadek, Claus Peymann und Frank Patrick Steckel: jeder von ihnen ein Intendant mit einem anderen Profil, jeder fraglos auch ein schwieriger Charakter, aber alle zu ihrer Zeit Glücksfälle für die Bochumer Bühne. Auf der haben die Klassiker eine große Tradition, allen voran William Shakespeare, von dem – wenn ich mich nicht irre – alle Stücke die Bochumer Rampe gesehen haben. Andererseits war das Bochumer Schauspiel immer mehr als eine Klassikerspielstätte, mehr als ein Theater von Bildungsbürgern für Bildungsbürger. Hier kamen auch die nach 1933 verfemten deutschen Autoren zu ihrem Recht und selbstverständlich die Stücke der zeitgenössischen internationalen Bühnenliteratur. Hier gab es Volkstheater und auffallend viele Uraufführungen von

Dichtern unserer Zeit. Man beschäftigte sich mit den neuen globalen Herausforderungen, aber vor allem auch mit dem alten Problem, das wir Deutsche mit unserer jüngsten Geschichte haben.

Neben dem Klassischen hatte das Experimentelle in Bochum immer seinen Platz. Es gab das grelle genauso wie das grüblerische, das spektakuläre ebenso wie das stille, das amüsante und opulente wie das karge und strenge Theater. Bochum, dieser Name steht im Schauspiel für die volle Vielfalt des Mediums. Aber im Mittelpunkt des Ganzen stand noch immer das, was der große Historiker Jakob Burckhardt auch als Fluchtpunkt für die Arbeit seiner Zunft einforderte: der handelnde und leidende Mensch.

V.

Der Erfolg, so sagt man, habe viele Väter. Das gilt auch für das Bochumer Schauspiel. Es hatte nicht nur Glück mit seinen Intendanten und Darstellern. Glücksfälle gab es auch auf der anderen Seite, in der Verwaltung und in der Politik. Der Stadtrat Wilhelm Stumpf hat für Theater und Orchester in der Gründungsphase viel getan. Zur Recht ist nach ihm hier ganz in der Nähe eine Straße benannt worden. Richard Erny, ehemals Kulturdezernent in Bochum, erfreut sich bester Gesundheit. Passende Straßen müssen deshalb zum Glück noch nicht gesucht werden … Gerade Erny aber, den die *Frankfurter Allgemeine Zeitung* einmal einen großen »Zumuter« nannte, hat für das Theater- und Musikleben der Stadt ganz entscheidende Weichen gestellt.

In Bochum ist schließlich die Kompromisslosigkeit der Kunst durch eine weitgehende Kompromissbereitschaft der Politik ermöglicht und garantiert worden. Dass die Stadtmütter und -väter dabei manchmal vernehmlich mit den Zähnen knirschten, auch das gehört zu den ganz unterschiedlichen Seiten, die der Erfolg mitunter hat.

VI.

Die Gründung des Bochumer Schauspiels und des Bochumer Orchesters vor 75 Jahren lehrt uns: Erfolgreiche Kulturpolitik bei knappen Kassen und in schwierigen Zeiten, das muss sich nicht ausschließen, das kann einander sogar bedingen. Die heutigen sind mit den damaligen Zeiten gewiss nicht zu vergleichen. Aber prekär für Kunst und Kultur sind auch sie.

Gewiss, wo an allem gespart wird, kann auch die Kultur nicht ausgenommen bleiben. Aber wo Einsparungen unumgänglich sind, da müssen sie mit Bedacht vorgenommen werden. Selbstverständlich darf das kulturelle Grundangebot nicht gefährdet werden. Genauso wenig dürfen wir zulassen, dass in den schwierigen Zeiten, in denen wir heute leben, das Schwierige in der Kultur, das Sperrige und Unbequeme in der Kunst zugunsten des Populären, Eingängigen und leicht Verkäuflichen unter die Räder gerät. Mit der Gießkanne wird Kulturpolitik künftig nicht mehr zu machen sein, aber vor dem Rasenmäher muss auch gewarnt werden.

VIII.

Die Förderung von Kunst und Kultur ist bei uns im wesentlichen eine Sache der Städte, Gemeinden und Landschaftsverbände. Das ist eine gute und bürgernahe Tradition. Sie wird vom Land und seinen Stiftungen an vielen Stellen und mit vielen Millionen unterstützt. Wir werden auch künftig alles tun, was in unseren Kräften steht, um zu helfen, wo wir helfen können – trotz einer Haushaltslage, die man sich prekärer kaum vorstellen kann.

Wo das Geld nicht reicht, werden wir verstärkt mit Rat und Tat dabei sein, wir wollen Dialoge stiften, Gespräche moderieren und Partner zusammenführen. Denn soviel steht fest: Wo alle sparen müssen, da ist es nur ratsam, dass nicht alle am selben Ende sparen. Gerade darum tut Abstimmung Not. Deshalb wird es immer wichtiger, darauf zu schauen, was der Nachbar in der Region, der Partner im Lande tut. Wenn wir in Zeiten fehlender Mittel Energien frei machen wollen, dann müssen wir auf Synergien setzen. Dann brauchen wir gerade im Kulturbereich eine regionale Abstimmung über die kommunalen Grenzen hinaus, dann sollten wir Koordination, Schwerpunktbildungen, Kooperationen und im Einzelfall auch Fusionen in und zwischen den Städten fördern und forcieren. Darüber hinaus brauchen wir neue Ideen für ein effektives Kulturmanagement, und wir müssen für Kunst und Kultur noch stärker privates und bürgerschaftliches Engagement aktivieren. Wir müssen vor allem nachdenken über eine effizientere Organisation im Kulturbereich, möglicherweise nach betriebswirtschaftlichen Gesichtspunkten und gegebenenfalls in privatrechtlichen Formen.

IX.

Letzteres gilt gerade für das Theater. Über keine andere Kunstsparte ist in jüngster Zeit so viel geredet und so hart gestritten worden. Die Papiere und Denkschriften zur Reform der Theaterstrukturen sind Legion. Dazu liegt alles Wesentliche auf dem Tisch. Nach meinem Dafürhalten muss jetzt weniger gesprochen und mehr gehandelt werden. Auch hier stehen Träger und öffentliche Kulturförderung in der Verantwortung. Auch hier können sie aber nur Hilfe zur Selbsthilfe leisten.

In der modernen Medienwelt mitzuhalten, der elektronischen Unterhaltungsindustrie etwas substantiell Anderes entgegenzusetzen, dazu sind vornehmlich die aufgerufen, die für das und vom Theater leben. Sie müssen sich hier in die Bresche werfen, sie müssen sich auseinandersetzen – mit ihrem Publikum. Sie haben für diese Argumentation wahrlich gute Argumente. Diese müssen nur zeitgerecht formuliert werden. 75 Jahre Bochumer Schauspiel zeigen beispielhaft, was Theater bedeutet, und was es heißt, wenn es uns fehlt. »Im Theater«, das hat August Everding jüngst geschrieben, »hat die Nacht noch eine Königin, ist Romeo ein echter Liebhaber und Mephisto des Pudels Kern. Bravo ist ein Ruf der Zustimmung, Ariel ein Luftgeist und ›Der Sturm‹ wichtiger als ›Das Wetter‹. Theater muss sein.« Ich bin entschieden derselben Meinung.

»Die kulturelle Grundausstattung darf nicht angetastet werden« – Für kulturpolitische Koordination und Kooperation in Zeiten knapper Kassen*

Auch Jubiläen haben ihre eigenen Gesetze; gewöhnliche feiert man ungefähr alle 50 bis 100 Jahre; bei ungewöhnlichen Jubiläen verkürzen sich die Fristen entsprechend. Die Wiederkehr kleiner Wunder begeht man etwa jedes Dezennium. Beim Sekretariat für gemeinsame Kulturarbeit in Wuppertal erschien der letzte Jubiläumsband vor fünf Jahren. Daraus könnte man schließen, dass Dauer und Erfolg des kulturpolitischen Zusammenschlusses unserer theatertragenden Städte den Beteiligten selber nicht ganz geheuer sind. Jedenfalls werden sie nicht als selbstverständlich angesehen. Ich kann das gut nachvollziehen, denn alle, die sich ein wenig auskennen, wissen, wie schwierig es war, unsere Großstädte von Aachen bis Wuppertal an einen Tisch zu bekommen und sie dort über zwei Jahrzehnte zusammenzuhalten.

Der Kulturlandschaft in unserem Lande ist dieser Schulterschluss der Einzelgänger gut bekommen. Die Solidarität der Solitäre hat sich glänzend bewährt. Die Kultur in Nordrhein-Westfalen hat dadurch an Kreativität und Qualität gewonnen. Das Kultursekretariat hat zur kulturellen Vielfalt und zur Steigerung des kulturellen Niveaus ganz Erhebliches beigetragen. Außerdem hat Wuppertal Schule gemacht. Seit 1980 gibt es in Gütersloh ein zweites Kultursekretariat – das der nicht-theatertragenden Städte in Nordrhein-Westfalen. Auch diese Einrichtung ist ein großer Gewinn; auch sie leistet kulturpolitische Pionierarbeit, die unserem Land und seinen Menschen zugute kommt.

Ziel der Sekretariatsarbeit war es von Anfang an, eine chronische politische Krankheit vor allem der großen Ruhrgebietsstädte endlich zu überwinden – ihren eingefleischten Partikularismus gerade in kul-

* Ansprache aus Anlass des zwanzigjährigen Bestehens des Sekretariats für gemeinsame Kulturarbeit in Wuppertal am 26. Oktober 1994 *(Redenmanuskript).*

turpolitischen Fragen. Die Gründerväter wollten Abstimmung statt Abschottung, sie wollten unfruchtbare Konfrontation durch sinnvolle Koordination ersetzen. Sie hofften dadurch in allen kulturellen Bereichen ein Höchstmaß an künstlerischer Qualität und finanzieller Effektivität zu erreichen.

Dass manchmal auch Kritik von außen kam und kommt, ist nicht weiter verwunderlich bei einer Arbeit, die sich permanent auf Neuland vorwagt. Ich weiß, dass man dieser Kritik nachgeht, wo sie berechtigt ist, dass man sie als wichtiges Korrektiv und notwendiges Steuerungsinstrument ansieht und für die eigenen Anliegen fruchtbar macht. Niemand, der etwas von der Sache versteht, bestreitet heute die Bedeutung der gemeinsamen Kulturarbeit unserer Kommunen in Wuppertal und auch in Gütersloh. Der Wert dieser Arbeit steht außer Frage. Beide Sekretariate haben in der Vergangenheit bewiesen, dass es besser geht, wenn man gemeinsam an einem Strang zieht. Das, was aber in den zurückliegenden Jahre schon richtig und wichtig war, wird in Zukunft zur blanken Notwendigkeit werden. Denn der Kultur geht es im Augenblick gar nicht gut, die kulturpolitischen Spielräume in den Kommunen und auch im Lande werden immer enger, und da ist es nur ein schwacher Trost, dass wir diesen betrüblichen Zustand nicht nur bei uns, sondern überall in Deutschland beobachten können.

Ich will gar nicht einstimmen in die Klagen vom »Kahlschlag« und vom »Raubbau an der Kultur«, von denen unsere Feuilletons voll sind. Ich halte solche Kassandrarufe nicht für zutreffend, und ich halte sie schon gar nicht für sachdienlich. Ich finde auch, dass solche Einschätzungen die Wirklichkeit grob verzeichnen, die das Menetekel einer kulturellen Versteppung unseres Landes an die Wand malen. Das ist ein Zerrbild. NRW ist und bleibt eine selten vielfarbige und vielgestaltige Kulturlandschaft. Aber ich gestehe, dass auch ich mir Sorgen mache, Sorgen über die Zukunft so manch wichtiger und wertvoller kultureller Institution, die jetzt in ihrer Existenz gefährdet ist, zu deren Rettung es aber keiner hohen Millionenbeträge bedürfte, sondern vielleicht einiger zehntausend Mark.

Ich weiß sehr wohl, daß wir in diesen schwierigen Zeiten unsere Haushalte nicht konsolidieren können, ohne dass davon die Kulturpolitik unberührt bliebe. Wo die Kassen leer sind und die Verpflichtungen gerade unseren Städten über den Kopf wachsen, da müssen alle Opfer bringen. Wo alles sparen muss, kann auch die Kultur nicht ausgespart bleiben. Nur, das Gegenteil stimmt auch: Wer glaubt, man könne öffentliche Haushalt konsolidieren, indem man die so genannten freiwilligen Leistungen aufgibt und die Kulturpolitik oder die Jugendpolitik zu etwas erklärt, das in schwierigen Zeiten nicht nötig und damit entbehrlich ist, der irrt, der handelt mindestens kurzsichtig, der hat von der zunehmenden und zentralen Bedeutung der Kultur für unsere moderne Gesellschaft und ihre Entwicklung wenig begriffen.

Kultur ist nämlich kein Luxus, den wir uns nur in Zeiten wirtschaftlichen Wachstums und sozialer Sicherheit erlauben dürfen. Kultur ist für immer mehr Menschen bei uns ein Lebens-, ja ein Überlebensmittel, damit kein zusätzliches, sondern ein Grundnahrungsmittel. Ich spreche nicht gern von Kultur als Wirtschaftsfaktor, das verkürzt die Zusammenhänge in unzulässiger Weise. Aber gerade für unsere Städte und Gemeinden ist Kultur eben doch ein ideeller Standortfaktor mit einer sehr starken, gerade auch wirtschaftlichen Ausstrahlung. Wer nach Belegen dafür sucht, der findet sie an vielen Stellen im Kulturwirtschaftsbericht des nordrhein-westfälischen Wirtschaftsministers.

Kultur wirkt aber darüberhinaus noch auf vielfältige andere Weise in unser Leben hinein. Sie schafft Freude und erweitert Horizonte, sie macht die Menschen aufgeschlossen für Neues, Ungewohntes und Ungewöhnliches. Kultur macht neugierig auf die Fragen der Vergangenheit, sie stärkt den Mut, die Probleme der Gegenwart anzugehen, und sie sensibilisiert für die Möglichkeiten der Zukunft. So wirkt das Medium der Kultur gerade dort segensreich, wo sich Vieles tiefgreifend und nicht selten auch schmerzhaft wandelt, beispielsweise in den strukturschwachen Regionen unseres Landes und auch in den neuen Ländern. Besonders hier kann Kultur helfen, Identität zu bewahren, Solidarität zu erfahren und Kreativität zu entwickeln.

Das alles zusammengenommen ergibt Orientierung in Zeiten alter und neuer Unübersichtlichkeiten, stärkt die Motivation und auch die Leistungsfähigkeit der Menschen und damit zwangsläufig die Zukunftsfähigkeit ganzer Regionen bei uns und anderswo. Setzt man den Faktor Kultur klug und überlegt ein, dann können aus der Krise Chancen erwachsen, Profile und Infrastrukturen zu festigen und zu fördern, die unsere Städte und Gemeinden dringend brauchen, damit sie vital und entwicklungsfähig bleiben. Mit Kultur kann man sehr wohl der Krise trotzen. Deshalb gilt aber auch: Wo Einsparungen in den Kulturetats unumgänglich sind, da müssen sie mit Bedacht vorgenommen werden. Die Zeiten der übervollen Gießkannen sind sicherlich vorbei, aber an ihre Stelle darf nicht eine Kulturpolitik des Rasenmähers treten. Die kulturelle Grundausstattung darf nicht angetastet werden; denn für eine demokratische Kultur ist es zugleich notwendige und hinreichende Bedingung, dass sie für *alle* verfügbar bleibt. Darüberhinaus dürfen wir nicht zulassen, dass das Schwierige in der Kunst, das Sperrige und Unbequeme in der Kultur unter die Räder kommt. Das wäre das Schlechteste, was uns passieren kann in einer Zeit, in der das Nachdenkliche gegenüber dem Oberflächlichen immer mehr ins Hintertreffen gerät, die Sensation, die Reflexion aus dem Feld schlägt, in der die Gefahr übermächtig zu werden droht, dass sich das allzu Leichte und leicht Konsumierbare durchsetzt in allen Lebensbereichen und leider auch in den Köpfen der Menschen. Nur kulturelle Vielfalt hilft gegen eine zunehmende mediale Einfalt, in der alles geht, die aber nichts und niemanden mehr wirklich bewegt.

Wenn wir für die Kultur trotz fehlender Mittel Energien freimachen wollen, dann müssen wir auf Synergien setzen. Dann brauchen wir neue Ideen für das Kulturmanagement, neue und effizientere Organisationsformen. Vor allem aber brauchen wir mehr regionale Abstimmung über die kommunalen Grenzen hinweg. Wir müssen in Zukunft stärker auf das schauen, was der Partner im Lande, was der Nachbar in der Region tut. Wir müssen Schwerpunktbildungen und Kooperationen in und zwischen den Städten voranbringen. Wenn dazu noch ein Partner gesucht wird, dann sind wir, dann ist das Land dabei. Wir wollen und können helfen, nicht mit zusätzlichem Geld, das auch wir nicht haben, aber mit dem festen Willen und der guten Absicht, ein ehrlicher Makler zu sein, wenn sich die Interessen allzu hart im Raume stoßen, daran mitzuwirken, dass zusammenfindet, was zusammenpasst, aber ohne uns vielleicht nicht zusammengebracht werden könnte. Dabei soll die kulturpolitische Arbeitsteilung, die sich in Nordrhein-Westfalen zwischen dem Land und den Kommunen entwickelt hat, nicht verändert werden.

Bei uns ist die Förderung von Kunst und Kultur im wesentlichen eine Sache der Städte, der Gemeinden und Landschaftsverbände. Das soll auch in Zukunft so bleiben. Das ist eine gute und bürgernahe Tradition, und sie wird vom Land und vor allem auch von seinen Stiftungen an vielen Stellen und mit vielen Millionen hilfreich unterstützt. Aber vielleicht müssen auch wir stärker darüber nachdenken, ob unsere Fördergewohnheiten immer und überall den Gegebenheiten und Zwängen angepasst und angemessen sind, die sich inzwischen entwickelt haben oder zu entwickeln drohen. Möglicherweise muss die Landeskulturpolitik ebenso wie die Kulturpolitik der Kommunen in einigen Feldern neue Prioritäten setzen.

Denkbar wäre beispielsweise, dem Erhalt und der Konsolidierung gewachsener kultureller Einrichtungen noch mehr Raum zu geben, als das bislang schon geschieht. Denn, wenn etwas gegenwärtig vordringlich ist, dann eine Kulturpolitik, die der schleichenden Auflösung von Strukturen entgegenwirkt, die über Jahrzehnte gewachsen sind und die unsere nordrhein-westfälische Kulturlandschaft zu dem gemacht haben, was sie heute ist – eine der dichtesten in Europa und der Welt. Dahinter könnte die Förderung von manch kulturellem Highlight auch einmal zurückstehen. Vielleicht stände dem einen oder anderen unserer Festivals eine Denkpause gar nicht schlecht an. Kreativität und künstlerischer Elan könnten sich dann neu entwickeln und entfalten. Die Projekte selbst, die Künstler und auch die Kunstfreunde hätten ihren Nutzen davon.

Gewiss wird auch das Wuppertaler Kultursekretariat in seiner Arbeit der nächsten Jahre manches anders gewichten. Das bleibt nicht aus bei der Entwicklung, wie wir sie jetzt erleben, in einer dermaßen lebendigen Einrichtung. Nach allem, was ich gesagt habe, bedarf es aber keiner hellseherischen Fähigkeiten, um heute schon vorauszusagen, dass in Zukunft die Bedeutung unserer Kultursekretariate noch zunehmen wird. Darüber bin ich froh, denn ich halte die gemeinsame Kulturarbeit unserer kommunalen Träger, wie sie sich in den letzten beiden Jahrzehnten entwickelt hat, für beispielhaft. Sie sollte daher auch beispielgebend wirken für noch mehr und noch intensivere kulturpolitische Koordination und Kooperation unter unseren Städten, in und zwischen unseren Regionen.

»Kohle war nicht alles«*

Mit diesen Worten hat ein Bergmann aus dem Ruhrgebiet seine Lebensgeschichte auf den Punkt gebracht. Ich glaube, er hat recht: Kohle war viel, aber sie war nicht alles, war nie alles im Leben von Bergarbeitern und ihren Familien. Dazu gehörte viel mehr: die Gewerkschaft und die Kirche, dazu gehörten der Taubenzüchter- und der Fußballverein, dazu gehörten das Singen und die Bergarbeiterkapelle, und es gab auch erstaunlich viele Bergarbeiterdichter. Kohle und Kultur – das ist in dieser Region nie als ein Gegensatz im Leben von Bergarbeitern und ihren Familien begriffen worden, auch wenn sie selbst in diesem Zusammenhang das Wort »Kultur« wohl nicht gebraucht hätten. Kohle und Kultur, das war immer nur ein Gegensatz in den Augen derer, die diese Art der Kultur so misstrauisch sahen – aus politischen, aber auch aus moralischen Gründen.

»Kohle war nicht alles«: Das gilt auch für die Geschichte des Ruhrgebiets. Sicher haben Bergbau und Schwerindustrie in den vergangenen eineinhalb Jahrhunderten das Ruhrgebiet entscheidend geprägt. Wenn man vom Ruhrgebiet spricht, dann denken viele immer noch zuerst an Fördertürme und Hochöfen, an Schornsteine und Abraumhalden. Der Bergbau und die Stahlindustrie haben die Landschaft des Ruhrgebiets, auch die Natur- und Stadtlandschaft, nicht einfach geprägt, sie haben sie auch mit geschaffen. Die schwere Arbeit und die Umweltverschmutzung sind auch an den dort lebenden Menschen nicht spurlos vorübergegangen. Viele Bergarbeiter, viele Stahlarbeiter waren krank, wenn sie in Rente gingen, und haben den verdienten Ruhestand nicht genießen können.

All das hat zu einem Bild des Ruhrgebiets beigetragen, das eher düster ist. Es ist aber nicht das ganze Bild. Denn dieses Bild wird zunehmend zu einem historischen, das nicht mehr das Ruhrgebiet, sondern eine bestimmte Phase seiner Vergangenheit ablichtet. Der oft zitierte Strukturwandel des Ruhrgebiets hat ja selber schon eine lange

* Grußwort im Rahmen der Veranstaltung »Historama Ruhr 2000« in Essen am 21. Juni 2000.

Geschichte. Die ersten Absatzkrisen in Bergbau und Stahlindustrie gab es im 20. Jahrhundert zu Beginn der fünfziger Jahre, und die Entwicklung des Ruhrgebiets zu einem Medien- und Dienstleistungszentrum ist schon mit den vielen Universitätsgründungen der sechziger Jahre entscheidend vorangetrieben worden. Ich kann mich an die Zeit erinnern, in der man in Nordrhein-Westfalen Abitur machte und in anderen Regionen studierte. Nordrhein-Westfalen war bis zu den sechziger Jahren ein Studenten-Exportland. Danach wurde es ein Studenten-Importland, und das ist es bis heute.

Darum ist es gut, dass viele Menschen, wenn man vom Ruhrgebiet spricht, heute auch an seine Universitäten denken, an die Musicals, die viele Besucher anlocken, an den Gasometer in Oberhausen, an den Hochofen in Meiderich und natürlich an die Zeche »Zollverein«. Andere denken an die reichhaltigste Museumslandschaft, an die dichteste Theaterlandschaft in Europa, an die zahlreichen Musik- und Filmfestspiele, an die ungezählten lokalen und regionalen Kulturveranstaltungen.

Das Ruhrgebiet sei zum »Kulturgebiet« geworden, heißt es daher in einer Werbeaktion. Ich finde diesen Satz verblüffend. Er klingt für mich so, als habe es im Ruhrgebiet vor diesem Strukturwandel keine Kultur gegeben. Aber damit bestätigt er in meinen Augen ein Vorurteil über das Ruhrgebiet, dem man mit diesem Satz eigentlich begegnen möchte. Vielleicht wäre es besser, wenn wir vom Struktur- und Kulturwandel des Ruhrgebiets sprächen. Denn hier gibt es doch nicht erst Kultur, seit Bergbau und Schwerindustrie kaum noch Arbeiter beschäftigen, sondern Historiker, Autoren, Ausstellungs- und Filmemacher hier sind. Es gibt doch nicht erst Kultur im Ruhrgebiet, seit Fabrikhallen und Bergwerke zu Museen oder zu Theater- und Konzerthallen geworden sind und seit Intellektuelle den »Charme« von Bergarbeitersiedlungen entdeckt haben, den es übrigens in der historischen Realität so nie gegeben hat.

Kultur hat es im Ruhrgebiet schon vorher gegeben. Das zeigen viele der Veranstaltungen im Rahmen von »Historama Ruhr 2000«. Die Welt der Schwerindustrie ist von Anfang an und nicht erst nach ihrem Ende künstlerisch bearbeitet und verarbeitet worden: fotografisch und filmisch, literarisch, architektonisch und auch städteplanerisch. Das war nicht nur eine Bearbeitung »von außen«. Es war auch nicht nur eine »von oben«: Die Menschen im Ruhrgebiet haben sich selbst daran beteiligt, sie haben ihre Lebenswelt beschrieben, besungen, fotografiert und gemalt. Sie haben eine Organisations- und eine Vereinskultur entwickelt, die wichtige Bindekräfte geschaffen hat.

Sie haben beispielhafte Formen der Nachbarschaftshilfe und des Zusammenlebens mit Einwanderern – mit deutsch- und mit fremdsprachigen – entwickelt, und das immer wieder im Verlauf der Geschichte der Hochindustrialisierung im Ruhrgebiet. Ich denke an deutsche Arbeiter aus den Ostgebieten des Kaiserreichs, ich denke an die Arbeiter aus Polen vor dem Ersten Weltkrieg, an die Arbeiter aus Italien, Jugoslawien und der Türkei, aber auch an deutsche Flüchtlinge und Vertriebene nach dem Zweiten Weltkrieg. Das ging und das geht nicht immer konfliktfrei ab. Das ging und geht aber erstaunlich konfliktarm ab, wenn man sich die ungeheuren Migrationsströme vorstellt, die das Ruhrgebiet aufgenommen hat, und wenn man bedenkt, in welch krisenhaften Zeiten all das immer wieder bewältigt worden ist. Das ist eine zivilisatorische Leistung, die zur Kultur einer Region gehört.

Ich glaube, dass wir von dieser Leistung viel für die Aufgaben lernen können, die vor uns liegen. Denn nicht mehr nur das Ruhrgebiet ist inzwischen ein Einwanderungsland, sondern die Bundesrepublik insgesamt. Es gibt auch immer noch eine Barriere zwischen der ost- und westdeutschen Kultur, und wir stehen vor der Aufgabe, als Land in ein Europa der vielen Länder hineinzuwachsen, nicht nur innerhalb Deutschlands. Die Kultur des Ruhrgebiets zeigt uns, dass Wandel schwierig ist, vor allem für die Betroffenen, dass er Zeit braucht. Sich das immer wieder zu vergegenwärtigen, finde ich wichtig, damit Menschen, die von der Fremdheit zur Angst gehen, nicht weitergehen zu Hass und Gewalt, sondern damit wir sie abholen können auf dem Weg von der Fremdheit zur Neugier und zur Vielfalt. Die Kultur des Ruhrgebiets zeigt, dass Wandel möglich ist, wenn man ein Ziel vor Augen hat und wenn das Wort »Solidarität« kein Fremdwort ist.

Auch Geschichte hat es im Ruhrgebiet schon vor der Phase der Hochindustrialisierung gegeben. Das spätere Ruhrgebiet war kein geschichtsloses Gebiet. Denken wir nur an den Hellweg, der für einen ganz anderen Teil der Wirtschafts- und Kulturgeschichte dieser Region steht. Denken wir an die mittelalterliche Geschichte der Region, die wir über den modernen Phasen ihrer Geschichte nicht vergessen sollten. Hier in Essen gibt es ja nicht nur die Zeche »Zollverein«. Es gibt auch die Abtei in Essen Werden und das Kloster Stoppenberg, es gibt die Schätze des Essener Doms, es gibt die »Goldene Madonna«, die tausend Jahre alt ist. Ich nenne diese Beispiele, weil mir auffällt, dass selbst Freunde und Liebhaber des Ruhrgebiets immer wieder so tun, als sei das Ruhrgebiet, anders als alle anderen deutschen Regionen, keine »historisch gewachsene« Region.

Solchen Aussagen liegt offenbar die Vorstellung zugrunde, Wachstum wäre stets ein kontinuierlicher Prozess des langsamen Reifens. Wir sollten aber nicht vergessen: Wachstum kann auch in Sprüngen, kann auch mit großer Geschwindigkeit erfolgen – in der Natur und in der Geschichte. Das gilt ganz gewiss für die Entwicklung des Ruhrgebiets in den letzten 150 Jahren, aber das macht diese Region nicht geschichtslos, sondern eher besonders geschichtsträchtig. Denn all die Menschen, die zum Teil von weither ins »Revier« kamen, hatten ihre eigene Geschichte, sie ließen ihre eigene Geschichte nicht hinter sich, sondern brachten sie in die Geschichte des Ruhrgebiets ein. So hat das Ruhrgebiet historische Wurzeln, die weit über seine Grenzen hinausreichen.

Kohle war wirklich nicht alles. Diese Einsicht sollte uns heute davor bewahren, alles zu »Kohle« machen zu wollen. Mir fällt in letzter Zeit immer wieder auf, dass Kultur – die früher von vielen als teures Luxusgut betrachtet wurde – jetzt auf einmal zum wichtigsten »Standortfaktor« wird, zu einem weichen Standortfaktor. Ich finde das nicht verwerflich. Ich warne nur vor der Verabsolutierung solcher Gedanken. Kultur und Geld – Kultur und Kohle – schließen sich gegenseitig ebenso wenig aus wie Kohle und Kultur. Aber wer Kultur in erster Linie oder ausschließlich als Gewinnchance und als Einkommensquelle sieht, der übersieht das, was Kultur für Menschen so wichtig macht. Kultur ist die menschliche Form der Weltaneignung, und sie ist zugleich ihr Ergebnis.

In der Kultur und durch Kultur vergewissern wir uns unserer selbst und finden wir unsere Identität – nicht ein- für allemal, aber immer wieder und immer wieder neu. Wie diese Weltaneignung in einer Region, in dieser Region, in einem bestimmten Zeitraum geschehen ist, das zeigt uns »Historama Ruhr 2000«.

»Wir brauchen ein Bündnis für das Theater«*

Ein junger Mann wird durch eine Fernsehserie auch deshalb zum Kultstar, weil er den großen Theatermann Shakespeare für einen Dokumentarfilmer hält. Das gibt zu denken! Haben wir deshalb eine Krise des Theaters oder der Oper? Gibt es etwa nicht mehr genügend Theatergänger? Interessiert sich kein junger Mensch mehr für den Beruf des Schauspielers? Wenn die Anmeldezahlen allein für die Hochschule für Schauspielkunst »Ernst Busch« hier in Berlin auch nur annährend repräsentativ sind, dann werden solche Ausbildungsstätten von jungen Leuten schier überrannt – auch in München und Bochum. Befürchtungen an Theatern oder Opernhäusern, es müsse bald ein Schild angebracht werden: »Wegen Todesfall geschlossen«, weil die Zuschauer fehlen, sind völlig abwegig. Die Ränge sind voll, jedenfalls in den meisten Häusern. Aber die Kassen sind leer, jedenfalls die öffentlichen.

Wenn ich mir die Stimmungslage hier im Saal und die publizistische Begleitung anschaue, dann gibt es Klärungsbedarf innerhalb der Theatergemeinde, aber auch Erwartungen an die Politik: Nötig sind Rahmenbedingungen für Ihre Arbeit, damit Deutschland auch in Zukunft eine Kulturnation bleibt. Das ist für mich der Kern, um den es in vielen Diskussionen geht. Weltweite Anerkennung erreicht man gewiss auch durch erfolgreiches wirtschaftliches Handeln. Bleibenden Respekt in der Welt erringt aber nur, wer kulturelle Wurzeln und eine unverwechselbare Identität hat. Auch in Deutschland wächst die Erkenntnis, dass attraktive Angebote, leistungsfähige Unternehmen und gut ausgebildete Menschen allein nicht ausreichen, wenn man international erfolgreich sein will. Es gehört mehr dazu: die sensible Annäherung an die Kultur des Gesprächs- oder Verhandlungspartners, die Fähigkeit, sich in die Situation des anderen zu versetzen. Aber man sollte ausländischen Partnern auch antworten können, was es beispielsweise an Schau- oder Volksbühne – um in Berlin zu bleiben – Neues gibt, wenn sie danach fragen. Neuigkeitswert für ausländische Wagner-Freunde

* Grußwort aus Anlass der Jahreshauptversammlung des Deutschen Bühnenvereins am 28. Mai 2000 in Berlin.

hat auch, wenn die Oper in Stuttgart Wagners »Ring« inszenatorisch durch mehrere Regisseure in seine vier Teile zerlegt und dadurch in bemerkenswerter Weise auf sich aufmerksam macht.

Der uns allen unvergessene August Everding hat einmal gesagt: »Die Gesellschaft braucht Theater, in guten wie in schlechten Zeiten.« Die Älteren unter Ihnen werden sich noch erinnern, wie es war mit den Anfängen nach dem Zweiten Weltkrieg. Gespielt wurde in Trümmern. In Wuppertal kam nur ins Theater, wer Briketts mitbrachte. Aber die Leidenschaft für das Theater nach Jahren der geistigen Dürre war wieder entbrannt. Diese Leidenschaft darf nicht in Rufen nach mehr Geld untergehen. Das Gespenst von der Krise oder gar dem Tod des Theaters – man mag nichts mehr davon hören, weil es einem Ritual gleicht, das immer dann in die Debatte eingeführt wird, wenn Positionen in Frage gestellt werden oder in Frage zu stellen sind. Wir brauchen eine ernsthafte Debatte ohne Krisengerede, an deren Ende eine Wegweisung stehen muss. Mich hat beeindruckt, wie breit und kompetent über das Kunstwerk von Hans Haacke im Deutschen Bundestag gestritten wurde. Viele – auch außerhalb des Parlaments – haben sich daran beteiligt. Die Feuilletons waren voller zustimmender und ablehnender Beiträge.

Ich weiß, dass die wieder aktuellen Diskussionen um Theater und Oper nicht so leicht zu führen und Entscheidungen nicht so leicht zu treffen sind. Das Feld ist weiter und unübersichtlicher. Wir haben es oft mit über Jahrzehnte gewachsenen Strukturen zu tun. Ich sehe aber auch den einen oder anderen mentalen Schützengraben. Die Verantwortung allein den politisch Handelnden zuzuweisen greift ebenso zu kurz wie die öffentliche Geringschätzung der Arbeit auf und hinter der Bühne. Natürlich kann man weder Politikern noch Zuschauern Liebe oder Zuneigung zum Theater verordnen, auch ich kann das nicht. Aber Respekt vor der Kreativität und dem Engagement von Theater- und Opermachern kann man erwarten. Darauf können wir um unserer selbst willen nicht verzichten. Was also ist zu tun, wenn sich der Pulverdampf der hitzigen Debatte verzogen hat?

Ich sehe erfreuliche Ansätze, wie die Debatte zu guten Ergebnissen geführt werden kann. Der *Süddeutschen Zeitung* ist etwas gelungen, das ich als den Beginn einer Art »Bündnis für das Theater« bezeichnen möchte. Bündnisse für Arbeit und für den Film gibt es ja schon, und sie wirken sich positiv aus, weil miteinander und nicht gegeneinander um den richtigen Weg gerungen wird. An dieser bemerkenswerten Zeitungsdiskussion hat sich der Präsident des Bühnenvereins ebenso beteiligt wie die Politik und die Gewerkschaft ÖTV. Das lässt aufhorchen, und zwar nicht nur wegen der Zusammensetzung der Diskutanten, sondern weil der Leser ahnt, dass alle Beteiligten wissen, dass sie ihre gegenwärtige Position nicht ohne Abstriche werden halten können. Das ist ein gutes Zeichen. Ich möchte daher alle, die für Theater und Oper Verantwortung tragen, dazu ermuntern, die Diskussion weiter auf eine breite Basis zu stellen.

Einige Themen für die Debatte möchte ich gern beisteuern: Bühnenarbeit muss ökonomisch solide funktionieren. Ich halte das für eine Bringschuld des Theaters gegenüber dem Zuschauer und der Gesellschaft insgesamt. Nicht alle, die Kultur mitfinanzieren, findet man auch im Theater und im Opernhaus. Und so mancher Gagenpoker wird öffentlich auch wahrgenommen mit Blick auf die Ausstattung von Schule oder Universitäten. Die Kulturnation Deutschland wird nicht dadurch gefährdet, dass eine Gagenforderung mal nicht erfüllt wird. Sie wird aber dann gefährdet, wenn es uns nicht gelingt, etwa in Schulen Musik und Theater zu fördern. Kreativität in diesen Bereichen gehört zur Persönlichkeitsbildung und zur sozialen Kompetenz. Wer nie Dinge jenseits des Berechenbaren und Nützlichen kennengelernt hat, der wird auch später im Beruf viele Antworten nicht geben können.

Gemessen an den Gesamtausgaben der öffentlichen Haushalte birgt die Summe, die auf die Kultur entfällt, keinen finanzpolitischen Sprengsatz, auch wenn ich die Sorgen mancher Kommunen nicht klein reden will. Bildung, Wissenschaft und Kultur sind unsere einzigen »Bodenschätze«. Sie wachsen im eigenen Land. Wir können Qualität und Menge beeinflussen. Unsere Zukunftsfähigkeit hängt entscheidend davon ab, wie wir mit diesen Schätzen umgehen. Mein Appell geht daher zunächst in Richtung Politik, wenn ich darum bitte, bei Regelungen darauf zu achten, ob sie kreative Räume und Chancen eröffnen statt sie zu schließen. Dabei geht es nicht um Geld, sondern um mehr Flexibilität, Risikobereitschaft und Verantwortungsbewusstsein.

Das Wort Marketing ist für Sie alle kein Fremdwort. Wenn Dinge nicht schön sind, muss man sie nicht schön reden. Wenn aber Dinge gelingen, und das ist bei der überwiegenden Zahl der Aufführungen in Deutschland der Fall, dann wäre mein Wunsch, dass noch öfter über dieses Gelingen gesprochen wird, auch in den Medien. Da habe ich manchmal Sorge, dass wir uns rückwärts bewegen und die Berichterstattung noch knapper wird. Ich bin überzeugt davon, dass das Interesse beim Leser oder Zuschauer nicht gering ist. Ich kenne auch sehr viele Hörfunk- und Fernsehintendanten, die begeisterte Opern- und Theaterbesucher sind.

An die Theater- und Opernwelt habe ich die Bitte, dass sie die Zuschauer fest im Blick behält. Ich finde es nicht ehrenrührig, wenn ein Programmheft eine Inszenierung erläutert, vielleicht auch das eine oder andere Symbol beschreibt, das einigen beim Zuschauen vielleicht entgangen ist. Ich sehe einen Vorteil darin, dass Zuschauer und Macher stärker aufeinander zu gehen können, wo sie es nicht schon getan haben. Ich wünsche mir von den Verantwortlichen in den Kulturinstitutionen, dass sie Gesprächsfäden dort flechten, wo sie zerrissen sind, und stabilere Knoten knüpfen, damit sie gar nicht erst reißen. Mit der Wahl Ihres Präsidenten, Prof. Jürgen Flimm, haben Sie eine Persönlichkeit gefunden, die das in hervorragender Weise schaffen kann. Ich wünsche ihm für seine Aufgaben und Ihnen für Ihre weiteren Beratungen gutes Gelingen.

Kultur und Politik*

I.

Worüber reden kluge Leute in Deutschland gern, wenn sie Zeit haben? Über grundsätzliche Fragen. Welche grundsätzliche Frage war zu vielen Zeiten besonders beliebt? Die Frage nach dem Zusammenhang von oder dem Konflikt zwischen Geist und Macht. Unendlich viel Kluges und weniger Kluges ist dazu schon gesagt worden. Das will ich jetzt nicht fortsetzen. Immerhin verweist die Unermüdlichkeit, mit der über die Begriffe Geist und Macht geredet werden kann, auf so etwas wie einen immerwährenden Konflikt.

Nun klingen die Begriffe »Geist« und »Macht« aus unterschiedlichen Gründen heute etwas antiquiert. Man könnte sie vielleicht ersetzen durch die Begriffe »Kultur« und »Politik«. Auch in dieser Gegenüberstellung kann man zweifellos schnell Dissonanzen, Eigengesetzlichkeiten, ja Konflikte und Gegensätze erkennen und benennen. Aber offensichtlich gibt es hier auch eine Schnittmenge, gibt es zumindest gemeinsame Interessen. Sonst wäre der Begriff »Kulturpolitik« ja ein Widerspruch in sich – und sonst könnte eine Kulturpolitische Gesellschaft nicht existieren. Die Kulturpolitische Gesellschaft existiert, und sie schafft es, wie man sehen kann, gemeinsam mit der Bundeszentrale für politische Bildung, der Friedrich-Ebert-Stiftung und der Akademie der Künste, einen großen kulturpolitischen Bundeskongress auf die Beine zu stellen. Es gibt also Kulturpolitik – und es gibt – wie die Vielzahl der Teilnahmewünsche zeigt – ein großes Interesse daran. Großes Interesse ehrt den Veranstalter, weil er augenscheinlich ein wichtiges Thema getroffen hat. Großes Interesse kann allerdings auch ein Krisensymptom sein: Es kann anzeigen, dass es viele Fragen gibt und ein Bedürfnis nach Orientierung. Und es zeigt an, dass man miteinander diskutieren will und muss, weil etwas sich nicht oder nicht mehr von selbst versteht.

* Grußwort an die Teilnehmer des Kongresses »kunst.macht.politik« der Kulturpolitischen Gesellschaft am 07. Juni 2001 in Berlin.

So ist es wohl, wenn ich mir Programm und Fragestellung des Kongresses ansehe. Sie haben die drei Begriffe: »Kunst«, »Macht«, »Kulturpolitik« durch Punkte voneinander getrennt, als seien es abgeschlossene Hauptsätze, als stünden sie beziehungslos nebeneinander. Sie wollen versuchen, sie in eine neue Beziehung zu setzen. Kulturpolitik sucht ein neues Selbstverständnis und eine neue Orientierung. Ich bin überzeugt davon, dass die Fragen, die Sie sich stellen für uns alle wichtig sind. Was immer Kulturpolitik im Einzelnen sein mag: Wir brauchen sie doch deshalb, weil die Kultur bei den Leuten ankommen soll, und zwar bei möglichst vielen. Zugänge zu öffnen: Das ist für mich der – bei allem Wandel – bleibende Auftrag von Kulturpolitik. Drei Fragen stehen dabei meines Erachtens im Vordergrund: Welche Zugänge brauchen wir? Welche müssen wir erhalten, welche müssen wir neu eröffnen?

II.

Wir brauchen erstens den Zugang zum Erbe.

Das Verschwinden des bildungsbürgerlichen Kanons wird nun schon ziemlich lange festgestellt. Es gab Zeiten, da wurde dieses Verschwinden eher begrüßt oder gar betrieben, heute wird es eher beklagt. Niemand wird diesen Kanon wiederherstellen können. Aber ich glaube, es bleibt eine Pflicht, zum Beispiel den Zugang zu den großen Werken der dramatischen Kunst immer wieder zu öffnen. Sie sind ja nicht einfach von gestern, in vieler Hinsicht verhandeln sie immer noch unsere Sache: unsere Probleme und Fragen, unsere Hoffnungen und Sehnsüchte.

Ich kenne die Schwierigkeiten der Stadttheater. Vom Geld will ich heute Abend einmal gar nicht sprechen. Ich weiß, dass es nicht einfach ist, die Menschen immer wieder dafür zu begeistern, ins Theater zu gehen. Ich weiß aber von vielen, dass sie die großen Stücke einfach einmal sehen und kennen lernen wollen – die Stücke, und nicht in erster Linie phantasievolle Dekonstruktionen, die manche Theatermacher aus ihnen machen. Natürlich ist der Satz »Keine Experimente!« als Motto für die Kulturpolitik ganz ungeeignet. Aber ein Kunstbegriff, der in erster Linie Überraschung, Schock und Provokation bedeutet, ist inzwischen doch etwas angestaubt.

Zugang zum Erbe ermöglichen: Das bedeutet für mich immer noch und immer wieder, dass Maßstäbe erkennbar werden. Es geht weder um Musealisierung noch um Beweihräucherung. Es geht in den Begegnungen mit den alten Meistern – und ich fasse darunter jetzt Dramatiker, Poeten, Komponisten, bildende Künstler und Filmemacher zusammen – um das Entdecken der großen Form, der gelungenen Gestalt und eines Sinns, der sich immer wieder neu erschließt.

Kino macht dumm, meinte einst Theodor W. Adorno. Da hat er sich – das zeigen die vielen großen Filme, die es gibt – getäuscht. Auch Unterhaltung macht nicht per se dumm. Aber es gibt Formen von Unterhaltung, die man uns auf allen Kanälen anbietet, die sind dumm und die machen dumm. Um das zu durchschauen, muss man allerdings das Bessere kennen gelernt haben. Wer einen Zugang zum großen künstlerischen Erbe gefunden hat, der hat auch einen Zugang zu Maßstäben, einen Zugang zu kritischem Bewusstsein, zu einem eigenen, aufgeklärten Urteilsvermögen.

III.

Wir brauchen, zweitens, auch den Zugang zum Neuen.

Zur Kulturförderung und zur Kulturpolitik gehört selbstverständlich die Förderung des Neuen, die Entdeckung dessen, was sich noch nicht »durchgesetzt« hat. Es ist wichtig für die »Produzenten«, aber auch für das Publikum, dass Neues entstehen kann. Das Neue, das trägt und (vielleicht) bleiben wird, die Avantgarde, die wirklich zukunftsweisend ist: Beide sind gewiss nicht einfach zu finden. Dazu sind die Milieus heute zu unterschiedlich, die Szenen zu unüberschaubar, die Subkulturen zu zahlreich. Hinzu kommt: Wo die Klassiker nicht mehr bekannt sind, wird auch der Antiklassiker obsolet. Wo es den Bürger nicht mehr gibt, wird der Bürgerschreck zur komischen Figur.

Vielen Dingen, die eine ganze Zeit lang Kennzeichen künstlerischer Avantgarde waren, begegnen wir heute auf ganz anderen gesellschaftlichen Feldern: »Veränderung von Sehgewohnheiten« lehren uns die Naturwissenschaften fast täglich, »Innovation« ist zu einem Schlagwort der Wirtschaft geworden, die Diskussion um ethische und moralische Grenzen wird durch Reproduktionsmedizin eher eröffnet als durch »sittenwidrige« Theaterstücke, und bei »Tabuverletzung« und »Provokation« denken wir heute leider eher an Skinheads und Neonazis als an Aktionskünstler.

Was ist also Avantgarde heute in einer beschleunigten Zeit? Was bedeutet das kritisch Neue, das Unerhörte in einer Zeit der Beliebigkeit? Ich habe darauf auch keine fertige Antwort. Ich vermute aber, dass das wirklich Neue, wie immer, die Gegenwart in Frage stellen wird. Ich bin mir fast sicher, dass das wirklich Neue nicht darin besteht, die Beliebigkeit der Gegenwart durch Kunst noch einmal zu verdoppeln. Vielleicht wird das Neue etwas zu tun haben mit Stille inmitten von Getöse, mit Bedeutungsanspruch inmitten von Beliebigkeit, mit Sinn inmitten von Sinnverzicht und Besinnungslosigkeit, mit Denken inmitten von Gedankenlosigkeit, mit Anstrengung und Stil inmitten von Fun, mit Freude inmitten von Frohsinn.

Das sind natürlich nur Vermutungen. Aber vielleicht ist es doch ein Zeichen, wenn ausgerechnet Harald Schmidt aufhört, in seiner Sendung Polen-Witze zu erzählen und stattdessen den Aufbau einer Verdi-Oper erklärt, um nur ein Beispiel zu nennen. Ich weiß nicht, ob er recht hat mit seiner These, dass auf die Spaßgesellschaft das Pathos folgen werde. Eines scheint mir aber klar zu sein: Das Neue von heute und morgen, das Sie entdecken und für das Sie ein Publikum suchen werden, wird eine ganz andere Gestalt haben als das Neue von Gestern. Es wird uns überraschen. Vielleicht wird es so paradox sein, wie der Titel einer kürzlich erschienen CD: »Quiet is the new loud« oder wie es Herbert Grönemeyer schon vor einiger Zeit formuliert hat: »Bleibt alles anders«.

IV.

Wir brauchen einen Zugang zum Erbe, wir brauchen einen Zugang zum Neuen und wir brauchen, drittens, einen Zugang zu Fremdem.

Durch Kunst und Kultur finden wir zu unserer Identität, und durch sie verstehen wir uns selbst besser. Kunst und Kultur haben aber auch immer mit dem Fremden, dem anderen zu tun. Kultur, die nur bei sich selbst bleibt, verödet und wird steril. Kultur ist immer schon Begegnung, Dialog, Austausch, wechselseitige Befruchtung, Vermischung gewesen. Wenn wir heute allerdings vom Dialog der Kulturen reden – nicht nur im internationalen Maßstab, sondern auch im eigenen Land –, dann meinen wir etwas anderes als die bloße Übernahme fremder Stilelemente. Wir meinen damit den wirklichen Austausch mit Menschen ganz unterschiedlicher Herkunft, von denen viele inzwischen schon seit Jahrzehnten unter uns leben.

Natürlich können Kulturen keine Dialoge führen. Das können nur Menschen. Aber indem wir diese Begegnung »Dialog der Kulturen« nennen, wird klar, dass wir nicht nur ein intellektuelles Gespräch meinen und schon gar nicht Integration mit schlichter Assimilation verwechseln. Wir meinen eine echte Begegnung mit all dem, was den anderen bestimmt, was ihn ausmacht, was seine Hoffnungen und Sehnsüchte, was seine Angst und seine Ehrfurcht ausdrückt. Als die Kulturpolitische Gesellschaft vor 25 Jahren gegründet wurde, ahnte kaum jemand, wie notwendig ein solcher Dialog der Kulturen eines Tages werden würde. Ich glaube, dass es zu den ganz wichtigen kulturpolitischen Aufgaben gehört, diesen Dialog vor Ort, in Stadt und Land, mit all den Initiativen, die es überall gibt, möglich zu machen und dann auch zu führen. Wir brauchen einen Zugang zum anderen, der über Herz und Verstand führt, über Kunst und Musik, über Literatur und Theater. Ich glaube, dass es hier sehr viele Möglichkeiten gibt, die bei weitem noch nicht alle genutzt werden, und ich glaube, dass das eine der lohnendsten Aufgaben von Kulturpolitik ist.

V.

Kulturpolitik soll Zugänge eröffnen oder offen halten, neue schaffen undverschüttete freilegen. Kultur muss unter die Leute. Ich habe von drei Zugängen gesprochen – notwendigerweise ein wenig allgemein. Ich weiß, dass Sie alle mit den Mühen der Ebene zu tun haben. Im alltäglichen Kampf um Geld und um Aufmerksamkeit, um Räume oder Personal wird in oft nur sehr kleinen Schritten verwirklicht, was mit dem wortgewaltigen Titel des Kongresses: ›kunst.macht.politik‹ beschrieben wird. Gerade Kulturpolitiker vor Ort, in den Städten und Gemeinden, erfahren oft mehr Ohnmacht als Macht – und sie haben mindestens so oft mit Haushaltstiteln und Kontoständen zu tun wie mit Kultur. Das

Erbe ist groß, doch es lastet schwer auf den Haushalten. Das Neue meldet sich, doch es ist oft schwer vermittelbar. Und die anderen Kulturen sind vorhanden, aber man schafft es noch nicht genug, zueinander zu kommen.

Gerade darum möchte ich Sie ermutigen, Ihre Arbeit fortzusetzen. Wir brauchen Ihre Arbeit, wir brauchen Ihre Phantasie und Ihre Entdeckerfreude, wir brauchen Ihr Engagement und Ihre Zähigkeit. Über Macht und Geist reden wir vielleicht ein anderes Mal. Zunächst soll es uns darum gehen, wie Kultur – auch durch politisches Handeln – lebendig bleiben und zu den Menschen kommen kann.

Lebendige Denkmalpflege und kulturelles Umweltbewusstsein im europäischen Rahmen*

I.

Mich verbindet vieles mit dem »Zollverein«, dem »Eiffelturm« des Ruhrgebiets, wie man ihn genannt hat. Ich gehöre zu denen, die miterlebt und ein wenig begleitet haben, wie er erhalten und gerettet werden konnte – bis zu dem Tag und über den hinaus, an dem er nun zum Weltkulturerbe gehört. Hinter dem Namen »Zollverein« verbirgt sich vor allem der Schacht XII, dessen Mittelpunkt jener »Eiffelturm« bildet – das berühmte Doppelbock-Fördergerüst, das Sie beim Hereinkommen alle gesehen haben. 2001 ist diese ganze Anlage, die vom Stilempfinden des Bauhauses geprägt ist, in die UNESCO-Liste des Weltkulturerbes eingetragen worden. Das ist eine große Anerkennung, die heute mit der offiziellen Übergabe der Urkunde der UNESCO gefeiert wird. Die Zeche Zollverein ist ein großartiges Symbol der Montangeschichte des Ruhrgebiets. Sie steht aber für mehr: für die europäische Industriegeschichte zwischen 1850 und dem Ende des 20. Jahrhunderts. Und natürlich steht sie für den Strukturwandel, den industriell geprägte Regionen in Europa bewältigen müssen.

Der Name »Zollverein« war von Anfang an ein Programm. Als hier vor gut 150 Jahren die Schürfbohrungen begannen, da wählte man für das Grubenfeld in Katernberg den Namen »Zollverein«, weil das Wort für Fortschritt schlechthin stand. Zu Beginn der Industrialisierung, da verband sich mit diesem Namen eine politische und wirtschaftliche Vision: Die Mitglieder des 1834 in Deutschland gegründeten Zollvereins verzichteten auf Zollgrenzen, um einen großen Binnenmarkt zu schaffen. So wollten sie Wirtschaft und Handel fördern. Das war ein Beispiel für eine erfolgreiche grenzüberschreitende Zusammenarbeit

* Grußwort zur Eröffnung der European Heritage Days auf der Zeche »Zollverein« am 31. August 2002 in Essen.

und ein Meilenstein auf dem Weg zu einem wirtschaftlich und politisch geeinten Europa.

II.

Die Geschichte der European Heritage Days ist recht kurz, verglichen mit dem Alter der Denkmäler und Kulturgüter, die wir in Europa haben. Das Bewusstsein dafür, dass wir unser Kulturerbe nicht nur im nationalen Bereich, sondern gerade auch europäisch pflegen und bewahren müssen, ist noch nicht sehr alt. Worum geht es? Es geht um unser Lebensumfeld, um unsere kulturell und geschichtlich gewachsene Umwelt. Wenn wir von Umwelt reden, dann denken wir in der Regel an Umweltschutz und Ökologie, an die Bewahrung der Schöpfung. Seit den siebziger Jahren des 20. Jahrhunderts ist uns immer deutlicher geworden: Wir müssen mit der Natur sorgfältiger, behutsamer – und ich möchte auch sagen: intelligenter – umgehen, als wir das bis dahin getan haben. Heute bezweifelt niemand mehr ernsthaft, dass wir ein ökologisches Umweltbewusstsein brauchen und entsprechend handeln müssen. Wir sollten den Radius unseres Umwelt-Bewusstseins künftig aber noch weiter ziehen: Wir müssen auch ein kulturelles Umweltbewusstsein entwickeln. Zwischen unserer natürlichen und unserer kulturellen Umwelt bestehen Zusammenhänge, die wir noch stärker wahrnehmen müssen. Wir sollten beim Stichwort »Umwelt« auch an unsere kulturelle und historisch gewachsene Umwelt denken, an den Menschen und an seine Schöpfungen.

In diesen Tagen haben wir alle die Bilder der Flut vor Augen, die in vielen Gegenden Mitteleuropas schreckliche Schäden angerichtet hat. Auch in Russland und China mussten Hunderttausende vor dem Wasser fliehen. Viele tausend Menschen müssen die Zerstörung ihrer Wohnungen und Häuser verkraften, Geschäftsleute und Unternehmer müssen ihre Existenz neu aufbauen. Kleider und Möbel, persönliche Erinnerungen, Bilder und Andenken sind von der Flut fortgerissen, Kunstschätze zerstört oder schwer beschädigt worden. Das ganze Ausmaß der Zerstörung lässt sich noch gar nicht absehen. Wir haben im Kampf gegen die Fluten viel Solidarität und eine große Hilfsbereitschaft erlebt, nicht zuletzt dort, wo es darum ging, Denkmäler, historische Parkanlagen oder alte Bauwerke zu schützen – oder auch Bibliotheken und Archivgut: In der sächsischen Stadt Grimma hat die Leiterin des Museums die kostbarsten der beschädigten Dokumente zum örtlichen Bäcker und zum Fleischer gebracht. Die haben Bücher und Archivalien in ihren Kühlhäusern eingefroren – natürlich haben sie damit gegen die Lebensmittelvorschriften verstoßen. Doch so werden sich nun Spezialisten um die Erhaltung dieses wertvollen Gefrierguts kümmern können.

Das ist, bei aller Not, eine ermutigende Erfahrung gewesen: zu sehen, wie viele Menschen nicht nur gegen eine Umweltkatastrophe gekämpft haben, sondern auch für Schätze, die einen Teil ihrer kulturellen Identität bedeuten. Als Menschen wollen wir etwas von dem geschichtlichen Boden wissen, auf dem wir stehen, etwas von unserer Herkunft und von dem, was unseren Großvätern und unseren Urgroßmüttern wichtig gewesen ist.

III.

Wer vom europäischen Erbe spricht, der will offenbar im großen Maßstab Geschichte aus der Vergangenheit in die Gegenwart transportieren. Das kann bekanntlich manche Probleme mit sich bringen. Paul Valéry hat dazu einmal gesagt: Zu den gefährlichsten Produkten, die der menschliche Geist je erfunden hat, zählt die Geschichte. So gesehen fällt der Transport der Geschichte, dem Sie sich verschrieben haben, gewissermaßen unter die Gefahrgutverordnung.

Was kann man nicht alles aus dem Stoff der Geschichte machen! Da gibt es die Versuchung, Historisches zu überhöhen. Dann hat die Geschichte nichts mehr mit der Vergangenheit zu tun. Da gibt es aber auch die Versuchung, Historisches zu verdrängen. Dann hat die Gegenwart nichts mehr mit der Geschichte zu tun. Der Umgang mit Geschichte will also gelernt sein – er muss aber auch gelernt werden, denn auf ihn verzichten können wir nicht. Überhöhung und Verdrängung sind Sackgassen. Wir brauchen die Erinnerungen, die uns verbinden mit unseren Städten und Regionen, mit unseren Ländern, mit Europa und auch mit anderen Regionen der Welt. Wenn wir uns Geschichte vergegenwärtigen wollen, dann müssen wir sorgfältig und kritisch, demokratisch und offen mit ihr umgehen. Sie tragen zu solchem Umgang mit der Geschichte bei, und dafür bin ich Ihnen dankbar. Denkmalpflege hält Erinnerungen fest – und sie illustriert damit auch die Wechselfälle der Geschichte. Damit hilft sie uns, die eigene Gegenwart einzuordnen und auch den nötigen Abstand zu gewinnen. Dafür ein Beispiel: Im gleichen Jahr wie die Zeche Zollverein ist die Altstadt von Akko zum Weltkulturerbe erklärt worden. Vor über 900 Jahren wurde die Hafenstadt zum Zentrum der christlichen Kreuzfahrer – neben Jerusalem. Später haben Muslime auf den Ruinen weitergebaut. Seit bald 25 Jahren ist Akko nun die israelische Partnerstadt von Recklinghausen.

IV.

Wenn wir von Denkmalpflege reden, dann geht es nicht darum, dass wir das, was wir ererbt haben, nur entstauben oder restaurieren und an einigen Gedenktagen vielleicht hochleben lassen. Es geht vielmehr darum, dass wir ein lebendiges Verhältnis zu dem finden, was auf uns gekommen ist. Das gilt für jeden Einzelnen und für die ganz persönlichen Erinnerungsstücke, die wir bewahren. Das gilt aber auch für die größeren Gemeinschaften und für die Gesellschaft, in der wir leben. Lebendige Denkmalpflege hilft uns, die Gegenwart wahrzunehmen, sie gibt der Gegenwart Sinn und ordnet sie zwischen Vergangenheit und Zukunft ein. Deshalb ist unsere kulturelle Umwelt so lebenswichtig wie die ökologische: Sie gibt uns Boden und Luft, sie eröffnet uns Wege zu Identität und Heimat, sie gibt uns Orientierung in Kontinuität und Wandel.

V.

Es gab Zeiten, da hat man vor lauter revolutionärem Eifer bedeutende und schöne Schlösser abgebrannt oder in die Luft gejagt. Es gab Zeiten, da hat man Kirchen gestürmt und den Heiligenfiguren die Gesichter weggeschlagen. Es gab Zeiten, da hat man in langsam gewachsenen Stadtteilen nur viel zu enge Gassen gesehen und hat sie platt gemacht für den Bau einer breiten Stadtautobahn. Es gab Zeiten, da hat man ein Zechengelände und seine Fördertürme für unnützes Alteisen, für Schrott gehalten und hat sie eingerissen. Gerade im Umgang mit unserer kulturellen Umwelt hat es immer wieder Gedankenlosigkeit gegeben, und es ist manche Umweltsünde begangen worden.

Lebendige Denkmalpflege – das heißt für mich, dass wir das Vergangene in Beziehung zu dem setzen, was heute anders ist als früher, und zu dem, was in Zukunft anders werden sollte, als es früher war. Lebendige Denkmalpflege – das heißt für mich auch, dass wir nicht vor lauter Respekt vor den Leistungen unserer Vorfahren kritiklos werden dürfen. Denkmalpflege ist nie lebendig, wenn sie bei der bloßen Rückschau verweilt. Ich glaube, dass die Denkmalpflege dann ganz lebendig werden kann, wenn wir unseren Kindern schon früh beibringen, was es bedeutet und welchen Gewinn es bringt, Denkmäler zu erleben und sie zu lesen, sie zu verstehen. Wir dürfen keine Analphabeten der Erinnerung werden. Darum müssen wir unseren Kindern helfen, einen Blick für Denkmäler zu entwickeln, also müssen wir ihnen zeigen, dass man und wie man in ein spannendes Gespräch mit dem kulturellen Erbe kommen kann. Denkmalpflege ist lebendig, wenn sie uns immer wieder in ein solches Gespräch zieht.

Mein besonderer Dank gilt der Arbeit der Deutschen Stiftung Denkmalschutz. Der Tag des offenen Denkmals ist in ganz Europa mittlerweile zu einem großen Erfolg geworden. Er trägt dazu bei, dass von Denkmälern für viele Menschen Denkanstöße ausgehen und dass Denkmäler auf diese Weise für noch viel mehr Menschen zu einem ansprechenden und interessanten Teil ihrer Umwelt geworden sind.

VI.

Sie widmen sich dem Denkmalschutz auf europäischer Ebene. Damit leisten Sie einen ganz wichtigen Beitrag zu unserem Bemühen, die europäische Einigung voranzubringen. Auf immer mehr Feldern wächst Europa zusammen, handeln die Länder Europas gemeinsam, werden nationale Entscheidungsverfahren durch gemeinschaftliche ersetzt. Wenn wir an die Zeit vor den Römischen Verträgen zurückdenken, dann sehen wir, wie viele Vorteile die europäische Integration den Menschen in Europa gebracht hat und weiter bringt. Trotzdem stößt Europa immer wieder auf Widerstand und Ablehnung. Das hat mit der Sorge der Menschen zu tun, auch ihre kulturellen Unterschiede könnten eingeebnet werden, ihre Traditionen und ihre regionalen und nationalen Besonderheiten könnten verschwinden. Das kann niemand wollen. Europa, das soll auch künftig eine Einheit sein, die ihre Stärke auch aus der gewachsenen Vielfalt gewinnt. Wenn die Menschen das Gefühl haben, ihre Wurzeln zu verlieren, dann werden sie dem Einigungsprozess fremd, ja ablehnend begegnen. Die Denkmalpflege trägt dazu bei, Unterschiede und Eigenheiten deutlich zu machen. Sie bewahrt den Reichtum unseres kulturellen Erbes. In der europäischen Zusammenarbeit kann sie zugleich zeigen, was uns bei allen Unterschieden seit Jahrhunderten verbindet, wie wir uns in Europa wechselseitig beeinflusst haben – eben das, was Besucher aus einer anderen Weltregion als unverwechselbar europäisch empfinden.

VII.

Im Denkmalschutz spielt das Engagement der Bürgerinnen und Bürger eine große und besonders wichtige Rolle. Es hat zahlreiche Formen: Privateigentümer lassen zu hohen eigenen Kosten ihre denkmalgeschützten Häuser restaurieren und pflegen. Hochherzige Spender, Stiftungen und viele Fördervereine unterstützen mit ihrem Geld und ihrer Arbeit den Denkmalschutz. Initiativen und Projekte sorgen dafür, dass in alten Denkmälern neues Leben entsteht.

Bürgersinn und bürgerschaftliches Engagement allein können die großen Aufgaben aber nicht bewältigen, vor die der Denkmalschutz uns stellt. Allein in Deutschland haben wir zur Zeit etwa 1,3 Millionen Denkmäler. Auch in Zukunft können sie ohne staatliche Hilfen nicht erhalten werden. Auch wenn in den Haushalten von Bund, Ländern und Gemeinden gespart werden muss, sollten wir die großen Streichkonzerte nicht in unseren Kulturhaushalten aufführen. Ich wünsche mir, dass es der Denkmalpflege überall in Europa gelingt, unser großartiges kulturelles Erbe in seiner regionalen und internationalen Vielfalt zu bewahren und lebendig werden zu lassen.

»Musikalische Bildung ist keine private Nebensache«*

Wenn ich meinen Tagesablauf bedenke, dann wird mir bewusst, dass ich morgen Abend noch, wenn das Musikfest im Schloss Bellevue zu Ende ist, ins Flugzeug steige und nach China reise. Und deshalb muss ich Konfuzius zitieren. Konfuzius hat gesagt: »Musik erzeugt eine Art von Vergnügen, ohne die der Mensch nicht kann.« Das ist ein merkwürdiger, ein interessanter Satz, denn es fehlt ihm ja eine Ergänzung zu dem Hilfsverb »kann«. Konfuzius sagt nicht: »ohne die der Mensch nicht tanzen kann« oder »nicht lieben kann« oder »nicht fröhlich sein kann«, er sagt nicht einmal, »ohne die der Mensch nicht leben kann«. Sondern er sagt: »Musik ist eine Art von Vergnügen, ohne die der Mensch nicht kann.« Das ist sehr absolut, das ist sehr umfassend ausgedrückt. Und wahrscheinlich ist es gerade deshalb auch richtig.

Es ist die Musik, die den Menschen zum ganzen Menschen macht. In ihr kommen Gefühl und Geist, Seele und Körper zur Einheit. Die verschiedenen Rhythmen unseres Lebens drücken sich in Musik aus. Unsere so unterschiedlichen Empfindungen und Seelenregungen – Schmerz und Trauer, Hoffnung und Liebe, Angst und Zuversicht – finden ihren wahren Ausdruck oft in der Musik. Dem Einsamen kann Musik unendlich viel Trost schenken – und eine Gruppe kann durch gemeinsames Musizieren und Singen oder durch gemeinsames Hören zueinander finden. Musik ist die wirklich internationale Sprache, die überall verstanden wird. Musik kann Träume und Utopien aller Menschen gültig zum Ausdruck bringen, gerade wenn die Wirklichkeit den Hoffnungen der Menschen noch längst nicht entspricht. Ernst Bloch hat einmal gesagt: »Die neunte Symphonie wird nicht zurückgenommen.«

Inzwischen sind sich die Forscher darüber einig, dass der Mensch die Musik wohl früher hatte als die Sprache. Tanz und Rhythmus, Ton und Klang sind vermutlich die ersten Ausdrucksformen menschlicher Kultur gewesen. »Ohne die der Mensch nicht kann.« Wenn es je eine

* Grußwort beim Kongress »Musik bewegt« am 8. September 2003 im Schloss Bellevue.

Zeit gegeben hat, die diesen Satz Tag für Tag und Stunde für Stunde beweist, dann ist es unsere Gegenwart. Noch nie in der Geschichte war Musik wohl so allgegenwärtig wie heute. Ob auf der Berghütte oder am Strand, ob in der U-Bahn oder am Flughafen, ob im Kaufhaus oder im Wartesaal, zu Hause oder im Auto: Musik ist überall – manchmal wie eine Plage. Manche Radiosender senden selbst ihre verstümmelten Kurznachrichten nur mit einem rhythmischen Musikteppich unterlegt.

Durch moderne Tonträger kann heute jede Art von Musik jederzeit und an jedem Ort gehört werden. Für die meisten jungen Menschen spielt Musik eine überragende Rolle: Bestimmte Gruppen definieren sich durch eine je besondere Art von Musik, Verliebte drücken ihre Gefühle für den anderen aus, indem sie ihm CDs mit Musikstücken zusammenstellen, Konzerte von Pop-Größen sind monatelang vorher ausverkauft, manche Lieder, wie etwa im letzten Jahr Herbert Grönemeyers »Mensch«, treffen den Nerv einer ganzen Generation. Seit Jahren schon gibt es Fernsehsender, die vornehmlich Musikvideos ausstrahlen; Sendungen mit so genannter Volksmusik machen noch immer Quote, und neuerdings werden dauernd so genannte »Superstars« gekürt, die selbst Grundschulkinder schon vor den Fernseher oder ins Konzert locken. Selbst bei Handys scheint es für viele nicht der geringste Reiz zu sein, dass sie sich eine möglichst originelle Melodie als Klingelton herunterladen. An Musik herrscht also nun wahrlich kein Mangel in unserem Leben. Musik bewegt tatsächlich – und sie bewegt wirklich alle.

Und doch gibt es mit Recht Klagen und Sorgen. Ausgerechnet in einer Zeit, in der Musik so allgegenwärtig ist – von ihrer Art und von ihrer Qualität habe ich ja bisher überhaupt nicht gesprochen –, ausgerechnet da musizieren junge Menschen immer weniger. Und ausgerechnet in einer Zeit, in der man angesichts der Fülle des Angebotenen ein Gefühl und Kriterien für Qualität bräuchte, droht die musikalische Bildung zu verkümmern. Die Klagen sind nicht neu, die Sorgen werden nicht zum ersten Mal vorgetragen. Die Gründe für ein aktives Musizieren und für eine gute musische und musikalische Bildung sind längst alle genannt, sie sind alle unbestritten, sie brauchen eigentlich nicht noch einmal wiederholt zu werden.

Inzwischen wissen wir alle, dass Musikalität der Intelligenz zumindest förderlich ist; inzwischen wissen wir alle, dass musisch kreative

Menschen auch in anderen Bereichen des Lebens zu größeren Leistungen fähig sind; inzwischen wissen wir, dass die Bildungsmisere keineswegs bloß mit einer stärkeren Gewichtung von Wissensfächern behoben werden kann; inzwischen wissen wir, wie sehr das Gemeinschaftserlebnis im Chor oder im Orchester die soziale Kompetenz fördert; inzwischen wissen wir, wie sehr ein guter musischer Unterricht, ob Kunst, Musik oder Theaterspielen, das allgemeine Lernklima an einer Schule positiv verändert; und inzwischen wissen wir alle, welche Bedeutung das Erlernen eines Instruments für die Selbstdisziplin hat. Oder, wie es Otto Schily pointiert und richtig gesagt hat: »Musikschulen sind ein Beitrag zur inneren Sicherheit«.

Wenn wir Kindern und jungen Menschen die Chance nehmen, selbst zu musizieren und sich musikalisch zu bilden, dann berauben wir sie sehenden Auges um eine wesentliche Möglichkeit ihres Lebens. Mit Recht spricht man bereits von »musikalischer Versteppung« in Familien und Kindergärten, mit Recht wird angeprangert, dass der schulische und außerschulische Musikunterricht dramatisch verringert wird. Wir müssen begreifen, dass musikalische Bildung keine private Nebensache ist. Es sollte vielmehr Teil unseres gesellschaftlichen Selbstverständnisses sein, dass musikalische Bildung zu den ganz großen Gütern gehört, auf die unsere Kinder genauso Anspruch haben wie auf das Schreiben-, Lesen- und Rechnenlernen. Eine Schule, die nicht Verstand und Sinne gleichermaßen anspricht, kann jungen Menschen keine Orientierung geben. Darum ist es wichtig und richtig, nicht mehr darauf zu warten, dass dieser Entwicklung gegengesteuert wird. Forderungen zu stellen ist gut, aber Beispiele zu geben und Zeichen zu setzen ist besser.

Und darum gibt es heute diesen Kongress, auf dem es darum geht, sich möglichst konkret Gedanken über die Möglichkeiten musikalischer Bildung zu machen – und deswegen wird es morgen im Schloss Bellevue ein großes Fest geben unter dem Motto »Musik für Kinder!« Ich freue mich darüber, dass der Deutsche Musikrat meine Anregung aufgegriffen hat und dass er diesen Kongress veranstaltet. Es ist gut, dass Sie zum Beispiel danach fragen und darüber diskutieren werden, wie man Musik vermitteln kann, wer musikalische Bildung verantwortet. Sie nehmen also eine kritische Bestandsaufnahme der Musikkultur vor und diskutieren neue Wege der Musikvermittlung.

Morgen, im Schloss Bellevue, soll es dann praktisch werden. Wir werden Hunderte von Kindern und Jugendlichen aus ganz Deutschland dabei erleben können, wie sie selbst Musik machen und andere zum Mitmachen bewegen. Auch Profis und prominente Musiker machen mit. Wenn ich Ihnen sage, dass Sir Simon Rattle und die »Prinzen« dabei sind, dann sehen sie, dass wir keinen eingeschränkten Begriff von Musik haben. Ganz viele haben zum Zustandekommen dieses Projekttages beigetragen: Stiftungen, Institutionen, Unternehmen.

Viele Multiplikatoren sind eingeladen. Sie können sehen und hören, wie Musik Menschen bewegen und wie man Menschen zu Musik bewegen kann, wenn man originelle, kindergerechte, qualitätsbewusste Wege geht. Musikerziehung kann ja gewiss nicht damit beginnen, dass man Kinder den Quintenzirkel auswendig lernen lässt. Musikerziehung beginnt – wie jede gute Pädagogik – damit, dass man die Freude an der Sache weckt. Ich glaube, dass wir das morgen erleben können, und ich kann mir vorstellen, dass sich hinter Projekten wie »Dein Körper ist die Trommel« oder »Schlagzeug macht Schule«, hinter »Stomp in the classroom« oder auch »Verstehen durch Erfinden« Überraschendes und Anregendes verbirgt. Ich hoffe, dass möglichst viele Menschen von dem Fest möglichst viel Ermutigung und möglichst viele Ideen mitnehmen. Ich hoffe aber auch, dass ein solches Fest Nachahmer findet in den Ländern und den Regionen, in den Gemeinden und den Stadtteilen. Dazu möchte ich jedenfalls ermutigen. Ermutigen möchte ich auch heute schon und von hier aus die vielen Menschen, die sich in den Schulen und Musikschulen oder wo auch immer dafür einsetzen, dass junge Menschen Freude an der Musik bekommen und behalten. Lassen Sie in Ihrem Engagement nicht nach. Sie erweisen unseren jungen Menschen und der ganzen Gesellschaft einen großen Dienst, und darum zum Schluss noch einmal: Wir brauchen Kreativität, wir brauchen Freude am Spiel, auch jenseits des Nützlichen. Wenn wir an Kürzungen denken, dann dürfen uns nicht immer zuerst Bildung und Kultur einfallen. Lassen wir also in unserem Einsatz für musikalische Bildung nicht nach. Die Zukunftsfähigkeit unseres Landes und seine Lebensqualität haben auch mit dem Sinn für das Schöne zu tun, für das nicht Verzweckte, für das Musische. Und deshalb sind der heutige und der morgige Tag für uns, die wir hier sind, aber auch für alle anderen, unendlich wichtig.

»Kinder haben ein Recht auf Kunst und Spiel«*

I.

Kinder komponieren Musikstücke mit Namen wie »Brrr!« oder »Buchstabensuppe in der Schreibmaschine.« Jugendliche drehen Video- und Kurzfilme, sie erstellen ein virtuelles Programmheft für eine Oper. Kinder mit Behinderungen illustrieren Geschichten wie »Die Katze und das Lied vom Mond.« Es gibt Konzerte speziell für Kinder, es gibt ein Mathe-Mitmach-Museum, in das auch Schüler gehen, die sonst vor jeder Mathearbeit Halsschmerzen bekommen. Ist das ein Wunschtraum? Gewiss auch, aber es ist ein Wunschtraum, der Wirklichkeit werden kann. Genau das erfahren nun junge Menschen in sechs Projekten, denen ich gerade den »Zukunftspreis Jugendkultur« verliehen habe. Und es gibt noch mehr solcher Projekte in dem Kompendium »Kinder zum Olymp!«, das die Kulturstiftung der Länder in den vergangenen beiden Jahren erarbeitet hat. Sie alle zeigen: Wenn wir Kinder auf den Weg zum »Olymp«, wenn wir sie auf den Weg zu Kunst und Kultur führen, dann öffnen wir ihnen den Zugang zu einer Welt, in der sie zu ganzen Menschen werden können: In Tanz und Rhythmus, in Ton und Klang, in Malerei und Farbe, in Sprache und Dichtung kommen Gefühl und Geist, Seele und Körper zur Einheit.

In Kunst und Kultur finden Menschen ihre Identität als Einzelne und als Gesellschaft – nicht ein- für allemal, aber immer wieder und immer wieder neu. In der Kinderrechtskonvention der Vereinten Nationen steht deshalb: »Kinder haben ein Recht auf Kunst und Spiel.« Von dieser Überzeugung hat sich offensichtlich die Kulturstiftung der Länder leiten lassen, als sie diese Initiative startete, und der heutige Kongress soll die Ziele einer breiten Öffentlichkeit vorstellen. Ich begrüße das, denn die Stiftung hat recht: Der frühe Zugang zu Kunst und Kultur ist unverzichtbar dafür, dass Kinder und Jugendliche selbständige Persönlichkeiten werden. Er ist auch wichtig, damit unser kulturelles

* Grußwort bei der Eröffnung des Kongresses der Kulturstiftung der Länder »Kinder zum Olymp!« am 29. Januar 2004 im Gewandhaus zu Leipzig.

Erbe Zukunft hat. Wenn wir dieses Erbe bewahren wollen, dann müssen wir bei denen Verständnis und Begeisterung zu wecken versuchen, die auch über die Zukunft dieses Erbes entscheiden werden: nämlich bei den Kindern und Jugendlichen von heute.

II.

Schulen und Hochschulen haben die Aufgabe, das Wissen und die Fähigkeiten zu vermitteln, die in Zukunft die Lebenschancen des Einzelnen mehren und die gesellschaftlichen und wirtschaftlichen Fortschritt ermöglichen sollen. Das ist eines der großen Themen, die gegenwärtig diskutiert werden, und ich halte jede dieser Diskussionen für richtig und angemessen. Wir brauchen eine grundlegende Reform der Inhalte und der Strukturen unseres Bildungswesens, weil sich unsere Gesellschaft in vielen Bereichen grundlegend geändert hat und sich immer weiter verändert. Ich nenne als Stichpunkte nur die neue Medienrevolution und die fortschreitende Globalisierung, die vielfach rein ökonomisch wahrgenommen wird. Dabei prägt sie auch Kunst und Kultur. Ich erinnere aber auch an die Anforderungen, die sich daraus ergeben, dass wir ein Einwanderungsland geworden sind.

Über eines sind sich darum derzeit alle in Deutschland einig: Wir können die Herausforderungen, vor denen wir jetzt stehen, nur dann erfolgreich bewältigen, wenn wir mehr in unser Bildungssystem investieren, mehr Geld und mehr Ideen. Ich sage immer wieder: Wir geben für Bildung weniger aus, als wir uns leisten können. Über die Ziele von Bildung und darüber, wie wir diese Ziele erreichen, wird mir aber noch viel zu wenig diskutiert. Wenn ich manche Debatten über Bildungsfragen verfolge, dann habe ich den Eindruck, dass der berühmte Satz, den ich noch im Lateinbuch stehen hatte: »Nicht für die Schule, sondern für das Leben lernen wir!«, inzwischen anders formuliert wird: »Nicht für die Schule und nicht für das Leben, sondern für den Arbeitsmarkt lernen wir.« Wissen wird häufig nur noch als Instrument dargestellt, als ein Mittel, das man braucht, um erfolgreich zu sein. Bildung erscheint dann als bloße Technik, solches Wissen zu vermitteln, so effizient wie möglich und am besten mit Hilfe von Computern.

Von kultureller Bildung oder gar von ästhetischer Erziehung ist in der gegenwärtigen Bildungsdiskussion kaum die Rede. Beides gilt vielen als verzichtbar, als Ballast aus vergangenen Zeiten, in denen man sich – zumindest für die Kinder aus den so genannten besseren Kreisen – den Luxus praxisferner Bildung noch leisten konnte. Was aber bedeutet die immer wieder geforderte Praxisnähe denn heute? Sie kann doch nicht allein bedeuten, junge Menschen durch die Vermittlung von Spezialwissen und durch das Lehren ganz bestimmter Methoden des Wissenserwerbs auf einen Arbeitsmarkt vorzubereiten, von dem wir in vielem gar nicht wissen, wie er eines Tages aussehen wird. Praxisnähe ist ja nicht allein die Fähigkeit, sich Wissen anzueignen, sondern auch die Fähigkeit, dieses Wissen sinnvoll einzusetzen.

Junge Menschen brauchen Orientierungssinn und Urteilsfähigkeit, um entscheiden zu können, welches Wissen sie brauchen und wie sie es einsetzen können. Sie brauchen aber auch Urteilsvermögen und Orientierungssinn, um die gesellschaftlichen Folgen neuer ökonomischer und technischer Entwicklungen abschätzen zu können. Und sie brauchen vermehrt die Fähigkeit, in der Schule, beim Studium, am Arbeitsplatz und in der Freizeit mit Menschen ganz unterschiedlicher Herkunft zusammenzuarbeiten und zusammenzuleben. Für all dies brauchen Kinder und Jugendliche mehr als Fachwissen. Sie brauchen Eigenverantwortung, Urteilsvermögen, Kreativität. Sie müssen bereit und imstande sein, Verantwortung zu übernehmen. Sie müssen Unterschiede aushalten und Konflikte lösen können, auch durch Kompromisse, die keine faulen Kompromisse sind. Gerade darum müssen wir nach meiner festen Überzeugung Bildung viel stärker ganzheitlich verstehen, als dies vielfach heute geschieht.

III.

Aus dieser Einsicht heraus ist in letzter Zeit der Ruf nach einer fundierten musischen Erziehung wieder lauter geworden, wenn auch noch lange nicht laut genug. Das hat gewiss damit zu tun, dass sich inzwischen herumgesprochen hat, dass die Probleme in unseren Schulen keineswegs bloß mit besserem Unterricht in den Wissensfächern behoben werden können. Es hat sich auch herumgesprochen, dass musische Bildung Intelligenz, Selbstdisziplin und soziale Kompetenz fördert. Und weil das so ist, darum kann man auch die Zukunftsfähigkeit unserer Schulen nicht allein und auch nicht in erster Linie daran messen, mit wie vielen Computern sie ausgestattet sind, so hilfreich diese Computer sein können. Wenn wir unsere Schulen zukunftsfähig machen wollen, dann brauchen sie mehr: Sie müssen zu Orten werden, an denen unsere Kinder all ihre Möglichkeiten entfalten können: ihre intellektuellen, ihre kreativen, ihre musischen und ihre sozialen.

Wir erleben seit einigen Jahren das genaue Gegenteil: Fast überall in den Schulen wird gerade bei den musischen Fächern gekürzt und gespart zugunsten der vermeintlich wichtigeren mathematisch-naturwissenschaftlichen Fächer und zugunsten der Schulung am PC. Darum heißt es ja auch: »Schulen ans Netz!« Das ist ja nicht falsch. Aber mir ist das zu wenig. Die Erkenntnis muss sich weiter verbreiten, dass musische Bildung die Intelligenz fördert, dass es einen Zusammenhang gibt zwischen musischer Bildung und der Fähigkeit zu abstraktem Denken; und dass die Frage des Netzes wichtig ist, viel wichtiger aber, was denn im Netz ist. Musische Bildung ist eben kein schmückendes Beiwerk, auf das wir verzichten können. Wir müssen uns in der Gesellschaft neu darüber verständigen, dass Kunst und Kultur kein Luxus sind, sondern ein Grundnahrungsmittel für alle in einer zivilisierten Gesellschaft. Dazu kommt, dass Kunst und Kultur inzwischen wichtige Standortfaktoren in unseren Städten und Regionen sind. Theater und Museen, um nur zwei Beispiele zu nennen, schaffen auch Arbeitsplätze, ziehen Touristen an, machen Städte und Regionen für neue Einwohner und auch für Unternehmen attraktiv.

IV.

So nützlich Kunst und kulturelle Bildung ohne jeden Zweifel auch sein können, so wenig dürfen wir sie auf ihre Nützlichkeit reduzieren. Wir brauchen sie jenseits von Nützlichkeit und Verwertbarkeit, weil sie eine der Formen sind, in denen wir Menschen uns die Welt aneignen und damit auch unsere Möglichkeiten, die Welt zu gestalten. Ich weise immer wieder darauf hin: Kultur und kulturelle Bildung sind keine Luxusgüter, die wir uns leisten können, wenn es uns finanziell gut geht, und auf die wir verzichten müssen, wenn die Verhältnisse finanziell enger werden. Kultur und kulturelle Bildung sind ein Grundrecht, auf das alle Anspruch haben.

Was es bedeutete, wenn wir den Menschen nur noch als *homo oeconomicus* betrachteten, das hat ein Nobelpreisträger der Wirtschaftswissenschaften, Amartya Sen, folgendermaßen auf den Punkt gebracht: »Wenn der Mensch nur noch als *homo oeconomicus* daherkommt und nur noch Nutzen und Präferenzen im Kopf hat, dann wird er zum rationalen Trottel.« Das sagt ein Nobelpreisträger der Wirtschaftswissenschaften. Also bleibe ich dabei: Wenn ich mir etwas wünschen könnte, dann wäre es die Verankerung von Kultur als Pflichtaufgabe auf allen staatlichen Ebenen. Ich weiß, dass das der Kultur noch keinen Euro mehr bringt. Aber nur wenn die Kultur und die für sie Verantwortlichen auf der gleichen Stufe mit anderen wichtigen Aufgaben stehen, rücken sie dahin, wo sie hingehören, nämlich in die erste Reihe. Musische Bildung ist nicht allein Privatsache und schon gar nicht Nebensache. Zu unserem gesellschaftlichen Selbstverständnis sollte gehören, dass Kultur eines der Güter ist, auf die Kinder genauso Anspruch haben wie darauf, Schreiben, Lesen und Rechnen zu lernen. Nur eine Schule, die Verstand und Sinne gleichermaßen anspricht, kann jungen Menschen Orientierung vermitteln.

V.

Weil mir Kunst und Kultur besonders wichtig sind, darum habe ich in den vergangenen Jahren immer wieder nach Möglichkeiten gesucht, auf ihre Bedeutung für unsere Gesellschaft hinzuweisen. Am Beginn meiner Amtszeit habe ich im Bundespräsidialamt ein eigenes Referat eingerichtet für Kirchen und Kultur. Das gab es damals nicht. Vor drei Jahren habe ich ein »Bündnis für Theater« angeregt, im vergangenen Jahr das Projekt »Musik für Kinder«.

Theater und Oper sind ja in den letzten Jahren besonders in die Kritik geraten. Viele halten sie für eine hochsubventionierte Unterhaltungsform für eine kleine bildungsbürgerliche Schicht. Manche haben sogar den Eindruck, dass Theater überhaupt nicht mehr fürs Publikum gespielt werde, sondern nur noch für das Feuilleton. Das gibt es auch.

Theater und Oper sind Orte, an denen zunächst einmal und in erster Linie Kunst gemacht wird. Sie können und sie sollen aber auch Orte der gesellschaftlichen Selbstverständigung sein. So können sie gesellschaftliche Bindekräfte entwickeln, die wir heute dringender brauchen denn je. Darum finde ich es wichtig, in der Öffentlichkeit wieder mehr Verständnis für das Potenzial von Theater und Oper zu wecken. Ich habe mich sehr darüber gefreut, dass ich im Kompendium der Kulturstiftung zusätzliche Verbündete für meine Bemühungen entdeckt habe: in all den Projekten, die Kinder an Theater und Musiktheater heranführen.

Mir macht das große Sorgen, was manche die »musikalische Versteppung« Deutschlands nennen: Immer weniger Menschen spielen ein Instrument, immer weniger Menschen singen. Immer mehr Menschen lassen sich musikalisch bedienen vom Schlafzimmer bis in den Lift. Wie wichtig gerade Musikalität für die menschliche Entwicklung ist, das wissen wir aus vielen Untersuchungen. Um darauf aufmerksam zu machen, habe ich zum Projekttag »Musik für Kinder« eingeladen, mit fast tausend Kindern im Schloss Bellevue. Ich freue mich darüber, dass dieser Anstoß so viel Wirkung gezeigt hat und dass so viele sich ermutigt fühlen, mehr dafür zu tun, dass Musik in unserer Gesellschaft nicht überwiegend in kommerziellen Fernsehsendern stattfindet, die einen Clip nach dem anderen senden.

Wenn unsere Gesellschaft zukunftsfähig sein will, dann müssen möglichst viele Menschen die Chance haben, selbstbestimmt und eigenverantwortlich zu leben. Darum müssen alle Kinder Zugang zur Bildung, Zugang zu Kunst und Kultur haben. Wir dürfen kein Mädchen und keinen Jungen von vornherein ausschließen – etwa aufgrund mangelnder sprachlicher Kompetenz – oder dadurch, dass wir zu früh selektieren. Wir dürfen auch kein Kind ausschließen, weil die Eltern die Ballettschule oder privaten Musikunterricht nicht bezahlen können. Ich war heute morgen in Berlin in einer Jugendmusikschule im Bezirk Pankow. Die haben viertausend Kinder, die sie gegenwärtig unterrichten. Sie haben eine Warteliste mit eintausendneunhundert Kindern allein im Bezirk Pankow-Weißensee. Eine gute Schule, das zeigen uns die PISA-Resultate im internationalen Vergleich, lässt Verschiedenheit möglichst lange bestehen und grenzt die Schwächeren nicht aus. Wir brauchen Schulen, die Raum bieten für die Förderung aller Schüler. Dafür ist die Einrichtung von Ganztagsschulen gewiss eine gute und hilfreiche Voraussetzung. Aber ich warne davor, Ganztagsschulen nur zur Verdoppelung der Vormittagsschule zu machen. Das wäre eine schlimme Fehlentwicklung.

VII.

Damit Ganztagsschulen ihren neuen Aufgaben gerecht werden können, brauchen sie die tatkräftige Unterstützung der Gesellschaft. Und wie die aussehen kann, das zeigen die vielen Projekte in den Bereichen Musik, Theater, Tanz, Literatur, Medien, Kunst und Kulturgeschichte, die es in unserem Land schon gibt und die uns das Kompendium der Kulturstiftung zur Anregung und zur Nachahmung mitgibt. Ich bin davon beeindruckt, wie viele Einzelne sich in solchen Projekten engagieren, und mich beeindruckt, wie viele Orchester, wie viele Theater, wie viele Literaturhäuser Kinder und Jugendliche an Kunst und Kultur heranführen gemeinsam mit Kindergärten und Grundschulen, mit Realschulen, Gymnasien und Gesamtschulen.

Mich macht nachdenklich, wie viele solcher Projekte es in den neuen Ländern gibt, obwohl dort häufig das Geld spärlicher fließt als in den so genannten alten Ländern. Das zeigt, es muss kein Vermögen kosten, Kinder an Kunst und Kultur heranzuführen. Und darum halte ich es für eine besonders gute Entscheidung, bei der Auswahl der Projekte nicht auf das Singuläre, nicht auf das Spektakuläre zu setzen, sondern auf das Machbare und das Nachmachbare. Da stimme ich Wolfgang Edelstein zu: Wir brauchen in der kulturellen Bildung von Kindern keine »Leuchttürme«. Zum Olymp müssen Kinder auf vielen Wegen kommen können, und sie brauchen dabei so viel Unterstützung wie möglich.

Kapitel 4: Glaube in der Wissensgesellschaft – Quelle zukunftsorientierter Politik

Karl Barth zu Ehren*

Herzlich willkommen zu einer kleinen und ein wenig ungewöhnlichen Feier. Ich weiß nicht, wie viele unter Ihnen, während wir die Musik gehört haben, an den Brief gedacht haben: Herrn Wolfgang Amadeus Mozart, zur Zeit im Himmel. An den Brief, den Karl Barth zuerst in einer Schweizer Tageszeitung veröffentlicht hat, der dann in einer kleinen Broschüre erschienen ist, und den wir vor drei oder vier Jahrzehnten herumgereicht haben. Ich weiß nicht, ob Sie sich überlegt haben: Was bringt wohl den Ministerpräsidenten von Nordrhein-Westfalen dazu, eine Karl-Barth-Feier zu veranstalten?

Ich will ein wenig davon erzählen, denn wenn man sich auf eine solche Feier vorbereitet, dann fallen einem natürlich nicht nur die persönlichen Begegnungen ein, die man als vierzehn-, fünfzehn-, sechzehnjähriger Schüler gehabt hat: Karl Barth im Klingelholl, sondern es fallen einem auch die ganzen Anekdoten ein, die ja fast schon kanonisch sind: »Herr Professor, werden wir droben unsere Lieben wiedersehen?« »Ja, aber die anderen auch.«

Geht man in die Gegenwart, dann fällt einem nicht nur der Brief an Mozart ein, sondern dann findet man es auch bemerkenswert, dass in diesen Wochen und Monaten ein katholischer Theologe, der in unserem Lande, in Paderborn, lehrt, einen Brief an Karl Barth geschrieben hat und ihn ein wenig »in seiner Seligkeit gestört« und ein paar Fragen gestellt

* Rede zum 100. Geburtstag von Karl Barth in der Düsseldorfer Staatskanzlei am 20. April 1986, in: *Johannes Rau. Lebensbilder.* Texte von Johannes Raus, hg. v. Rüdiger Reitz und Manfred Zabel, Gütersloher Verlagshaus Gerd Mohn, Gütersloh 1992, S. 146–150.

und ein paar Hinweise gegeben hat. Ich bin so auf eine sehr persönliche Weise auf den von Vielen unterstützten Gedanken gekommen, anlässlich des Jahres, in dem wir an Karl Barths Geburtstag vor hundert Jahren denken, Menschen einzuladen, ob sie nicht ein wenig mit nachdenken wollen – und ein bisschen posthume Ehrung ist schon auch dabei.

So bin ich sehr froh darüber, dass Sie gekommen sind, im Grunde handverlesen Eingeladene, möglicherweise nicht genau nach den Regeln des Protokolls, aber so, dass es gut und richtig ist, dass wir hier alle zusammen sind. Nun werden Sie verstehen, dass ich nicht alle begrüßen kann – mit ein paar Ausnahmen. Wir sollten die Familien Barth herzlich grüßen, wir sollten dankbar dafür sein, dass die »Kinder« gekommen sind: Markus Barth, Christoph Barth und andere, die dazugehören, deren Namen ich nicht kenne. Wir essen eigens zusammen, damit wir uns alle kennenlernen.

Ich sollte begrüßen, dass es möglich ist, dass bei einer solchen Feierstunde, die hier im »Vorhof« stattfindet, in dem sonst nicht gefeiert wird, dass hier der Präses der Rheinischen Kirche und der katholische Bischof von Aachen nebeneinander sitzen. Ich begrüße Herrn Präses D. Brandt und Herrn Bischof Dr. Hemmerle und natürlich den Landessuperintendenten von Lippe, Herrn Dr. Haarbeck, herzlich. Ich grüße die Beauftragten der beiden Kirchen bei Landtag und Landesregierung, sodann die Vertreter der Fakultäten und der Kirchlichen Hochschulen, die Kirchenleitungen sowie all jene, die aus publizistischem und journalistischem Interesse hierhergekommen sind, und die Lehrenden und Lernenden. Und ich danke denen, die uns mit der Musik Mozarts erfreut und ein wenig eingestimmt haben auf diesen Abend, denn die Serenade, die wir gehört haben, erklang in Basel, als Karl Barth über Mozarts Freiheit sprach, am 29. Januar 1956, zwei Tage nach Mozarts zweihundertstem Geburtstag.

»Das christliche Wort heute muss dahin lauten, dass wir uns nicht fürchten sollen.« Das hat Karl Barth 1950 gesagt, und ich möchte Sie mit diesem Wort herzlich begrüßen, zu einer Stunde der Erinnerung, die ich nicht misszuverstehen bitte, die so gemeint ist, wie ich das soeben dargestellt habe. Mit geht es nicht darum, dass Karl Barth politisch vereinnahmt wird, sondern ich wollte mit einigen Menschen, denen Karl Barth auch heute noch viel bedeutet, zusammenkommen, und zwar in der Erinnerung an das Jahrzehnt seines Lebens, in dem er an zwei bedeutenden Universitäten dieses Bundeslandes – das es damals nicht gab – gelehrt hat. Sie wissen: 1925 wurde Karl Barth nach Münster berufen; er begann die Arbeit an der »Kirchlichen Dogmatik«. Ab 1930 war er Professor für systematische Theologie in Bonn, bis zu der – wie man das damals nannte – Versetzung in den Ruhestand durch den bekannten Erlass des nationalsozialistischen Reichswissenschaftsministers am 21. Juni 1935.

Wir haben hier in Düsseldorf, zwischen Bonn und Münster, Anlass, dieses Mannes zu gedenken, der damals recht hatte, als er vom »Gebot des Dableibens« (in Deutschland nämlich) sprach und als er die Botschaft des Elberfelder Presbyteriums 1927 als die Aufforderung beschrieb: »dass meine Trompete gerade in Deutschland nicht verstumme«. Nun wissen wir: Trompeten in dieser Tonart sind unter Christen, und unter Deutschen, von den Deutschen Christen gar nicht zu reden, nicht immer beliebt. Es wird niemanden erstaunen, dass ich in diese Feststellung die Politik und die Wissenschaft und ihre akademische Institutionen – ohne Vorwurf übrigens – einbeziehe. Die leisen Theologen sind uns allemal lieber als die mit der Trompete.

Daran kann es keinen Zweifel geben: Karl Barths theologisches Denken, das sich weder mit einer Theologie des »entweder-oder« noch mit einer des »sowohl-als-auch« abfinden konnte, war damals anstößig und ist es gelegentlich auch heute. Auf seine unverwechselbare Weise war er ein Radikaler. Er war es spätestens seit seiner Schrift »Theologische Existenz heute« im Juni 1933 für die Nationalsozialisten. Er hat diese Flugschrift Hitler persönlich zukommen lassen. Der so genannte Führer konnte auf der letzten Seite dieses Manifestes lesen, dass »die Kirche die naturgemäße Grenze jedes – auch des totalen Staates« sei. Karl Barth war ein Radikaler für viele Christenmenschen, deren Versuche er übelnahm, wie Eberhard Jüngel es ausdrückte, »das allein in Jesus Christus gelegte Fundament der Kirche durch andere Bausteine zu ersetzen, zu ergänzen oder noch einmal zu untermauern«.

Die befreiende Sprache der Bekenntnissynode von Barmen vom Mai 1934, vor allem in der ersten These: »Jesus Christus, wie er uns in der Heiligen Schrift bezeugt wird, ist das eine Wort Gottes, das wir zu hören, dem wir im Leben und im Sterben zu vertrauen und zu gehorchen haben«, diese Sprache empfinden Viele als die Sprache des Radikalen. Wir wollen auch nicht unterschlagen, dass Karl Barth nach dem Zweiten Weltkrieg im Wortsinne oft anstößig geworden ist – für seine Kirche, für die Deutschen, auch für die Partei, der er so lange die Treue gehalten hatte als einer, der sich mit dieser Zugehörigkeit nicht zur Idee und zur Weltanschauung des Sozialismus bekennen wollte, sondern sich auf seine praktische politische Entscheidung berief. 1933 schrieb er an Paul Tillich: »Vor die verschiedenen Möglichkeiten gestellt, die der Mensch in dieser Hinsicht hat, halte ich es *rebus hic et nunc sic stantibus* für richtig, die Partei 1. der Arbeiterklasse, 2. der Demokratie, 3. des Nichtmilitarismus und 4. einer bewussten, aber verständigen Bejahung des deutschen Volkes und Staates zu ergreifen.« 1968 sprach er rückblickend von dem »Gebot der Anständigkeit«, auch vom Akt des Protestes »gegen das Heraufkommen der Hitlerei«. Aber wir lesen in einem Brief an ein Mitglied dieser Partei auch, »dass ich heute nicht nur kein Glied Ihrer Partei mehr bin, sondern auch mit Unmut und Wehmut zur Kenntnis nehme, dass dieselbe Partei von damals heute in der Schweiz wie in Deutschland so lendenlahm geworden ist«.

Dann folgt eine Aussage, die es manchen unter uns damals in den sechziger Jahren und heute schwer gemacht hat, sich im politischen Bekennen an seine Seite zu stellen, als er nämlich berichtet, dass »ich immer wieder mein Wörtchen dafür eingelegt habe und immer noch lege, dass die im Westen so eifrig und eifernd aufgebauten Mauern und Barrieren zum Osten hier abgerissen werden«. Das stimmt: Mit der Angst und dem Hass des Antikommunismus hat sich Karl Barth nie abfinden können. Und für einen großen Liberalen wie Theodor Heuss war er damit so anstößig, dass Theodor Heuss als Bundespräsident seinerzeit die geplante Verleihung des Friedenspreises des Deutschen Buchhandels an Karl Barth verhindert hat. Bekommen hat ihn dann Karl Jaspers, auch ein ehrenwerter Mann, aber es wäre gut gewesen, es wäre dann wieder ausgeglichen worden.

Wahrscheinlich hat Heuss damals wohl auch überhört, mit welchen Worten sich Karl Barth 1948 an die Gemeinde von Wattwil/St. Gallen gewandt hat: »Ich bin gegen alle Angst vor Kommunismus. Ein Volk, das ein gutes Gewissen hat, dessen demokratisches und soziales Leben in Ordnung ist, braucht keine Angst vor ihm zu haben. Und so erst recht nicht eine Kirche, die des Evangeliums von Jesus Christus gewiss ist.« Wir finden uns heute hier zusammen mit diesen Worten im Ohr, damit will ich zu dem ersten Satz zurückkehren, zu dem Zitat: »Dass wir uns alle nicht fürchten sollen.« Karl Barth hat einmal gesagt, dies Wort könne nicht geschrieen werden. Es scheine ihm am besten, dass man es zu leben versucht und schweigt, »wo ohnehin so viel geredet wird«. Ich denke, dass er diese Einsicht vom furchtlosen Christsein in der Tat gelebt und vorgelebt hat. Er war der ernsthafte, der ernst zu nehmende Christenmensch ohne Furcht, als er Hitler seine Flugschrift schickte, als er, auch an seine Kirche gewandt, hinausschrie: »Antisemitismus ist Sünde gegen den Heiligen Geist, ist Verwerfung der Gnade Gottes« (so am 5. Dezember 1938). Er war ohne Furcht, als er 1945 von der deutschen Verantwortlichkeit für die Katastrophe sprach und davon, »dass die klare Bestätigung des Wissens um ihre Ursache von deutscher Seite noch nicht da ist«. Er war wiederum furchtlos, als er sich bei Kriegsende an die Sieger wandte und sich für uns geschlagene Deutsche einsetzte. Er war es auch später, als er den »heutigen Schläfern«, wie er sie nannte, zurief: »Wer den Kommunismus nicht will, der trete ein für einen ernsthaften Sozialismus.« Das war vor fünfunddreißig Jahren in Westdeutschland, auch unter Christen, nicht gerade opportun.

Schließlich wird sich mancher unter uns jener aufrüttelnden, unbequemen Fragen erinnern, die er einem ratlosen Mitchristen auf den Weg gab, als dieser sein Wort einholen wollte zur Dortmunder Großkundgebung der Bewegung »Kein anderes Evangelium«. Da ging es um Atomwaffen, um Vietnam, um Frieden mit den osteuropäischen Nachbarn, um Anerkennung der Grenzen von 1945 und es ging auch um, so Barth, »euer richtiges Bekenntnis zu dem nach dem Zeugnis der Heiligen Schrift für uns gekreuzigten und auferstandenen Jesus Christus«, also um ein fruchtbares Bekenntnis. Diese Briefpassage schließt mit dem so kraftvollen und rücksichtslos entschiedenen Satz, der sich auf die politische Kernfrage und auf das richtige Bekenntnis der Christen zugleich bezieht. »Wenn es das nicht in sich schließt und ausspricht« – so schreibt der fast Achtzigjährige –, »dann ist es in seiner ganzen Richtigkeit kein rechtes, sondern ein totes, billiges, Mücken-seihendes und Kamele-verschluckendes und also pharisäisches Bekenntnis.«

Es täte uns allen gut, beim Gedenken an diesen Lehrer der Kirche und diesen Hochschullehrer diese Unterscheidung zwischen dem ganz richtigen und dem rechten, dem kostbaren, dem fruchtbaren Bekenntnis im Kopf zu behalten und vor seinem hundertsten Geburtstag auf diesen Mann in unserem Jahrhundert mit Dankbarkeit zu blicken, der den »ewigreichen Gott« in einer zwar subjektiv, aber niemals objektiv gottlosen Welt bezeugen wollte.

»Christen, Staat und Gesellschaft in der DDR«*

Wissenschaftliche Ausarbeitungen, hat Theodor Mommsen einmal gesagt, würden mit viel Entsagung geschrieben. Sie müssten auch mit viel Entsagung gelesen werden. Das gilt nicht für die Protokolle unseres Arbeitskreises. Hier ist das Gegenteil der Fall: Sie sind nicht nur eine ungemein spannende Lektüre, sie verdeutlichen mir auch sehr anschaulich, welche gute Arbeit dieser Kreis bisher geleistet hat. Man kann ihnen entnehmen, wie sorgfältig und behutsam alle Beteiligten mit den schwierigen Problemen umgehen, die ihnen im Arbeitskreis gestellt sind.

Worum ging es uns, was bewegte uns, als wir uns am 17. Dezember 1992 zum ersten Mal zusammenfanden, um den Arbeitskreis »Christen, Staat und Gesellschaft in der DDR« beim Wissenschaftszentrum Nordrhein-Westfalen zu gründen? Wir wollten einerseits helfen, ein Stück deutsch-deutscher Geschichte aufzuarbeiten – unaufgeregt und gründlich, abgewogen und jenseits aller Pauschalurteile. Wir waren andererseits beunruhigt über einige drohende Zeichen an der Wand, die uns eine tiefgreifende Krise wichtiger gesellschaftlicher Institutionen nicht nur im Osten, sondern auch im Westen Deutschlands signalisierten. Als wir anfingen, hatte die Debatte um das Verhalten der Kirchen in der DDR einen ersten Höhepunkt erreicht. Manche Fehlurteile erregten großes Aufsehen. Ich hatte damals bisweilen den Eindruck, als seien nicht SED, FDGB oder FDJ, sondern die Kirchen in der DDR die einzigen staatstragenden und damit staatserhaltenden Massenorganisationen gewesen.

Die bemerkenswerte Verzerrung der Debatte schien außerdem ein Symptom für die generelle Verunsicherung zu sein, die unsere Gesell-

* Rede zur Eröffnung der sechsten Sitzung des Arbeitskreises »Christen, Staat und Gesellschaft in der DDR« am 24. Juni 1994 in Leipzig, in: *Nachdenken über den Fortschritt. 10 Jahre Wissenschaftszentrum Nordrhein-Westfalen. Reden von Johannes Rau*, hg. von Gert Kaiser, Wissenschaftszentrum Nordrhein-Westfalen 1998, S. 35–39.

schaft und vor allem ihre wichtigen Institutionen ergriffen hat. Wir beobachten ja schon seit längerer Zeit, dass Parteien, Gewerkschaften und große Verbände eine immer stärkere Kritik auf sich ziehen und sehr fühlbar ihre Bindungskraft verlieren. Damit scheint der Gesellschaft auf vielen Ebenen der Mörtel abhanden zu kommen, der das Gemeinwesen zusammenhält. Seit geraumer Zeit trifft diese Entwicklung auch die Kirchen. Es lässt sich heute noch gar nicht absehen, welchen Preis die Gesellschaft zahlen muss, wenn der Glaube eine Minderheitsmeinung wird und sich kaum noch jemand um die seelischen Nöte und die Sinnkrisen der Menschen sorgt. Ich persönlich meine, dieser Preis wird hoch, und ich befürchte, er wird zu hoch sein. Zunächst wollten wir aber mit der Gründung des Arbeitskreises »Christen, Staat und Gesellschaft in der DDR« zu einer Versachlichung der Debatte um die Rolle der Kirchen im SED-Staat beitragen. Wir wollten Vertrauen durch Aufklärung schaffen und damit auch Weichen für die Gegenwart und die Zukunft stellen, damit leichter zusammenwächst, was zusammengehört.

Wir haben dasselbe Ziel wie die Enquêtekommission des Deutschen Bundestages zur Aufarbeitung von Geschichte und Folgen der SED-Diktatur in Deutschland. Trotzdem sind beide Einrichtungen nicht vergleichbar. Die Initiative des Bundestages ist viel aufwendiger angelegt. Sie hat sich ein viel breiteres Themenfeld vorgenommen. Die Kommission versteht sich als Forum, auf dem die ganze Geschichte der DDR zur Sprache kommen soll, und sie zielt auf die Öffentlichkeit. Aber auch unser Arbeitskreis wollte nicht ganz im Geheimen wirken; das zeigt nicht zuletzt der heutige Tag. Er suchte zunächst nicht die Publizität. Abseits der Blitzlichter und Schlagzeilen wollten wir Menschen ins Gespräch bringen, die in ganz unterschiedlicher Weise etwas zu den Themen beitragen können, die uns hier interessieren, die also Fachleute sind; neben kirchlichen Zeitzeugen und Wissenschaftlern waren das auch Publizisten und Politiker. Bei diesen Gesprächen sollte von sehr verschiedenen Positionen aus, mit unterschiedlichen Perspektiven, methodischen Voraussetzungen und inhaltlichen Vorgaben diskutiert und argumentiert werden. Es ist heute gewiss noch zu früh, eine Bilanz zu ziehen. Aber ich denke, die Ergebnisse und Erkenntnisse, die bis jetzt in schriftlicher und mündlicher Form vorliegen, können sich sehen lassen.

Die Mitglieder dieses Kreises haben sich bislang fünfmal getroffen. Unter anderem wurde über die Selbstdeutung der Kirchen in der DDR, die politische Geschichte der Beziehungen zwischen SED und evangelischen Kirchen und nicht zuletzt über die Rolle der oppositionellen Bewegungen in der DDR diskutiert. Immer ging es in diesen Diskussionen auch darum, welche Freiheitsspielräume die Kirchen in der DDR hatten, welche sie sich eröffneten, wo sie konsequent waren und wo es vielleicht an Festigkeit gefehlt hat.

Vieles ist erst in Umrissen erkennbar, aber eines hat sich herausgestellt: Kirchenpolitik und Kirchenalltag in der DDR müssen immer auch in einem engen Bezug zur Geschichte der Kirchen in der Bundesrepublik gesehen werden. Über Mauer und Stacheldraht hinweg stand man in fester oder loser Beziehung zueinander, und das, was der eine tat oder unterließ, blieb nicht ohne Auswirkungen auf den anderen. Ich erinnere hier nur an das biblische Bild von den Schwertern, die zu Pflugscharen umgeschmiedet werden. Dieses Bild hat in der kirchlichen Friedensdiskussion der DDR neue Aktualität gewonnen, ist dann von der westdeutschen Friedensbewegung übernommen worden und hat in der Bundesrepublik eine erhebliche Symbolkraft entwickeln können. Für die Geschichte der Kirchen in den beiden deutschen Staaten stimmt das Bild von den kommunizierenden Röhren. Unsere Erinnerung muss daher immer auch selbstkritisch sein. Sie ist nicht allein eine Aufgabe, die den ehemaligen Gliedkirchen des Bundes der evangelischen Kirchen in der DDR zufällt: Selbstkritische Erinnerungsarbeit ist auch von den Bruderkirchen in der Bundesrepublik zu leisten.

Wir tagen heute in Leipzig und damit an einem besonderen Ort. Der Name der Stadt ist mit der erfolgreichen Revolution des Jahres 1989 untrennbar verbunden. Leipzig steht für den gewaltlosen Aufstand der Menschen in der DDR. Die Kirchen haben damit viel zu tun, auch wenn sie nicht immer der aktivste Teil der Bewegung waren, die zur geglückten Revolution führte. Aber die Kirchen boten Freiräume für den politischen Freiheitswillen. Die Friedensgebete in der Nikolaikirche und die Montagsdemonstrationen, die sich daran anschlossen, sind nicht das einzige, aber gewiss das bekannteste Beispiel dafür.

Ich bin deshalb gerne nach Leipzig gekommen, um mit Ihnen über die Themen zu sprechen, die wir uns heute vorgenommen haben. Ich bin sicher, wir werden zuweilen auch sehr politisch argumentieren, und es kann nicht ausbleiben, dass wir an einigen Punkten unterschiedlicher Meinung sein werden. Ich bin aber überzeugt davon, dass wir fair miteinander umgehen werden und vor allem gerecht mit denen, die unter den Bedingungen einer Diktatur versucht haben, aus christlicher Überzeugung verantwortlich zu handeln. Aber was heißt das, Gerechtigkeit walten zu lassen angesichts einer Vergangenheit, die uns allen noch lebhaft vor Augen steht und die Viele von uns noch immer bedrängt und bedrückt? Auch darauf müssen wir eine Antwort finden. Wir können die gemeinsame Zukunft nur durch eine Versöhnung gewinnen, die von den Opfern nicht als »Schwamm-Drüber-Strategie« missverstanden werden kann. Wir müssen erfahren, wie es wirklich gewesen ist. Das sind wir denen schuldig, die unschuldig gelitten haben, aber auch uns selbst, damit staatliche Willkür und totalitäres Denken bei uns für alle Zukunft ausgeschlossen bleiben.

Zugleich sollten wir uns aber vor Rechthaberei hüten. Wir dürfen nicht weiter die Schlachten von gestern schlagen. Dort, wo es ohne Schaden möglich ist, müssen wir barmherzig sein. Das ist nicht falsche Beruhigung, Opportunismus oder gar Prinzipienlosigkeit. Ich nenne das Weitsicht, Großmut, Hochherzigkeit, und gerade die Angehörigen dieses Arbeitskreises wissen, was ich damit meine.

»Glaube in der Wissensgesellschaft«*

I.

In einer vor kurzem erschienen, hochgelobten wissenschaftlichen Studie *Models of Capitalism* zeigt der Autor, dass es für wirtschaftliches Wachstum bis heute keine umfassende Erklärung, also auch keine Rezepte gibt. Die *Frankfurter Allgemeine Zeitung* kommentierte: »Der Wohlstand der Nationen mag durch den Geist des Neoliberalismus befördert werden oder durch die soziale Marktwirtschaft oder durch den Weihnachtsmann: Nach Lage der Dinge sind alle drei gleichermaßen kompetent.« Ich stelle dieses Zitat meinen Gedanken über Glaube in der Wissensgesellschaft voran, weil man daran zweierlei in aller Kürze erkennen kann: In der Wissensgesellschaft gibt es offenbar, selbst bei zentralen Themen, Erklärungs-, also Wissenslücken, und wo das gilt, da greift man auf Glauben zurück, wenn ich den Weihnachtsmann einmal als entfernten säkularisierten Verwandten des Glaubens begreifen darf.

Glauben und Wissen: Ich möchte zunächst nur einigen Assoziationen nachgehen, die sich mit den beiden Begriffen verbinden und mich mit unserer alltäglichen Vorstellung von ihnen auseinandersetzen. Seit alters her werden »Glauben« und »Wissen« als Gegensatz gesehen. Dabei erscheint das »Glauben« dem »Wissen« gegenüber minderwertig: »Wissen ist mehr als Glauben«, heißt es, und also ist es auch besser – so glauben wir wenigstens. Aber wissen wir es auch? »Was man weiß, braucht man nicht zu glauben.« Das ist ein anderer Satz, der noch einmal den Vorrang des Wissens vor dem Glauben ausdrückt. Hier erscheint »Wissen« wie eine Entlastung von der Anstrengung, etwas, das man eben nicht weiß oder wissen kann, glauben zu müssen. Wissen, so scheint es, ist eine Erleichterung: Es nimmt mir die Bürde der Ungewissheit. Glauben dagegen scheint eine Anstrengung zu sein, denn beim Glauben muss ich ein Stück Ungewissheit immer ertragen. So oder doch so ähnlich verstehen wir im ganz alltäglichen Sprachgebrauch die Worte

* Rede auf dem »Paderborner Podium« am 20. Oktober 2000 in Paderborn.

»Wissen« und »Glauben«, und die Wertung ist eindeutig: Wer weiß, ist besser dran als der, der »nur« glaubt – so glauben wir zu wissen. Glaube scheint also durch Wissen ersetzbar zu sein. Wo das Wissen wächst, scheint sich der Glaube zurückziehen zu müssen.

Wie Sie gemerkt haben, habe ich den Begriff »Glauben« bis jetzt im schlichten Sinne des »Für-Wahr-Haltens« einer Sache gebraucht. Bevor ich zur religiösen Bedeutungen des Wortes Glauben komme, lassen Sie mich zunächst bei dieser ganz schlichten Bedeutung des Für-Wahr-Haltens bleiben. Denn auch dieses Glauben gewinnt in der Wissensgesellschaft vielleicht eine neue Bedeutung.

II.

»Wissensgesellschaft« gehört zu jenen modischen Etiketten, die von Zeit zu Zeit erfunden werden, um den Zustand der Gesellschaft auf einen einprägsamen Begriff zu bringen. Manchmal sind diese Begriffe intuitiv jedermann plausibel, manchmal braucht man lange Erklärungen, um zu verstehen, was gemeint ist. Manchmal halten diese Begriffe über mehrere Jahre, manchmal tanzen sie nur einen Sommer. Ich erinnere an die Risikogesellschaft, an die Spaßgesellschaft, an die Informationsgesellschaft, an die Bürgergesellschaft und an die Dienstleistungsgesellschaft. All das waren oder sind wir oder sollen wir angeblich sein. An diesen Begriffen ist immer etwas dran. Immer beleuchten sie eine wesentliche Dimension der Gesellschaft. Manchmal könnte man aber genauso gut den Gegenbegriff wählen und hätte auch mit ihm eine wesentliche Dimension der Gesellschaft getroffen. Ich will das am Beispiel der Wissensgesellschaft darzustellen versuchen. Das mag Ihnen zunächst wie ein kleiner Umweg zum eigentlichen Thema erscheinen. Mir scheint das aber einen guten Zugang zu der Frage »Glauben in der Wissensgesellschaft« zu schaffen.

Ich möchte zu zeigen versuchen, wie mit der Wissensgesellschaft quasi zwangsläufig eine Unwissensgesellschaft entsteht. Wir sind deshalb gerade in der Wissensgesellschaft auf sonderbare Weise mehr auf Glauben angewiesen, als wir denken – oder glauben. Das hat gesellschaftliche und politische Konsequenzen. Das hat aber auch Konsequenzen für den Glauben im strengeren, also im religiösen Sinne.

III.

Dass mit dem Begriff »Wissensgesellschaft« eine zentrale Dimension der heutigen Gesellschaft getroffen ist, lässt sich im Ernst nicht bestreiten. Wissen ist und wird immer mehr zur zentralen Ressource für Fortschritt, ökonomischen Reichtum und damit Wohlstand. Insofern löst die »Wissensgesellschaft« die »Industriegesellschaft« ab. Der Begriff Wissen bezeichnet aber auch das Ziel, nach dem wir streben: Wir erleben eine explosive Vermehrung des Wissens auf allen Gebieten und in allen Bereichen, ein Wissen, das den Eindruck erweckt, wir seien dabei, die so genannten letzten Geheimnisse der Natur, der Schöpfung zu entschlüsseln, ja diese selbst zu verändern.

Die Explosion des Wissens lässt sich am Beispiel des Internets gut beobachten. Ich gebe Ihnen ein kleines Beispiel. Wenn Sie in eine der großen Suchmaschinen im Internet den Begriff »Wissensgesellschaft« eingeben, meldet Ihr PC oder Laptop Ihnen 9.240 Treffer. Wenn Sie den Begriff »Glaube« eingeben, erhalten Sie über 355.000 Treffer. Wenn Sie beide Begriffe verknüpfen, also »Glaube + Wissensgesellschaft« eingeben, erhalten Sie immerhin noch 541 Treffer.

Künftig wird unter den beiden Begriffen auch die schriftliche Fassung der Rede, die Sie gerade hören, zu finden sein. Der Text wird genau in diesem Moment auf der Homepage des Bundespräsidenten freigeschaltet. Und die Rede wird live im Internet übertragen. Was ich Ihnen jetzt und hier vortrage, ist also gleichzeitig von jedem Menschen auf der Welt, der das Internet nutzen kann, abrufbar, ob er oder sie in Wladiwostok wohnt oder in Chicago, ob in Kapstadt oder in Sao Paulo. Die Angebotsfülle an Information, diese rasend schnell wachsende Möglichkeit, an Wissen zu gelangen, lässt uns von Wissensgesellschaft sprechen. Man hat den Eindruck: Das Wissen wächst jede Minute.

IV.

Besser wäre es zu sagen: Das abrufbare Wissen der Welt wächst jede Minute. Denn allein dadurch, dass es Wissen irgendwie und irgendwo gibt, werden noch keine Probleme gelöst. Manche entstehen dadurch erst. Zwar gibt es einen unvorstellbar großen globalen Wissensvorrat, zwar schwirrt das Wissen der Welt in kleinen digitalen Datenpaketen auf den Bahnen des weltweiten Netzes rund um den Globus, aber die entscheidenden Fragen bleiben: Kommen wir tatsächlich an das Wissen, das wir jeweils brauchen? Und andersherum: Können wir das Wissen, das wir angeboten bekommen, wenn wir mit einer bestimmten Frage ins Netz gehen, überhaupt gebrauchen?

Nehmen wir an, jemand möchte sich im Internet über Paderborn informieren, weil er eine Reise unternehmen will und dort ein Hotel sucht. Ganz sicher wird ihm unter anderem diese Rede hier angeboten, die unter »Paderborner Podium« im Netz gespeichert sein wird, und in der im vorigen Satz das Wort Hotel vorkommt. Nun kann es immer wieder passieren, dass man überraschend auf etwas Interessantes stößt, bei dem man dann hängen bleibt – aber in der Regel ist es doch höchst ärgerlich, wenn man auf der Suche nach etwas ganz Bestimmtem Vieles angeboten bekommt, das man – zumindest im Moment – überhaupt nicht brauchen kann. Deswegen gibt es inzwischen Begriffe wie »Datenmüll« oder »Informationsmüll«. Es wird uns eine solche Fülle von Wissen angeboten, dass wir das meiste davon überhaupt nicht gebrauchen können. Wie helfen sich die Menschen in dieser Situation? Wie schlagen sie Schneisen in den Wissensdschungel, der so wuchert, dass die Wege durch ihn nahezu ungangbar geworden sind?

V.

Zunächst einmal gilt Gegen Wissen hilft nur Bildung. Bildung bedeutet in Zukunft mehr denn je, Wichtiges von Unwichtigem unterscheiden zu können. Je besser man das kann, um so leichter findet man Orientierung im Ozean des Wissens. Bildung wird in Zukunft mehr denn je heißen: Mit den Zumutungen an Wissensmöglichkeiten vernünftig umgehen zu können. Je größer der Vorrat, je größer die Auswahl an Wissen, umso wichtiger ist Bildung, eine Bildung der Vernunft und des Charakters, die Orientierung möglich macht. Bildung von Vernunft und Charakter schafft auch Maßstäbe für das, was ich überhaupt wissen will – und worauf ich gerne verzichte. Es scheint, als ob die erste der berühmten drei Fragen Kants: »Was kann ich wissen«? heute eher lauten müsste: »Was soll ich, was will ich überhaupt wissen?« Dazu aber brauchen wir Orientierung und Wertsetzung, die vom Wissen allein nicht kommen kann.

VI.

Jedes Wissen, jede Information ist ja eine Aufforderung, sich so oder so dazu zu verhalten. Auf die Kantische Frage: »Was kann ich wissen?« folgt ja die zweite: »Was soll ich tun?«. Jedes Stück Wissen, das uns angeboten wird und das wir aufnehmen, ist zumindest eine Aufforderung, einen Sinn darin zu sehen – es sei denn, es handelt sich bloß um zusammenhangloses Faktenwissen, das man bei einem Quiz gebrauchen kann.

Wir fühlen uns herausgefordert, in allem, was wir erfahren, einen sinnvollen Zusammenhang zu entdecken oder herzustellen. Täglich aber wird uns ein Wissen angeboten, mit dem wir in vielen Fällen wenig anfangen können, zu dem wir uns in den meisten Fällen kaum verhalten können. Eine Form der Reaktion darauf ist es, das Wissen insgesamt zu ignorieren oder als vollkommen gleichgültig hinzunehmen. Viele sind von dem Wissensansturm überfordert, vor allem von der Notwendigkeit, sinnvolle Zusammenhänge herzustellen. Viele suchen deshalb vielleicht geradezu nach Erlösung – ich benutze dieses Wort bewusst – von der ständigen Zumutung, immer neu Sinn zu finden. Ich glaube, dass genau hier eine wichtige Ursache liegt für die allgemein zu beobachtende Banalisierung, für die fast lustvolle Freude an der Sinnlosigkeit oder der Banalität.

Damit kein Missverständnis entsteht: Wer mich kennt, weiß, dass ich niemandem die Freude und auch nicht den Spaß ausreden will, auch nicht den Spaß am Unsinn. Was wir aber gegenwärtig erleben, erscheint mir wie ein Ausweichen vor der Zumutung, im Leben sinnvolle Zusammenhänge zu entdecken. Bestimmte Angebote der Unterhaltungsindustrie signalisieren von vornherein absolute Sinnlosigkeit und werden gerade deshalb begeistert begrüßt. Auch in sogenannten intellektuellen Kreisen gibt es eine Lust an dieser Art von entschiedenem Sinnverzicht. Gegen das Überangebot an Wissen – und damit die Überforderung an Sinnproduktion – retten Viele sich in Ignoranz oder in Banalität. Der Medien- und Literaturtheoretiker Jochen Hörisch spricht in diesem

Zusammenhang von der »medialen Erlösung der Spaßgesellschaft«. Er sieht es als Gipfel der Emanzipationsgeschichte an, dass wir nun auch die »Emanzipation von der Kategorie Sinn« erreicht haben. »Ein Bier zu trinken und eine belanglose Talkshow zu gucken«, so Hörisch, sei »vielleicht der weitestgehende Punkt von Erlösung, den der Mensch erreichen kann.«

Wenn die Wissensüberproduktion in der Wissensgesellschaft auf diese Weise die Frage nach dem Sinn verabschiedet und dies gar als »Erlösung« erfahren wird, dann ist das für unser Thema »Glaube in der Wissensgesellschaft« natürlich von größter Bedeutung. Glaube ist nicht denkbar ohne Sinn, Glaube ist nicht denkbar ohne Ernsthaftigkeit, ohne entschiedenes Engagement. Glaube und Vernunft sind das Gegenteil von »anything goes«. Lassen Sie mich eine weitere Form dessen beschreiben, wie Viele mit dem überreichen Wissensangebot der Wissensgesellschaft umgehen.

VII.

Ich sehe sie verknüpft mit einer neuen Bedeutung von Autorität, von Vertrauen – und auch von Glauben in der Gesellschaft. Wer die Sehnsucht nach dem Banalen und Sinnfreien nicht teilt, wer noch sinnvoll unterscheiden möchte zwischen Wissenswertem und nicht Wissenswertem – worauf kann sich der verlassen? Wir sind alle auf Vermittler des Wissens angewiesen, die für uns filtern und auswerten, was wir eventuell wissen sollten. Unsere Aufgabe ist es zu entscheiden, wem wir glauben, dass er der richtige oder wichtigste Wissensvermittler für uns ist. Hier spielen nach wie vor das Fernsehen und die Zeitungen die Hauptrollen. Was in diesen Medien an erster Stelle gemeldet wird oder die Schlagzeilen bestimmt, das halten die meisten für am wichtigsten und damit für besonders wissenswert.

Die schiere Unmöglichkeit, selbst nachprüfen zu können, ob stimmt, was gesagt und gezeigt wird, verlangt von uns Medienkonsumenten vor allem die Haltung des Glaubens. Wir müssen für wahr halten, was uns als Wahrheit angeboten wird. Das heißt nicht, dass wir überwiegend Falschinformationen ausgeliefert wären. Was in den Medien berichtet wird, trifft in den meisten Fällen zu. Die deutschen Medien gehören im internationalen Vergleich zu den besten und verlässlichsten der Welt. Dennoch sind wir der Auswahl und den Gewichtungen, die dort vorgenommen werden, ausgeliefert. Ein Beispiel aus jüngster Zeit: Erst sieht es wochenlang so aus, als seien die steigenden Benzinpreise das einzig interessante Thema auf der Welt. Sogar regelrechte »Wut-Kampagnen« werden ausgelöst. Dann fallen die Preise und steigen wieder, und das merkt der geneigte Kunde erst beim Tanken – in dicken Schlagzeilen kommt das nicht mehr vor.

Wir müssen begreifen, dass hier ein strukturelles Problem vorliegt. Die Medien müssen auswählen und gewichten. Sie müssen das, was unser Wissen werden soll, auswählen, vorstrukturieren, formulieren. Bei allem Bewusstsein dafür, dass jede durch Medien vermittelte Realität letztlich konstruiert ist, müssen wir aber darauf vertrauen können, dass sorgfältig, gewissenhaft und kritisch berichtet wird. Wir müssen glauben können, dass uns Wesentliches nicht vorenthalten wird. Wirklich nachprüfen und wissen können wir es nicht. So gewinnen bestimmte Medien, bestimmte Sendungen oder bestimmte Medienpersönlichkeiten Autorität, weil wir sie für besonders kompetent und glaubwürdig halten. Die allermeisten Menschen haben am 9. November 1989 die Maueröffnung erst wirklich geglaubt, als der unvergessene Hanns-Joachim Friedrichs sie in den »Tagesthemen« mit der ganzen Autorität, die er in West und Ost genoss, bekanntgab.

Die Wissensgesellschaft fördert nicht unbedingt das Ziel der Aufklärung: Wissen allein macht uns nicht per se fähig, »uns unseres eigenen Verstandes zu bedienen«. Wir sind auf Autorität, auf Glaubwürdigkeit, auf Glauben und auf Vertrauen angewiesen. Wenn wir nicht ganz zu säkularen Gläubigen in der universalen Medienkirche werden wollen, müssen wir noch einen anderen Orientierungsmaßstab haben. Ein aufgeklärter, eigenständiger Umgang mit den Informations- und Wissensangeboten, mit den Sinnerklärungen oder den Sinnvernichtungen braucht Orientierungswissen. Der Begriff ist nicht ganz glücklich, weil er die Vermutung nähren könnte, auch Orientierung entstehe ausschließlich durch Wissen. Zur Orientierung gehört aber mehr – und anderes. Zur Orientierung gehören Bindungen an Menschen und Ideen, dazu gehören Erfahrungen und Reflexion, Überzeugung und Nachdenken, Werthaltungen und Wertentscheidungen.

VIII.

Wie wichtig solches Orientierungswissen für kritisches Bewusstsein und aufgeklärtes Selberdenken ist, zeigt uns ganz besonders der Umgang mit der Wissenschaft – und der Umgang der Wissenschaft mit uns. Das explosionsartige Wachstum wissenschaftlicher Erkenntnisse über die Welt ist wohl der wichtigste Grund dafür, dass wir heutzutage von einer Wissensgesellschaft sprechen. Die wissenschaftliche Erkenntnis wiederum setzt technologische Eingriffe unerhörten Ausmaßes in Gang. Eine deutscher Online-Dienst wirbt für sich gerade mit dem Slogan: »Wissen ist machen«. Das ist nicht nur ein schönes Wortspiel mit dem alten Wort von Bacon: »Wissen ist Macht«, sondern auch eine präzise Zusammenfassung des heutigen Verständnisses von »Wissen« oder »Wissenschaft«.

Was uns heute so selbstverständlich vorkommt, nämlich dass Wissen in erster Linie Grundlage für die technologische Veränderung der Welt ist, war es von Aristoteles bis Descartes nicht. Wissenschaft sollte in erster Linie der Erkenntnis des Seins und der Wahrheit dienen. Heute dient wissenschaftliche Forschung vor allem dem immer neuen praktischen Einsatz des Wissens. Naturerkenntnis bedeutet nicht nur Beherrschung, sondern Eingriff in die Natur. Weite Teile der so genannten »scientific community« bilden wie nie zuvor in der Geschichte eine Verheißungsgemeinschaft, die uns eine immer bessere Welt und eine optimierte Natur verspricht.

Und es gibt in der Tat atemberaubende Fortschritte. Die zur Zeit beeindruckendsten Ergebnisse erzielt die Forschung in der Mikrobiologie und der Biotechnologie. Symbolisch dafür steht das Humangenomprojekt mit der Entschlüsselung des menschlichen Erbgutes. Gerade hier zeigt sich aber eine weitere Ambivalenz der »Wissensgesellschaft«. Wo das Internet noch den Eindruck erweckt, das gesamte Wissen der Welt stehe jedermann jederzeit zur Verfügung, da zeigen etwa die Diskussionen um Patente, dass das wirklich entscheidende Wissen, eben das Wissen, mit dem sich das meiste Geld machen lässt, nicht jedermann zur Verfügung steht. Es wird patentiert und privatisiert, damit es kapitalisiert werden kann. In sehr entscheidenden Punkten leben wir also in einer Wissensgesellschaft mit beschränktem Zugang.

Erst recht ambivalent wird die Wissensgesellschaft dort, wo es schwer oder unmöglich wird, positive und gefährliche Folgen zu trennen. Wir wissen nicht, welche Folgen diese und jene Erkenntnis oder Entwicklung hat. Wo auf der einen Seite das Wissen immer größer und detailgenauer, immer mächtiger und grenzenloser wird, wächst relativ dazu unser Unwissen. Gerade in den biotechnologischen Wissenschaften werden Dinge behandelt, die uns alle angehen, die wir aber kaum verstehen oder von denen wir meist gar nichts wissen. Von Zeit zu Zeit gibt es dann Meldungen über wissenschaftliche Durchbrüche zu Gunsten von mehr Gesundheit, eines längeren Lebens, der endgültigen Heilung von Krankheiten, die wir einfach glauben müssen. Ich bezweifle nicht, dass tatsächlich immer wieder solche bedeutenden wissenschaftlichen und technologischen Fortschritte erzielt werden. In vielen Fällen stellen sie einen Segen dar. Mir macht es aber Sorge, dass außer den unmittelbar damit beschäftigten Experten kaum noch jemand in der Lage ist, zu beurteilen, was dort wirklich geschieht und welche Konsequenzen das für uns alle haben kann.

Wenn die Wissensgesellschaft in dieser Weise zu einer Unwissensgesellschaft führt, dann hat das Konsequenzen für unsere Vorstellung von Gesellschaft. Das Grundgesetz will eine demokratische Gesellschaft, eine Gesellschaft, deren Bürgerinnen und Bürger an dem entscheidenden Wissen teilhaben können und auch tatsächlich teilhaben. Nur dann kann man urteilen, entscheiden und abstimmen. Bevor überhaupt die Frage diskutiert werden kann, nach welchen Kriterien wir forschen und weiter wissenschaftlich arbeiten wollen, müssten wir überhaupt in der Lage sein, zu wissen, was vorgeht. Darum brauchen wir mehr Transparenz, Platz für guten Wissenschaftsjournalismus, mehr interdisziplinäre Zusammenarbeit, Enquete-Kommissionen in den Parlamenten, wir brauchen Technikfolgenabschätzung und Vieles mehr. Wo immer das geht, muss Transparenz herrschen. Inzwischen gibt es aber Stimmen, die bezweifeln, dass so etwas wie »public understanding« überhaupt erreichbar sei. Der Präsident der Berlin-Brandenburgischen Akademie der Wissenschaften, Dieter Simon, hat kürzlich erklärt, das fehlende Verstehen liege daran, »dass nicht verstanden werden kann, was nicht zu verstehen ist«. Echtes »Verstehen« im Sinne kritischen Nachvollzugs eines Vorgedachten sei im Zeitalter extrem spezialisierter Wissenschaft nur in sehr eingeschränktem Sinne möglich.

Wenn das wirklich so ist, dann müssen wir uns dringend überlegen, was zu tun ist. Ich bin mir sicher: Eine so genannte Wissensgesellschaft, die aus einem kleinen, aber mächtigen Teil wirklich Wissender und einem großen Teil Unwissender, aber Betroffener besteht, kann nicht die Gesellschaft sein, die wir wollen. Eine solche Art »Wissensgesellschaft«, die den größten Teil der Gesellschaft von wirklicher Teilhabe ausschließt und sich damit letztlich demokratischer Kontrolle entzieht, entspräche nicht dem Menschenbild unseres Grundgesetzes. Darum müssen wir prüfen, wie wissenschaftliche Kontrolle und Selbstkontrolle auch unter veränderten Bedingungen funktionieren können. Wie immer das organisiert werden wird: Entscheidend wird es darauf ankommen, begründetes Vertrauen darin haben zu können, dass Wissenschaft und Forschung nicht nur leistungsfähig sind, sondern mit ihren Möglichkeiten verantwortlich umgehen.

IX.

Paradox genug, aber selbst und gerade in der Wissensgesellschaft ist Vertrauen also ein zentraler Wert. Seine Bedeutung scheint sogar noch zu wachsen. Deswegen ist eine Theorie des Vertrauens inzwischen zum Beispiel zu einem wichtigen Bestandteil der Wirtschaftswissenschaften geworden. Unser Vertrauen verdient aber nur, wer glaubwürdig ist. Glaubwürdigkeit und Vertrauenswürdigkeit sind entscheidende Faktoren für die Wissens- und Bewusstseinsbildung in der Gesellschaft von heute. Der verständliche alte Kampf der Aufklärung: Wissen gegen Glauben, selbsterworbene Gewissheit gegenüber Überlieferung, Meinung, und Tradition stößt an Grenzen, die hinausgeschoben, aber nicht aufgehoben werden können. Das Ziel, das Kant der Aufklärung vorgegeben hatte, nämlich »der Ausgang des Menschen aus seiner selbstverschuldeten Unmündigkeit«, scheint durch Wissen allein nicht zu erreichen zu sein.

Mitten in der Wissensgesellschaft wird uns eine Menge Glauben abgefordert, wird uns zugemutet, Vertrauen zu entwickeln gegenüber Instanzen und Institutionen, gegenüber Wissen und Wissenschaftlern, gegenüber für sicher erklärten Erkenntnissen, gegenüber Medien und

Politikern. Es gibt den Gegensatz zwischen Glauben und Wissen, aber je mehr wir wissen, umso klarer sehen wir, dass dieser Gegensatz nicht absolut ist. Wir werden Glauben nie vollständig durch Wissen ersetzen können. Wir werden von der Zumutung, vertrauen zu müssen, glauben zu müssen, nie durch sicheres Wissen völlig entlastet werden können. Die zwei entscheidenden Fragen lauten also: Wem können wir glauben? Und wem – und was – sollen wir glauben?

Wenn wir mit diesen Fragen beim engeren, beim religiösen Begriff des Glaubens angekommen sind, dann fragen wir nach dem möglichen Ort des Glaubens in der Wissensgesellschaft. Der Glaube macht dem Wissen keine Konkurrenz. Er hat mit der ersten Kantischen Frage: »Was kann ich wissen?« nicht so viel zu tun, sehr viel aber mit der zweiten Frage: »Was soll ich tun?« und besonders viel mit der dritten: »Was darf ich hoffen?«

Zur Antwort auf die Frage: Was soll ich tun? kann das Wissen nur wenig beitragen. Wir haben gesehen, dass mit der Fülle des Wissens der Bedarf an Orientierung steigt. Aus dem Wissen allein können wir die Maßstäbe dafür nicht gewinnen, wie wir mit dem Wissen umgehen sollen, wie wir es einsetzen, wofür wir es nutzen sollen. Ethos kann nicht allein aus Wissen gewonnen werden.

Der Glaube, und ich spreche jetzt vom christlichen Glauben, kann und will von seiner Struktur her nicht nur eine »Weltanschauung« sein oder eine folgenlose Erzählung über Gott und die Welt. Der Glaube zielt immer auch auf die Frage, wie der Mensch leben soll. Der Glaube bewertet die menschlichen Handlungen, er unterscheidet zwischen Gut und Böse. Er entlarvt menschliche Hybris und Anmaßung. Der Glaube ist von seinem Wesen her Unterscheidung, auf griechisch: Kritik. Die »Unterscheidung der Geister«, zu der die Christen vom Apostel Paulus aufgerufen werden, ist tägliche Aufgabe. Die wichtigste Unterscheidung, die der Glaube macht, ist die zwischen Mensch und Gott. Indem der Glaube von Gott spricht, weist er dem Menschen einen spezifischen Ort zu: eben auf der Erde und nicht im Himmel, als Geschöpf und nicht als Schöpfer. Der Glaube setzt den Menschen in ein Verhältnis, er lässt ihn nicht das Maß aller Dinge sein. Martin Luther formulierte im *Kleinen Katechismus* ganz knapp: »Wir sollen Menschen sein und nicht Gott. Das ist die Summe« – gemeint ist: die Summe der christlichen Lehre.

Diese unterscheidende Kraft, diese Kritik ist die Weise, in der sich der Glaube in der Wissensgesellschaft bemerkbar machen kann. Es gibt eine Menge zu unterscheiden: Mythos und Wahrheit, Illusion und Wirklichkeit, Segen und Fluch. Das Orientierungswissen des Glaubens stammt aus alter Zeit. Wesentliche Fragestellungen der Gegenwart waren zu Zeiten des Evangeliums unbekannt, deswegen können wir dort auch nicht einfach Antworten nachschlagen. Aber die Maßstäbe bleiben gültig. Davon bin ich überzeugt. Und sie können manchmal unbequem sein. Wir hatten uns angewöhnt, vom christlichen Abendland zu sprechen und vom christlichen Glauben als Grundlage unserer Kultur. Aus vielen Gründen ist das heute nicht mehr so leicht möglich. Bestimmte Entwicklungen der Moderne sind nicht einfach kompatibel mit Glaube und Religion. Glaube wird auf manchen Feldern eher entschiedene Kritik sein als metaphysische Überhöhung der Wirklichkeit.

Bestimmte Glaubensüberzeugungen wirken störend, wie ein Hindernis für Fortschritt und Wissen. Dafür habe ich gerade erst ein bemerkenswert deutliches Beispiel gefunden. In einem langen Artikel in der *Frankfurter Allgemeinen Zeitung* hat der amerikanische Molekularbiologe James Watson, der als Mitentdecker der Doppelhelixstruktur des Erbgutes mit dem Nobelpreis geehrt wurde, christliche Glaubensüberzeugungen dezidiert angegriffen. Watson versucht Gründe dafür zu formulieren, dass vorgeburtlich erkannte genetische Defekte das Recht geben, eine Geburt zu verhindern. Im ganzen Artikel ist übrigens kein einziges Wort über die Heilungschancen durch Gentechnik zu finden. Er beschäftigt sich nur mit der Frage, welches Wissen um welche Defekte zur Abtreibung berechtigt.

Für Watson begründet sich das Recht auf Leben durch »soziale Verträge«, die »Regeln sichern können, die Stabilität und Vorhersagbarkeit garantieren«. Zwar gehöre auch das Tötungsverbot zu diesen Regeln, aber im Falle der Verhinderung eines genetisch behinderten Kindes müsse, so der Nobelpreisträger, die »Erleichterung darüber im Vordergrund stehen, dass niemand gezwungen wurde, ein Kind zu lieben und zu unterstützen, dessen Leben niemals Anlass zur Hoffnung auf Erfolge gegeben hätte«.

Watson weiß, dass nicht nur gläubige Christen einer solchen Bewertung des Lebens widersprechen müssen: Über die sagt er: »Diese Menschen glauben, dass erbkranke Föten die gleichen existentiellen Rechte haben wie jene, denen ein gesundes und produktives Leben gegeben ist. Solche Argumente sind allerdings nicht überzeugend für jene von uns, die glauben, dass menschliches und anderes Leben nicht von Gott geschaffen wurde, sondern durch einen evolutionären Prozess entsteht, der den Darwinschen Prinzipien der natürlichen Auslese folgt«. Der Autor äußert die Erwartung, die für ihn Hoffnung ist, dass angesichts der medizinischen Möglichkeiten des Wissens und der dadurch möglichen Vermeidung von Leid die anderen Stimmen, auch die des Glaubens, »sich mit ihren immer hohler klingenden moralischen Verkündigungen isolieren, bis man sie schließlich ignorieren wird«.

Das sind deutliche Worte. Sie lassen die Rede von der »Wertfreiheit« der Wissenschaft ganz doppeldeutig erscheinen. Ich habe den Text so ausführlich zitiert, weil man daran einen exemplarischen Grundkonflikt erkennt, der im Zuge kommender technischer Möglichkeiten immer wieder aufbrechen wird. Glaube in der Wissensgesellschaft wird keine konfliktfreie Affäre sein. Glaube wird immer kritisch fragen müssen, was mit welchem Wissen geschehen soll. Und er wird angegriffen werden, wenn er unterscheidet zwischen dem, was wir tun können, und dem, was wir tun sollen, wenn er auf der Unterscheidung zwischen Gott und Mensch beharrt und wenn er Allwissens- und Allmachtsphantasien eine Absage erteilt.

Es wird nicht leicht sein, die Wirklichkeit und den Anspruch des Glaubens in die Wissensgesellschaft einzubringen. Das wird nur gelingen, wenn auch denen, die nicht auf der Basis des Glaubens argumentieren, deutlich gemacht werden kann, dass alle Grundentscheidungen Wertentscheidungen sind, dass aber Wert und Sinn sich nicht auf Wissen allein gründen. Das wird auch nur dann gelingen, wenn der Glaube sich argumentativ verständlich machen kann und wenn Christen und andere Gläubige das Gespräch mit Menschen suchen, die sich um Wertorientierung jenseits technischer Möglichkeiten und wirtschaftlicher Nützlichkeit bemühen, obwohl oder weil sie keinem religiösen Glauben anhängen.

Die ethischen Fragen, die Entscheidungen, vor die uns das Wissen stellt, werden wir nicht durch Wissen entscheiden können. Die Wissensgesellschaft kennt viele Antworten auf die Fragen »Was?« und »Woher?«

und »Wie?«. Auf die Frage »Warum?« und auf die Frage »Wozu?« kann sie allein keine Antwort geben. Glaube ist für unzählige Menschen natürlich viel mehr als Ethik. Er ist Trost und Hoffnung, Anleitung zu einer Kunst des Lebens, Hoffnung auf Erlösung. All das war heute nicht unser Thema. Aber es ist wahr, von den drei Fragen Kants ist die letzte wahrscheinlich für jeden von uns die wichtigste: Was darf ich hoffen? Hoffentlich mehr als eine Flasche Bier und eine Talkshow als säkulare Endform von Erlösung.

»Religion – Menschenrechte – Demokratie«*

Ich spreche heute nicht als Hannah-Arendt-Experte. Ich bin ja auch keiner, aber das, was ich von ihrem Leben und Denken weiß, das hat mich dazu ermutigt, zu den Hannah-Arendt Tagen hierher nach Hannover zu kommen. Es ist richtig, dass immer wieder an sie und an ihr Werk erinnert wird. Wenn ich es recht sehe, dann ehrt man einen Denker – oder in diesem Fall eine Denkerin – am besten dadurch, dass man selber nachdenkt – über politische und philosophische Probleme nicht von gestern, sondern von heute.

Einen Satz von Hannah Arendt, der mir besonders wichtig ist und der mich schon lange Zeit begleitet, den möchte ich ganz an den Anfang meiner Überlegungen stellen: »Politik ist angewandte Liebe zur Welt«. Das klingt zunächst wie etwas, das man in einer so genannten Sonntagsrede sagt – mit dem, was wir jeden Tag von Politik hören oder sehen, scheint das nicht viel zu tun zu haben. Wir erleben harte Macht- und Positionskämpfe, persönliche Eitelkeit, Demagogie, Unglaubwürdigkeit und Vieles mehr, was zu dem führt, was man mit »Politikverdrossenheit« bezeichnet.

Wenn nun gesagt wird: »Politik ist angewandte Liebe zur Welt«, dann ist das gewiss eher ein Ziel oder ein Ideal als eine Beschreibung der Wirklichkeit. Ich glaube aber, dass wir eine solche Zielbestimmung von Politik brauchen, dass wir uns gelegentlich deutlich darauf hinweisen lassen müssen, wozu auch das politische Leben letztendlich da ist. Dazu kann dieser Satz sehr hilfreich sein.

Das Schlüsselwort scheint mir in diesem Satz das Wort »angewandt« zu sein. Wenn man einfach sagen würde: »Politik ist Liebe zur Welt«, dann wäre man bei einem puren Idealismus angekommen, der jede Bodenhaftung verloren hat. Sozusagen bei einem reinen Gefühl, einer möglicherweise auch folgenlosen »Einstellung«. Hannah Arendt spricht aber von »angewandter« Liebe. Darin kommt zum Ausdruck, dass die Liebe zur Welt praktisch werden muss, dass sie Form und Gestalt annehmen muss.

* Rede anlässlich der 5. Hannah-Arendt-Tage 2002 »Religion – Menschenrechte – Demokratie« am 8. November 2002 in Hannover.

Mehr noch: »angewandt« – darin steckt auch etwas vom Handwerk, vielleicht von Kunstfertigkeit. Politik ist also etwas, das man nicht nur wollen oder fühlen muss, sonder das man auch können muss. Anwenden kann man nur etwas, das man gelernt hat. Dazu gehört mehr als die Kenntnis parlamentarischer Geschäftsordnungen oder der Abläufe in den Ministerialverwaltungen. Zum politischen Können gehört auch das Beherrschen eines gewissen Stils im öffentlichen Auftreten, das Finden der richtigen Worte zur rechten Zeit, das Gespür für die politische Großwetterlage genauso wie für die kleinen Verschiebungen im so genannten Meinungsklima. Zum politischen Können gehört nicht zuletzt die Kunst der Unterscheidung: der Unterscheidung zwischen dem Wünschbaren und dem Machbaren, zwischen dem Überflüssigen und dem Notwendigen, zwischen Stimmungen und Haltungen.

Liebe ist oft etwas Absolutes. Angewandte Liebe zur Welt muss aber die Bereitschaft zum Kompromiss, zur Geduld, zum Aushalten von Widersprüchen mitbringen. Wenn es zur Politik gehört, dass die Liebe zur Welt praktisch werden soll, und wenn dazu auch handwerkliches Können notwendig ist, dann darf das aber nicht dazu verführen, dass man vergisst, was denn hier praktisch werden soll – nämlich die Liebe zur Welt. »Angewandt« – das ist in dem Satz von Hannah Arendt lediglich das Attribut – ein wesentliches zwar, aber nicht die Hauptsache. Um nicht einem reinen Pragmatismus das Wort zu reden, kommt es also darauf an, immer wieder das Ziel in den Blick zu nehmen, dem alle politische Praxis zu dienen hat – der Liebe zur Welt.

Liebe zur Welt bedeutet gewiss zunächst, dass man die Menschen dieser Welt so annimmt, wie sie sind, mit ihren Wünschen und Hoffnungen, mit ihren Fehlern und Schwächen. Zur Liebe zur Welt gehört aber auch, dass man die Welt als ganze offensichtlich nicht einfach so lieben kann, wie sie ist. Man kann sie nicht einfach so lassen wie sie ist. Dazu gibt es zu viel Leid und Elend, zu viel Ungerechtigkeit und Not, Hunger und Krankheit, Krieg, Folter und Ausbeutung.

Die Liebe zur Welt ruft sozusagen ständig dazu auf, die Welt anders, besser, menschlicher zu gestalten als sie ist. Liebe zur Welt bedeutet gewiss oft, Freude zu haben an kleinen Fortschritten, an Verbesserungen; Freude auch darüber, dass Menschen immer neu selbst die Möglichkeit haben und nutzen, ihr eigenes Schicksal in die Hand zu nehmen und menschlicher und besser zu gestalten. Oft genug aber bedeutet Liebe zur Welt auch Kritik an der Welt wie sie ist, an den Zuständen, in denen Menschen leben müssen. Es gibt wohl keine wirkliche Liebe zur Welt ohne gelegentlichen Zorn über das, was geschieht, ohne den Zorn über das, was Menschen tun, was ihnen angetan wird und was sie erleiden müssen.

Woher aber nehmen wir unsere Maßstäbe, wenn wir uns freuen oder wenn wir zornig sind über das, was wir in der Welt sehen und erleben? Woher nimmt die Politik ihre Maßstäbe für das, was sie glaubt, erhalten oder verändern zu müssen? Woher weiß die Liebe zur Welt, wann und wie sie zur Anwendung kommen muss? Nun – gewiss gibt es eine Art von Instinkt, von sicherem Gefühl, das uns sagt: Das darf doch nicht sein! So geht es doch nicht! Das muss sich ändern! Dieses sichere Gefühl, das bei Einzelnen unterschiedlich stark ausgeprägt ist, darf man nicht unterschätzen. Es ist – vor aller Reflexion – die Grundvoraussetzung politischen Urteilens und Handelns. Nun ist uns dieses Gefühl nicht angeboren, sondern es ist das Ergebnis einer langen Geschichte, die unsere Mentalität, unser individuelles oder gesellschaftliches Empfinden geprägt hat.

Ob wir uns bewusst dazu bekennen, ob wir im Einzelnen etwas Genaues davon wissen oder nicht – wir alle hier in Europa sind geprägt von der langen Geschichte der ethischen Vorstellungen der christlich-jüdischen Tradition – verbunden mit älteren Auffassungen –, und wir sind geprägt von den Vorstellungen von Freiheit und Würde des Menschen, wie sie in der europäischen Aufklärung in den bis heute gültigen Grundsätzen entwickelt wurden. Auch hier gibt es ältere Vorläufer. Diese Ideen sind nicht vom Himmel gefallen, sie haben sich nicht organisch bis zu einem Höhepunkt entwickelt, sondern sie sind in vielen Kämpfen und Auseinandersetzungen entstanden, mit manchem Auf und Ab, durch die Jahrhunderte.

Wir sind, so kann man sehr verkürzt – aber mit Blick auf das Thema dieser Tagung mit Recht – sagen, Kinder der Religion und der Menschenrechte. Unser moralisches Empfinden, unsere politische und soziale Empfindlichkeit, unser Gerechtigkeitsgefühl, unsere ethisch-politische Sensibilität sind von beiden Traditionen zutiefst geprägt – von der jüdisch-christlichen Ethik und vom Menschenrechtspathos der

Aufklärung. Manche zählen als drittes noch die sozialen und sozialistischen Bewegungen des 19. Jahrhunderts hinzu. Das ist gesellschaftlich gesehen gewiss richtig, aber im Grunde speisen auch sie sich aus den beiden genannten Quellen.

Religion und Menschenrechte sind dabei in der Geschichte keineswegs immer friedliche oder gar zur Verbesserung der Welt vereinte Kräfte gewesen. Im Gegenteil: Es hat bis in das 20. Jahrhundert gedauert, bis zum Beispiel die Kirchen erkannt haben, dass die Anerkennung der Menschenrechte nicht notwendigerweise zu religionsfeindlichem Rationalismus oder Individualismus führt. Und die säkularen Kämpfer für die Menschenrechte haben erkannt, dass sie in engagierten Christen Mitstreiter für die gleiche Sache finden können. Zum letzten großen Sieg der Menschenrechte, zur friedlichen Revolution in den Staaten des ehemaligen Warschauer Paktes, hat beides beigetragen: die Berufung auf die fundamentalen Menschen-, Bürger- und Freiheitsrechte, wie sie im KSZE-Vertrag von Helsinki von allen europäischen Staaten anerkannt worden sind, und das Engagement gläubiger Katholiken in Polen oder engagierter evangelischer Christen in der DDR. Die Koalition von Menschenrechten und Christentum erscheint uns heute fast wie eine Selbstverständlichkeit – aber es hat lange gedauert, bis es dazu kommen konnte. Die Gründe dafür sind vielfältig und müssen historisch genauer und ohne Denkschablonen betrachtet werden. Es würde zu weit führen, darauf jetzt im Einzelnen einzugehen. Interessant scheint mir jedoch zu sein, warum man letztlich doch zusammengekommen ist – wo die tieferen Gründe dafür liegen.

Hier ist es ausnahmsweise einmal angebracht, bei Adam und Eva anzufangen: Die jüdische Bibel, das von uns Christen so genannte Alte Testament, nennt als ersten Menschen »Adam« – übersetzt »der Mensch«. Von ihm und Eva, so heißt es, stammen alle Menschen auf der Welt ab. Von diesem Adam – und also von all seinen Nachkommen ebenso – heißt es, er sei nach Gottes Bild und Gleichnis geschaffen. Wenn also alle Menschen Gottes Kinder sind – bevor sie einem Volk, einer Rasse oder einer Religion zugehören – dann sind sie zunächst einmal alle gleich. Von Adam ist nicht gesagt, er sei heller oder dunkler Hautfarbe gewesen, oder gar, er habe einer bestimmten Glaubensrichtung angehört.

Durch diesen Mythos von dem einen Stammvater aller Menschen hat die jüdisch-christliche Tradition also – zumindest theoretisch – immer gewusst, dass die Menschheit vor allen Unterschieden zusammengehört, dass alle Menschen im tiefsten Grunde gleich sind und in der einen Menschheit zusammengehören. Der Kirchenvater Augustinus drückte das im 4. Jahrhundert so aus: Gott habe die Menschheit aus einem einzigen Menschen hervorgehen lassen, »weil er den Menschen einprägen wollte, wie lieb ihm auch in der Vielheit die Einheit ist«. Diese Vorstellung von der grundsätzlichen Einheit aller Menschen ist ein wesentlicher Aspekt der Menschenrechte. Dieser Aspekt ist ihr Universalismus, ihre allgemeine Gültigkeit. Zum erstenmal wurden die Menschenrechte am 12. Juni 1776 in der »Virginia Bill of Rights« juristisch und politisch formuliert. Darin steht nicht, dass die Einwohner von Virginia oder die Besiedler des amerikanischen Kontinents frei und gleich seien, sondern: »Alle Menschen sind von Natur aus gleichermaßen frei und unabhängig und haben gewisse angeborene Rechte.« Drei Wochen später, am 4. Juli 1776, wurden diese Gedanken in die amerikanische Unabhängigkeitserklärung aufgenommen.

Wer immer von Menschenrechten spricht – und welche Rechte auch immer genau zu ihnen gezählt werden: Die Menschenrechte gelten überall und ausnahmslos für alle Menschen. Das ist leichter gesagt als in die Tat umgesetzt. So wie Christen lange nicht die vollen Konsequenzen aus der Adamskindschaft aller Menschen gezogen haben und sogar mit Feuer und Schwert gegen Andersdenkende und Andersgläubige vorgegangen sind, so hat es auch lange gedauert, bis etwa den amerikanischen Ureinwohnern ebenfalls die Menschenrechte zugesprochen wurden, die doch dort zum ersten Mal formuliert und feierlich in Kraft gesetzt worden waren. Wie bei vielen Fragen, so ist es auch bei der Frage der Menschenrechte oft ein großer Schritt von der allgemeinen Einsicht bis zur konkreten Umsetzung, bis zur »Anwendung«.

Religion und Menschenrechte sind aber auch heute keineswegs überall Partner. Im Gegenteil. Viele Menschenrechtsverletzungen bis hin zu mörderischer Gewalt, zu Terrorismus und Selbstmordattentaten werden im Namen von Religion, aus angeblicher oder tatsächlicher religiöser Überzeugung verübt. Religiöse Überzeugung, die keinen Widerspruch, kein anderes Denken, keine andere Überzeugung toleriert, muss notwendigerweise mit den Menschenrechten in Konflikt geraten. Das ist keine neue Erfahrung. Dafür gibt es in der Geschichte viele Beispiele, bis in unsere Tage. Uns daran zu erinnern ist wichtig in einer Zeit, in der fast nur noch über einen gewaltbereiten Fundamentalismus gesprochen wird: den islamischen Fundamentalismus.

Oft ist die Berufung auf religiöse Gründe nur vorgeschoben oder im Grunde längst obsolet geworden, wie etwa in Nordirland. Wir in Europa haben die Konsequenz daraus gezogen, dass zwischen Religion und staatlicher Ordnung zu unterscheiden ist, dass Glaubensüberzeugung und Organisation des Gemeinwesens voneinander zu trennen sind. Und im Lichte unserer heutigen Erfahrungen können wir sagen: Diese Trennung hat beiden Seiten gut getan. Der religiös neutrale Staat ist dadurch nicht wertneutral geworden. Im Gegenteil: Das Grundgesetz ist getragen von klaren Wertentscheidungen, angefangen bei der unveräußerlichen Würde jedes Menschen in Artikel 1. Und andererseits ist die Religion nicht einfach Privatsache geworden, sondern in der Gesellschaft in vielerlei Form präsent. Ich erinnere nur an das große diakonische und karitative Engagement im Schul- und Gesundheitswesen, an die vielfältigen Aufgaben in der Entwicklungspolitik, die die Kirchen wahrnehmen. Schließlich sind die Kirchen selber zu ganz entschiedenen Anwälten der Menschenrechte geworden. Aber nur der Staat kann die Menschenrechte und ihre Einhaltung garantieren. Das führt uns zu einem neuen Problem.

Wir leben in Zeiten der Globalisierung und der immer stärkeren internationalen Verflechtung der Ökonomie. Große Unternehmen agieren weltweit, über alle staatlichen Grenzen hinweg. Die Staaten und die Politik, so sieht es manchmal aus, können kaum noch selber handeln, sie scheinen immer mehr dem Gesetz gehorchen zu müssen, das allein der Markt, das die Ökonomie diktiert. Wir müssen uns aber darüber im Klaren sein, dass allein der Staat, dass allein eine staatliche Ordnung mit Gesetzgebung, Rechtsprechung und Gewaltmonopol die Menschenrechte garantieren und schützen kann. Nicht-Regierungs-Organisationen können für die Menschenrechte eintreten, die Wirtschaft kann die Freiheit fördern, zu handeln und sich zu entfalten und für Arbeit und Wohlstand sorgen. Allein von einem Staat jedoch, der sich auf die Menschenrechte gründet, kann man diese Rechte aber auch einklagen – weder von einer Kirche noch von einem Wirtschaftsunternehmen kann man es.

Dieser Erfahrung, die wir in der langen europäischen Geschichte gemacht haben, müssen wir nun in einer Welt Rechnung tragen, die immer stärker zusammenwächst. Wenn durch Wanderungsbewegungen und ökonomische Vernetzung die Grenzen der Staaten durchlässiger werden, dann muss auch die Rechtsordnung daraus Konsequenzen ziehen. Was für den einzelnen Staat galt, dass er nämlich die Einhaltung der Menschenrechte garantiert, das muss nun von der internationalen Staatengemeinschaft garantiert werden. Das war bereits die Idee, die zur Gründung der Vereinten Nationen und zur Allgemeinen Erklärung der Menschenrechte geführt hat. Diese so leicht formulierte Forderung stößt allerdings auf nicht geringen Widerstand und auf große Schwierigkeiten. Einige bestreiten, dass die Menschenrechte überhaupt universale Gültigkeit hätten. Sie seien auf dem Boden der europäischen Kultur geboren, so heißt es, und hätten auch nur dort ihre wirkliche Geltung. Andere Kulturen setzten andere Werte. So gebe es in anderen Weltregionen eine weniger stark betonte Stellung des Einzelnen und stattdessen eine höhere Wertschätzung des Kollektivs oder eine Geborgenheit, in der Gemeinschaft höher geschätzt werde als individuelle Freiheit. Andere wiederum fordern, dass zunächst von allgemeinen Pflichten gesprochen werden müsse, bevor man von den individuellen Rechten sprechen könne. In der Tat ist es richtig, dass zu jedem Recht auch Pflichten gehören, allein schon die Pflicht, dem anderen dieselben Rechte zuzuerkennen wie mir selbst.

Es gibt darüber viel theoretische und politikwissenschaftliche Literatur. Mir scheint bei allen Unterscheidungen im Einzelnen unabdingbar, dass man an der universalen Geltung der Menschenrechte, wie die Vereinten Nationen sie 1948 formuliert haben und wie alle Staaten sie unterschrieben haben, festhalten muss.

Die Menschenrechte sind also nicht nur zu einer bestimmten Zeit und in einer bestimmten Weltgegend formuliert worden, vielmehr sind sie immer für alle Menschen und für alle Teile der Erde gedacht gewesen. Wer behauptet, die Menschenrechte gälten nur relativ und seien keinesweg für alle Menschen ein Segen, den sollte vor allem eines nachdenklich stimmen: Wo immer diese Rechte verkündet und staatlich garantiert wurden, sind sie auf große Zustimmung gestoßen. Wer einmal in einem Land gelebt hat, in dem die Menschenrechte Geltung haben, der wird sie nicht mehr missen wollen.

Zur Kritik an der Idee universell gültiger Menschenrechte (hinter der oft handfeste Herrschaftsinteressen stecken) kommt ein anderes schwerwiegendes Problem: Eine ganze Reihe von Staaten in der Welt sind weit davon entfernt, eine innere, friedenserhaltende Ordnung garantieren zu können. Es gibt dort keine wirkliche Staatsgewalt. Manche Länder befinden sich in den Händen konkurrierender Stammesfürsten, marodierender Gruppen, mafioser Clans oder Banden. Dazu kommt der weltweit operierende Terrorismus, der gerade in solchen Staaten oft seine logistische Basis findet. Die Privatisierung der Gewalt und des Krieges stellt eine in der Staatengeschichte neue Herausforderung dar; die alten Regeln des Völker- oder des Kriegsvölkerrechts greifen hier nicht mehr.

Der weltweite Kampf gegen den Terrorismus ist – schon aus Gründen unserer Sicherheit – lebensnotwendig. Er kann aber nur dann wirklich glaubwürdig geführt werden, wenn er auch als ein Kampf für die Menschenrechte aller geführt wird – unterschiedslos und überall. Alles andere widerspräche der Universalität der Menschenrechte und untergrübe die Glaubwürdigkeit des Kampfes. Sicher sind auch die Mittel und Möglichkeiten derjenigen begrenzt, welche die besten Ziele und Absichten verfolgen. Wir können jeweils nicht mehr tun als das uns Mögliche. Aber hüten müssen wir uns vor Einäugigkeit oder davor, bei manchen Verbrechen bewusst wegzuschauen, nur um auf andere umso heftiger hinzuweisen.

Der Zusammenhang von Menschenrechten und Religion kann heute nicht diskutiert werden ohne einen Blick auf den Islam. Ich rede nicht von den Terroranschlägen in New York und Washington, in Djerba, Bali und dem Anschlag der tschetschenischen Rebellen in Moskau. Ich rede auch nicht von den Selbstmordattentaten in Israel. Hier wird von den Tätern der islamische Glaube zwar oft als Legitimation benutzt, aber die große Mehrzahl der Muslime und der muslimischen Gelehrten lehnt diese Attentate als unvereinbar mit dem Islam ab. Ich rede vielmehr von der ungelösten Frage, wie sich der Islam zum modernen Staat, zu Toleranz, zu Glaubens- und Gewissensfreiheit – eben zu den Menschenrechten – verhält. Das ist nicht nur eine Frage in der islamischen Welt, das ist auch eine Frage bei vielen Muslimen, die in Europa und bei uns in Deutschland leben. Die organisatorische Trennung von Staat und Religion, die für die meisten Staaten der westlichen Welt prägend ist, hat in dieser Form in den islamischen Staaten nur teilweise und nur im Einzelfall stattgefunden. Weite Teile der Bevölkerung und vor allem der Geistlichen verlangen, dass Staat und Gesellschaft sich an ihre Auslegung der religiösen Regeln zu halten hätten. Das hat gewiss auch damit zu tun, dass dem Islam unsere Idee einer organisierten Kirche, die alle Gläubigen vereint, fremd ist.

Die fehlende Trennung macht aber Vieles im internationalen aber auch im nationalen Dialog so unendlich schwierig. Der Dialog der Religionen über Glaubensfragen ist wichtig, notwendig und in vielen Fällen außerordentlich fruchtbar. Die entscheidende Frage, die alle Staaten der Welt beantworten müssen, jedoch ist eine Frage, die über den Religionsdialog hinausgeht. Sie lautet: Wie haltet ihr es mit den Menschenrechten, mit Toleranz, mit der Gleichstellung von Mann und Frau, mit dem Recht auf Freiheit in Gewissens- und Glaubensfragen?

Ich halte nichts von Droh-Szenarien, auch nichts von der Rede vom angeblichen Kampf der Kulturen. Ich halte aber auch nichts davon, die Probleme kleinzureden, die in dieser Frage in der Tat existieren. Ich erinnere nur daran, dass die größte Moschee in Europa in Sichtweite des Petersdoms in Rom steht. Und ich sehe andererseits, wie unvorstellbar noch auf lange Sicht der Bau einer Kirche in Saudi-Arabien, geschweige denn in Mekka zu sein scheint. Das ist nicht nur ein Thema für den interreligiösen Dialog, das stellt uns vor die Frage, wie wir die Religionsfreiheit als ein Menschenrecht überall auf der Welt verwirklichen können. Dass es Religionsfreiheit auch in islamisch geprägten Gesellschaften gibt, davon habe ich mich zum Beispiel bei meinen Staatsbesuchen in Mali und Indonesien überzeugen können. Christen und Angehörige anderer Religionen sind dort eine kleine Minderheit, ihre Rechte aber sind meist und fast überall gesichert.

Noch einmal: Es geht nicht darum, europäisch-amerikanische Vorstellungen durchzusetzen. Wir werden um konkrete, vielleicht um ganz neue Lösungen ringen müssen. Das wird langwierig sein und mühevoll. Wir wissen in Europa und Amerika aus Erfahrung, wie lange es gedauert hat, bis einerseits Menschen unterschiedlichen Glaubens friedlich zusammenleben konnten und andererseits jede Religion das verbriefte Recht hatte, ihren unbedingten Geltungs- und Wahrheitsanspruch auch öffentlich zu bekunden.

Diese gesellschaftliche Verständigung ist nicht am Reißbrett entwickelt und nicht einfach durch theoretische Ableitung gefunden worden. Sie kann und soll auch nicht einfach anderswohin übertragen werden. Solche Prozesse sind langwierig und sie brauchen Geduld, Rücksichtnahme und Kompromissfähigkeit. Das Ziel aber sollten wir im Interesse aller aufrechterhalten: die theoretische und praktische Geltung der Menschenrechte für alle. Wer mit diesem Ziel Politik macht, wer sich für dieses Ziel engagiert, der tut das sicher im Sinne Hannah Arendts: als angewandte Liebe zur Welt.

»Religionsfreiheit heute – zum Verhältnis von Staat und Religion in Deutschland«*

I.

Ich bin heute zum zweiten Mal als Bundespräsident in Wolfenbüttel. Hier steht seit der Wende vom 16. zum 17. Jahrhundert die bedeutendste Forschungsbibliothek, die es zur deutschen und europäischen Kultur- und Geistesgeschichte der Frühen Neuzeit gibt. Wir sind heute hier, um an einen Mann zu erinnern, der dieser Bibliothek zwei Jahrhunderte nach ihrer Gründung wichtige Dienste geleistet hat: der lutherische Pfarrerssohn Gotthold Ephraim Lessing. Heute vor 275 Jahren ist er geboren.

II.

Lessing teilte mit dem Gründer und mit dem Namensgeber dieser Bibliothek die Liebe zu Büchern und zur Gelehrsamkeit. Er hat dazu beigetragen, den guten Ruf der Bibliothek zu mehren, auch wenn er selber nicht in erster Linie Bibliothekar war. Wir kennen ihn als Dichter, als Schriftsteller, als Journalisten und als Gelehrten. Und damit nicht genug: Er war Theoretiker und Praktiker, und zwar gleichermaßen. Er kannte das Theaterhandwerk aus seinen engen Kontakten zu berühmten Schauspieltruppen der damaligen Zeit. Er kannte das Publikum. Kurze Zeit war er Dramaturg am damals neu gegründeten Hamburger Nationaltheater. Diese praktischen Erfahrungen haben vielleicht dazu beigetragen, dass seine Stücke besonders erfolgreich waren und dass sie bis heute gespielt werden – und das nicht nur auf deutschsprachigen Bühnen.

Lessing verband aber auch in anderer Hinsicht Theorie und Praxis. Als Aufklärer war er ein »Selbstdenker« par excellence: ein Mann, der alle Dogmen kritisch befragte, alte und neue. Über die Ergebnisse sei-

* Rede beim Festakt zum 275. Geburtstag von Gotthold Ephraim Lessing in der Herzog-August-Bibliothek in Wolfenbüttel am 22. Januar 2004.

ner kritischen Betrachtungen schrieb er gelehrte Abhandlungen oder scharfsinnige, oft scharfzüngige Rezensionen, die gefürchtet waren. Er schaffte es aber auch, seine Einsichten und seine Erkenntnisse im wahrsten Sinne des Wortes anschaulich zu machen: Er brachte sie auf die Bühne. Gotthold Ephraim Lessing war der erste, der mit den Mitteln des Theaters den Zuschauern vorführte, wie Menschen unterschiedlichen Glaubens in gegenseitiger Achtung miteinander umgehen. Sein *Nathan der Weise* hat eine klare Botschaft: Menschen unterschiedlichen Glaubens – Christen, Juden, Muslime – können gleichberechtigt miteinander leben, und das ist gut für alle.

Ein neues Theater gehörte für Lessing untrennbar zur neuen bürgerlichen Zeit. Das Selbstverständnis der bürgerlichen Gesellschaft und der Deutschen als Nation zu finden, das war für Lessing politische und kulturelle Aufgabe zugleich. Über diesen Lessing zu sprechen wäre reizvoll in einer Zeit, in der bei der Kultur so viele Abstriche gemacht werden und in der Viele gerade Theater und Oper als Luxusgüter missverstehen und nicht als Orte der individuellen und gesellschaftlichen Selbstfindung und Selbstverständigung, die sie doch auch sind oder sein sollten. Heute möchte ich aber über das Thema von Lessings *Nathan* sprechen: über das Zusammenleben von Menschen unterschiedlicher Religionen und Kulturen – bei uns in Deutschland und in der Welt.

III.

Das so genannte Kopftuchurteil des Bundesverfassungsgerichts vom 24. September 2003, die in der Folge von einigen Landesregierungen geplanten oder schon beschlossenen Kopftuchverbote für Lehrerinnen und die öffentlichen Diskussionen darüber: All das ist eine neue Runde in einer alten Auseinandersetzung, die immer dann geführt wird, wenn Menschen unterschiedlicher Herkunft, unterschiedlicher Religionszugehörigkeit und unterschiedlicher Überzeugungen aufeinandertreffen. Es geht um die Frage: Wie können Menschen miteinander leben, die ganz unterschiedliche Dinge für wahr und für richtig halten und auch manches tun, was die jeweils anderen unbegreiflich finden?

Wie das im besten Fall geschehen kann, das hat Lessing uns im *Nathan* gezeigt: Der christliche Tempelherr rettet Nathans Ziehtochter vor einem Brand – ohne Ansehen ihrer vermeintlichen Herkunft, weil das seiner Auffassung nach »nun einmal die Aufgabe von Tempelherrn ist«; der muslimische Sultan begnadigt ihn gegen alle Gewohnheit, und der jüdische Kaufmann steht diesem Sultan in finanziellen Schwierigkeiten bei.

IV.

Erinnern wir uns: Als Lessing geboren wurde, lag der Westfälische Friede von 1648 gerade einmal achtzig Jahre zurück. Er hatte die schrecklichen Religionskriege des 16. und 17. Jahrhunderts beendet und das Zusammenleben von Katholiken und Protestanten auf eine klare Grundlage gestellt. Das war ein großer Fortschritt, auch wenn die Konflikte zwischen den beiden Konfessionen damit beileibe nicht aus der Welt waren.

Für Juden dagegen gab es keinen »Religionsfrieden«: Sie wurden weiter diskriminiert und verfolgt, wie manch andere auch. Die letzte so genannte Hexe wurde in Europa kurz nach Lessings Tod verbrannt, im Jahr 1782. All diese Erfahrungen mit religiös begründeter Intoleranz haben dazu beigetragen, dass viele Menschen im Zeichen der Aufklärung jegliche Religion ablehnten. Noch in der ersten deutschen Nationalversammlung in der Frankfurter Paulskirche wurden Stimmen laut, die Kirchen und Religion als »Hemmschuh der Zivilisation« bezeichneten und deshalb verboten wissen wollten.

Unter den Aufklärern gab es aber auch ganz andere Stimmen. Der Unfriede in der Welt und der Hass zwischen Menschen unterschiedlichen Glaubens konnten und sollten ihrer Meinung nach auf andere Weise überwunden werden: Die Menschen müssten sich darauf besinnen, was bei allen Unterschieden im Einzelnen allen Religionen gemeinsam sei: der Glaube an Gott als Schöpfer und an seinen Schöpfungsplan. Sie leiteten das Prinzip aufgeklärten Denkens und Handelns aus der Existenz eines Gottes ab, der in unterschiedlicher Weise von allen Religionen verehrt wird. Lessing hat im *Nathan* zu zeigen versucht, um wie viel menschenfreundlicher die Welt werden kann, wenn die Menschen nach diesen Prinzipien leben.

V.

Die Stimmen, die zu Lessings Zeit die Abschaffung der Religion forderten, haben sich nicht durchgesetzt. Durchgesetzt hat sich aber die Vorstellung von einer Ordnung, die gegenüber allen Konfessionen und Religionen so viel Distanz wahrt, dass sie deren friedliches Miteinander regeln und garantieren kann: nämlich der säkulare Staat. Diese Vorstellung war auch deshalb erfolgreich, weil wir in Europa die Erfahrung gemacht haben, wie grausam und schrecklich kriegerische Auseinandersetzungen werden können, die im Namen eines absoluten Wahrheitsanspruchs geführt werden. Deswegen haben wir – im Gefolge der Aufklärung und der Entwicklung der Menschenrechtsidee – die Konsequenz gezogen, dass Religion und staatliche Ordnung geschieden werden müssen, dass Glaubensüberzeugungen und Organisation des Gemeinwesens voneinander zu trennen sind. So können zwei fundamentale Menschenrechte gewährleistet werden: die Freiheit des Gewissens und die Freiheit der religiösen Überzeugung und religiösen Praxis. So kann das friedliche Zusammenleben unterschiedlicher Überzeugungen und Religionen geregelt werden. Dazu mussten der Staat und die Kirchen einen für sie wesentlichen Verzicht leisten: Der Staat musste auf eine religiöse Rechtfertigung verzichten. Die Staatsgewalt ist nicht mehr »von Gott« verliehen, sondern geht »vom Volke aus«. Das hört sich heute selbstverständlich an, das war es aber lange Zeit nicht. Die Religionen ihrerseits mussten darauf verzichten, ihren absoluten Geltungsanspruch, ihren »Wahrheitsanspruch«, mit Hilfe der staatlichen Gewalt durchzusetzen.

Das Verhältnis von Staat und Kirche ist in Europa auf ganz unterschiedliche Weise geregelt, von den Staatskirchen in Skandinavien bis zum französischen Laizismus. Wir in Deutschland haben uns für einen anderen Weg entschieden, einen Weg, für den Bischof Wolfgang Huber den Begriff »aufgeklärte Säkularität« geprägt hat. Staat und Kirche sind in Deutschland klar voneinander getrennt, aber sie wirken auf vielen Feldern im Interesse der ganzen Gesellschaft zusammen. Ich halte das, alles in allem, für den richtigen Weg, und ich sehe keinen Anlass dafür, warum wir uns dem Laizismus unserer französischen Nachbarn und Freunde anschließen sollten.

In Artikel 4 unseres Grundgesetzes heißt es: »Die Freiheit des Glaubens, des Gewissens und die Freiheit des religiösen und weltanschaulichen Bekenntnisses sind unverletzlich. Die ungestörte Religionsausübung wird gewährleistet.« Deutschland gehört also zu den europäischen Ländern, deren Geschichte und Traditionen besonders vom christlichen Glauben geprägt sind. Die Religionsfreiheit, die unser Grundgesetz garantiert, gilt aber nicht nur für die christlichen Kirchen. Sie gilt, auch wenn das manchen nicht immer ausreichend bewusst ist, ebenso für andere Religionsgemeinschaften und gewiss für den Islam.

Die Grenze findet jede Kirche und jede Religionsgemeinschaft ausschließlich in den vom Grundgesetz garantierten unveräußerlichen Menschenrechten. Auch sie gelten – wie die Religionsfreiheit – für alle, ob sie Christen, Muslime, Juden, Buddhisten oder Angehörige anderer religiöser Überzeugungen sind, und natürlich auch für Menschen, die nicht gläubig sind. Niemand hat in unserem Land das Recht, unter Berufung auf seinen Glauben die in unserem Grundgesetz garantierten Menschenrechte und Bürgerrechte zu verletzen. Unser Staat ist kein religionsfeindlicher und auch kein religionsfreier Staat. Im Gegenteil: Unser Staat schützt die Religionsfreiheit aller.

VI.

Die Neutralität des freiheitlichen Staates gegenüber Religionen und Weltanschauungen darf aber nicht verwechselt werden mit einer Neutralität der Gesellschaft in diesen Fragen. Im Gegenteil: Der weltanschaulich neutrale Staat ist auf Überzeugungen angewiesen, die in verschiedenen und unterscheidbaren Gemeinschaften gelebt werden, die Werte haben und die Orientierung geben wollen. Dazu gehören in besonderer Weise Kirchen und Religionsgemeinschaften, die ihre Vorstellungen in die Gesellschaft einbringen. Unsere Gesellschaft ist kein religionsfreier Raum, und Religion ist nicht bloße Privatsache. Der öffentliche Charakter von Religionen wird bei uns anerkannt. Kirchen und Glaubensgemeinschaften können und sollen öffentlich wirken, und ihre Einmischung in öffentliche Angelegenheiten ist ausdrücklich erwünscht.

Manchen ist zu wenig bewusst, welch eine große zivilisatorische Errungenschaft es ist, dass in einer pluralen Gesellschaft Menschen friedlich miteinander leben, die ganz unterschiedliche Überzeugungen haben. Das muss jeden Tag neu geübt und neu gelebt werden. Für einen Christen, wie für jeden gläubigen Menschen, ist ja nicht jede Vorstellung von Transzendenz und jedes Gottesbild gleich gültig oder gleich viel wert. Es ist doch ganz selbstverständlich, dass gläubige Menschen ihren Glauben für den richtigen Glauben halten. Das gilt für Christen genauso wie für Juden und Muslime. Ich selber schöpfe Zuversicht und Kraft aus dem christlichen Glauben, der mir Trost und Hoffnung ist im Leben und im Sterben. Gleichzeitig habe ich Respekt vor allen, die ihr Leben auf andere Fundamente gründen.

Wenn in der pluralen Gesellschaft unterschiedliche Glaubensüberzeugungen aufeinander treffen, dann ist das eine spannende, manchmal aber auch eine sehr anstrengende Sache. Im Dialog braucht niemand seine Überzeugungen zu verleugnen. Vielleicht gibt es da noch zu häufig ein Missverständnis. Manchmal herrscht ja der Eindruck vor, Toleranz und Respekt anderen gegenüber bedeuteten auch, andere Glaubenswahrheiten und Überzeugungen nicht nur zu achten, sondern sie als genauso richtig anzusehen wie die eigenen. Das ist ein Irrtum. Toleranz ist nicht Beliebigkeit. Toleranz und Respekt bedeuten ja gerade, dass man die Existenzberechtigung anderer Überzeugungen und Glaubenswahrheiten akzeptiert, die man nicht für richtig hält. Der Staat schützt die Freiheit jedes Einzelnen, seinen Glauben zu leben, solange er nicht gegen das Grundgesetz verstößt. Der Staat hat aber nicht die Aufgabe festzustellen, welche Religion die bessere ist, oder gar eine Religion zu bevorzugen.

VII.

Über den Zusammenhang von Menschenrechten und Religionen kann man heute nicht sprechen ohne einen Blick auf den Islam. Ich rede nicht von Terroranschlägen in vielen Teilen der Welt. Hier wird der islamische Glaube zwar oft als Legitimation benutzt, aber die große Mehrzahl der Muslime und der muslimischen Gelehrten lehnt Attentate als unvereinbar mit dem Islam ab.

Wir müssen uns aber mit der bisher ungelösten Frage auseinandersetzen, wie sich der Islam zum demokratischen Staat, zu Toleranz, zu

Glaubensfreiheit und zu Gewissensfreiheit – zu den Menschenrechten – verhält. Das ist eine Frage, die sich nicht nur in der islamisch geprägten Welt stellt. Das ist auch eine Frage bei vielen Muslimen, die in Europa und bei uns in Deutschland leben. Wir sollten sie dabei unterstützen, in dieser Frage voranzukommen. Die klare Trennung von Staat und Religion, die in den meisten Staaten der westlichen Welt gilt, gibt es in dieser Form in den islamischen Staaten nur im Einzelfall und nur teilweise. Die fehlende Trennung zwischen Staat und Religion macht aber so Vieles so unendlich schwierig im internationalen, aber auch im nationalen Dialog.

Die entscheidende Frage, die alle Staaten der Welt beantworten müssen, eine Frage, die weit über den Religionsdialog hinaus geht, sie heißt: Wie haltet ihr es mit den Menschenrechten, mit Toleranz, mit der Gleichstellung von Mann und Frau, mit der Freiheit in Gewissens- und Glaubensfragen? Das stellt uns auch vor die Frage, wie Religionsfreiheit als Menschenrecht überall auf der Welt verwirklicht werden kann. Darüber spreche ich bei meinen Staatsbesuchen auch in atheistisch oder islamisch geprägten Gesellschaften und Staaten. Schon in meiner ersten Berliner Rede am 12. Mai 2000 habe ich gesagt, dass viele Menschen bei uns sich leichter an den Anblick von Moscheen gewöhnen könnten, »wenn Christen in islamischen Ländern das gleiche Recht hätten, ihren Glauben zu leben und auch Kirchen zu bauen«. Religionsfreiheit gibt es aber auch in islamisch geprägten Gesellschaften. Die meisten von ihnen sind allerdings weit davon entfernt. Umso entschiedener müssen wir uns überall auf der Welt für Religionsfreiheit einsetzen, denn sie spielt heute eine Vorreiterrolle für die Durchsetzung weiterer kultureller Rechte.

In Europa und in Amerika wissen wir aus Erfahrung, wie lange es dauern kann, bis Menschen unterschiedlichen Glaubens friedlich zusammenleben und bis jede Religion das verbriefte Recht hat, ihren unbedingten Geltungs- und Wahrheitsanspruch auch öffentlich zu bekunden. An diesem Ziel müssen wir festhalten. Dabei geht es nicht darum, europäische oder amerikanische Vorstellungen einfach auf andere Länder zu übertragen. Diese Länder müssen ihren eigenen Weg finden.

VIII.

Ob wir über die Situation in unserem eigenen Land oder in der gesamten Welt nachdenken: Uns sollte immer bewusst sein, dass es das Judentum so wenig gibt wie den Islam und so wenig wie das Christentum oder die westliche Welt. Die Menschen muslimischen Glaubens, die heute bei uns leben, kommen aus ganz unterschiedlichen Ländern mit unterschiedlichen Traditionen und Wertvorstellungen. Das zeigt sich auch in der Debatte um das Kopftuch.

Ich rate uns allen dazu, dass wir auch in dieser Debatte nicht irgendwelchen Pauschalurteilen aufsitzen. Wir wissen doch alle, dass es muslimische Frauen gibt, die kein Kopftuch tragen, und zwar nicht, weil sie sich unseren Vorstellungen angepasst hätten – die gibt es auch –, sondern weil sie davon überzeugt sind, dass das nicht zu ihrem Glauben gehört. Andere muslimische Frauen tragen ein Kopftuch, weil sie damit ihren Glauben öffentlich bezeugen wollen. Wieder andere muslimische Frauen werden durch mehr oder weniger Druck aus der Familie und ihrem Umfeld dazu gezwungen, ein Kopftuch zu tragen. Und gewiss gibt es auch muslimische Frauen, die ein Kopftuch als Ausdruck ihrer fundamentalistischen religiös-politischen Haltung tragen.

Die Debatte über das Kopftuch wäre also viel einfacher, wenn es ein eindeutiges Symbol wäre. Das ist es aber nicht. Deshalb muss in dieser Frage nach meiner festen Überzeugung der alte Grundsatz gelten: Der mögliche Missbrauch einer Sache darf ihren Gebrauch nicht hindern. Darauf weist ja auch das Bundesverfassungsgericht in seinem ersten Urteil zum Kopftuchstreit hin. Ich zitiere:

»Der Aussagegehalt des von Musliminnen getragenen Kopftuchs wird höchst unterschiedlich wahrgenommen. Es kann ein Zeichen für als verpflichtend empfundene, religiös fundierte Bekleidungsregeln wie für Traditionen der Herkunftsgesellschaft sein. In jüngster Zeit wird in ihm verstärkt ein politisches Symbol des islamischen Fundamentalismus gesehen. Die Deutung des Kopftuchs kann jedoch nicht auf ein Zeichen gesellschaftlicher Unterdrückung der Frau verkürzt werden. Dies zeigen neuere Forschungsergebnisse. Junge muslimische Frauen wählen das Kopftuch auch frei, um ohne Bruch mit der Herkunftsgesellschaft ein selbstbestimmtes Leben zu führen.«

So sehr wir jede Form von Fundamentalismus bekämpfen müssen, so wenig dürfen wir die Religionen unterschiedlich behandeln. Im demokratischen Rechtsstaat gilt das Recht auf Unterschiede, aber es gilt kein unterschiedliches Recht.

IX.

In der Diskussion über das Pro und Contra des Kopftuchverbots für Lehrerinnen wird zu Recht darauf hingewiesen, dass die Schule ein besonders sensibler öffentlicher Raum sei. Es stimmt: Schülerinnen und Schüler müssen vor unzulässiger religiöser oder politischer Beeinflussung durch Lehrerinnen und Lehrer geschützt werden. Jeder Gläubige hat als Lehrer eine besondere Pflicht zu beachten, eine Pflicht, die daraus erwächst, dass ihm der Staat und die Eltern Kinder zur Ausbildung und Erziehung anvertrauen. Deshalb muss er die Werte unseres Grundgesetzes vermitteln und die Erziehungsvorstellungen der Eltern achten und seine eigenen Überzeugungen in der Schule zurücknehmen. Das bedeutet aber nicht, dass er seinen Glauben in der Schule verbergen oder verstecken muss. Dies gilt für alle Lehrerinnen und Lehrer.

Ich bin der festen Überzeugung, dass wir nicht ein Symbol einer Religion – und das ist das Kopftuch jedenfalls auch – verbieten und dennoch glauben können, wir könnten alles andere beim Alten lassen. Das ist mit der Religionsfreiheit, die unser Grundgesetz allen Menschen garantiert, nicht vereinbar und würde deshalb das Tor zu einer Entwicklung öffnen, die doch die meisten Befürworter eines Kopftuchverbots gar nicht wollen. Ich fürchte nämlich, dass ein Kopftuchverbot der erste Schritt auf dem Weg in einen laizistischen Staat ist, der religiöse Zeichen und Symbole aus dem öffentlichen Leben verbannt. Ich will das nicht. Das ist nicht meine Vorstellung von unserem seit vielen Jahrhunderten christlich geprägten Land. Dabei ist uns allen doch klar, dass die Frage, ob wir dies Erbe fortführen, nicht von Bekleidungsvorschriften abhängt. Ob wir weiterhin ein christlich geprägtes Land sind, das hängt allein und zuerst davon ab, wie viele überzeugte und glaubwürdige Christen es bei uns gibt.

X.

Wir müssen die Auseinandersetzung mit dem Fundamentalismus führen, aber differenziert und an der richtigen Stelle. Pauschaler Verdacht stärkt den Fundamentalismus, statt ihn zu schwächen. Natürlich ist es notwendig, Schülerinnen und Schüler vor jeder Beeinflussung in einem islamisch-fundamentalistischen Sinne zu schützen – so wie wir sie vor jeder Indoktrinierung und vor jedem Extremismus schützen müssen, gleich welcher Art. Wo das nötig ist, muss mit disziplinarischen Mitteln eingegriffen werden, die auch dafür vorgesehen sind.

Alle, die in unserer Gesellschaft leben, müssen wissen, dass wir es nicht dulden, wenn Frauen aus traditionellen oder kulturellen Gründen nur mindere Rechte haben. Ich denke da beispielsweise daran, dass junge Frauen gegen ihren Willen verheiratet werden oder dass Mädchen in der Schule von bestimmten Schulfächern ferngehalten werden. Wir können und wir müssen erwarten, dass die Menschen, die nach Deutschland kommen, unsere Sprache lernen. Es ist ein unhaltbarer Zustand, dass in vielen ersten Klassen fast kein einziger Schüler altersgemäß Deutsch spricht. Wir brauchen mehr und bessere Angebote für Eltern und Kinder. Da haben wir in der Vergangenheit viel versäumt, weil wir so getan haben, als wären wir kein Einwanderungsland.

Wir müssen auch dafür sorgen, dass islamischer Religionsunterricht nicht den Koranschulen allein überlassen bleibt. An unseren Schulen muss auch islamischer Religionsunterricht angeboten werden, der von ausgebildeten und staatlich geprüften Lehrern erteilt wird. So können wir deutlich machen: Integration bedeutet gerade nicht kulturelle Entwurzelung oder gesichtslose Assimilation. Integration bedeutet die immer wieder zu erneuernde Bindung aller an die gemeinsamen Werte unserer Verfassung. Dass das gelingen kann, das zeigen viele Beispiele überall in Deutschland.

XI.

Zur Auseinandersetzung mit dem Fundamentalismus gehört auch, deutlich zu sagen, dass Fundamentalismus nicht nur die Sache einer Religion oder einer Überzeugung ist. Allen Fundamentalisten ist eines gemeinsam: die Überzeugung, allein im Besitz der Wahrheit vom Sinn menschlicher Existenz und von dem Weg zu sein, der zur Erfüllung dieses Sinnes führt. Darum bekämpfen Fundamentalisten Vertreter anderer Wertordnungen, und manche halten sich sogar für berechtigt, das mit Gewalt zu tun. Zu Lessings Zeiten gab es das Wort Fundamentalismus noch nicht, aber genau darauf ist doch gemünzt, wenn er sagt:

»Ich hasse alle die Leute, welche Sekten stiften wollen, von Grund meines Herzens. Denn nicht der Irrtum, sondern der sektiererische Irrtum, ja sogar die sektiererische Wahrheit machen das Unglück der Menschen – oder würden es machen, wenn die Wahrheit eine Sekte stiften wollte.«

Solcher Art von Fundamentalismus, den Lessing so hasste, müssen wir entschieden entgegentreten. Das wird uns aber nur dann gelingen, wenn wir glaubwürdig zeigen können, dass die so genannte westliche Werteordnung nicht nur ein anderes Wort dafür ist, das Glück der einen auf dem Unglück der anderen zu bauen. Das kann uns gelingen, weil die abendländische Kultur in Menschen ja viel mehr sieht als Teilnehmer am Wettbewerb, als Konkurrenten um Arbeitsplätze und Marktchancen oder als bloße Konsumenten von Gütern, von Unterhaltungsangeboten und von beliebigen Weltbildern, denen jede Werteorientierung fehlt. Jede und jeder von uns, die im persönlichen und im öffentlichen Leben deutlich machen, dass es für sie Werte jenseits von Angebot und Nachfrage gibt, tragen zu einem gesellschaftlichen Klima bei, das Respekt und Toleranz fördert und Beliebigkeit oder Fundamentalismus zurückdrängt. Das ist heute nötiger denn je. Wir können uns dabei von einem Grundsatz leiten lassen, den Lessing einmal in dieses eindrucksvolle Bild gefasst hat:

»Wenn Gott in seiner Rechten alle Wahrheit, und in seiner Linken den einzigen immer regen Trieb nach Wahrheit, obschon mit dem Zusatze, sich immer und ewig zu irren, verschlossen hielte, und spräche zu mir: Wähle! Ich fiele ihm mit Demut in seine Linke und sagte ihm: Vater gib! Die reine Wahrheit ist ja doch nur für Dich allein!«

XII.

Heute vor 275 Jahren wurde Gotthold Ephraim Lessing geboren. Wir verdanken ihm viel. Ich werde nachher zu seinem Grab auf dem Dom- und Magni-Friedhof in Braunschweig gehen, um ihn zu ehren. Die Kapelle auf diesem Friedhof nutzt seit einiger Zeit eine kleine griechisch-orthodoxe Gemeinde als Gotteshaus. So steht Lessing, der Bilder und Sinnbilder so sehr geliebt hat, auch auf diese Weise über den Tod hinaus für Respekt und Toleranz zwischen Religionen und Kulturen.

Kapitel 5: Weiter Demokratie wagen – für den Primat der Politik

Werkstatt des verantwortlichen Zukunftswissens*

Wenn man aus Heidelberg kommt, wo ich gestern war, liegt es nahe, ein Zitat von Max Weber mitzubringen: »Die Gedankengebilde der Wissenschaft sind ein hinterweltlich Reich von künstlichen Abstraktionen, die mit ihren dürren Händen Blut und Saft des weltlichen Lebens einzufangen trachten, ohne es jedoch zu erhaschen. Im Leben aber pulsiert die wirkliche Realität; das andere sind von ihr abgeleitete und leblose Gespenster und sonst nichts.« Soweit Max Weber, der sich zu vielen Fragen der Ökonomie, Gesellschaft und praktischen Politik kompetent geäußert hat und sicher nicht in dem Verdacht steht, ein weltfremder Idealist zu sein. Ihm war die werturteilsbehaftete Wissenschaft suspekt. Fragen wie »Was sollen wir tun?« oder »Wie sollen wir leben?« verwies er in den Bereich der Religion. Antworten darauf könne nur ein Prophet oder der Heiland geben. Dieser Werturteilsstreit, an dem Max Weber sich beteiligte, ist heute schon Wissenschaftsgeschichte. Wissenschaft war für ihn ein fachlich betriebener Beruf, im Dienst der Selbstbesinnung und der Erkenntnis tatsächlicher Zusammenhänge.

Und nun errichten wir ein Wissenschaftszentrum, das dieser Blickrichtung Max Webers entgegengerichtet ist. Wir möchten ausdrücklich ein Zentrum, das Menschen aus Wissenschaft, Wirtschaft, Politik, Kultur und Technologie zusammenführt, das Kommunikation möglich macht und verbessert und das Wege für praktisches Handeln aufzeigt.

* Rede zur Eröffnung des Wissenschaftszentrums Nordrhein-Westfalen am 21. Juni 1989 in Düsseldorf, in: *Nachdenken über den Fortschritt – 10 Jahre Wissenschaftszentrum Nordrhein-Westfalen. Reden von Johannes Rau,* hg. von Gert Kaiser, WZ NRW 1998, S. 9–14.

Das Zentrum soll als professionell arbeitende, fachkompetente Serviceeinrichtung für die Wissenschaft und die Wirtschaft in Nordrhein-Westfalen mithelfen, wissenschaftliche Erkenntnisse zu verbreiten, auch in den für unser Land wichtigen Schlüsseltechnologien. Ich bleibe bei einem Bild aus der Arbeitswelt; ich wünsche mir dieses Wissenschaftszentrum als eine Werkstatt des verantwortlichen Zukunftswissens.

Nun könnte sich die Frage aufdrängen, ob wir mit dieser Gründung Mängel in Wissenschaft und Forschung unseres Landes beheben wollten. Im Gegenteil: In seiner beeindruckenden Vielfalt ist Nordrhein-Westfalen ja selber ein Zentrum der Wissenschaften in Europa. Unsere Vision ist vielmehr, mit dem Wissenschaftszentrum die Zusammenarbeit der wissenschaftlichen Disziplinen zu fördern und Wissenschaft und Forschung noch stärker ausstrahlen zu lassen, als sie es ohnehin schon tun. Für den Satz »Forschung ist unser neuer Rohstoff« bin ich mehrfach kritisiert worden, aber ich bleibe dabei, die Intelligenz, die Kreativität, die Phantasie unserer Menschen sind das beste Kapital des Landes. Dabei ist es wichtig, dass unsere Hochschulen die Lehre als eine bedeutende oder als eine gleichberechtigte Aufgabe neben der Forschung wahrnehmen.

Dieses Land Nordrhein-Westfalen, das früher die jungen Leute zum Studieren nach Göttingen, nach Frankfurt, nach Heidelberg, nach Freiburg, nach Kiel schicken musste, hat heute die dichteste Hochschul- und Forschungslandschaft in Europa. An 49 Hochschulen sind mehr als 450.000 Studenten eingeschrieben. In Nordrhein-Westfalen gibt es elf Einrichtungen der Max-Planck-Gesellschaft, fünf Fraunhofer-Institute, von denen vier in den vergangenen Jahren errichtet wurden, und drei Großforschungseinrichtungen. Dieses Land befindet sich im Aufbruch. Ein Drittel aller Studenten der Bundesrepublik Deutschland studiert an nordrhein-westfälischen Hochschulen – wir sind längst Studentenimportland. Fast 30 Prozent des Landeshaushalts entfallen auf Bildung und Wissenschaft, und jede zehnte Mark geben wir für Wissenschaft und Forschung aus. An den Hochschulen arbeiten 22 Technologietransferstellen, 18 Technologiezentren. Sie sichern enge und schnelle Kontakte zwischen Wissenschaft und Wirtschaft, vor allem auch zur mittelständischen Industrie in unserem Land. Die Zusammenarbeit mit IBM am Forschungsinstitut für Diskrete Mathematik in Bonn, die Zusammenarbeit in Paderborn zwischen dem Zentrum für Informatik und Technik mit Nixdorf und die Errichtung eines Instituts für Roboterforschung in Dortmund sind nur einige Beispiele für herausragende Leistungen an unseren Hochschulen und für einen Transfer zwischen Wissenschaft und Wirtschaft. Auch die junge, frische, neue Hochschule in Witten-Herdecke hat sich in der Zusammenarbeit mit der Wirtschaft bereits bewährt.

Für den Dialog zwischen Wissenschaft, Wirtschaft, Kultur und Gesellschaft gründen wir neben den vielen Hochschulen, den außeruniversitären Forschungseinrichtungen, dem Zentrum für interdisziplinäre Forschung in Bielefeld und der Akademie der Wissenschaften eine neue Institution. Wir brauchen das Wissenschaftszentrum, das Institut Arbeit und Technik und das Kulturwissenschaftliche Institut, weil sich hier Wissenschaftler ohne die Verpflichtung zur Lehre ganz der Forschung, dem Wissenstransfer und dem gesellschaftlichen Dialog widmen können; wir brauchen die Institute als Schonraum der Forschung, jenseits von Hochschulalltag, jenseits von Politik, wo das Bild der neuen, der besseren Zukunft unserer Gesellschaft entworfen wird.

Ich bin neugierig auf die ersten Arbeitsergebnisse des Wissenschaftszentrums und seiner Institute. Sie haben sich viel vorgenommen, und die Themen haben etwas mit den Fragestellungen zu tun, die sich für unser Land stellen. Kultur und Technik, Ökologie in der Marktwirtschaft, die Notwendigkeit und die Chancen einer Nutzung der Sonnenenergie sind Komplexe, mit denen sich das Wissenschaftszentrum zunächst beschäftigt. Das Kulturwissenschaftliche Institut will menschliche Kreativität und Computerintelligenz, die Wechselwirkung von technisch-wissenschaftlich geprägter Zivilisation einerseits und Literatur, darstellender Kunst und Musik andererseits erforschen. Das Institut Arbeit und Technik soll Beiträge zur Technikgestaltung und zur Bewältigung des Strukturwandels leisten und praxisnahe Forschungsergebnisse umsetzen helfen. Das sind keine Themen für esoterische Zirkel und für Sitzungen in einer Fluchtburg weltfremden Wissens. Das Wissenschaftszentrum soll Wissenschaft, Politik und Wirtschaft zusammenbringen. Auch wenn sich die Frage direkter Verwertbarkeit wissenschaftlicher Erkenntnisse nicht in den Vordergrund drängt, sollte der Bezug zur gesellschaftlichen Praxis nicht verloren gehen. Aber Praxisbezug darf nicht mit Unwissenschaftlichkeit verwechselt werden. Es gibt eine deutsche Eigenart, etwas für wissenschaftlich zu halten, je stärker es von der Anwendungsmöglichkeit entfernt ist.

Politiker, Wissenschaftler und Wirtschaftsvertreter müssen bei der Erneuerung des Landes auch soziale und ökologische Fehler der Vergangenheit vermeiden. Zum Teil sind wir dabei, frühere Fehler zu beheben, wenn ich an die Altlastenproblematik denke. Ohne Bemühungen um einen gesellschaftlich-politischen Grundkonsens und ohne gemeinsames Verantwortungsbewusstsein bei wichtigen technisch-industriellen Entwicklungen ist eine Politik der Erneuerung nicht denkbar. Wir müssen die Folgen neuer Technologien abschätzen und bewerten, bevor die Schäden irreparabel werden. Wir müssen darauf achten, dass die technisch-industrielle Entwicklung umweltverträglich, friedensverträglich, sozialverträglich verläuft und Raum für eine entsprechende kulturelle Entwicklung bleibt. Das setzt den offenen und intensiven Dialog zwischen den Wissenschaften voraus, besonders zwischen den Kulturwissenschaften und den Ingenieurwissenschaften. Darum brauchen wir ein europaweites, ein weltweites Informations- und Dialogmanagement. Die Wissenschaft verweilt schon längst nicht mehr in nationalen Grenzen.

Die Kommission Montanregionen, die so genannte Mikat-Kommission, hat festgestellt, dass die Infrastruktur von Hochschulen und Forschung in Nordrhein-Westfalen hervorragend ist. Aber wir müssen den Personenaustausch zwischen Wissenschaft und Wirtschaft verstärken, denn der Personentransfer ist ein tragendes Element des Technologietransfers. Darum versuchen wir, enge Kooperationsbeziehungen zwischen Hochschulen und Wirtschaft zu fördern. Lange Zeit habe ich Berührungsängste, Unsicherheit, Voreingenommenheit auf beiden Seiten gespürt. Heute ist die Kooperation zwischen Hochschulen und Wirtschaft zur Selbstverständlichkeit geworden. Wir treten jetzt in eine Phase ein, in der wir die Phantasie und die Kraft aller unserer Bürger brauchen, um den Weg der Erneuerung des Landes erfolgreich fortzusetzen. Wir brauchen den Mut der Politik dazu, unsere humane Gesellschaft menschengerecht zu gestalten. Wir brauchen den Einfallsreichtum unserer Wissenschaftler, die den Blick in die Zukunft richten. Und wir brauchen die Zukunftsforschung als Disziplin wie in den Vereinigten Staaten und in der Schweiz, wo sie selbstverständlich ist. Dies ist Aufgabe und Chance des Zentrums und der Institute. Die beiden Institute arbeiten in eigener wissenschaftlicher Verantwortung, aber sie sollten sich stets als Teil des gesamten Zentrums verstehen.

Ich schließe nicht aus, dass das Wissenschaftszentrum Keimzelle weiterer autonomer wissenschaftlicher Einrichtungen, oder eines Tages vielleicht auch wissenschaftlicher Politikberatung mit Visionen für das neue Jahrhundert werden kann. Wissenschaftliche Politikberatung steht ja oft vor der Gefahr, große Fortschreibungen von Sachverhalten in die Zukunft, also distanzierte Extrapolationen zu betreiben. Wie schmerzlich dabei eine Risikoabschätzung vermisst werden kann, zeigt das Beispiel der Kernenergie in den letzten Jahren. Allerdings muss Politik sich davor hüten, die wissenschaftliche Beratung folgenlos frei Haus zu bestellen, sie gar für eigene Zwecke hinzubiegen oder sie als Pseudoinstanz im parteipolitischen Schlagabtausch zu missbrauchen.

Ich wünsche dem Wissenschaftszentrum, dass es unverzichtbar wird, nicht mehr wegzudenken als Teil der reichhaltigen Forschungslandschaft unseres Landes, dass es durch die Qualität seiner Arbeit Renommee und Reputation erhält, den Dialog in Gang bringt, vorhandene Sprachlosigkeit zwischen den Disziplinen der Wissenschaft sowie zwischen der Wissenschaft und dem wirklichen Leben, wie Max Weber das nennt, überwindet, dass es mit unseren Hochschulen und Forschungseinrichtungen eng und freundschaftlich zusammenarbeitet, dass es die Unterstützung, die Sympathie, die Hilfe der Wirtschaft, der Kultur und der gesellschaftlichen Gruppen findet. Und nicht zuletzt wünsche ich dem Wissenschaftszentrum, dass es die Politik weiser macht, als sie jetzt ist.

Vordenken und Nachdenken – der verantwortliche Umgang mit der Zukunft*

I.

Wenn wir über Wertschöpfung sprechen, dann geht es um zentrale Fragen. Was sind die Maßstäbe einer neuen Ökonomie? Welche Werte – materielle und geistige – wollen und können wir schaffen? Aus welchen Werten wollen und können wir schöpfen? Dass Sie auf diese wichtigen Fragen Antworten suchen, dass Sie das in Dortmund tun, scheint mir sinnvoll. Kaum eine Stadt ist dafür besser geeignet als Dortmund. Dortmund und das gesamte Ruhrgebiet haben eine große Tradition industrieller Wertschöpfung – mit allen Vorzügen und mit allen Schattenseiten der frühen Konzentration auf klassische Industriezweige. Sie haben aber zugleich hervorragende Chancen, ökonomische Werte auch zu einer Zeit zu schöpfen, die nicht mehr in erste Linie durch industrielle Produktion geprägt ist.

Das größte Defizit ist, dass noch zu wenige neue Arbeitsplätze entstehen, um den Verlust alter Arbeitsplätze auszugleichen und zu übertreffen. Es gibt viel zu viele Arbeitslose. Zugleich hat sich jedoch kaum irgendwo sonst in Deutschland und in Europa die Arbeitswelt in den vergangenen dreißig Jahren stärker verändert als in Dortmund und im Ruhrgebiet. Der Dienstleistungsanteil bei den Arbeitsplätzen liegt in Dortmund inzwischen bei rund zwei Dritteln. Für diesen erfolgreichen Wandel gibt es viele Gründe, an erster Stelle die Bereitschaft der Menschen, diesen Wandel mitzutragen und mitzugestalten. Die Unterstützung durch die Politik kommt hinzu. Wir haben viel in Infrastruktur investiert, vor allem in unsere Hochschulen und Forschungseinrich-

* Rede auf dem Kongreß des Wissenschaftszentrums Nordrhein-Westfalen »Wertschöpfung – Maßstäbe für eine neue Ökonomie« am 18. November 1997 in Dortmund, in: *Nachdenken über den Fortschritt – 10 Jahre Wissenschaftszentrum Nordrhein-Westfalen. Reden von Johannes Rau*, hg. von Gert Kaiser, WZ NRW 1998, S. 79–94.

tungen. Ich erinnere an die Gründung der Universitäten in Bochum und in Dortmund und an die fünf Gesamthochschulen.

Wirtschaftlicher Wandel braucht einen langen Atem, aber dann trägt er auch Früchte: Vor zehn Jahren, 1987, wurden die Top-Manager Deutschlands nach dem idealen Industriestandort in der Bundesrepublik gefragt. Fünf Prozent nannten auf diese Frage das Ruhrgebiet. Damit lagen wir damals ziemlich weit hinten. 1997 entschieden sich auf die gleiche Frage fünfzehn Prozent der Top-Manager für das Ruhrgebiet. Das ist eine Verdreifachung in zehn Jahren. Damit liegen wir heute auf Platz drei.

II.

Dieser Jahreskongress könnte auch den Untertitel tragen: »Von Oberhausen nach Dortmund.« Vor fünfundzwanzig Jahren, im April 1972, fand in Oberhausen ein Kongress statt, der damals weit und mit langdauernder Wirkung in Politik und Gesellschaft ausstrahlte. Eingeladen hatte die damals und noch immer größte Industriegewerkschaft der Welt, die IG Metall. Zu den Rednern gehörten Gustav Heinemann, Olof Palme, Heinz Oskar Vetter und Erhard Eppler. Letzterer sprach 1972 über die Qualität des Lebens, über eine ökologische Wirtschaftsweise, über die Besteuerung umweltschädlicher Produkte; er sprach über das Verursacherprinzip und über die Notwendigkeit, in die Marktpreise auch externe Kosten einzubeziehen. Was Erhard Eppler 1972 sagte, klang damals neu und unerhört. Heute klingt es beinahe vertraut. Aber weil wir noch zu wenig praktische Schlussfolgerungen aus unseren guten Einsichten ziehen, ist es auch heute noch aktuell. Das zeigt wieder einmal, dass der Fortschritt in den Köpfen beginnt und im Alltag praktisch werden muss.

Wer sich an diese Zeit erinnert, an das Jahr 1972, der denkt an die Aufbruchstimmung, an den Tatendrang, auch an die Begeisterung, die damals herrschten – und er vermisst all das in der Gegenwart um so stärker. 1972 – das war das Jahr des engagierten Bürgers. Das war wohl der Höhepunkt einer Zeit voller Hoffnungen: auf Reformen in Staat, Wirtschaft und Gesellschaft, Hoffnung auf mehr politisches Engagement und stärkere politische und gesellschaftliche Teilhabe, Hoffnung auf eine andere Art, Politik zu machen. Nicht alles, aber Vieles von dem, was damals als kühne Vision begann, ist inzwischen Wirklichkeit geworden.

»Creating Added Value« heißt die englische Übersetzung des Kongress-Titels. Worin besteht »zusätzlicher Wert«? Aus einer einseitig strukturierten Industrieregion eine Region zu machen, die auf vielen Beinen sicher stehen kann, das ist ohne Zweifel ein zusätzlicher Wert. Dafür zu sorgen, dass viele Menschen sichere Arbeitsplätze finden können, das ist ein großer zusätzlicher Wert. Leider können wir ihn in Deutschland seit vielen Jahren nur so unzureichend verwirklichen, dass es uns schmerzen muss. Darum ist mein erster Wunsch an diesen Kongress, dass er Hinweise gibt, dass er Wege aufzeigt, dass er Mut macht, dass er uns zeigt, wie Arbeit wieder den Wert erhalten kann, der ihr zukommt, wie wieder mehr Menschen die Chance und das Recht bekommen, durch Arbeit ihre Lebensgrundlage eigenverantwortlich zu sichern. Das ist und bleibt einer der wichtigsten Maßstäbe jeder Ökonomie, auch einer neuen Ökonomie im Übergang zum 21. Jahrhundert.

III.

Wenn ich es recht sehe, sind es im Kern drei Fragen, die Sie auf diesem Kongress bewegen werden und auf die Sie Antworten suchen: Die Fragen handeln von der Schöpfung der Werte, vom Bewahren der Schöpfung und vom Wert der Waren.

Wertschöpfung in der Wirtschaft ist kein Selbstzweck. Sie sichert die Existenz, und sie ist – über das Materielle hinaus – existenziell. Sie dient nicht einer irgendwie definierten, anonymen Wettbewerbsfähigkeit, sondern sie muss dem Menschen dienen. Sie muss so organisiert werden, dass die Lebensgrundlagen auch für zukünftige Generationen und für die Menschen überall in unserer einen Welt gesichert bleiben. Sie muss aber auch den Eigenwert achten und respektieren, den wir in der Vielfalt der Natur und in der gesamten Schöpfung erkennen. Ernesto Cardenal, den ich vor fünfundzwanzig Jahren kennen- und schätzengelernt habe, hat einmal gesagt: »Die ganze Schöpfung ist die Schönschrift Gottes, und in seiner Schrift gibt es nicht ein sinnloses Zeichen.«

Wir müssen fragen: Was können wir tun, um Werte zu erhalten, die erhaltenswert sind, und was können wir tun, um das Entstehen neuer Werte in unserer Gesellschaft zu fördern? Welche Rolle kann, darf und muss die Politik dabei spielen? Bei welchen Wertfragen sollte sie sich besser zurückhalten? Eines ist sicher: Welchen Beitrag die Politik auch immer leistet, sie muss das mit realistischem Blick für ihre eigenen Handlungsmöglichkeiten tun.

IV.

Wir leben in einer Zeit, in der schon die Halbierung der Arbeitslosenzahlen in einer absehbaren Frist Vielen als eine viel zu kühne, unrealistische Vision erscheint. Wer hätte sich vor fünfundzwanzig Jahren träumen lassen, dass die kühnsten Visionen einmal so karg aussehen würden? Damals war Vollbeschäftigung selbstverständlich. Auf dieser Grundlage ging es um Wohlstand, um gerechte Verteilung und um Lebensqualität. Damals hatten unsere Träume eine andere Dimension. Damals wollten wir froh zu neuen Ufern aufbrechen. Heute wären wir froh, wenigstens das rettende Ufer zu erreichen. Damals gab es den Aufbruch, der jetzt so oft gefordert wird, aber sich nicht so recht einstellen will. Es gab ihn, weil viele Menschen auf vielen Feldern Neues wollten: neuen Wohlstand für alle, auch bessere Lebensqualität durchsetzen; die Demokratie mit neuem Leben erfüllen; die Gleichberechtigung der Frauen voranbringen; gleiche Chancen im Bildungswesen schaffen – unabhängig vom Geldbeutel der Eltern; die Wirtschaft stärker in den Dienst der Menschen nehmen; den ungebremsten Raubbau an der Natur stoppen. Das waren nach meiner Überzeugung richtige Ziele, Ziele, die bis heute ihre Gültigkeit behalten haben. Damals waren es Ziele, die motivierten, die Viele mobilisierten und Vielen Orientierung gaben. Damals waren es vor allem Ziele, die durch richtige Politik schnell erreichbar schienen. Heute sind wir nüchterner und in manchem auch ernüchtert. Wir haben lernen müssen: Politik kann nicht alles. Sie hat keinen Zauberstab, mit dem sie die Wirklichkeit auf einen Schlag verwandelt.

Etwas anderes, Entscheidendes ist hinzugekommen: Wir sind auch deshalb ernüchtert, weil viele Erfolge und viele Erfolgsfeiern hinter uns liegen. Auch das zeigt sich hier im Ruhrgebiet deutlicher als andernorts: Als Luise Albertz, die damalige Oberbürgermeisterin von Oberhausen, 1972 den Kongress der IG Metall begrüßte, beschrieb sie mit deutlichen Worten die drängenden Umweltprobleme in ihrer Stadt und im Ruhrgebiet. Ich behaupte nicht, wir hätten das Ruhrgebiet inzwischen in ein Naturidyll verwandelt. Das kann auch nicht unser Ziel sein. Aber wer nüchtern zur Kenntnis nimmt, wie sich die Wasserqualität in den Flüssen und Seen des Ruhrgebiets, wie sich die Luftqualität verbessert haben, wie auch die Sanierung der Böden vorangekommen ist und wie bei alledem auch viele neue Arbeitsplätze in der Umweltwirtschaft entstanden sind, der muss zu dem Ergebnis kommen, dass wir Verbesserungen erreicht haben, die uns vor fünfundzwanzig Jahren geradezu utopisch vorgekommen wären.

Das hat die Politik nicht alleine geschafft, aber sie hat dabei geholfen. Wer nach weiteren Beispielen sucht, dem empfehle ich, die Schauplätze der Internationalen Bauausstellung Emscher Park aufzusuchen oder sich anzuschauen, was an Solartechnik im Ruhrgebiet neu entsteht – und das sowohl in der Produktion als auch in der Nutzung dieser Technik. Wir haben eine Menge erreicht, aber nach fünfundzwanzig Jahren ist auch Anlass und Gelegenheit zu fragen: Was nehmen wir uns vor für die kommenden fünfundzwanzig Jahre? Was kann uns wieder wirklich zukunftsfroh machen und was kann uns neue Lust auf die Zukunft geben? Ich will versuchen, Ihnen an einigen Beispielen zu zeigen, was das sein könnte.

V.

Für unsere Zukunft wird entscheidend sein, wie wir die Arbeit so organisieren und so fortentwickeln, dass die Bedürfnisse der Menschen mit den Erfordernissen des Wirtschaftens in Übereinstimmung gebracht werden. Die Arbeit dient dem Lebensunterhalt. Das gibt ihr unmittelbar einen Wert. In der Arbeit – und das gibt ihr einen weiteren Wert – entfalten sich aber auch menschliche Fähigkeiten. Darum hat Hans Küng recht, wenn er sagt: »Ohne sinnvolle Arbeit geht ein Stück Menschenwürde verloren.« Darum sind diejenigen keine weltfremden Idealisten, die auf den Sinn der Arbeit für das Selbstwertgefühl und für die Identität des Einzelnen aufmerksam machen. Darum ist es alles andere als eine akademische Betrachtung, auch auf den Wert der Arbeit für den Zusammenhalt von Staat und Gesellschaft hinzuweisen. Wer in der Arbeit dagegen nur den reinen Kostenfaktor sieht, der so weit wie möglich reduziert werden muss, der hantiert mit sozialem Sprengstoff, der rüttelt an den Grundfesten unserer westlichen Zivilisation – ob ihm das bewusst ist oder nicht.

VI.

Es mag sein, dass wir auf lange Sicht eine neue Einstellung zur Arbeit bekommen. Dafür gibt es erste Anzeichen. Es gibt nicht wenige, die glauben, dass aus dem Mangel an herkömmlicher Arbeit auch neuer Bürgersinn erwachsen könnte. Neben die reguläre Erwerbsarbeit könnte ein Mehr an freiwilliger Gemeinschaftsarbeit und ein Mehr an sozialer Selbsthilfe treten. Bei tendenziell sinkender Arbeitszeit könnten mehr Menschen mehr Zeit finden für aktive Nachbarschaftshilfe, für ehrenamtliches Wirken in Vereinen, aber auch für die Pflege der Städte und die Bewahrung und Förderung von Kultur und Kunst, mehr Zeit auch für Eigenarbeit. Viele stellen nämlich fest, dass sie eine ganz andere, engere Bindung zu Dingen entwickeln, die sie selbst geschaffen haben. Das wäre eine Gesellschaft, die nicht mehr einseitig darauf aus wäre, mehr zu besitzen, sondern besser zu leben. Das wäre eine Gesellschaft, in der die Zeit außerhalb der Erwerbsarbeit zu einem Gewinn für alle und nicht zu einer Last würde. Das wäre eine Gesellschaft, die weiter wüchse, die sich entwickelte, aber vielleicht stärker in anderen Dimensionen und Währungen: nämlich in Zeit, in Wohlfahrt und weniger in Geld und Waren. Das wäre auch eine Gesellschaft – ich sage das vor allem mit Blick auf ehrenamtliches Engagement und bürgerschaftliche Selbstorganisation –, die einen stärkeren inneren Zusammenhalt haben könnte, als sie ihn zur Zeit hat; eine Gesellschaft, in der Gemeinsinn und Solidarität wieder einen höheren Stellenwert hätten, mit einer klugen Mischung von Arbeitszeiten, Bildungszeiten, Sozial- und Freizeiten. Eine solche Zeitpolitik könnte zu einem wichtigen Schlüssel für eine humane und zugleich erfolgreiche Gesellschaft werden – auch für eine wirtschaftlich erfolgreiche Gesellschaft.

VII.

Hannah Arendt hat in ihrem Buch *Vita activa oder Vom tätigen Leben* darauf hingewiesen, wie jung die hohe Meinung ist, die wir von der Arbeit haben. Erst zu Beginn unseres Jahrhunderts, so sagt sie, habe sich die Gesellschaft im ganzen in eine Arbeitsgesellschaft verwandelt. Max Weber hat das Ergebnis formuliert, dass nämlich die« nutzlos vertane Zeit gleichbedeutend mit einem gottlosen Frevel wurde«. Und es ist – zumindest in den westlichen Industriegesellschaften – beinahe zur Norm geworden, dass alle Zeit außerhalb der Erwerbsarbeit als »nutzlos vertane Zeit« gilt.

Die Frage muss erlaubt sein, ob der Spitzenplatz, den die Erwerbsarbeit in unserer Wertehierarchie einnimmt, in der Zukunft noch Bestand haben wird. Vieles, was wir heute über die Zukunft der Arbeit denken, wird nur über ein neues Verständnis von Arbeit und über ein neues Selbstverständnis der Arbeitenden zu erreichen sein. Wir müssen uns auf die Zukunft vorbereiten, auf die Änderungen, die sich abzeichnen. Bei allem Wandel dürfen wir aber nicht blind werden für das, was bleibt oder was sich nur wenig ändert. Wir müssen klar sehen: Die Erwerbsarbeit wird auch in Zukunft über Status und Einkommen maßgeblich entscheiden. Der Mensch lebt nicht vom Brot allein, aber ohne Brot kann er nicht leben.

Darum bleibt die Schaffung und die Erhaltung von Arbeitsplätzen von so außerordentlicher Bedeutung. Darum müssen wir entschieden mehr tun, damit alle Menschen sich ihren Lebensunterhalt selbst erarbeiten können. Darum brauchen wir mehr Gründungen, mehr Spitzentechnik, mehr Investitionen in Bildung, Wissenschaft und Forschung. Darum brauchen wir intelligente Arbeitszeitregeln, die auch längere Betriebszeiten mit kürzeren Arbeitszeiten verbinden. Darum brauchen wir geringere Lohnnebenkosten und weniger Überstunden. Keine Diskussionen um das »Ende der Arbeitsgesellschaft« dürfen verdecken, dass es für die allermeisten Menschen aus finanziellen, aber auch aus sozialen Gründen keine Alternative zur Erwerbsarbeit gibt.

VIII.

Die meisten Menschen spüren, dass sich die Grundlagen und der Rahmen unserer Gesellschaft tiefgreifend ändern. Die heftige Diskussion um die 610-Mark-Jobs ist nur ein Symptom unter Vielen. Die Rentenbeiträge werden erhöht, während die Rentenansprüche gesenkt werden sollen. Vergleichbares gilt auch für andere Teile des sozialen Sicherungssystems. Der Flächentarifvertrag, ein wesentliches Element unserer wirtschaftlichen und gesellschaftlichen Ordnung, steht unter Druck: In den neuen Ländern gelten Flächentarifverträge nur noch für rund 50 Prozent der Arbeitnehmer in der Metall- und Elektroindustrie. Und in den westdeutschen Ländern ist der entsprechende Anteil seit 1984 von 75 auf 65 Prozent zurückgegangen. In vielen Firmen der Computer- und Elektronikbranche sind die Gewerkschaften heute ganz draußen vor der Tür. Zugleich sorgen neue Formen der Mitarbeiterbeteiligung dafür, dass die Beschäftigten am wirtschaftlichen Erfolg – aber auch am eventuellen Misserfolg – teilhaben. Während die soziale Ungleichheit insgesamt zunimmt und diejenigen immer stärker belastet werden, die auf nichts anderes als auf ihr Arbeitseinkommen zurückgreifen können, wächst zugleich die Zahl der Menschen, denen Einkommen aus ganz verschiedenen Quellen zufließen.

Tragende gesellschaftliche Pfeiler, die jahrzehntelang gehalten haben, scheinen plötzlich unterspült. Die Reaktionen darauf sind – je nach Vorurteil und Interessenlage – ganz unterschiedlich: Die einen freuen sich offen oder insgeheim darüber, dass traditionelle Pfeiler unterspült werden, andere wollen jeden dieser Pfeiler belassen, wie er ist, obwohl er nur durch Veränderungen stabil bleiben kann. Der Wandel, die wachsende Unübersichtlichkeit und die Vielfalt, die auch eine große Zahl neuer Chancen eröffnen, erfordern aber differenzierte Lösungen und keine reflexhaften Antworten aus Vorurteilen und Interessen. Das bloße Festhalten am früher Bewährten kann schließlich im Festhalten am Untauglichen enden. Genausowenig können wir es uns leisten, eigentlich noch tragende Pfeiler umzustürzen. In einer Welt, in der nur der Wandel beständig ist, gibt es keine Alternative zur ständigen Prüfung und Verbesserung des Bestehenden. Das ist gegen die Bequemlichkeit, das ist gegen die Angst vor dem Wandel, aber es ist der einzige Weg, verantwortlich mit der Zukunft umzugehen.

Heute sind viele Menschen unsicher, wenn sie an ihre Zukunft und an die Zukunft ihrer Kinder denken. Viele, die von der Arbeit ausgeschlossen sind, die Angst um ihren Arbeitsplatz haben oder die gezwungen sind, zum Sozialamt zu gehen, werden mutlos und sehen keine Perspektive. Das ist nicht nur schrecklich für die Betroffenen, das ist auch eine schwere Belastung für unser Land. Wo nämlich Angst, Resignation und Orientierungslosigkeit vorherrschen, da entsteht kein Klima für Erneuerung. Wer Angst hat vor dem, was morgen wird, der klammert sich mit aller Kraft an das, was heute ist, Angst erzeugt Risikoscheu. Erst ein Grundgefühl von Sicherheit, Verlässlichkeit und Vertrauen macht offen für neue Wege und für den Mut zum Experiment, ohne den es keinen Fortschritt geben kann. Ein Grundgefühl der Sicherheit und Gerechtigkeit, das nicht lähmt, sondern das beflügelt – das ist der Stoff, aus dem Erneuerung entsteht. Das heißt nicht, die Veränderung um der Veränderung willen zu betreiben, das Gute für das Neue und andere wegzuwerfen. Es heißt vielmehr: Augenmaß zu beweisen.

IX.

Ich wünschte mir, wir könnten manche öffentliche Debatte mit mehr Augenmaß führen. Wir haben gelernt, dass der Staat keine Wunder vollbringen kann. Wir sollten darüber nicht vergessen, dass auch der Markt, bei allem, was er leistet, nicht die Patentlösung für jedes Problem bieten kann, mit dem wir es zu tun haben. Diese Erkenntnis ist nicht neu, aber unter dem Eindruck der vielzitierten Globalisierung muss sie offenbar wieder einmal neu gefunden werden. Es scheint, als sei Politik gegenüber der Wirtschaft in ihren Gestaltungsmöglichkeiten zurückgefallen. Es scheint, als habe die Politik Nachholbedarf in Sachen Globalisierung. Das ist verwunderlich, denn ich darf daran erinnern, dass der Internationalismus – damals sprach man nicht von Globalisierung – schon eine politische Bewegung war, als es den Handel mit Finanzderivaten und Optionen noch nicht gab, als noch niemand Dow-Jones und Hang-Seng kannte. Für die Arbeiterbewegung war grenzüberschreitende Solidarität von Anfang an ein wichtiger Teil ihres Selbstverständnisses und ihrer Strategie. Aus dieser Sicht ist es überraschend, dass heute das Kapital – und weniger die Arbeit – die Möglichkeiten der Globalisierung nutzt und in erster Linie von ihnen profitiert. Ulrich Beck spricht von der »Zwickmühle der Sozialpolitik im Zeitalter der Globalität«: Einerseits entwinde sich die Wirtschaft der nationalstaatlichen Politik, andererseits würden die sozialen Folgen den Auffangnetzen des Staates zugewiesen.

Gewiss, wir haben die Internationale Arbeitsorganisation (ILO) und wir haben die Welthandelsorganisation (WTO). Beide versuchen, soziale und ökologische Regeln für die Produktion und den Handel von Waren und Dienstleistungen zu finden. Wir haben den Internationalen Währungsfonds (IWF) und die Weltbank. Beide versuchen, der global vernetzten Finanzwelt einen Rahmen zu geben. Was fehlt, ist die politische Gestaltung des Ganzen – das, was man »Weltordnungspolitik« nennen könnte. Soziale Standards setzen, das heißt auf einer ganz grundlegenden Ebene zunächst einmal, dass wir den Menschenrechten weltweit Geltung verschaffen müssen. Die ILO-Konvention Nummer 138 aus dem Jahr 1972 zum Beispiel, die das Mindestalter für Erwerbstätigkeit auf vierzehn Jahre festlegt, hatten Anfang dieses Jahres erst einundzwanzig Entwicklungsländer ratifiziert. Wenn wir das fordern, wollen wir damit anderen Gesellschaften nicht von einem moralischen Podest herunter Ratschläge erteilen. Aber für uns sind die Menschenrechte ein unumstößlicher Wert, ein Grundwert.

Die globalen Umweltgefahren, beispielsweise die von uns Menschen verursachten Klimaveränderungen, machen besonders augenfällig, dass wir weltweit gültige Umweltstandards brauchen. Nur durch einen ökologischen Rahmen, der für das Wirtschaften weltweit gilt, können wir die Lebens- und Produktionsgrundlagen auf Dauer erhalten. Die Mehrheit der Firmen verlangt übrigens selbst danach. 91 Prozent der befragten Manager in der Bundesrepublik sind dafür, berichtet die *Wirtschaftswoche.* Sie verlangen nach Regeln, weil sie Verlässlichkeit wollen und keinen unfairen Wettbewerb.

Für falsch, ja gefährlich halte ich die Vorstellung, dass eine Schwächung der Politik infolge der wirtschaftlichen Globalisierung ganz gut sei, weil die Politik entweder ohnehin versage oder zuviel Einfluss habe. Wenn wir den Primat der Politik – demokratisch legitimierter Politik – insgesamt aufgäben, sei es in den Regionen, auf staatlicher oder auf internationaler Ebene, dann wäre das fatal. Es führte zum Abschied von der Demokratie. Wenn die Menschen das Vertrauen in die politische Gestaltbarkeit ihrer wirtschaftlichen, sozialen und ökologischen Lebensbedingungen verlören, dann wäre auch die breite Zustimmung zu unserer Wirtschafts- und Gesellschaftsordnung bedroht. Das wäre dann wahrhaft Staatsgefährdung durch Politikversagen. Ich sehe gerade in der Globalisierung der Wirtschaft eine Herausforderung und einen Auftrag für Europa. Eine staatliche Gemeinschaft von der Größe der Europäischen Union kann dem Vorrang der Politik wieder Geltung verschaffen: Wir brauchen die weitere Annäherung der nationalen Steuersysteme in Europa. Wir müssen die Sozialunion verwirklichen. Ich bin froh darüber, dass der Beschäftigungspolitik unter der luxemburgischen Ratspräsidentschaft endlich der Rang eingeräumt wird, der ihr in Europa zukommen muss. Es kann auf Dauer nicht richtig sein, sich in Europa gemeinsame Ziele bei Defiziten und Verschuldungsquoten vorzunehmen – so wichtig die sind –, nicht aber bei der Bekämpfung der Arbeitslosigkeit. Jacques Delors hat sich schon vor Jahren dafür eingesetzt, dass dieses zentrale Thema in Europa mehr Gewicht bekommt.

X.

Joseph Stiglitz, der Vizepräsident und Chef-Volkswirt der Weltbank, hat einmal gesagt: »Es geht nicht um Deregulierung, sondern darum, die richtige Regulierung zu finden.« Ich finde das lapidar und treffend. Rechtssicherheit, ein klarer Ordnungsrahmen für die Wirtschaft, Investitionen in die Infrastruktur, in Bildung und Wissenschaft, der Schutz der sozial Schwachen und die Bewahrung der natürlichen Lebensgrundlagen, das kann der Markt aus sich heraus nicht leisten, genausowenig wie es die Politik übernehmen könnte, die Menschen mit Gütern und Dienstleistungen zu versorgen.

Der *Economist* schreibt: »Das größte Problem unserer Generation besteht darin, dass unsere Erfolge auf wirtschaftlicher Ebene den Erfolg auf der politischen Ebene dermaßen übertreffen, dass Wirtschaft und Politik nicht miteinander Schritt halten können. Ökonomisch ist die Welt eine umfassende Handlungseinheit. Politisch ist sie zerstückelt geblieben.« Das Zitat stammt allerdings aus dem Jahr 1930. Am 29. Oktober 1929 war der New Yorker Börsenkrach. Das zeigt mir: So richtig es ist, dass der Staat sich dort zurückzieht, wo er in Wirklichkeit nicht gebraucht wird, so falsch und gefährlich ist es, wenn er seine stabilisierende Rolle dort nicht spielen kann oder will, wo sie eigentlich dringend nötig ist.

XI.

Der Markt braucht einen Rahmen, weil er wertblind ist. Der Markt kennt von sich aus keine wahren oder falschen Preise. Aber die Politik kann und muss dazu beitragen, dass sich am Markt Preise bilden, die ökologisch richtige Signale aussenden. So könnten wir einerseits die Arbeit von Kosten entlasten und auf der anderen Seite umweltschädlichen Energie- und Materialverbrauch mit seinen wirklichen Kosten belasten. Das würde die Wirtschaft nicht schwächen, sondern langfristig stärken, zumal eine solche Veränderung nur berechenbar und schrittweise erfolgen darf. Höhere Energiepreise können auf lange Sicht sogar zu niedrigen Energiekosten führen, weil sie starke Anreize geben, Energie einzusparen. In den Vereinigten Staaten sind die Energiepreise wesentlich niedriger als bei uns. Trotzdem geben dort die Haushalte und die Industrie einen höheren Anteil ihrer Budgets für die Energierechnung aus, weil sie viel mehr Energie verbrauchen. Das ist der Unterschied zwischen Energiepreisen und Energiekosten. Den sollte man kennen, denn dieser Unterschied hat es in sich.

Es ist viel von qualitativem Wachstum gesprochen und geschrieben worden. Ich halte nichts davon, im Einzelnen bürokratisch festlegen zu wollen, was wachsen soll und was nicht. Dafür müssen wir den Markt nutzen. Aber die Politik muss Ziele setzen und den Rahmen so gestalten, dass das auf dem Markt eine Wachstumschance bekommt, was auch ökologisch zu verantworten ist. Wir müssen die Marktwirtschaft erst noch gestalten, die Werte schafft, ohne die Natur dabei zu entwerten. Wir haben erste beachtliche Erfolge: Naturverbrauch und Wirtschaftswachstum lassen sich entkoppeln. Diese Entkoppelung muss noch weitergehen, wenn der Markt auf Dauer nicht die Grundlage seiner eigenen Existenz vernichten soll. Wenn die Natur verwirtschaftet würde, wäre es auch mit der Möglichkeit vorbei, neue Werte zu erwirtschaften.

XII.

Ich will ein zweites Beispiel dafür nennen, wo der Markt aus sich heraus kein Augenmaß entwickeln kann. Wir kommen, so scheint mir, dem Punkt näher, an dem wir fragen müssen: Wie viel gesellschaftliche Ungleichheit verträgt der soziale Friede, der ein eigener Wert, aber auch ein wichtiger Standortfaktor ist? Wir müssen fragen, ob nicht eine gleichmäßigere Verteilung nicht nur der Lebenschancen, sondern auch der realen Lebensbedingungen ein Wert ist, an dem es uns mangelt. Letztlich wird es nämlich auch für den Erfolgreichen belastend, in einer »Raffgesellschaft« zu leben, in der sich, wie es Marion Gräfin Dönhoff sagt, allzu Vieles nur ums Geldverdienen dreht, denn »es gibt Wichtigeres im Leben des Einzelnen wie auch im Leben der Nation«.

XIII.

In den siebziger Jahrenhaben wir über Lebensqualität diskutiert, über die Reformen, die nötig sind, um sie zu erreichen. In den achtziger Jahren war der Wertewandel ein großes Thema. Viele sahen schon ein postindustrielles Zeitalter heraufziehen und als Folge die Vorherrschaft postmaterialistischer Werte. Gleichzeitig – und in den neunziger Jahren wohl noch stärker werdend – wird über Werteverfall gesprochen. Ich fände es gut, wenn wir in Sichtweite des 21. Jahrhunderts wieder mehr über die Schöpfung von Werten sprächen – über Werte, die wir erhalten sollten, über neue Werte und darüber, was wir tun können, um sie zu fördern.

Die Euphorie vergangener Jahrzehnte ist wohl endgültig vorüber. Aber Zuversicht und neue Lust auf die Zukunft brauchen wir auch heute. Wir sollten und wir können auch den Mut dazu haben. Wir können für die kommenden fünfundzwanzig Jahre keinen Mangel an lohnenden Aufgaben beklagen. Ich habe versucht, einige Beispiele dafür zu nennen: Wir müssen die Erwerbsarbeit neu sichern und auf ein stabiles

Fundament stellen. In den neuen Ländern ist das besonders nötig. Nicht als Ersatz, aber zusätzlich sollten wir neue Formen der Arbeit weiterentwickeln. Gemeinsinn und Solidarität müssen als wichtige Werte wieder in den Mittelpunkt rücken. Eine gerechtere Verteilung von Chancen und auch von realen Lebensbedingungen kommt nicht von selbst. Sie bleibt unsere Aufgabe. Wir können die Globalisierung als Chance begreifen, weil sie durch richtige Rahmensetzung sozial und ökologisch gedeihlich werden kann. Aber auch dieser Rahmen muss gebaut werden. Wir müssen das Gleichgewicht zwischen der Rolle der Politik und der Rolle des Marktes neu justieren. Und wir müssen deshalb auch dafür sorgen, dass die Marktpreise die ökologisch richtigen Signale aussenden. Ich bin mir bewusst, dass dies nur ein Aufriss möglicher Zukunftsaufgaben ist. Er ist gewiss auch nicht vollständig. Bildung, Technik. Mobilität, Gesundheit, Sicherheit – auch dies werden große Themen der nächsten fünfundzwanzig Jahre sein. Auch sie stellen uns vor große Aufgaben.

XIV.

Ohne die Hilfe der Wissenschaft wären wir jedenfalls außerstande, auch nur einer der großen Anforderungen gerecht zu werden, die sich uns stellen. Darum freue ich mich darüber, dass die Themen, von denen ich gesprochen habe, auch die Arbeit des Wissenschaftszentrums und seiner Institute bestimmen: Zukunft der Arbeit, Globalisierung, Nachhaltigkeit, soziale und kulturelle Werte in unserer und in anderen Gesellschaften. Zu alldem leistet das Wissenschaftszentrum Nordrhein-Westfalen eigene Beiträge und bereichert damit die öffentliche Diskussion weit über Nordrhein-Westfalen hinaus.

Die Wissenschaft hat bis heute eine große Debatte darüber geführt, wie wertbestimmt sie sein muss und wie wertfrei sie sein kann. Diese Debatte wird nie abgeschlossen sein. Wir können die Chancen und Risiken von morgen und übermorgen heute nicht alle erkennen. Das wird ganz deutlich an den neuen Möglichkeiten der Biotechnologie. Wissenschaft muss sich immer und immer wieder aufs neue ihrer Grundlagen und der absehbaren Folgen ihres Tuns versichern. Der Ruf nach Werten ist immer auch der Ruf und das Bedürfnis nach Orientierung. In den Notwendigkeiten und Bedrängnissen des Alltags fehlen uns – zumal in der Politik – oft Wegweiser, die uns die Richtung zeigen. Wissenschaft kann uns das Abwägen zwischen verschiedenen Werten nicht abnehmen, aber sie kann uns transparent machen, was zu bedenken und was zu tun ist, wenn wir bewerten und entscheiden. Darum ist wissenschaftliche Politikberatung wichtig und unverzichtbar. Darum sind die Kongresse des Wissenschaftszentrums nötig und sinnvoll. Darum komme ich immer wieder gerne zu Ihnen, um mit Ihnen und vor Ihnen zu sprechen und von Ihnen zu lernen.

XV.

Ohne das intensive Gespräch zwischen Wissenschaft, Wirtschaft, Kultur und Politik werden wir keine Orientierung finden. Wir würden sogar bereits gewonnene Orientierung wieder verlieren. Darum bin ich dankbar, dass das Wissenschaftszentrum uns hilft, diesen nötigen Dialog in Gang zu bringen und in Gang zu halten. Inzwischen ist der Jahreskongress ein wichtiger Impulsgeber geworden. Er hilft uns dabei, gemeinsam nach einem verantwortungsbewussten Umgang mit der Zukunft zu suchen. Und darum wünsche ich Ihnen, dass Sie aus diesem Kongress ein Ereignis machen, an das zu erinnern auch in fünfundzwanzig Jahren noch lohnt, so wie wir heute an Oberhausen denken.

»Ich will der Bundespräsident aller Deutschen sein und der Ansprechpartner für alle Menschen, die ohne einen deutschen Pass bei uns leben und arbeiten«*

Ich danke ganz herzlich allen, die mich gewählt haben, und bekunde denen meinen Respekt, die sich für die Mitbewerberinnen entschieden haben, denen ich meinen Respekt nicht versage. Ich sage jetzt: Es ist für mich nicht nur eine selbstverständliche Pflicht, sondern auch eine persönliche Verpflichtung, von dem Tag an, an dem ich das Amt des Bundespräsidenten wahrnehme, über alle Grenzen und über alle Unterschiede hinweg der Bundespräsident aller Deutschen zu sein und der Ansprechpartner für alle Menschen, die ohne einen deutschen Pass bei uns leben und arbeiten.

Am 9. November werden wir an den Tag vor zehn Jahren denken, an dem die Mauer gefallen ist. Wir werden und wir müssen uns daran erinnern, dass wir das denen zu verdanken haben, die sich mit Kerzen, Demonstrationen, Liedern und Gebeten von einem System freigemacht haben, in dem sie nicht mehr leben wollten. Aber wir dürfen nicht vergessen: Dass ihnen das gelungen ist, das haben wir Menschen in Warschau, in Prag, in Budapest und in vielen anderen Ländern zu verdanken, ohne die die deutsche Bürgerrechtsbewegung ihren Erfolg nicht hätte haben können.

Wir wollen daran erinnern und wir wollen daraus lernen, dass die deutsche Einheit und der europäische Einigungsprozess zwei Seiten einer Medaille sind. Es liegt in unserem eigenen und im europäischen Interesse, unsere Anstrengungen fortzusetzen, damit die Menschen in allen 16 Ländern der Bundesrepublik gleiche Lebenschancen haben.

Heute vor 50 Jahren ist das Grundgesetz in Kraft getreten. Ich wünsche mir, dass wir uns, bei allen Kontroversen über einzelne Sachfragen und bei allem politischen Streit, den es gibt und geben muss und immer

* Dankesrede nach der Wahl zum Bundespräsidenten am 23. Mai 1999.

geben wird, stets aufs Neue darauf besinnen, dass wir in unserer Verfassung Etliches unverrückbar festgeschrieben haben: dass die Würde des Menschen unantastbar ist – da steht nicht: die Würde der Deutschen, sondern da steht: die Würde des Menschen –, dass Frauen und Männer gleiche Chancen und gleiche Rechte haben sollen, dass das private Eigentum zugleich dem Allgemeinwohl dienen soll.

Es hat eine lange Diskussion gegeben über das Grundgesetz und seine Chancen, über das Verhältnis von Vaterlandsliebe, Patriotismus und Nationalismus. Ich glaube, dass Nationalismus und Separatismus Geschwister sind. Ich will nie ein Nationalist sein, aber ein Patriot wohl. Ein Patriot ist jemand, der sein Vaterland liebt, ein Nationalist ist jemand, der die Vaterländer der anderen verachtet. Wir aber wollen ein Volk der guten Nachbarn sein, in Europa und in der Welt.

Wir leben in einem Zustand des Krieges, der durch Menschenrechtsverletzungen und durch schreckliche Verfolgung hervorgerufen worden ist. Ich hoffe und wünsche, dass dieser Krieg nicht lange dauern muss, und ich hoffe, dass dann, wenn ich mein Amt antrete, die diplomatischen Bemühungen Erfolg gehabt haben, damit möglichst schnell Friede ist und Friede sein kann in Deutschland und in Europa.

Ich danke allen herzlich, die mir ihr Vertrauen gegeben haben, und ich bitte alle, ob sie mich gewählt haben oder nicht: Nehmen Sie mich so an, wie ich bin. Haben Sie Geduld mit meinen Schwächen, und suchen Sie ein bisschen mit nach meinen Stärken. So sage ich: Ich grüße alle Deutschen, ich grüße unsere Nachbarn, und ich grüße unsere Freunde überall in der Welt.

Die Sicherung von Freiheit, Gerechtigkeit und Solidarität – Aufgabe verantwortlicher Politik in Zeiten der Globalisierung*

I.

Ich danke für die guten Wünsche, die ich heute von dieser Stelle aus mit auf den Weg bekommen habe. Ich empfinde sie ebenso als Ansporn und Ermutigung wie die große Mehrheit der vielen tausend Briefe, die mich seit dem 23. Mai erreicht haben. Ich freue mich über das große Vertrauen, das Viele in mich setzen. Das ist mir genauso ernsthafte Verpflichtung, wie ich für die kommenden Jahre kritische Wegbegleitung erbitte. Mein besonderer Dank gilt dabei heute dem Mann, dessen Mitbewerber ich vor fünf Jahren war und dem ich heute nachfolge: Professor Dr. Roman Herzog.

Lieber Herr Herzog, fünf Jahre haben Sie unser Land in aller Welt repräsentiert. Sie haben das auf Ihre unverwechselbare Weise und mit Ihrem Temperament getan: mit klarer Sprache, direkt, ohne Schnörkel und unverblümt. Jeder konnte spüren, was Ihnen wichtig war, und auch, dass Sie sich selbst nicht für am wichtigsten halten. Dazu haben Sie mit Ihrem Witz und Ihrer Selbstironie beigetragen – Eigenschaften, die deutschen Hochschullehrern, zumal der Jurisprudenz, durchaus nicht immer nachgesagt werden. Was Sie zur jüngeren deutschen und europäischen Geschichte gesagt haben und dass Sie zur richtigen Zeit und am richtigen Ort auch geschwiegen haben, das hat das Vertrauen in unser Land gestärkt. Dafür danke ich Ihnen.

Vor Ihnen liegen jetzt Jahre, in denen Sie sich wieder der Wissenschaft widmen wollen.

Da darf man gespannt sein: Welche Konsequenzen werden die praktischen Erfahrungen des Bundespräsidenten Roman Herzog für den Grundgesetz-Kommentar des Staatsrechtlers Professor Dr. Roman Her-

* Antrittsrede als Bundespräsident bei der Gemeinsamen Sitzung von Bundestag und Bundesrat am 1. Juli 1999.

zog haben? Sie haben zuletzt 1986 den Artikel 54 unseres Grundgesetzes kommentiert, der die Aufgaben des Bundespräsidenten beschreibt. Ob wir mit einer baldigen Neukommentierung im Lichte eigener Erfahrungen rechnen dürfen?

Herzlichen Dank sage ich auch Ihnen, liebe Frau Herzog. Ihnen ist es neben all den Aufgaben als Frau des Bundespräsidenten mit großem Einsatz gelungen, öffentliche Aufmerksamkeit zu wecken für eine Krankheit, die Viele vorher nicht gekannt hatten, und dadurch vielen kranken Menschen zu helfen.

Ganz besonders grüße ich von dieser Stelle aus auch zwei meiner Vorgänger im Amt des Bundespräsidenten: Richard von Weizsäcker, dem ich seit Jahrzehnten freundschaftlich verbunden bin, und meinen bergischen Landsmann Walter Scheel, der in der kommenden Woche seinen achtzigsten Geburtstag feiern kann.

II.

Heute in sechs Monaten schreiben wir den 1. Januar 2000. Das Jahr 2000 gewinnt in manchen öffentlichen Diskussionen einen Stellenwert, der ans Unwirkliche grenzt. Das gilt in anderer Weise auch für den Gebrauch des Begriffs Globalisierung. Wenn von Globalisierung die Rede ist, dann klingt das manchmal wie die Verheißung eines neuen goldenen Zeitalters, manchmal aber auch, als würden alle Übel der Welt auf einen Begriff gebracht. Beides scheint mir falsch zu sein. Die Globalisierung bietet uns Deutschen und aller Welt große Chancen – wenn wir sie recht verstehen und richtig gestalten. Tatsächlich ist Globalisierung ja nichts anderes als die Einsicht, dass wir in unserer »einen Welt« stärker denn je voneinander abhängig und aufeinander angewiesen sind. Kein Land kann heute mehr nur deshalb sicher sein, dass eigene Fehler oder Fehler anderer ohne Folgen bleiben, weil es weit genug entfernt liegt, weil es wirtschaftlich leistungsfähiger, politisch einflussreicher oder militärisch stärker ist als andere. Weil uns das, was andere tun, selber mittelbar oder unmittelbar betrifft, kann es uns heute weniger denn je gleichgültig lassen, was in der Welt geschieht.

Allerdings hat nicht jedes Land politisch und auch nicht jedes Unternehmen wirtschaftlich das gleiche Gewicht. Einige können stärker dazu beitragen, dass alle anderen Vor- oder auch Nachteile haben. Man braucht kein Kenner der »Chaostheorie« zu sein, um zu wissen, dass kleinste Veränderungen an einer Stelle ganz unvermutete und oft große Folgen an anderer Stelle haben können. Die Globalisierung der Wirtschaft hat besondere Bedeutung. Sie stellt uns allen auf neue Weise die Frage nach dem richtigen Verhältnis zwischen privat bestimmtem wirtschaftlichen Handeln und demokratisch bestimmtem öffentlichen Handeln. Verantwortliche Politik muss dieses Verhältnis neu ordnen und die Frage beantworten, welche öffentlichen Aufgaben regional, welche national und welche nur international erfolgreich gelöst werden können.

Dabei will, soweit ich sehe, niemand alte Schlachten schlagen. Dass der Markt als Mechanismus zur Koordination und Organisation des Wirtschaftslebens allen anderen Prinzipien überlegen ist, wird von niemandem und nirgendwo mehr ernsthaft bestritten. Ganz unterschiedliche Auffassungen gibt es jedoch darüber, was der Markt kann, welchen Rahmen er braucht und welche Grenzen ihm politisch gesetzt werden müssen. Und genau darum dreht sich der wesentliche gesellschaftspolitische Streit nicht nur bei uns in der Bundesrepublik Deutschland; darüber streiten Wissenschaftler und Politiker, Gewerkschafter, Unternehmer und Intellektuelle in Frankreich und in den Vereinigten Staaten von Amerika ebenso wie in Japan und Großbritannien.

III.

Die Bürgerinnen und Bürger erwarten von den politischen Parteien Antworten darauf, wie privates Wirtschaften und öffentliche Verantwortung in Zeiten der Globalisierung im Interesse aller in ein neues Gleichgewicht gebracht werden können. Die Frage, wie das Spannungsverhältnis zwischen Freiheit, Gerechtigkeit und Solidarität bei uns zu Hause und im Weltmaßstab austariert werden soll, muss in ungezählten praktischen Fällen immer wieder neu beantwortet werden. Maßstäbe dafür bieten weder die Betriebswirtschaftslehre noch die Volkswirtschaftslehre. Es kommt darauf an, welches Bild vom Menschen und welches Bild vom Zusammenleben der Menschen wir haben. Das ist eine Frage, die jeden Einzelnen angeht und die – bewusst oder unbewusst – unser Handeln prägt. Die Politik darf dieser Frage nicht ausweichen, weder durch Flucht in weltfremde Ideologien noch durch das Verstecken hinter angeblichen Sachzwängen.

In der Politik geht es nicht um letzte Wahrheiten, sondern um richtige Lösungen. Der politische Streit sollte jeweils um die Frage gehen, welcher Vorschlag der beste ist im Interesse aller oder im Interesse der Vielen. Nur dann kann etwas von dem aufscheinen, was Hannah Arendt in die Worte gefasst hat: »Politik ist angewandte Liebe zur Welt.« Die politisch Verantwortlichen müssen die Bürgerinnen und Bürger ernstnehmen. Wir dürfen sie weder in Angst und Schrecken versetzen noch in falscher Sicherheit wiegen. Sie wollen wissen, woran sie sind. Sie haben Anspruch darauf zu erfahren, was die Politik will und worin sich die politischen Parteien unterscheiden. In der Demokratie ist es unerlässlich, dass die politischen Parteien deutlich machen: Es gibt Wege in die Zukunft, auch ganz unterschiedliche Wege, jenseits von Beliebigkeit und Prinzipienreiterei. In der Demokratie geht es nur in extremen Ausnahmefällen um »alles oder nichts«. Deshalb ist es bei aller Grundsatztreue besser, kleine Schritte tatsächlich zu gehen als darüber zu klagen, dass die Menschen sich für den großen Wurf nicht begeistern können. Das bedeutet nicht, auf weitgesteckte Ziele zu verzichten. Im Gegenteil: Weil der Weg zu einem politischen Ziel oft um viele Ecken und über manche Umwege führt, sind Weitsicht und Vorausdenken besonders wichtig. Stärker denn je müssen wir daran denken, welche Folgen politische Entscheidungen von heute für das Leben künftiger Generationen haben. Es gibt einen Egoismus des Gegenwärtigen zu Lasten der Zukunft, den ich für unzulässig halte, für den wir alle aber genügend Beispiele kennen.

Wenn wir die Chancen der Globalisierung nutzen wollen, dann muss die Politik diese Globalisierung aktiv gestalten. Das gilt für die soziale und für die ökologische Dimension wirtschaftlichen Handelns ebenso wie für die Gestaltung des technischen Fortschritts. Diesen Rahmen kann am besten eine über den Nationalstaat hinausreichende demokratische und soziale Rechtsordnung setzen. Wir müssen die politischen Konsequenzen aus der wirtschaftlichen Globalisierung ziehen.

IV.

Die wichtigste gesellschaftliche Aufgabe bleibt es, neue Arbeitsplätze zu schaffen. Das ist in erster Linie Aufgabe von Unternehmen. Die Politik muss den richtigen Rahmen setzen und die richtigen Impulse geben – für Angebot und Nachfrage. Neue Arbeitsplätze entstehen nicht auf Knopfdruck, und es gibt für sie kein Patentrezept. Wir brauchen ein Bündel von Initiativen, damit alle, die arbeiten können, sich ihren Lebensunterhalt auch tatsächlich selbst erarbeiten können. Wir brauchen mehr Gründungen, mehr Spitzentechnik, mehr Investitionen in Bildung, Wissenschaft und Forschung. Wir brauchen intelligente Arbeitszeitregeln, die längere Maschinenlaufzeiten mit kürzeren Arbeitszeiten verbinden. Wir brauchen geringere Lohnnebenkosten und weniger Überstunden.

Keine Diskussion um das »Ende der Arbeitsgesellschaft« darf und kann verdecken, dass es für die allermeisten Menschen – aus finanziellen, aber auch aus sozialen Gründen – keine Alternative zur Erwerbsarbeit gibt. Für unsere Zukunft wird entscheidend sein, wie wir die Arbeit so organisieren und so fortentwickeln, dass die Bedürfnisse der Menschen mit den Erfordernissen des Wirtschaftens in Übereinstimmung kommen. Die Arbeit dient dem Lebensunterhalt. Dieser Umstand verleiht ihr unmittelbar einen Wert. In der Arbeit – und das verleiht ihr einen weiteren Wert – entfalten sich aber auch menschliche Fähigkeiten. Darum hat Hans Küng recht, wenn er sagt: »Ohne sinnvolle Arbeit geht ein Stück Menschenwürde verloren.« Darum ist es alles andere als eine akademische Betrachtung, auf den Wert der Arbeit für das Selbstwertgefühl von Menschen und für den Zusammenhalt von Staat und Gesellschaft hinzuweisen. Wer in der Arbeit bloß einen reinen Kostenfaktor sieht, der so weit wie möglich reduziert werden muss – so wichtig der Anteil der Löhne am wirtschaftlichen Prozess auch ist –, der hantiert mit sozialem Sprengstoff, der rüttelt an den Grundfesten unserer westlichen Zivilisation – ob ihm das bewusst ist oder nicht.

Es mag sein, dass wir auf lange Sicht eine neue Einstellung zur Arbeit bekommen. Bei tendenziell sinkender Arbeitszeit könnten mehr Menschen mehr Zeit finden für aktive Nachbarschaftshilfe, für ehrenamtliches Wirken in Vereinen, aber auch für die Pflege der Städte und die Bewahrung und Förderung von Kultur und Kunst, mehr Zeit auch für Eigenarbeit. Das wäre auch eine Gesellschaft, die einen stärkeren inneren Zusammenhalt haben könnte, als sie ihn zur Zeit hat, eine Gesellschaft, in der Gemeinsinn und Solidarität wieder einen höheren Stellenwert hätten. Wer mich kennt, weiß, dass ich dabei auch an die sinnstiftende Arbeit von Kirchen und Religionsgemeinschaften denke.

V.

Zehn Jahre nach der Öffnung des Eisernen Vorhangs und dem Fall der Mauer sind wir noch immer auf der Suche nach einer neuen Ordnung, in Europa und weltweit. Es gibt die beiden Militärblöcke nicht mehr, die sich feindlich gegenüberstanden. Wir haben aber noch nicht jene gesamteuropäische Friedens- und Sicherheitsordnung schaffen können, die notwendig wäre, damit Krieg, zumindest in Europa, kein Mittel der Politik mehr ist. Von einer neuen Weltfriedensordnung, die das Leitbild der globalen nachhaltigen Entwicklung aufnimmt, sind wir noch weit entfernt.

Vor vierzehn Wochen begann in Jugoslawien, was kaum jemand am Ende dieses Jahrhunderts noch für möglich und nötig gehalten hatte. Die NATO setzte zum ersten Mal seit ihrer Gründung vor fünfzig Jahren militärische Mittel in Europa ein, die Bundeswehr nahm an den Kampfeinsätzen teil. Seit zwei Wochen schweigen die Waffen. Deutsche Soldaten wurden im Kosovo als Befreier begrüßt. Ich bin froh darüber, dass die Hoffnung auf ein Ende des Krieges, die ich am 23. Mai geäußert hatte, in Erfüllung gegangen ist, und dass es jetzt um dauerhafte Stabilität in Südosteuropa geht. Nun wird sich zeigen, dass der Friede der Ernstfall ist.

Über die rechtlichen, politischen, militärischen und moralischen Maßstäbe für die Teilnahme der Bundesrepublik Deutschland am Militäreinsatz gegen Serbien gab es eine ungewöhnlich ernsthafte Diskussion, in der dem jeweils Andersdenkenden weder Moral noch Vernunft bestritten wurden. Ich gehöre zu denen, die mit zerrissenem Herzen gesagt haben: Wir dürfen nicht tatenlos zusehen, wenn mitten in Europa Terror und Vertreibung um sich greifen. In einem solchen extremen Ausnahmefall ist auch der Einsatz militärischer Gewalt gerechtfertigt. Das ist eine außergewöhnliche Belastung für die betroffenen Soldaten und für die politische und militärische Führung. Wie diese Verantwortung wahrgenommen wurde und wird, das hat das Ansehen unseres Landes in der Welt gemehrt.

Was können und was müssen wir aus der heutigen Situation im ehemaligen Jugoslawien für die künftige Politik lernen? Für mich lautet die wichtigste Lehre: Wir müssen durch vorbeugende Politik die falsche Alternative zu vermeiden suchen, dass wir Schuld auf uns laden durch Wegschauen oder dass wir Schuld auf uns laden durch den Einsatz militärischer Mittel, der auch völlig Unschuldige trifft. Eine solche Politik für das friedliche Zusammenleben der Menschen in ganz Europa muss mit Nachdruck für die Menschenrechte eintreten, bevor sie durch Vertreibung, Terror oder Mord missachtet werden.

Wir brauchen eine Politik, die nicht heute die Lieferung von Waffen zulässt, gegen deren Einsatz morgen interveniert werden muss. Wir brauchen eine unmissverständliche Absage an alle Spielarten des Nationalismus. Nationalismus und Separatismus sind Zwillinge. Nationalismus hat nichts mit Vaterlandsliebe zu tun, sondern ist der Hass auf die Vaterländer anderer. Wozu dieser Hass führt, das erleben wir nicht erst in den vergangenen Monaten und nicht nur im ehemaligen Jugoslawien.

Ich habe am 23. Mai an das Wort von Willy Brandt erinnert, dass wir ein Volk guter Nachbarn sein wollen. Wer hätte 1969 gedacht, dass wir uns heute darüber freuen können, mit allen unseren Nachbarn in einem Zustand zu leben, wie er meinen Vorstellungen von wirklicher Nachbarschaft entspricht! Diese Entwicklung ist wahrlich nicht allein deutsches Verdienst. Wir haben allen Grund, Vielen dafür zu danken. Wir tun das am besten dadurch, dass wir weiter als treibende Kraft im europäischen Einigungsprozess wirken. Gute Nachbarschaft, das ist heute europäische Innenpolitik. Gute Nachbarschaft brauchen wir aber auch im eigenen Land zwischen Menschen unterschiedlicher Herkunft oder unterschiedlicher kultureller Traditionen und Glaubensüberzeugungen. Toleranz ist kein Schwächeanfall der Demokratie, sondern ihr Lebensinhalt.

VI.

Mein Vorgänger hat dazu beigetragen, dass die Bildungspolitik wieder zu einem Thema geworden ist. Ich will das aufnehmen, und ich kann dabei an Vieles aus meiner früheren Arbeit anknüpfen. In der bildungspolitischen Diskussion geht es um ganz unterschiedliche Themen: um Klassenstärken und Lehrerversorgung, um Flexibilität und mehr Handlungsmöglichkeiten für die einzelnen Schulen, um Stundentafeln und um die technische Ausstattung der Schulen. All das ist wichtig, und ich verstehe gut, mit welchem Engagement darüber diskutiert und gestritten wird. Über all diesen wichtigen Fragen von Organisation und materiellen Ressourcen sollten wir aber das Wesentliche nicht aus dem Blick verlieren: Was sollen unsere Kinder lernen? Wie können wir die jungen Menschen heute am besten darauf vorbereiten und dazu befähigen, die Welt von morgen mitzugestalten und sich in ihr zurechtzufinden? Welches Wissen brauchen sie? Welche Fertigkeiten müssen sie beherrschen? Welche Einsichten und welche Orientierungsmaßstäbe brauchen sie für ein erfülltes Leben? Das sind Fragen, die noch zu selten gestellt werden, vielleicht auch deshalb, weil sie schwer zu beantworten sind. Keiner von uns weiß, wie die Welt von morgen aussehen wird. Wir wissen nur, dass Vieles ganz anders sein wird als heute. Wir wissen aber nicht, was die Welt von morgen den Menschen abverlangen wird.

Manche glauben, es seien vor allem technische und naturwissenschaftliche Kenntnisse. Dafür gibt es gute Argumente. Andere fordern statt dessen eine Renaissance der Geisteswissenschaften- und Sozialwissenschaften. Sie weisen – wie ich finde, zu Recht – darauf hin, dass Bildung etwas anderes ist als Fachwissen allein und dass Informationen allein noch nicht Einsicht vermitteln. Wenn das richtig ist, dann sollten wir mehr über die Ziele sprechen, die wir in unseren Schulen erreichen wollen, und erst danach über die Instrumente, die am besten geeignet sind, sie zu erreichen.

Wir sollten an dem Konsens festhalten oder ihn neu begründen, dass ein rohstoffarmes Land wie die Bundesrepublik Deutschland nur dann im Interesse aller erfolgreich sein kann, wenn wir in die Bildung, in die Ausbildung und Qualifikation der Menschen investieren. Investitionen in die Köpfe bringen dann die höchsten Erträge, wenn nicht auf kurze Sicht gerechnet und nicht nur auf bestimmte Segmente gesetzt wird. So wie vor zwanzig Jahren niemand in der Lage war, den genauen Bedarf an Ingenieuren oder Softwareentwicklern im Jahr 1998 vorauszusagen, so wenig ist es heute möglich, vergleichbare Prognosen für das Jahr 2010 zu formulieren. Wir wissen nur eines: Die intellektuellen Anforderungen, die fachlichen und die überfachlichen, werden nicht geringer werden, sondern weiter zunehmen. Auf diese absehbaren Veränderungen müssen wir die jungen Menschen von heute in unseren Schulen vorbereiten. Bildung und Wissen ist aber mehr als Grundlage für wirtschaftlichen Erfolg. Wissen lässt sich büffeln, aber Begreifen braucht Zeit. Hubert Markl, der Präsident der Max-Planck-Gesellschaft, hat einmal zu Recht gefragt, was uns denn Wissensriesen hülfen, wenn sie die Gemüter von Zwergen hätten.

VII.

Je schnellebiger die Zeiten, um so wichtiger wird Orientierung und wird die Fähigkeit zu unterscheiden zwischen dem, was früher war und heute überholt ist, und dem, was heute wie gestern gilt, weil es zeitlos ist. Wenn wir Werte und Tugenden einklagen oder den Mangel an Werten und Tugenden beklagen, dann leiden solche Diskussionen nach meiner Erfahrung häufig an zu hoher Abstraktion. Wo es um Prinzipien oder um noch Höheres geht, neigen wir dazu zu vergessen, wie wir leben, was uns prägt und was uns ermutigt oder entmutigt. Eine Gesellschaft, in der es chic ist, von allem den Preis zu kennen und von nichts den Wert, macht in Wirklichkeit Verluste.

Erhobene Zeigefinger und Moralpredigten können fehlende Vorbilder nicht ersetzen. Wenn wir unser Zusammenleben so gestalten, dass die Ehrlichen den Eindruck bekommen, die Dummen zu sein, dann ist es müßig, den Werteverlust auf Akademieveranstaltungen zu beklagen. Wir sollten auch nicht von Werteverlust sprechen, wenn nicht Werte verloren gehen, sondern wenn sich nur die für uns gewohnte Form ändert, wie sie gelebt werden. Wir sollten das, was gesellschaftlich zu ordnen und zu regeln ist, so ordnen und regeln, dass wir Freiheit, Gerechtigkeit und Solidarität fördern. Eine Gesellschaft, in der alle nur ihre eigenen egoistischen Interessen verfolgen, mag auf kurze Sicht erfolgreich sein, aber überlebensfähig ist sie nicht. Eine Gesellschaft ist ja etwas anderes als die zufällige Ansammlung von Individuen, die ihrer Wege gehen. Mitmenschlichkeit, Nächstenliebe, Solidarität – das sind Haltungen und Verhaltensweisen, die das Fundament jeder Gesellschaft sind und kein schmückendes Beiwerk. Mitmenschlichkeit, Nächstenliebe und Solidarität sind nicht käuflich, sondern unbezahlbar und weder durch Gesetz noch durch Verordnung zu erzwingen. Sie müssen praktisch gelebt werden. Das soll niemanden hindern an Selbstentfaltung und Selbstverwirklichung. In den vergangenen Jahrzehnten ist der Lebensweg einer wachsenden Zahl von Menschen in unserem Land nicht mehr vom stummen Zwang der Verhältnisse bestimmt worden. Sie konnten die Chance nutzen, ihren eigenen Weg zu gehen. Das ist ein großer Fortschritt. Freie Entfaltung der Persönlichkeit ist etwas ganz anderes als eine Ego-Gesellschaft, die in die Selbstisolierung führt.

Die Menschen wollen etwas leisten, und die Gesellschaft sollte Leistungen fordern und fördern. Aber man darf Menschen nicht überfordern. Das gilt in besonderer Weise für alle, die aus unterschiedlichen Gründen nichts, noch nichts, nur wenig oder nichts mehr leisten können. Kinder und Alte gehören ebenso dazu wie geistig und körperlich behinderte Menschen. Wenn wir von Leistung sprechen, sollten wir auch die nicht vergessen, die oft ganz viel leisten, deren Leistung aber in keiner Bilanz erscheint und nicht in den Größen des Bruttoinlandsprodukts ausgedrückt werden kann. Jede Gesellschaft braucht möglichst Viele, die leistungsfähig und leistungswillig sind. Jede Gesellschaft braucht auch besondere Leistungsträger. Wenn wir der Vielfalt der tatsächlichen Leistungen gerecht werden wollen, brauchen wir einen breit angelegten Leistungsbegriff.

Dann wird deutlich: Erfolgreiche Existenzgründer sind genauso gesellschaftliche Leistungsträger wie ehrenamtliche Jugendtrainer. Chefärzte sind genauso gesellschaftliche Leistungsträger wie Krankenschwestern. Innovative Forscher sind genauso gesellschaftliche Leistungsträger wie engagierte Betriebsräte. Künstler und Schriftsteller, die unseren Blick schärfen und unseren Horizont erweitern, sind genauso gesellschaftliche Leistungsträger wie Wissenschaftler, die unsere medizinischen und technischen Möglichkeiten erweitern.

VIII.

Manche von Ihnen werden wissen, dass ich als junger Mensch Anfang der fünfziger Jahre in die Politik gegangen bin, weil ich mich mit der deutschen Teilung nicht abfinden wollte. Gemeinsam mit Gustav Heinemann und Helene Wessel, mit Diether Posser, Erhard Eppler und vielen anderen war ich damals in der Gesamtdeutschen Volkspartei. Dieses Thema hat mich mein ganzes Leben lang nicht losgelassen und mich weit über die politischen Aufgaben hinaus begleitet. Ich habe es darum als besonderes Glück empfunden, dass ich an dem Tag, als die Mauer fiel, am 9. November 1989, in Berlin und in Leipzig war. Ich habe am Abend des 9. November und in den beiden Tagen danach das ungläubige Staunen, die unbeschreibliche Freude der Menschen über die neu gewonnene Freiheit, für die Viele von ihnen, Woche für Woche, auf die Straße gegangen waren, ganz unmittelbar miterleben können.

Nach meiner Erfahrung tut es auch der Politik gut, wenn wir Verantwortlichen das Staunen nicht verlernen. In den vergangenen zehn Jahren hat sich ungeheuer viel verändert. Die Menschen in Brandenburg und in Sachsen, in Sachsen-Anhalt, in Thüringen und Mecklenburg-Vorpommern haben allen Grund, stolz zu sein auf große Erfolge beim Aufbau. Nicht jedes offenkundige Defizit und nicht jeden Mangel, nicht jedes große Problem, vor dem wir immer noch stehen, kann man als fehlende innere Einheit im vereinten Deutschland bezeichnen. Das ist ein Begriff, der zu Missverständnissen verleiten kann.

Unsere Aufgabe ist es nicht, dafür zu sorgen, dass die sechzehn Länder der Bundesrepublik Deutschland einander möglichst schnell möglichst ähnlich werden. Sie sollen sich nicht nach einer zentral vorgegebenen Norm entwickeln. Wir sollten vielmehr den Föderalismus lebendig erhalten und weiter stärken, weil aus der Vielfalt eine Stärke erwächst, von der alle Länder profitieren können. Worum es geht, das sind gleiche Lebenschancen für alle Frauen und Männer – unabhängig davon, ob sie im Norden oder Süden, im Westen oder Osten Deutschlands aufwachsen und leben. In unserer modernen Gesellschaft sind gleiche Lebenschancen für alle der Kern der Freiheitsfrage. Die kulturellen, die landsmannschaftlichen Unterschiede zwischen den Ländern sollen bleiben, weil die Vielfalt uns reicher macht; aber die in vierzig

Jahren gewachsenen Nachteile der neuen Länder müssen ausgeglichen und überwunden werden.

Wir brauchen im vereinten Deutschland ebenso wie im europäischen Einigungsprozess die Vielfalt in der Einheit. Aber nicht alle Unterschiede, die in vierzig Jahren gewachsen sind, sind Beispiele für wünschenswerte Vielfalt. Dabei sollten wir auch zehn Jahre nach dem Fall der Mauer nicht vergessen, dass die Deutschen in der DDR ohne eigenes Verschulden die weitaus schwerere Last und die schwereren Lasten aus der deutschen Geschichte zu tragen hatten. Sie waren nicht dümmer und nicht fauler als die Deutschen im Westen, aber unter den gegebenen Bedingungen konnten ihre Leistungsfähigkeit und ihre Leistungsbereitschaft nicht die gleichen Früchte tragen.

IX.

Vor wenigen Wochen haben wir an den fünfzigsten Jahrestag des Grundgesetzes erinnert. Wir sagen zu Recht, dass es die beste Verfassung ist, die die Deutschen sich je gegeben haben. Das gilt aber nur, wenn wir dieses Grundgesetz jeden Tag neu mit Leben erfüllen. Es ist Wegweiser und Maßstab für das politische Handeln aller. In den vergangenen Jahren sind wichtige Teile des Grundgesetzes verändert worden, weil sich die gesellschaftliche Wirklichkeit geändert hatte. Vielen sind diese Änderungen schwer gefallen und manchen sind sie zu weit gegangen.

Um so weniger dürfen wir vergessen, dass es viele Felder gibt, in denen wir die Wirklichkeit noch entschlossener verändern müssen, damit sie sich dem annähert, was wir im Grundgesetz als unsere Ziele festgeschrieben haben: Die tatsächliche gesellschaftliche Gleichstellung von Frauen und Männern gehört genauso dazu wie der nachhaltige Schutz unserer natürlichen Lebensgrundlagen und der Auftrag, unsere Gesellschaft als soziale Demokratie zu gestalten. Gustav Heinemanns Wort, dass das Grundgesetz ein großes Angebot und keine Fessel ist, gilt nach wie vor.

X.

Für das Amt des Bundespräsidenten sehe ich heute eine doppelte Aufgabe: Er muss für die Deutschen sprechen und er muss Minderheiten zur Sprache verhelfen. Ich will das mit meinen Gaben und auf meine Weise tun. Jeder soll wissen, dass ich Zuversicht und Kraft aus dem christlichen Glauben schöpfe, dass ich aber auch Respekt vor allen habe, die ihr Leben auf andere Fundamente gründen. Ich will zuhören, damit niemand ungehört bleibt. Ich will Gesprächsfäden neu knüpfen, wo sie abgerissen sind, zwischen Ost und West, zwischen Jung und Alt. Ich will zur Öffentlichkeit verhelfen, was in die gesellschaftliche Debatte gehört. Ich will alle ermutigen, in Betrieben und Verwaltungen, in Hochschulen und Parteien, in Akademien und Bürgerinitiativen, in den Medien und in den Verbänden, die an der Zukunft unseres Landes arbeiten.

Ich wünsche mir, dass wir Deutsche unsere Zukunft in Europa und in der einen Welt gemeinsam mit unseren Nachbarn und Partnern zuversichtlich und mutig gestalten – nicht kleinmütig und auch nicht übermütig. Das wird gelingen, wenn wir Selbstvertrauen und Verantwortung zusammenbringen, und wenn alle die eigenen Chancen so nutzen, dass auch das allgemeine Wohl gemehrt wird.

Wird alles gut? – Für einen Fortschritt nach menschlichem Maß*

I.

Fast täglich erreichen uns atemberaubende Meldungen aus Wissenschaft und Forschung. Gerade die so genannten Lebenswissenschaften lassen uns staunen, in welche Bereiche der Natur wir vordringen können. Lange schon hat uns der Fortschritt in Biologie und Medizin nicht mehr so stark bewegt wie heute. Krankheiten, die wir für unbesiegbar gehalten hatten, scheinen heilbar zu werden. Genetische Defekte lassen sich möglicherweise korrigieren. Neue Pflanzensorten sollen den Hunger ganzer Weltregionen stillen. Heute scheinen Menschheitsträume wahr zu werden. Wir werden zu Mitspielern der Evolution.

Gleichzeitig werden Ängste wach. Wir erleben ja höchst Widersprüchliches: Einerseits hören wir, schon bald solle der erste Mensch geklont werden. Und auf der anderen Seite sind wir nicht imstande, eine seit Jahrhunderten bekannte Tierseuche in den Griff zu bekommen. Wir hören, dass sich menschliche Eigenschaften künftig vorherbestimmen lassen – und gleichzeitig können wir nicht verhindern, dass sich neue Krankheiten ausbreiten. Manche fragen besorgt: Werden wir zu Zauberlehrlingen? Setzen wir Entwicklungen in Gang, deren Folgen wir weder überblicken noch beherrschen können?

Neue wissenschaftliche Erkenntnisse und technische Möglichkeiten stellen uns vor grundsätzliche Fragen: Wie gehen wir mit der Natur um? Wie gehen wir mit der Gattung Mensch um? Was bedeutet Fortschritt heute? Es geht aber auch um ganz praktische Fragen: Werden in der Forschung und in der Wissenschaft die richtigen Schwerpunkte gesetzt oder lassen wir uns von bestimmten Moden leiten? Kümmern wir uns um die Luxusprobleme von wenigen? Vernachlässigen wir darüber Forschungsfelder, die für viele Menschen überlebenswichtig sind?

* »Berliner Rede« 2001 in der Staatsbibliothek zu Berlin am 18. Mai 2001.

Hier wirft die Wissenschaft Fragen auf, die uns alle angehen. Sie müssen in der ganzen Gesellschaft diskutiert, und sie müssen dann politisch entschieden werden – im Parlament. Gerade die Wissenschaftler, die Forscher und die Ingenieure haben einen Anspruch auf klare Rahmenbedingungen. Wir verdanken ihnen viel von dem, was wir gewöhnlich Lebensqualität nennen. Sie arbeiten auf vielen Feldern an besseren Lebensbedingungen für uns, auch da, wo es nicht um spektakuläre Durchbrüche geht. Wir alle leben von der Neugier der Forscherinnen und Forscher, von ihrer beharrlichen Arbeit, von ihrer Leidenschaft für die Sache. Ihre Leistungen verdienen hohe Anerkennung und breite Unterstützung. Darum will ich gerade junge Menschen ermutigen, in Wissenschaft und Forschung zu arbeiten.

Heute möchte ich dazu beitragen, dass wir in all unseren Debatten Ausschau halten nach dem, was ich das menschliche Maß nenne. Ich möchte dabei den Blick auf jenen Bereich der neuen Möglichkeiten richten, in dem die Veränderungen so dramatisch sind wie sonst nirgendwo – den Umgang mit dem menschlichen Leben.

II.

Wer von »Maß« spricht, der spricht von Grenzen. Ohne Grenzen, ohne Begrenzung, gibt es kein Maß. Aber ist das nicht ein Widerspruch: von Fortschritt und zugleich von Grenzen zu sprechen? »Denken heißt überschreiten« – das war das Motto von Ernst Bloch, dem großen deutschen Philosophen der Hoffnung. Ja: Denken – forschen, wissen, entdecken – das heißt überschreiten. Wir wissen aber auch: Jedes Überschreiten von Grenzen stellt uns immer wieder vor neue Grenzen: vor Grenzen der Erkenntnis, vor Grenzen dessen, was wir Menschen vermögen, vor Grenzen dessen, was wir verantworten können. Dafür brauchen wir Maßstäbe, die uns unterscheiden helfen, was wir tun dürfen und was wir nicht tun dürfen. Wir müssen uns die nur scheinbar einfache Frage vorlegen: Was ist gut für den Menschen?

Was aber ist dem Menschen gemäß? Was ist das »Menschliche« am »menschlichen Maß«? Ist nicht gerade »das Menschliche« eine sehr vieldeutige Kategorie? In seinem Schauspiel *Antigone* hat Sophokles vor fast 2.500 Jahren die großen Leistungen und Erfindungen der Menschheit benannt. Und er fasst sein Staunen darüber so zusammen: »Ungeheuer ist viel, nichts aber ist ungeheurer als der Mensch.« Heute staunen wir wieder – wie damals Sophokles – über die ungeheuren Leistungen, die uns Menschen möglich sind. Und manches Mal halten wir erschreckt inne.

III.

Die Antworten auf die Frage: »Was ist gut für den Menschen?« finden wir weder in der Natur noch in unseren technischen Möglichkeiten. Wir können sie nur finden, wenn wir ethische Grundsätze für unser persönliches Leben und für das Zusammenleben von Menschen formulieren, diese Grundsätze achten und selbst danach leben. Ganz gleich, was wir tun oder nicht tun, wir treffen ja immer wertende Entscheidungen – gewollt oder unbedacht, bewusst oder unbewusst. Auch wenn wir über die neuen Möglichkeiten der Lebenswissenschaften sprechen, geht es nicht in erster Linie um wissenschaftliche oder um technische Fragen. Zuerst und zuletzt geht es um Wertentscheidungen. Wir müssen wissen, welches Bild vom Menschen wir haben und wie wir leben wollen.

Ethische Grundsätze zu formulieren bedeutet, sich auf Maßstäbe und auf Grenzen zu verständigen. Nun ist es immer leicht, die Trauben zu verschmähen, die unerreichbar hoch hängen. Schwierig ist es, Grenzen dort zu setzen und zu akzeptieren, wo man sie überschreiten könnte, und sie sogar dann zu respektieren, wenn man dadurch auf bestimmte Vorteile verzichten muss. Ich glaube aber, dass wir genau das tun müssen. Ich glaube, dass es Dinge gibt, die wir um keines tatsächlichen oder vermeintlichen Vorteils willen tun dürfen. Tabus sind keine Relikte vormoderner Gesellschaften, keine Zeichen von Irrationalität. Ja, Tabus anzuerkennen, das kann ein Ergebnis aufgeklärten Denkens und Handelns sein.

IV.

In der Diskussion über die Möglichkeiten der Lebenswissenschaften spielen Hoffnungen eine ganz große Rolle. Die Heilung von schweren und schwersten Krankheiten: Das ist es, was viele Menschen sich in erster Linie von den Fortschritten in der Bio- und Gentechnik versprechen. Viele leiden so sehr, dass sie und ihre Angehörigen inständig Heilungsmöglichkeiten und Linderungen herbeisehnen. Die meisten von uns kennen kranke Menschen, denen unsere Ärztinnen und Ärzte heute nicht oder nicht genug helfen können. Wer versteht nicht, dass sie auf jede Entwicklung setzen, die ihnen Hilfe verspricht? Überall auf der Welt wird zum Glück an Arzneimitteln und Behandlungsformen geforscht und gearbeitet, die kranken Menschen helfen sollen. Das geschieht auch mit solchen Methoden der Bio- und Gentechnik, die niemanden in Gewissensnöte zu bringen brauchen. Diese Forschung verdient jede Ermutigung und Unterstützung.

Es gibt in der Tat große Aufgaben: Denken wir nur an einige Krankheiten, die uns in unserem Teil der Welt täglich gegenwärtig sind: Diabetes, Krebs, Multiple Sklerose, Parkinson, Alzheimer. Vergessen wir aber nicht, dass in anderen Teilen der Welt Hunderte von Millionen Menschen noch mit ganz anderen Krankheiten zu kämpfen haben. Dabei denke ich nicht nur an Aids, das für weite Teile des afrikanischen Kontinents eine noch weit größere Bedrohung ist als für uns, ich denke an Malaria, an Hepatitis oder an Parasitenbefall, an dem fast die Hälfte der Weltbevölkerung leidet. Hier reichen manchmal wenige Mittel, um ganz vielen leidenden Menschen wirkungsvoll zu helfen. Wenn wir uns in Wissenschaft und Forschung zusätzlich anstrengen, dann können wir Millionen Menschen weltweit außerordentlich großen Nutzen bringen. Ich bin fest davon überzeugt, dass wir unendlich viel Gutes erreichen können, ohne dass Forschung und Wissenschaft sich auf ethisch bedenkliche Felder begeben müssen. Es gibt viel Raum diesseits des Rubikon.

V.

Wenn ich von manchen Verheißungen angesichts der großen Möglichkeiten der Lebenswissenschaften höre, dann erinnert mich das an die Euphorie, die Viele in den fünfziger und sechziger Jahren erfasst hatte. Damals ging es um die friedliche Nutzung der Atomenergie, die auch ich lange Jahre für den richtigen Weg gehalten habe. Damals träumten Viele – nicht nur Wissenschaftler – von nie versiegender Energie zu konkurrenzlos niedrigen Preisen. Die Atomenergie sollte alles möglich machen: Wüsten zum Blühen bringen, Autos zum Fahren, und sie sollte sogar das Sprengen für den Straßenbau erleichtern. Heute staunen die meisten über so viel Naivität und über so viel schlichten Glauben an den Fortschritt.

Als der Deutsche Bundestag am 3. Dezember 1959 das Gesetz über die friedliche Nutzung der Kernenergie verabschiedete, enthielt sich ein Abgeordneter der Stimme. Alle anderen stimmten dafür. Die Kernenergie zu nutzen, das erschien als das Selbstverständlichste von der Welt. An die Brisanz vieler Probleme, zum Beispiel der Entsorgung, hat man zu wenig gedacht, und andere Probleme hat man sich gar nicht erst vorstellen können. Das sollte uns ein wenig skeptisch machen, wenn neue Technologien das Paradies auf Erden zu versprechen scheinen. Vielleicht hat Ernst Bloch an solche Situationen gedacht, als er einen Satz Hölderlins umkehrte und warnte: »Wo aber das Rettende naht, wächst auch die Gefahr.«

VI.

Was in der Biotechnologie und in der Fortpflanzungsmedizin geschieht oder möglich ist, das hat in einem wesentlichen Punkt eine völlig neue Qualität: Hier geht es nicht mehr allein um technologische Chancen und Risiken für Mensch und Umwelt. Zum ersten Mal scheint die Menschheit fähig, den Menschen selber zu verändern, ja ihn genetisch neu zu entwerfen. Angesichts der moralischen Dimension dieser Fragen wird es niemanden erstaunen, dass die Kirchen hier besonders engagiert sind. Es wäre aber ein Irrtum, zu glauben, es handelte sich dabei um bloße kirchliche Sondermoral. Man muss ja wahrlich kein gläubiger Christ sein, um zu wissen und um zu spüren, dass bestimmte Möglichkeiten und Vorhaben der Bio- und Gentechnik im Widerspruch zu grundlegenden Wertvorstellungen vom menschlichen Leben stehen. Diese Wertvorstellungen sind – nicht nur bei uns in Europa – in einer mehrtausendjährigen Geschichte entwickelt worden. Sie liegen auch dem schlichten Satz zu Grunde, der in unserem Grundgesetz allem anderen vorangestellt ist: Die Würde des Menschen ist unantastbar.

Diese Wertvorstellungen zieht niemand ausdrücklich in Zweifel. Wir können es uns aber auch nicht leisten, ethische Überzeugungen unbewusst oder schweigend aufzugeben oder sie zur Privatangelegenheit zu erklären. Wir müssen uns darüber klar sein, was die Folgen wären, wenn wir den Wertekanon, den wir in einer langen Geschichte entwickelt haben, als Grundlage allen staatlichen Handelns in Frage stellten. Würden wir dann nicht zu Gefangenen einer Fortschrittsvorstellung, die den perfekten Menschen als Maßstab hat? Würden damit nicht Auslese und schrankenlose Konkurrenz zum obersten Lebensprinzip? Das wäre eine völlig andere, das wäre eine neue Welt – keine schöne.

Nach meinem Eindruck haben sich solche Vorstellungen durchaus schon verbreitet. Das zeigen manche Argumente, die man zuweilen in der Debatte über Fragen der Gentechnologie hören kann. Die Optimierung zum Stärksten und Besten wird zu einer selbstverständlichen Vorstellung. Wird dann nicht der menschliche Körper selber zur Ware und zu einem Gegenstand ökonomischen Kalküls? Selbstverständlich: Wirtschaftliche Argumente haben einen legitimen Platz in der Debatte über die Nutzung des medizinischen Fortschritts. Für Arbeitsplätze zu sorgen, für gesicherte Lebensverhältnisse – das ist natürlich auch eine ethisch begründete Verpflichtung. Dazu gehört Unternehmergeist. Dazu gehört das Streben nach wirtschaftlichem Erfolg. Dazu gehört politische Leistung. Die Teilhabe aller an Fortschritt und Wohlstand ist ein Gebot der Gerechtigkeit. Entscheidend sind aber doch Rangordnung und Gewichtung der Argumente. Wir sind uns gewiss einig darüber, dass etwas ethisch Unvertretbares nicht dadurch zulässig wird, dass es wirtschaftlichen Nutzen verspricht. Wo die Menschenwürde berührt ist, zählen keine wirtschaftlichen Argumente. Zur Ernsthaftigkeit und zur Lauterkeit gehört es aber auch, dass ethische Argumente nicht dazu missbraucht werden, andere Interessen durchzusetzen.

VII.

Eine der Schwierigkeiten der Debatte, die wir führen müssen, liegt darin, dass die wissenschaftlichen und technischen Entwicklungen so schnell voranschreiten. Wir kommen kaum noch dazu, ihre Chancen und ihre Risiken kritisch zu reflektieren. Beschleunigung, wachsender Zeitdruck sind aber selbstgemachte Sachzwänge, denen wir uns nicht ausliefern dürfen. Ethische Reflexion darf nicht zum moralischen

Deckmantel für längst getroffene Entscheidungen verkommen. Nachdenken kann man nur, wenn zwischen Entdeckung und Anwendung Zeit bleibt, wenn wir die möglichen Folgen bedenken können, bevor sie eingetreten sind. Es hat ja gute Gründe, dass zum Beispiel Medikamente erst nach angemessener Zeit und nach sorgfältiger Prüfung für die allgemeine Praxis zugelassen werden. Wo kämen wir hin, wenn wir über gravierende Veränderungen erst dann nachdenken könnten, wenn sie schon längst eingetreten sind?

VIII.

Bei uns in Deutschland darf an Embryonen nicht geforscht werden. Das haben die Abgeordneten des Deutschen Bundestages aus ganz unterschiedlichen Überzeugungen heraus im Jahre 1990 beschlossen. Sie haben als Beginn des schutzwürdigen menschlichen Lebens die befruchtete Eizelle festgelegt. Wer die Auffassung nicht teilt, dass menschliches Leben mit diesem Zeitpunkt beginnt, der muss die Frage beantworten: Ab welchem anderen Zeitpunkt sollte menschliches Leben absolut geschützt werden? Und warum genau erst ab diesem späteren Zeitpunkt? Wäre nicht jede derartige andere Grenzziehung willkürlich und dem Druck auf neuerliche Veränderung ausgesetzt? Bestünde nicht die Gefahr, dass andere Interessen dann höher rangierten als der Schutz des Lebens? Nicht jedem scheint klar zu sein, was das über diese spezielle Debatte hinaus bedeutet. Es würde bedeuten, das ethisch Verantwortbare stets neu den technischen Möglichkeiten anzupassen. Auch hochrangige Ziele wissenschaftlicher Forschung dürfen nicht darüber bestimmen, ab wann menschliches Leben geschützt werden soll.

IX.

Manche fordern, dass auch in Deutschland die Präimplantationsdiagnostik, kurz PID, erlaubt werden soll. Dabei geht es um die Frage: Soll bei einer künstlichen Befruchtung ein Embryo auf genetische Schäden untersucht werden, bevor er in den Körper einer Frau eingepflanzt wird? Darf der Embryo beseitigt oder darf er verwertet werden, wenn solcher Schaden festgestellt worden ist? Dieses Verfahren – so sagen seine Befürworter – solle nur in ganz wenigen Fällen angewendet werden, nämlich bei Paaren, bei denen mit schweren Erbschäden gerechnet werden müsse. Selbst nach Auffassung ihrer Befürworter handelt es sich also um eine Methode, die so problematisch ist, dass sie nur ganz selten eingesetzt werden soll – obwohl sie in Tausenden von Fällen angewendet werden könnte. Aber müssen wir nicht fragen: Wäre eine solche Beschränkung einzuhalten, wenn die Erlaubnis einmal grundsätzlich gegeben ist? Widerspricht das nicht aller Lebenserfahrung? Und muss man deshalb nicht die Befürchtungen jener verstehen, die glauben, dass mit dieser neuen Form von Diagnostik ganz anderen Zielen die Tür geöffnet wird oder geöffnet werden soll? Nun wird gesagt, die PID könne man schon deswegen nicht verbieten, weil bei uns jedes Jahr Tausende von Abtreibungen straflos blieben. Dieses Argument übersieht, dass es sich hier um zwei vollkommen unterschiedliche Sachverhalte handelt.

Erinnern wir uns an die schwierige Debatte zum Paragrafen 218: Eine breite Mehrheit der Abgeordneten des Deutschen Bundestages war der Überzeugung, dass das Leben des Kindes nicht gegen den Willen der Frau geschützt werden könne und dass Beratung und praktische Unterstützung das Leben besser schützten als Strafandrohung. Darum stellt der Paragraf 218 eine Abtreibung unter bestimmten Bedingungen straffrei. Er ist also kein Argument für die Präimplantationsdiagnostik, denn der Paragraf 218 zielt auf die unvergleichbare Konfliktsituation während einer Schwangerschaft. Er rechtfertigt keine Praxis, die das Tor weit öffnet für biologische Selektion, für eine Zeugung auf Probe.

X.

Kinder sind ein Geschenk. Ich weiß, wie bitter es für Viele ist, wenn sie keine Kinder bekommen können. Wenn es die Möglichkeit gibt, Kinder künstlich zu erzeugen oder die genetischen Anlagen eines Embryos zu testen – entsteht dann nicht leicht eine Haltung, derzufolge jede und jeder, der eigene Kinder bekommen will, auch das Recht dazu habe, und zwar das Recht auf gesunde Kinder? Wo bisher unerfüllbare Wünsche erfüllbar werden oder erfüllbar scheinen, da entsteht daraus schnell ein Anschein von Recht. Wir wissen aber doch, dass es ein solches Recht nicht gibt. Noch so verständliche Wünsche und Sehnsüchte sind keine Rechte. Es gibt kein Recht auf Kinder. Aber es gibt sehr wohl ein Recht der Kinder auf liebende Eltern – und vor allem das Recht darauf, um ihrer selbst willen zur Welt zu kommen und geliebt zu werden.

XI.

Autonomie, Selbstbestimmung und Selbstverantwortung des Einzelnen gehören spätestens seit der Aufklärung zu den großen Errungenschaften unserer Zivilisation. Die Entscheidungsfreiheit des Einzelnen hat herausragende Bedeutung. Das darf uns den Blick nicht dafür verstellen, dass auch Selbstbestimmung an Voraussetzungen gebunden ist und dass sie Grenzen hat. Wir sollten auch bedenken: Nicht jede zusätzliche Wahlmöglichkeit führt automatisch zu mehr Freiheit. Dies gilt auch für den medizinischen Fortschritt. Was wie freie Selbstbestimmung aussieht, kann sich umkehren in faktischen Zwang. Das wird besonders deutlich, wenn wir an die möglichen Folgen moderner Diagnosemöglichkeiten für unseren Umgang mit Behinderungen denken. Wird nicht in Zukunft immer häufiger die Frage gestellt werden, ob es denn nötig gewesen sei, ein behindertes Kind zur Welt zu bringen? Heute sei doch niemand mehr dazu gezwungen. Wird so Behinderung zum Vorwurf werden? Wird sie als Schädigung der Gesellschaft verstanden werden?

XII.

Wie scheinbare Selbstbestimmung neue Zwänge erzeugen kann, das lässt sich an einem Beispiel aus jüngster Zeit zeigen. In den Niederlanden ist kürzlich die gesetzliche Grundlage für aktive Sterbehilfe geschaffen worden. Umfragen weisen darauf hin, dass es auch bei uns für eine solche Regelung eine weit verbreitete Stimmung gibt. Auch in dieser Diskussion wird die Selbstbestimmung des Menschen, seine Autonomie, als wichtigstes Argument genannt. Wo es um das Ende des eigenen Lebens geht, scheint dieses Argument auf den ersten Blick besonders zu überzeugen. Aber gilt nicht, was ein Arzt vor kurzem so formuliert hat: »Wo das Weiterleben nur eine von zwei legalen Optionen ist, wird jeder rechenschaftspflichtig, der anderen die Last seines Weiterlebens aufbürdet.« Was die Selbstbestimmung des Menschen zu stärken scheint, kann ihn in Wahrheit erpressbar machen.

Dem steht das Argument entgegen, man dürfe etwas nicht allein deshalb verbieten, weil es zu ungewollten schlimmen Konsequenzen oder auf eine schiefe Bahn führen könne. Entsprechende Regelungen könnten Fehlentwicklungen verhindern. Spricht aber nicht sehr viel gegen die Hoffnung, dass Fehlentwicklungen oder gar Missbrauch sich aufhalten ließen? Das ist keine akademische Frage. In den Niederlanden berufen sich die Gegner des neuen Gesetzes auf eine staatlich geförderte wissenschaftliche Studie. Sie kam zu dem Ergebnis, dass es während der so genannten Erprobungsphase vor der gesetzlichen Regelung der aktiven Sterbehilfe jährlich 1.000 Fälle gab, in denen, »lebensbeendende Handlungen ohne ausdrücklichen Wunsch« des Getöteten vorgenommen worden waren. Auch das sollte man sich vor Augen führen, wenn man über aktive Sterbehilfe spricht.

XIII.

Wenn ich es recht sehe, sind deshalb so viele Menschen für aktive Sterbehilfe, weil sie große Angst davor haben, am Ende ihres Lebens Leid und Schmerzen nicht mehr auszuhalten, ihnen hilflos ausgeliefert zu sein. Sie haben Angst davor, alleingelassen zu sein oder anderen zur Last zu fallen. Sie haben Angst davor, Schmerzen nicht mehr ertragen zu können und würdelos dahinzusiechen. Ich verstehe diese Angst gut. Ich habe sie auch.

Die aktive Sterbehilfe ist aber nicht die einzig mögliche Antwort auf diese verständliche Verzweiflung. Ja, wir brauchen einen anderen Umgang mit dem Sterben und dem Tod. Wir müssen wieder lernen: Es gibt viele Möglichkeiten, sterbenskranken Menschen beizustehen, sie zu trösten und ihnen zu helfen. Oft ist schon entscheidend, sie nicht allein zu lassen. Die wirksamste medizinische Hilfe ist in vielen Fällen eine gute Schmerztherapie. Mich hat tief beeindruckt, was neulich einer der Pioniere der deutschen Schmerztherapie, Prof. Eberhard Klaschik, in einem Interview dazu sagte: »Ich behandele seit fast 20 Jahren Patienten, die nicht heilbar sind. Viele, die zu uns kommen, sagen: So kann ich nicht mehr leben, so will ich nicht mehr leben, die Schmerzen sind zu groß. All diesen Patienten haben wir helfen können.« Viele Ärzte bestätigen diese Erfahrung. Wenn das so ist, dann ist der Streit um die aktive Sterbehilfe die falsche Debatte. Wir können und wir müssen viel mehr als bisher für die Schmerztherapie tun. Das ist ein Feld, das lange Zeit sträflich vernachlässigt worden ist. Ich wünsche mir, dass Deutschland bei der Schmerzforschung und bei der Schmerztherapie so schnell wie möglich vorbildlich wird. Das ist nun wirklich zutiefst human und liegt im Interesse eines jeden von uns.

Der Blick in die Niederlande oder auch nach Großbritannien und in andere Länder zeigt: Über den Umgang mit dem Leben und mit den Möglichkeiten des medizinischen Fortschritts wird derzeit überall intensiv und mit großem Ernst diskutiert. Zum Teil werden bisher geltende Grundsätze tiefgreifend verändert. Niemand macht sich die Entscheidungen leicht. Ich hielte es für gut, wenn wir uns, in dem Maße wie Europa weiter zusammenwächst und wie wir uns unserer gemeinsamen Werte versichern, in Zukunft stärker auch über diese Fragen austauschen würden.

XIV.

Eugenik, Euthanasie und Selektion: Das sind Begriffe, die in Deutschland mit schlimmen Erinnerungen verbunden sind. Sie rufen deshalb – zu Recht – emotionale Abwehr hervor. Trotzdem halte ich das Argument für ganz falsch und irreführend, wir Deutsche dürften bestimmte Dinge wegen unserer Geschichte nicht tun. Wenn wir etwas für unethisch und unmoralisch halten, dann deshalb, weil es immer und überall unethisch und unmoralisch ist. In fundamentalen ethischen Fragen gibt es keine Geografie des Erlaubten oder des Unerlaubten.

Richtig ist: Die Erfahrung, die wir mit dem Nationalsozialismus gemacht haben, speziell mit Forschung und Wissenschaft im Dritten Reich, muss für die ethische Urteilsfindung – nicht nur bei uns – eine ganz wichtige Rolle spielen. Wir erinnern daran nicht, weil wir moralischer sein wollen als alle anderen. Nein, es geht nicht um deutsche Sondermoral. Niemand darf vergessen, was damals auch in Wissenschaft und Forschung geschehen ist. Entwicklungen, die schon vor 1933 und auch in anderen Ländern begonnen hatten, konnten danach ohne jede Grenze weiter gehen. Eine entfesselte Wissenschaft forschte – um ihrer wissenschaftlichen Ziele willen – ohne moralische Skrupel.

Ich erinnere immer wieder daran, dass die Geschichte uns hilft zu begreifen, was geschieht, wenn Maßstäbe verrückt werden, wenn Menschen vom Subjekt zum Objekt gemacht werden. Wer einmal anfängt, menschliches Leben zu instrumentalisieren, wer anfängt, zwischen lebenswert und lebensunwert zu unterscheiden, der ist in Wirklichkeit auf einer Bahn ohne Halt. Die Erinnerung daran ist ein immerwährender Appell: Nichts darf über die Würde des einzelnen Menschen gestellt werden. Sein Recht auf Freiheit, auf Selbstbestimmung und auf Achtung seiner Würde darf keinem Zweck geopfert werden. Eine Ethik, die auf diesen Grundsätzen beruht, gibt es freilich nicht umsonst. Es hat einen Preis, wenn wir nach ethischen Grundsätzen handeln.

XV.

Weil es hier im wahrsten Sinne des Wortes um existenzielle Fragen geht, muss ganz besonders gelten: Wenn wir begründete Zweifel haben, ob wir etwas technisch Mögliches tun dürfen oder nicht, dann muss es so lange verboten sein, bis alle begründeten Zweifel ausgeräumt sind. Ich kenne den Satz: »Die Anderen tun es doch auch.« Aber wir sagen doch schon unseren Kindern, dass sie tun müssen, was richtig ist, ganz gleich, was andere machen. Und wir akzeptieren dieses Argument ja auch nicht im Falle von Kinderarbeit, von Sklaverei oder bei der Todesstrafe. Das gleiche gilt für das ähnliche Argument: »Wenn wir es nicht tun, dann tun es die Anderen.« Dieses Argument ist Ausdruck ethischer Kapitulation. Es scheint allerdings dann besonders stichhaltig zu sein, wenn es ökonomisch aufgeladen wird: Wenn wir dies und jenes nicht tun, dann tun es andere – und die setzen sich dann an die Spitze des Fortschritts, die verschaffen sich Standortvorteile, die verdrängen uns vom Markt. Mit diesem Argument müssten wir zum Beispiel auch unbegrenzten Rüstungsexport betreiben. Das tun wir aber nicht. Zu Recht – und letztlich auch nicht zu unserem Schaden.

Ich wiederhole: Ökonomische Interessen sind legitim und wichtig. Sie können aber nicht gegen die Menschenwürde und den Schutz des Lebens aufgewogen werden. Wer den Schutz des Lebens an seinem

Beginn aufgibt, der wird das bald auch für das Ende des Lebens geltend machen können. Dann wird vielleicht gefragt: Können wir uns den hohen Pflegeaufwand am Ende des Lebens leisten? Wäre es nicht ökonomisch vernünftiger, Alte und Kranke willigten rechtzeitig in die Sterbehilfe ein? Ich weiß, dass niemand so etwas vorschlägt. Aber wir alle wissen auch, dass beste Absichten oft nicht verhindern können, dass schließlich geschieht, was anfangs niemand wollte. Und ich weiß auch, dass schon heute alte Menschen sich solchen Fragen drangvoll ausgesetzt fühlen.

XVI.

Die Fortschritte in den Lebenswissenschaften wecken zum Glück auch die berechtigte Hoffnung, dass wir Vieles verbessern können. Wir alle wünschen uns, dass Krankheiten immer genauer erforscht und immer wirksamer behandelt werden. Gentechnik und Genomforschung spielen dabei eine wichtige Rolle. Und ich bin zuversichtlich, dass Vieles besser werden wird. Aber glauben wir nicht den falschen Propheten, die uns sagen: Alles wird gut. Gegen alle Heilsversprechungen und gegen alle Ohnmachtsgefühle sage ich: Fortschritt nach menschlichem Maß kennt seinen Wert und weiß um seine Werte. Das Gegenteil von unbegrenztem Fortschritt ist nicht Stillstand oder Rückschritt. Wer gegen einen Fortschritt um jeden Preis plädiert, der ist kein Gegner des Fortschritts.

Um unserer Freiheit willen müssen wir fragen: Was von den vielen neuen Möglichkeiten ist gut? Was müssen wir unbedingt versuchen? Was dürfen wir keinesfalls tun? Unser Umgang mit diesen Fragen muss geprägt sein vom Respekt vor dem Leben von Anfang an. Die Würde des Menschen lässt sich gegen keinen anderen Wert aufrechnen. Das Leben erinnert uns immer wieder daran, dass wir Menschen bei allem Fortschritt immer endliche Wesen bleiben. Wenn wir so tun, als seien unsere Möglichkeiten grenzenlos, überfordern wir uns selbst. Dann verlieren wir das menschliche Maß.

XVII.

Die Fragen nach Leben und Sterben betreffen uns alle. Darum dürfen sie nicht allein die Sache von Experten sein. Wir können unsere Antworten nicht delegieren: Nicht an die Wissenschaft, nicht an Kommissionen und nicht an Räte. Sie können uns gewiss helfen, aber wir müssen die Antworten selbst geben. Wir müssen über diese Fragen streiten und dann gemeinsam entscheiden.

Es geht um politische Entscheidungen. Wer die Entscheidungen über das, was gemacht werden soll, der Wissenschaft überlassen will, der verwechselt die Aufgaben von Wissenschaft und Politik in einem demokratischen Rechtsstaat. Wir brauchen eine fundierte und gewissenhafte öffentliche Diskussion, in der nichts unausgesprochen bleibt: weder die Absichten noch die Ziele, weder die Hoffnungen noch die Ängste, die sich mit den neuen Möglichkeiten verbinden. Wir brauchen Aufklärung im besten Sinn des Wortes. Aufklärung richtet sich gleichermaßen gegen irrationale Ängste und apokalyptische Vorstellungen wie gegen pure technische Machbarkeitsphantasien.

Wir müssen uns gemeinsam immer wieder neu darauf verständigen, welche Richtung wir dem Fortschritt geben wollen. Wir müssen immer wieder neu entscheiden, welche Grenzen wir überschreiten und welche Grenzen wir akzeptieren wollen. Wir müssen immer wieder wägen und entscheiden, welche Möglichkeiten unser Leben wirklich freier machen und welche Möglichkeiten uns bloß neuen Zwängen unterwerfen oder gar in das Leben anderer eingreifen. Die Zukunft ist offen. Sie ist kein unentrinnbares Schicksal und kein Verhängnis. Sie kommt nicht einfach über uns. Wir können sie gestalten – mit dem, was wir tun, und mit dem, was wir nicht tun. Wir haben Viele, wir haben große Möglichkeiten. Nutzen wir sie für einen Fortschritt und für ein Leben nach menschlichem Maß.

Vertrauen in Deutschland – eine Ermutigung*

I.

Dies ist die letzte »Berliner Rede«, die ich als Bundespräsident halte. Ich habe in den vergangenen Jahren bei dieser Gelegenheit meine Position zu grundsätzlichen Fragen formuliert. Ich habe Orientierung zu geben versucht, wie die Menschen sie von den politischen Repräsentanten ihres Landes erwarten. Ich habe über die Integration von Zuwanderern gesprochen, über Fortschritt nach menschlichem Maß, über die notwendige Gestaltung der Globalisierung und über Deutschlands Rolle in der Welt.

Ich will heute über das Thema sprechen, das ich in der politischen Debatte derzeit für das wichtigste halte. Und ich wende mich dabei an alle, denen die Zukunft unseres Landes am Herzen liegt – an die, die heute Verantwortung tragen, und auch an die, die Verantwortung übernehmen könnten und übernehmen müssten, damit unser Land aus einer schwierigen Lage herauskommt und neue Zuversicht und neue Dynamik gewinnt. Ich meine nicht die Steuerpolitik, ich rede nicht über das Renten- oder das Gesundheitssystem. Ich rede auch nicht über den notwendigen Umbau des Föderalismus, nicht über die dringend erforderlichen Veränderungen in unserem Bildungswesen und auch nicht über die gerechte Umgestaltung des Sozialstaats. Nein, ich will über das sprechen, was die Grundlage ist für jegliche Veränderung. Ich will darüber sprechen, was nach meiner Erfahrung die notwendigen Veränderungen in unserem Land überhaupt erst möglich macht: Ich meine Vertrauen und Verantwortung.

II.

Seit Jahren schon wird uns ein Bild immer wieder vor Augen gestellt: Wir stehen vor einem riesigen Berg von Aufgaben und Problemen. Wenn wir nicht alles anders machen als bisher, so drohen uns, heißt

* »Berliner Rede« 2004 am 12. Mai 2004 im Schloss Bellevue.

es, Niedergang, Zusammenbruch, Abstieg oder andere Katastrophen. Untergangsszenarien und Apokalypsen sind ja eigentlich das Instrumentarium politischer Außenseiter, die gesellschaftliche Veränderungen erzwingen wollen. Heute kommen solche Beschreibungen oft auch von Verantwortlichen aus der Mitte von Wirtschaft, Gesellschaft und Politik. Das Ziel ist das Gleiche: Untergangsszenarien sollen mithelfen, bestimmte Ziele durchzusetzen und dafür Mehrheiten zu gewinnen.

Heute, da so viel von Zukunft die Rede ist, ist so wenig Zuversicht zu spüren, so wenig Selbstvertrauen und so wenig Vertrauen in die Zukunft. Viele scheinen von der Zukunft vor allem Schlechtes zu erwarten. Dafür gibt es manchen Grund, und viele Sorgen sind berechtigt. Entscheidend aber ist: Wo Vertrauen fehlt, regiert Unsicherheit, ja Angst. Angst vor der Zukunft ist der sicherste Weg, sie nicht zu gewinnen. Angst lähmt die Handlungsfähigkeit und trübt den Blick für das, was in Staat und Gesellschaft tatsächlich grundlegend verändert werden muss, was neuen Bedingungen angepasst werden sollte und was auf jeden Fall bleiben muss. Die Zukunft kommt ja nicht einfach auf uns zu. Wir müssen sie nach unseren eigenen Vorstellungen gestalten. Wir wollen schließlich, dass wir auch in Zukunft friedlich und in Freiheit miteinander leben können – in einer Gesellschaft, in der Leistung etwas gilt und die Gerechtigkeit und Solidarität lebt.

Wenn wir diese Zukunft gestalten wollen, wenn wir sie vor allem menschlich gestalten wollen, dann brauchen wir zweierlei: Vertrauen in jene, die für uns Verantwortung tragen, und die Bereitschaft, selbst Verantwortung zu übernehmen. Ich bin fest davon überzeugt, dass wir die notwendigen Veränderungen schaffen können. Genauso fest glaube ich aber, dass der Mangel an Vertrauen und Verantwortungsbereitschaft der eigentliche Grund für die massive Verunsicherung ist, für die an vielen Stellen pessimistische Stimmung und für die mangelnde Kraft zur Veränderung. Wir alle wissen: Vertrauen kann man nicht anordnen, nicht befehlen. Vertrauen kann man nicht beschließen. Vertrauen muss wachsen. Vertrauen wächst zwischen einzelnen Menschen, in Gemeinschaften und muss eine ganze Gesellschaft prägen. Ohne Vertrauen können Menschen nicht friedlich miteinander leben. Ohne Vertrauen werden wir unsere Probleme nicht lösen. Erst Vertrauen schafft das

Klima für wirtschaftlichen Erfolg, für wissenschaftlichen und sozialen Fortschritt, für technische Innovation.

III.

Tatsächlich aber ist Verunsicherung so etwas wie ein allgegenwärtiges Gefühl geworden, das unsere gesamte Gesellschaft erfasst hat. Das ist lebensgefährlich. Natürlich gibt es auch ein falsches Sicherheitsgefühl, das Neugier, Wagemut und Unternehmungsgeist bremst. Wenn neue Entwicklungen verschlafen oder verhindert wurden, kritisieren wir das zu Recht. Wir müssen aber träge Bequemlichkeit genau unterscheiden von der notwendigen Grundsicherheit, die jeder Mensch braucht, damit Sorgen und Angst ihn nicht lähmen. Auch Verunsicherung erzeugt Lähmung. Menschen ohne Grundvertrauen sind nicht besonders leistungsfähig, weder besonders leistungsbereit noch besonders risikofreudig. Es ist ein Irrtum zu glauben, dass man Menschen zu besserer oder zu mehr Leistung motivieren kann, wenn sie ständig Angst haben müssen, ihren Arbeitsplatz zu verlieren oder im Alter in Not zu geraten. Jeder Mensch braucht eine gewisse Grundsicherheit, damit er den Kopf frei hat, auch für Anstrengung und Erfolg im Beruf.

Wenn wir unsere Gegenwart realistisch beschreiben wollen, müssen wir auch fragen, ob tatsächlich so Vieles schwierig und unsicher ist, ob tatsächlich so Vieles schlecht und erneuerungsbedürftig ist, so Vieles abgebaut und umgebaut werden muss – oder ob Vieles einfach schlecht geredet wird. Haben wir uns vielleicht selbst inzwischen so schlecht geredet, dass wir uns nichts mehr zutrauen? Nähern wir uns gelegentlich nicht einer Art kollektiver Depression?

Ich wüsste kein Land, in dem so viele Verantwortliche und Funktionsträger mit so großer Lust so schlecht, so negativ über das eigene Land sprechen, wie das bei uns in Deutschland geschieht. Das bleibt nicht ohne Folgen. Wir haben inzwischen ein so dunkles Bild von uns selbst gewonnen, wie wir es in früheren Jahren niemals hatten. Natürlich gibt es haarsträubendes Versagen und objektive Missstände. Die peinlichen Pannen um die LKW-Maut sind allen im Gedächtnis. Oder das unendliche Gezerre um die Einführung des Dosenpfands, das der Gesetzgeber schon vor dreizehn Jahren beschlossen hat; alle hatten doch Zeit genug, sich darauf einzustellen. Oder das neue Preissystem, das die Bahn – trotz vieler Warnungen – mit großem Aufwand eingeführt hat, und das sich schon bald darauf als reichlich kundenfern herausstellte.

Solche und ähnliche Missstände sind tatsächlich ärgerlich. Was mich allerdings noch mehr stört: Sie gelten nicht mehr als behebbare Einzelfälle von Inkompetenz, sondern sie werden inzwischen als etwas für uns Typisches wahrgenommen. Statt mit Tatkraft und einem Schuss Pragmatismus zu sagen: Das können wir besser und das machen wir jetzt besser, bricht eine endlose Klage- und Selbstanklagewelle über uns herein. Wir fangen schon an, hämisch und schulterzuckend über uns selbst zu sprechen. Gelegentlich kann man den Eindruck gewinnen: Unser Land, seine Zukunft, das alles bedeutet Vielen nichts mehr. Und wir wissen ja: Wenn es einmal einen bestimmten Trend gibt, dann wird alles in diesen Trend eingeordnet und all das, was dagegen spricht, nicht mehr wahrgenommen.

IV.

Der Vertrauensverlust in unserem Land hat aber auch ganz handfeste Gründe. Es sind ganz konkrete Handlungen und Einstellungen, Worte und Taten, die immer mehr Menschen tiefes Misstrauen einflößen. Wir müssen zum Beispiel erleben, dass einige, die in wirtschaftlicher oder öffentlicher Verantwortung stehen, ungeniert in die eigene Tasche wirtschaften. Das Gefühl für das, was richtig und angemessen ist, scheint oft verlorengegangen zu sein. Egoismus, Gier und Anspruchsmentalität in Teilen der so genannten Eliten schwächen auch das Vertrauen in die Institutionen selber, wenn deren Repräsentanten offenbar alle Maßstäbe verloren haben. Wir müssen in den Debatten über Veränderungen und Reform auch erleben, dass allzu oft das Gemeinwohl vorgeschoben wird, wo es um nichts als Gruppenegoismus, um Verbandsinteressen oder gar um erpresserische Lobbyarbeit geht.

Häufig glauben die Bürgerinnen und Bürger einfach nicht mehr, was sie hören und sehen. Sie machen zu oft die Erfahrung, dass man Vielem, was in aller Öffentlichkeit gesagt wird, nicht trauen kann. Es ist auch kein Ausweis des Vertrauens, wenn über manche, die in der Öffentlichkeit stehen, gesagt wird: »Denen ist alles zuzutrauen.« Gewiss: Jeder kann sich gelegentlich irren. Was man heute aus Überzeugung vertritt, kann durch neue Umstände überholt werden. Das ist so, und das sollte man dann auch öffentlich sagen. Aber die bewusste Manipulation der Wahrheit oder der Tatsachen zerstört Vertrauen – manchmal endgültig.

V.

Vertrauen in die Politik wird auch zerstört, wenn der Eindruck entsteht, in nahezu jeder Frage gehe es in erster Linie darum, wer sich gegen wen durchsetzt, wer wem am meisten schadet, wer zurückgesetzt wird oder sich wieder ein Stück weiter nach vorne gekämpft hat. Dadurch werden nicht nur wichtige Sachfragen als Nebensache behandelt, so dass am Ende oft das Falsche oder Dilettantisches herauskommt. Dadurch entsteht auch der fatale Eindruck, in der Politik komme es letztlich nur darauf an, wer die Macht hat, und nicht so sehr darauf, was er mit ihr macht. Dann wären wir bei Lenin angekommen, für den sich alle Politik auf die Frage reduzierte: Wer wen? Die Entwicklung bei den Gesprächen über ein Integrations- und Zuwanderungsgesetz ist ein besonders schlimmes Beispiel für diese Art von Politik.

Natürlich geht es in der Politik um Macht und auch um Machtkampf und Machtanteile. Politik muss aber in erster Linie ein Streit um Ziele und um die besten Lösungen sein. Politik muss sich an Wertvorstellungen und an Grundsätzen orientieren, die man erkennen kann. Sonst trauen immer mehr Menschen am Ende den Politikern alles zu, nur nicht, dass sie sich wirklich für die Bürgerinnen und Bürger einsetzen, die sie gewählt haben. Besonders vertrauenzerstörend ist die offenbar anhaltende Wirkungslosigkeit all dessen, was zur Beseitigung der Arbeitslosigkeit beitragen soll – und die gegenseitige Schuldzuweisung aller Beteiligten. Wir wissen alle: Die Arbeitslosigkeit ist die größte Wunde der Gesellschaft. Wie viel Hoffnungen, wie viel Lebensmut werden hier zerstört! Wie viel guter Wille, wie viel Leistungsbereitschaft bleibt hier ungenutzt! Wie groß und wie weitverbreitet ist das Gefühl, nicht gebraucht zu werden, ja wertlos zu sein! Keine Aussicht auf Arbeit und Beschäftigung zu haben: Das kann jedes Vertrauen in die Zukunft zerstören – in die eigene und in die der Gesellschaft.

Niemand hat ein Konzept mit Erfolgsgarantie. Ich auch nicht. Ich weiß aber, dass die Vertrauenskrise in unserer Gesellschaft, das ständige Schlechtreden von allem und jedem viele Unternehmer davon abhält zu investieren, und viele Bürgerinnen und Bürger davon abhält zu kaufen. Wirtschaft und Wirtschaftspolitik bestehen bekanntlich zu fünfzig Prozent aus Psychologie. Unsere Wirtschaft wird nur in einem Klima des Vertrauens neuen Schwung bekommen.

VI.

Eine wichtige Grundlage für Entscheidungen, die heute getroffen werden müssen, sind Prognosen und Voraussagen. Auch hier wachsen Zweifel: Welche Prognosen sind seriös? Werden Voraussagen, die für die meisten Menschen handfeste Folgen haben, wirklich immer nach bestem Wissen und Gewissen gemacht? Sind sie nicht oft interessengeleitet? Wird nicht manches besonders hoch und anderes herunter gerechnet? Werden nicht bestimmte Wertungen zu Grunde gelegt, aber nicht offengelegt?

Wir hätten schon viel gewonnen, wenn Prognosen und Voraussagen regelmäßig, nach einem Jahr, nach zwei oder fünf Jahren darauf überprüft werden, was sie wirklich wert waren. Schon das könnte eine heilsame Wirkung haben. Dann könnte man sogar aus Fehlprognosen lernen. Leichtfertige Prognosen, die irgendeinen Niedergang vorhersagen, wenn nicht sofort dies oder jenes geschehe, zerstören Vertrauen genauso wie Versprechen, von denen man wissen kann, dass sie nicht einzuhalten sind. Das geschieht trotz besseren Wissens immer wieder, und darum haben viele Menschen sich mittlerweile darauf eingestellt, vorsichtshalber erst einmal gar nichts mehr zu glauben. Diese Haltung führt über Politikverdrossenheit hinaus zur völligen Abkehr vom politischen Leben. Kein demokratischer Staat hält es auf Dauer aus, wenn sich immer stärker eine Haltung des »Wir da unten, die da oben« durchsetzt. Gewohnheitsmäßiges Misstrauen in die Politik untergräbt die Fundamente der Demokratie und ist ein riesengroßes Einfallstor für Populisten und schreckliche Vereinfacher aller Art. Die haben auf alles eine Antwort und für nichts eine Lösung.

VII.

Misstrauen wächst auch dann, wenn wichtige politische Entscheidungen in immer kleineren Kreisen getroffen werden. Nun weiß jeder, dass es manchmal wirklich nötig ist, sich hinter verschlossenen Türen zu beraten, um zu einem Konsens oder einem Kompromiss zu kommen, den alle mittragen können. Solche Vereinbarungen schaffen nur dann Vertrauen, wenn die Verständigung echt ist, wenn kein fauler Kompromiss kaschiert wird und wenn alle sich an das halten, was sie gemeinsam verabredet haben. Wenn die Verfallszeit von Verabredungen aber kürzer ist als die eines Bechers Joghurt, dann schürt das den Eindruck, dass die politisch Verantwortlichen sich letztlich nicht verständigen wollen oder können.

Besonders schädlich ist es, wenn sich immer mehr das Gefühl breit macht: »Die da oben können es nicht – und zwar auf allen Ebenen und auf allen Seiten.« Ein Umfrageergebnis ist in der Nachkriegsgeschichte übrigens absolut neu: Noch nie hatten so wenig Menschen in Deutschland Vertrauen in die Politik einer Regierung – und noch nie haben gleichzeitig so wenige geglaubt, die Opposition könne es besser. Das ist der Ausdruck einer tiefgreifenden Vertrauenskrise. Von Ausnahmen abgesehen, geht die Beteiligung bei Wahlen bedenklich zurück. Auch langjährige Mitglieder wenden sich von den Parteien ab. In manchen Gegenden fehlen schon Kandidaten für die Wahlen in den Städten und Gemeinden. Darin drückt sich für mich das gefährlichste und verhängnisvollste Misstrauen aus: Das fehlende Vertrauen in die eigenen Möglichkeiten, etwas verändern und etwas gestalten zu können. Das trifft nicht nur die eine oder die andere Partei, das richtet sich gegen unser Gemeinwesen als ganzes. Hier droht eine innere Auswanderung aus unserer Demokratie, die wir nicht tatenlos hinnehmen dürfen. Noch erleben wir keine wirklich bedrohlichen Äußerungen von Enttäuschung und Wut. Wir müssen aber einen stillen Abschied und privaten Zynismus beobachten, resigniertes Schulterzucken von Menschen, die von der Politik nichts mehr erwarten. Das geht oft einher mit fehlendem Vertrauen in die eigene Zukunft.

VIII.

Es ist höchste Zeit, etwas dafür zu tun, dass wir die Vertrauenskrise überwinden, in die unsere Gesellschaft geraten ist. Wir müssen die Grundlagen des Vertrauens wiedergewinnen. Schönreden hilft da nicht. Wir werden uns anstrengen müssen. Die Politik muss die Initiative wiedergewinnen gegenüber wirtschaftlichen und anderen Einzelinteressen. Die politische Gestaltung muss zurück in die Parlamente. Die Abgeordneten müssen mit ihrer Stimme die Richtung bestimmen und nicht bloß Beschlüsse von Kommissionen und Konsensrunden verabschieden. Dazu brauchen wir zunächst einmal eine verständliche politische Sprache. Oft hören wir ja ein seltsames Gemisch aus Abkürzungen und Neubildungen, aus halb verdeutschtem Englisch oder aus absichtlicher Schwammigkeit, aus Verharmlosung und Fachchinesisch. Was man nicht verstehen kann – und vielleicht auch nicht verstehen soll –, das schafft kein Vertrauen. Manchmal glauben die Menschen auch, die Redner wüssten selber nicht so genau, worüber sie sprechen, so abstrakt und lebensfern hört sich Vieles an. Eine verständliche und klare Sprache ist aber notwendig, auch im öffentlichen Streit mit Wort und Widerwort. Und nichts stärkt das Vertrauen der Menschen mehr als die Übereinstimmung von Wort und Tat. Das ist der einfachste Weg, um Glaubwürdigkeit zu gewinnen – und der ist schwer genug: sagen, was man tut, und tun, was man sagt. Wahrhaftigkeit, Glaubwürdigkeit, aber auch Pflichtbewusstsein und Anstand sind Tugenden, auf die wir nicht verzichten können. Wir müssen darauf vertrauen können, dass jede und jeder dort, wo sie Verantwortung tragen, ihre Pflicht tun, dass sie wahrhaftig sind und sich anständig verhalten.

Wir müssen darauf vertrauen können, dass Handwerker ordentlich arbeiten und korrekt abrechnen. Und die müssen darauf vertrauen können, dass ihre Rechnungen pünktlich bezahlt werden. Wir müssen uns darauf verlassen können, dass Manager in erster Linie an das Unternehmen, seine Anteilseigner und Beschäftigten, denken und nicht an ihre eigenen Abfindungen oder Aktienoptionen. Wir müssen uns darauf verlassen können, dass wir richtig beraten werden, bei der Bank, beim Einkaufen, beim Abschluss von Verträgen. Wir müssen uns darauf verlassen können, dass nicht nur bei Lebensmitteln der Grundsatz gilt: »Es ist drin, was drauf steht.« Wir müssen uns darauf verlassen können, dass die öffentliche Verwaltung frei von Durchstechereien und unbestechlich arbeitet, wie das dem stolzen Ideal des deutschen Beamtentums entspricht. Wir müssen uns darauf verlassen können, dass Ärzte uns richtig behandeln – und dass sie korrekt abrechnen. Das sind Forderungen an jeden Einzelnen von uns, da, wo er Verantwortung trägt. Wie aber kann der Einzelne motiviert werden, selber anständig zu handeln und vertrauenswürdig zu sein, wenn er den Eindruck hat, das große Ganze stimme nicht und der Ehrliche sei wirklich oft genug der Dumme?

Das kann nur gelingen, wenn in der Politik deutlich wird, dass es noch Zukunftsentwürfe gibt, Ziele – und den nötigen Gestaltungswillen. Politik muss mehr sein als ein Reparaturbetrieb gesellschaftlicher Verwerfungen. Politik muss gestalten und darf nicht der Wirklichkeit hinterherhinken. Politik muss mehr sein als die möglichst geschickte Form, das zu kommentieren, was ohnehin geschieht. Wir müssen den Primat der Politik wiedergewinnen – einer Politik, die sich an Werten orientiert und die sich nicht darauf beschränkt, tatsächliche oder vermeintliche Sachzwänge zu exekutieren. Politik muss wieder zeigen, dass es sie gibt und dass sie etwas für die Menschen bewirken kann.

Neues Vertrauen in staatliches Handeln wird aber nur wachsen, wenn in Politik und Verwaltung solide gearbeitet wird. Dazu gehört die ernsthafte Auseinandersetzung mit allen Sachfragen, bis ins kleinste Detail. Dazu gehört die Einsicht, dass politische Entscheidungen ihre Zeit brauchen, wenn sie vernünftig sein sollen. Ein westfälischer Mathematiklehrer hat einmal ganz schlicht gesagt: »Richtigkeit geht vor Fixigkeit«. Politik muss Probleme lösen. Diese Forderung richtet sich an die politisch Verantwortlichen auf allen Ebenen, denn Bund, Länder und Gemeinden sind vielfältig aufeinander angewiesen. Keine politische Partei kann heute nur auf andere zeigen, wenn es darum geht, Veränderungen durchzusetzen. Ich sage das ausdrücklich an die Adresse aller politisch Handelnden in Regierung und Opposition. Es ist ein Ausdruck von Verantwortungslosigkeit, wenn eine Regierung Vorschläge nur deswegen ablehnt, weil sie von der Opposition kommen, obwohl sie sie insgeheim für vernünftig hält. Und es ist genauso Ausdruck von Verantwortungslosigkeit, wenn eine Opposition vernünftige Vorhaben nur deshalb scheitern lässt, weil sie von der Regierung kommen, obwohl sie sie selber genauso durchsetzen würde, wenn sie an der Macht wäre. Wer das von fast allen als richtig Erkannte allein aus wahltaktischen Motiven blockiert, mag zwar hoffen, kurzfristig Zustimmung zu gewinnen, langfristig wird aber unser ganzes Land verlieren.

IX.

Eines müssen wir wieder entdecken: Wir können politisch gestalten, wir können Weichen stellen. Wir können sagen, wohin die Reise gehen soll. Dazu braucht es den politischen Willen, den Willen zur Politik. Große Spiele, sagt man im Fußball, werden im Kopf entschieden. Da ist viel dran. Was sich ändern muss, das ist die Haltung, die Viele resignieren oder Abschied nehmen lässt von Politik und Staat. Diese Haltung führt letztlich dazu, dass unsere Gesellschaft auseinander fällt und dass jeder versucht, irgendwie für sich allein durchzukommen. Das aber wird nicht gutgehen.

Wir müssen wieder begreifen: Der Staat, die Gesellschaft, das Land, das sind wir, das ist jeder Einzelne. Das ist unsere gemeinsame Sache und diese gemeinsame Sache können wir selbst gestalten. Wir hören oft, man müsse die Menschen »mitnehmen«, zum Beispiel auf dem Weg der Reformen. Das ist gewiss richtig. Orientierung und Führung sind notwendig. Genauso notwendig ist es aber, auf die Menschen zu hören. Deshalb müssen wir uns neue Gedanken darüber machen, wie sich die Menschen besser und stärker an den Entscheidungen beteiligen können. Wir brauchen neue Ideen und Möglichkeiten für Mitgestaltung und Partizipation in unserer Gesellschaft. Wir müssen politische Willensbildung unter den heutigen Bedingungen besser organisieren. Unser demokratischer Staat ist mehr als ein Dienstleistungsbetrieb und auch mehr als eine Agentur zur Stärkung des Wirtschaftsstandorts. Der Staat schützt und stärkt die Freiheit der Bürgerinnen und Bürger auch vor den gesellschaftlichen und ökonomischen Kräften, die die Freiheit des Einzelnen längst viel stärker bedrohen als jede Obrigkeit. Dazu legt er auch Regeln und Pflichten zu Gunsten der Gemeinschaft fest. Damit schafft der Staat Freiräume gegen puren Ökonomismus und gegen das alles beherrschende Dogma von Effizienz und Gewinnmaximierung.

Es gibt eine gefährliche Wechselwirkung von Staats- und Politikverdrossenheit auf der einen Seite und den allzu pauschalen Forderungen nach Privatisierung, Deregulierung und Rücknahme staatlicher Verantwortung auf der anderen. Die solidarische Absicherung gegen die großen Lebensrisiken, die sozialen Ausgleich in unserer Gesellschaft schafft und damit soziale Stabilität, wird immer häufiger verächtlich gemacht. Sozialer Ausgleich und soziale Gerechtigkeit, so heißt es, bedrohten die Freiheit des Einzelnen. In Wirklichkeit ist es doch immer noch so, dass die Freiheit der meisten Menschen, dass ihre Chancen, ihr Leben nach den eigenen Vorstellungen zu gestalten, ganz wesentlich von der gesellschaftlich organisierten Solidarität abhängen. Gewiss: Eigene Verantwortung und eigene Anstrengung sind notwendig und unverzichtbar. Mehr Eigenverantwortung darf aber nicht heißen, dass die Starken sich nur noch um sich selbst kümmern und die anderen sehen sollen, wo sie bleiben. Solidarität der Schwachen mit den Schwachen – das genügt nicht. Arbeitende für Arbeitslose, Junge für Alte, Gesunde für Kranke, Nichtbehinderte für Behinderte: Auf diese Solidarität bleibt jede Gesellschaft angewiesen.

X.

Wer politisch vertrauenswürdig sein will, der darf nicht über jedes Stöckchen springen, das Interessenvertreter oder Medien ihm hinhalten. Da wird ein Fall von angeblichem Sozialmissbrauch im Ausland medial groß aufgemacht – der bei Licht besehen gar kein Skandal ist –, und schon werden Gesetze geändert. Ähnliches ließe sich im Zusammenhang mit der Gesundheitsreform sagen, ähnliches von der Steuerreform. Wenn eine angeblich benachteiligte Gruppe nur laut genug schreit oder der blanke Populismus publizistisch Verstärkung erfährt, sind die Vorhaben von gestern heute schon nichts mehr wert. Das zeugt nicht von Souveränität. Es schafft vielleicht kurzfristig Applaus, aber nicht langfristig Vertrauen. Vertrauen gewinnt politisches Handeln durch Souveränität und Solidität. Kurzfristiger Aktionismus schafft eher Misstrauen, weil man dann nur darauf wartet, welches Thema wohl morgen hochgespielt wird. Vertrauen entsteht nur da, wo man einen klaren Kurs erkennen kann.

Vertrauen setzt voraus, dass es klare Verantwortlichkeiten gibt und dass sie klar erkennbar sind. Jeder Interessierte sollte wissen können, wer für welche Entscheidungen verantwortlich ist. Das ist aber heute kaum mehr möglich. Die politisch Verantwortlichen vom Bund bis zu den Gemeinden sind heute zu oft in einer Verflechtungsfalle gefangen. Diese Blockade muss aufgelöst werden. Die institutionalisierte Verantwortungslosigkeit muss aufhören. Genau das muss die Föderalismuskommission zustande bringen. Zur Ehrlichkeit gehört es darum auch zu sagen, dass Vieles aus guten Gründen längst nicht mehr in Deutschland entschieden wird, sondern auf europäischer Ebene. Übrigens: Vertrauen und Glaubwürdigkeit der Politik werden auch dann beschädigt, wenn Politiker etwas als Ausgeburt der Brüsseler Bürokratie an den Pranger stellen, was sie selbst in Bund oder Ländern beschlossen und der Europäischen Union vorgeschlagen haben.

XI.

Die Medien spielen in der demokratischen Gesellschaft eine besonders wichtige Rolle als Kontrollinstanz. Sie tragen besondere Verantwortung. Unabhängige Medien, die sogenannte vierte Macht im Staat, können und müssen dazu beitragen, dass politische und gesellschaftliche Zusammenhänge durchschaubar werden. Sie können und sollen Missstände und Skandale aufdecken, komplizierte Zusammenhänge erläutern, Hintergründe darstellen und Interessenkonflikte offen legen. Das liegt in unser aller Interesse.

Wir müssen aber darauf vertrauen können, dass das Bild, das sie uns von der Welt zeigen, einigermaßen mit der Wirklichkeit übereinstimmt. Auch hier haben viele Menschen inzwischen viel Vertrauen verloren. Sie haben gelernt, dass man nicht nur mit Schlagzeilen, sondern auch mit Bildern lügen kann, dass halbe Wahrheiten oft schlimmer sind als ganze Lügen, dass nicht alle Themen, die groß aufgemacht werden, wirklich wichtig sind. Die Medien haben Macht. Oft ist der Grat schmal zwischen scharfer Kritik, die berechtigt ist, und der publizistischen Jagd auf einen Menschen, für die es keine Rechtfertigung geben kann.

Vieles in unserer Gesellschaft, Vieles in Politik und Wirtschaft gibt wahrlich Anlass zu Kritik. Die kritische Auseinandersetzung mit Fehlern und Mängeln kann das Vertrauen stärken. Es gibt aber auch in den Medien eine fatale Lust an Schwarzmalerei und klischeehafter Übertreibung. Diese Lust fördert die Entfremdung der Bürger von Politik und Staat. Der ökonomische Erfolg allein, der Blick auf Quote und Auflage, darf die Grundregeln journalistischer Arbeit nicht außer Kraft setzen. Intendanten und Verleger, Chefredakteure und Journalisten – sie alle tragen Mitverantwortung für das Gemeinwesen, das auch durch Häme und Zynismus in Gefahr geraten kann.

XII.

Wir müssen die Vertrauenskrise überwinden. Wir müssen vor allem wieder Vertrauen in uns selbst gewinnen. Wir müssen uns immer wieder klar machen und mehr darüber sprechen, dass es für uns Deutsche gute Gründe gibt, mit Zuversicht und Vertrauen in die Zukunft zu schauen. Selbstbewusstsein und Selbstvertrauen können nicht wachsen ohne das Bewusstsein davon, wer wir sind und woher wir kommen. In den letzten Jahren haben sich viele Mitbürgerinnen und Mitbürger neu für unsere Geschichte interessiert. Ich verstehe das als Teil einer Suche nach Identität und Selbstvertrauen. Dabei gilt für unser Land das gleiche wie für jeden einzelnen Menschen.

Jeder Mensch braucht ein positives Bild von sich und strebt danach, es zu haben. Gewiss: Jeder Mensch hat in seinem Leben Gutes und Schlechtes erlebt. Aber er kann nicht auf Dauer mit sich im Reinen sein, wenn er allein das Schlechte über sein Selbstbild bestimmen lässt. Auch eine Nation braucht insgesamt ein positives Selbstverständnis und ein positives Verhältnis zu sich selbst. Nur so kann sich ein Wir-Gefühl entwickeln, das die Grundlage jeder Nation ist. Neben den Erinnerungen an Niederlagen und an Versagen müssen auch Erinnerungen an Erfolge und Glück stehen. Und ein Blick in unsere Geschichte zeigt nicht nur die furchtbaren Verirrungen und Katastrophen, er zeigt auch, dass politischer Wille und gesellschaftliche Kraft Veränderungen zum Guten bewirken können. Solches Vertrauen in die eigene Kraft brauchen wir.

Vor wie vielen Problemen und Herausforderungen standen wir vor zwanzig oder fünfundzwanzig Jahren! Wir hatten es mit Schwierigkeiten zu tun, die vielfach als unlösbar galten – und die dennoch gemeistert wurden. Im Rückblick wissen wir auch, dass es eine Reihe von Entwicklungen gegeben hat, die niemand voraussehen konnte, Entwicklungen, die uns viel Gutes gebracht haben. Der Fall der Mauer und die europäische Einigung sind die beiden herausragenden Beispiele dafür. Nie war das Leben der großen Mehrheit in Deutschland freier und individueller als heute. Gewiss: Es gibt auch die Gefahr der Vereinzelung, der Auflösung sozialer Bindungen. Aber alles in allem hatten noch nie so viele Menschen so viele Lebenschancen wie heute. Unsere deutsche Gesellschaft ist weltoffen und – auch im Vergleich zu anderen Ländern – tolerant gegenüber Minderheiten. Das merken Besucher, die zu uns nach Deutschland kommen, oft stärker als wir selbst. Auf meinen Reisen habe ich immer wieder erfahren, wie groß in allen Teilen der Welt das Vertrauen in uns Deutsche ist.

Das sind positive Entwicklungen, die man nicht voraussehen konnte. Auch manche Ängste und Befürchtungen sind nicht wahr geworden. Da war vor allem die Angst vor einer atomaren Schlacht zwischen den Supermächten, ausgetragen in Europa, auch auf deutschem Boden, und da war die Angst vor einer ökologischen Katastrophe, die über viele Jahre auch in anderen Ländern mit dem deutschen Wort »Waldsterben« verbunden war. Beides ist nicht wahr geworden. Nicht, weil ein Wunder geschehen wäre, sondern weil Menschen Einsicht und Veränderungsfähigkeit bewiesen haben und weil sie mit Engagement für ihre Ziele gearbeitet haben. Wahrscheinlich gibt es kein zweites großes Land auf unserer Erde, in dem die Menschen umweltbewusster leben als in Deutschland. Wer hätte geglaubt, dass Deutschland tatsächlich den Umstieg auf eine Energieversorgung ohne Atomkraft beschließt! Selbst wer diese Entscheidung für falsch hält, muss anerkennen, dass auch sie ein Beispiel dafür ist, dass viele Einzelne, die sich zusammentun, politisch tatsächlich etwas bewegen können.

Wir sollten uns gelegentlich auch an die gewaltigen Veränderungen der Wirtschaftsstruktur in Deutschland erinnern. Seit über vierzig Jahren schon erleben wir an vielen Orten und in vielen Regionen einen atemberaubenden Strukturwandel. Wir leben ja nicht erst seit gestern in einer Zeit des permanenten Wandels und Aufbruchs. Da ist nicht nur Vieles weggebrochen. Da ist auch durch Ideenreichtum und Tatkraft Vieles geschaffen worden – im Westen wie im Osten. Das kann

Hoffnung machen, dass es uns auch in Zukunft gelingen wird, schwere Probleme zu lösen – auch solche, deren Lösung uns heute noch ganz unmöglich erscheint.

XIII.

Auch heute ist unsere Gesellschaft nicht starr. Sie ist in Bewegung. Wir haben wagemutige Unternehmer, international renommierte Forscher und Wissenschaftler, kreative Ingenieure und hervorragend qualifizierte Arbeitnehmer. Sie schauen nach vorn und bringen unser Land voran. Es gibt viele gesellschaftliche Initiativen, ehrenamtliches Engagement und Netze, die für sozialen Halt sorgen, die Neues ausprobieren im Kleinen und werben für Veränderung im Großen. Was an einem Ort gelingt, kann durch die neuen Kommunikationsmittel schnell Schule machen und oft weltweit Bedeutung erlangen.

Ich sehe, dass immer mehr Menschen, auch jüngere, erneut den Wert der Familie und den Wert von beständigen, verlässlichen Bindungen erkennen. Ich sehe, dass Kindern mehr Zeit und Aufmerksamkeit zuteil wird – das gibt ihnen unschätzbaren Halt und ein Grundvertrauen, das durch nichts zu ersetzen ist. Gegen alle pessimistischen Töne dürfen wir auch nicht übersehen, wie viele traditionelle oder neue Organisationen und soziale Zusammenhänge funktionieren und wie viel Engagement und Solidarität in Nachbarschaftshilfe, in Selbsthilfegruppen und in vielfältigen Formen ehrenamtlicher Arbeit lebendig sind.

Junge Menschen haben einen hoch entwickelten Sinn für Fairness und Respekt. Sie engagieren sich für andere, sie tun ganz praktisch etwas gegen Hunger und Armut in der Welt und für den Schutz unserer natürlichen Lebensgrundlagen. Ihr Engagement ist oft auf ein Projekt bezogen und nicht auf Dauer angelegt. Alle Organisationen und Institutionen sollten solche Angebote machen und zugleich Verständnis dafür wecken, dass eine lebendige Demokratie ohne dauerhaftes, ohne verlässliches Engagement möglichst Vieler nicht existieren kann. Mir macht auch Hoffnung, dass viele junge Menschen sich in der Welt umsehen – nicht nur als Touristen. Im Ausland arbeiten, studieren, für andere da sein – das stärkt nicht nur die eigene Persönlichkeit, das formt oft auch einen neuen Blick auf das eigene Land. Junge Menschen berichten dann oft, dass sie unser Land mit einem gewissen Abstand gelassener sehen und günstiger beurteilen.

Es gibt viele Gründe, darauf zu vertrauen, dass wir in Deutschland erfolgreich eine gute Zukunft für alle gestalten können. Diese Gründe für Vertrauen und Zuversicht gibt es, ohne dass irgendetwas schöngeredet werden müsste. Wir haben Gründe zu vertrauen, wenn jeder von uns und wenn wir alle gemeinsam Verantwortung übernehmen – Verantwortung für uns, Verantwortung für andere, Verantwortung für unser Land. Es kommt auf jeden Einzelnen an, aber wer mehr Möglichkeiten, wer mehr Einfluss hat, der trägt auch eine größere Verantwortung. 82 Millionen Menschen leben in unserem Land, das sind 82 Millionen verschiedene Erfahrungen, Begabungen, Stärken und Talente. Vieles davon fließt in unsere Unternehmen, in die Schulen und Hochschulen, in Kunst und Kultur. Dies Potenzial wird für unser Gemeinwesen noch viel zu wenig erschlossen.

Viel zu häufig dient die Kritik an konkreten Missständen als Ausrede dafür, sich nicht selber einzumischen. Politik sei ein schmutziges Geschäft, ist nicht nur an Stammtischen und in Vorstandscasinos zu hören. Aber da entstehen keine Gesetze. Und vom Zuschauen wird keine Schule gebaut, kein Kindergarten renoviert, keine Landschaft geschützt, keine Sozialstation unterhalten. Ja, wer etwas zu kritisieren hat an unserem Land, der soll das tun. Wer aber etwas verändern will in unserem Land, der muss etwas tun. Er muss sich einmischen, muss mitarbeiten, muss Verantwortung übernehmen für unser Land. Eltern übernehmen selbstverständlich Verantwortung für ihre Kinder, sie mischen sich ein, sie sorgen und sie helfen, damit ihre Kinder eine sichere Zukunft haben. Das gilt auch im übertragenen Sinne: Dieser Staat, diese Bundesrepublik ist das Kind unserer Eltern und Großeltern, und wir alle haben von dem profitiert, was sie aufgebaut haben. Heute ist es an den nächsten Generationen mitzuhelfen, dass unsere Zukunft sicher bleibt. Das kann man auf vielen Ebenen und auf vielen Feldern tun: Als Mitglied einer Partei, einer Kirche oder Gewerkschaft, im Sportverein, in der Bürgerinitiative, bei Hilfswerken, in sozialen Einrichtungen oder Verbänden oder wo immer Menschen sich zusammenfinden und Verantwortung für sich und für andere übernehmen. Es gibt viele Möglichkeiten, etwas für andere zu tun – sie alle sind besser, als nur über andere zu reden oder darüber zu klagen, wie schlimm die Verhältnisse sind.

XIV.

Es gibt genug Gründe für Vertrauen in Deutschland. Es gibt noch mehr Gründe, Verantwortung zu übernehmen und sich einzumischen. Es gibt genug Gründe, darauf zu vertrauen, dass wir in Deutschland die Zukunft meistern werden. Es gibt noch mehr Gründe, sich einzusetzen für unser Vaterland, in dem wir gerne leben. Es liegt an jedem von uns, dieses Land, unser Land jeden Tag ein Stück besser und menschenfreundlicher zu machen.

»Es ist ein wunderbares Land, in dem wir leben«*

Ich bin in den vergangenen Wochen oft gefragt worden, ob ich im Hinblick auf das Ende meiner Amtszeit wehmütig sei. Ich habe wahrheitsgemäß geantwortet: Nein. Der Wechsel ist ein Wesenszug der Demokratie. So wie meine Vorgänger ihre ganz besonderen Begabungen in das Amt des Bundespräsidenten eingebracht haben, so habe auch ich das zu tun versucht, und so werden es auch Sie, Herr Bundespräsident Köhler, tun – dessen bin ich mir ganz sicher. Aber es ist doch ein ganz besonderer Tag für mich, denn eine lange politische Wegstrecke geht nun zu Ende. Im Dezember 1952 gewann mich Gustav Heinemann für seine neue Partei.** Heute übergebe ich das Amt, das er einst innehatte, an meinen Nachfolger. Ich habe viel erlebt in diesen Jahren, und ich durfte teilhaben an entscheidenden Entwicklungen und Ereignissen in der Geschichte unserer Republik.

Darum empfinde ich in diesem Augenblick vor allem Dankbarkeit. Ich will deshalb zunächst Dank sagen – zuallererst meiner Frau, die mich zusammen mit meiner Familie in den vergangenen Jahren so großartig unterstützt und dabei soviel Verständnis für manche Zumutung gezeigt hat. Ich möchte ihr ganz besonders dafür danken, dass sie das in der Verfassung gar nicht vorgesehene Amt der Frau des Bundespräsidenten mit viel Einsatz und Erfolg in ihrem eigenen Stil ausgefüllt hat. Ich danke meinen Mitarbeiterinnen und Mitarbeitern im Bundespräsidialamt, die mir in diesen Jahren zur Seite standen, und den vielen Menschen, die mir in ganz unterschiedlichen Funktionen geholfen haben, die mich beraten, die mich begleitet, die mich beschützt haben – sie alle sind auch gemeint, wenn ich selbst in diesen Tagen den Dank anderer erfahre.

Heute möchte ich keine Bilanz der vergangenen fünf Jahre ziehen. Aber zwei Gedanken sind mir doch wichtig. Im kommenden Jahr

* Abschiedsrede als Bundespräsident am 1. Juli 2004 vor dem Deutschen Bundestag.

** Gesamtdeutsche Volkspartei (GVP).

erinnern wir uns an den sechzigsten Jahrestag des Kriegsendes. Viele Menschen haben inzwischen ein sehr nüchternes Verhältnis zu solchen Gedenktagen. Für mich und für viele Menschen meiner Generation ist das anders. Ich habe die Befreiung von der Diktatur noch selbst erlebt und ich habe erfahren, wohin diese Diktatur geführt hat. Ich habe erlebt, wie sich ein Volk veränderte, wie verführbar Menschen sind, und wie ein menschenverachtendes Regime die Welt mit Krieg und Zerstörung überzog. Ich habe erlebt, wie Menschen verschleppt wurden und nie mehr wiederkehrten. Ich habe furchtbare menschliche Tragödien erlebt. Ich war Zeuge schrecklicher Bombenangriffe. Ich sage das, weil die Erinnerung an diese Zeit häufig zum bloßen Ritual geworden ist, und weil wir dadurch den Blick verlieren für ein großes Geschenk, das mich bis heute mit Dankbarkeit erfüllt. Deutschland hat eine zweite Chance erhalten, und wir haben diese Chance genutzt. Unser Volk lebt seit sechs Jahrzehnten in Frieden. Wir leben zum ersten Mal in unserer Geschichte in Freundschaft mit allen unseren Nachbarn und gestalten ein Europa des Friedens.

Ich wünsche mir, dass wir daran gelegentlich denken, wenn uns im politischen Tagesgeschäft Kleinmut überfällt oder wenn die politischen Auseinandersetzungen allzu kleinlich werden. Ich wünsche mir auch, dass wir uns der Lehren aus der Geschichte des 20. Jahrhunderts bewusst bleiben. Rechtsstaatlichkeit, der unbedingte Einsatz für Menschenrechte und die Bereitschaft zu fairem Ausgleich haben Deutschland zu einem weltweit geachteten Mitglied der Völkergemeinschaft werden lassen. Deutsche tragen Verantwortung – das ist eine Verpflichtung, die über die Wahrung der eigenen Interessen weit hinaus geht. Das hat uns viel Vertrauen eingebracht. Dabei liegt mir ein Land und die Freundschaft zu seinen Menschen besonders am Herzen, und ich will heute wiederholen, was ich im Jahr 2000 vor der Knesset gesagt habe: »Die Mitverantwortung für Israel ist ein Grundgesetz deutscher Außenpolitik seit der Gründung unseres Staates.« Das galt ganz unabhängig von Regierungen und politischen Entscheidungen und Handlungen – und das muss auch in Zukunft gelten.

Auch der zweite Gedanke hat mit Verantwortung zu tun – mit der Verantwortung füreinander. Nach dem Amoklauf eines Schülers in Erfurt habe ich bei der Trauerfeier für die Opfer dieses unfassbaren Verbrechens gesprochen. Das war eine der schwierigsten Reden, die ich je zu halten hatte. Ein Satz war mir besonders wichtig: »Wir müssen einander achten und wir müssen aufeinander achten.« Viele haben mir damals zugestimmt. Wir sollten uns aber nicht nur in Zeiten von Unglück und Krisen, nicht nur bei Überschwemmungen und anderen Katastrophen an das erinnern, was eine Gesellschaft erst menschlich macht. Unser Land lebt vom Fleiß und vom Einfallsreichtum seiner Menschen. Unser Land lebt aber auch von Solidarität und Mitgefühl, von praktizierter Nächstenliebe. Es ist schrecklich, wenn Menschen keine Arbeit finden, und es muss die wichtigste Aufgabe der Politik bleiben, die Arbeitslosigkeit zu bekämpfen. Noch schlimmer aber ist es, wenn Menschen keinen Platz in der Gesellschaft finden. Wir tragen Verantwortung füreinander, und es gibt keine menschliche Gesellschaft ohne Solidarität. Das gilt im Kleinen wie im Großen.

Solidarität ist mehr als das Bündnis der Schwachen mit den Schwachen. Solidarität heißt, dass die Starken für die Schwachen einstehen. Solidarität heißt, dass wir Verantwortung füreinander übernehmen: Junge und Alte, Gesunde und Kranke, Arbeitende und Arbeitslose. Solidarität heißt, dass jeder dem Land gibt, was er kann. Und sie bedeutet, dass wir gelegentlich das Wohl der ganzen Gesellschaft über die eigenen Belange stellen – in Ost und West, in den starken und in den schwächeren Regionen unseres Landes. Dieser Zusammenhalt in Deutschland war mir immer eine Herzenssache.

Ich habe mich in den vergangenen fünf Jahren bemüht, für die Mehrheit der Menschen in diesem Lande zu sprechen und zugleich den Minderheiten zur Sprache zu verhelfen. Ich bin unendlich vielen Menschen begegnet, mit ganz unterschiedlichen Erfahrungen, Begabungen, Stärken und Talenten. Jeder Mensch in unserem Land, ganz gleich, woher er kommt, was er glaubt, was er leistet oder verdient, hat seine eigene Geschichte und seine eigene Würde.

Ich bin dankbar für das Vertrauen, das mir so viele Menschen entgegengebracht haben, und für die Offenheit, mit der sie mir begegnet sind. Ich wünsche Ihnen, Herr Bundespräsident, dass Sie die gleiche Offenheit und das gleiche Vertrauen erfahren. Bei aller Kritik – es ist ein wunderbares Land, in dem wir leben. Ich wünsche unserem Land Mut, Zuversicht und Gottes Segen.

Lebensdaten von Johannes Rau

1931	Geboren am 16. Januar in Wuppertal-Barmen
1949–1967	Tätigkeit als Verlagsbuchhändler
1952	Eintritt in die Gesamtdeutsche Volkspartei (Auflösung der GVP 1957)
1957	Eintritt in die SPD (Mitgliedschaft ruhte in seiner Zeit als Bundespräsident)
1958–1999	Mitglied des Landtags Nordrhein-Westfalen
1964–1978	Stadtverordneter in Wuppertal
1964–1967	Vorsitzender der SPD-Fraktion im Rat der Stadt Wuppertal
1965–1999	Mitglied der Synode der Evangelischen Kirche im Rheinland Stellvertretendes Mitglied der Leitung der Evangelischen Kirche im Rheinland
1967–1970	Vorsitzender der SPD-Fraktion im Landtag Nordrhein-Westfalen
1968–1999	Mitglied des Parteivorstandes der SPD
1969–1970	Oberbürgermeister der Stadt Wuppertal
1970–1978	Minister für Wissenschaft und Forschung des Landes Nordrhein-Westfalen
1973–1998	Mitglied des SPD-Landesvorstandes Nordrhein-Westfalen
1977–1998	Vorsitzender des SPD-Landesverbandes Nordrhein-Westfalen
1978–1999	Mitglied des Parteipräsidiums der SPD

1978–1998	Ministerpräsident des Landes Nordrhein-Westfalen
1982–1983	Präsident des Bundesrates
1982–1999	Stellvertretender Vorsitzender der SPD
1987	Kanzlerkandidat der SPD für die Bundestagswahl
1994–1995	Präsident des Bundesrates
Mai 1994	Erste Kandidatur für das Amt des Bundespräsidenten
Mai 1998	Rücktritt als Ministerpräsident
Mai 1999	Wahl zum Bundespräsidenten durch die Bundesversammlung in Berlin
1999–2004	Bundespräsident
2006	Johannes Rau stirbt am 27. Januar in Berlin

Johannes Rau war evangelisch, verheiratet mit Christina Rau, geb. Delius, und hatte drei Kinder (geb. 1983, 1985, 1986). Johannes Rau war Träger zahlreicher Orden und hat viele Auszeichnungen und Würden erhalten, u.a. 14 Ehrendoktoren, vier Ehrensenatoren, eine Ehrendozentur. Er war Ehrenbürger von Berlin, Bonn, Maroldsweisach, Spiekeroog und Wuppertal.

Bodo Hombach
Erinnerungen an Johannes Rau

»Ich benötige keinen Grabstein, aber wenn Ihr einen für mich benötigt, wünschte ich, es stünde drauf: Er hat Vorschläge gemacht. Wir haben sie angenommen. Durch eine solche Inschrift wären wir alle geehrt.«

Johannes Rau, der so Belesene mit phänomenalem Gedächtnis besonders für Anekdotisches und Amüsantes, das Lebensweisheit trägt, wird diese Sätze von Bertolt Brecht gekannt haben. Sie werden ihm gefallen haben. Nie hätte er sie auf sich selbst bezogen ausgesprochen. Er hätte längst nicht alles gesagt, was er dachte. Zeichen hat er schon gegeben. Meist aber hat er ihrer Deutung die Eindeutigkeit, das Polarisierende genommen. Wir werden noch viel von ihm lernen können. Es gibt vieles zu entschlüsseln und wegen seiner visionären Kraft zu bestaunen. An und durch Johannes Rau können wir für uns selbst noch eine Menge entdecken. Er hat seine Botschaften nicht nur in Formulierungen, sondern auch in Fotos, Gesten und beispielhaftem Tun hinterlassen. Er konnte das. Er war kein Medienmensch, wie man es heute versteht, aber er konnte sich mit und in jedem Medium ausdrücken. Keiner konnte Anekdoten, selbst Witze jeder Sorte so treffend platzieren wie er. Sein Repertoire war so unerschöpflich wie das Wissen um die Details aus Lebensumständen so vieler, die ihn interessierten. Wer die Nachrufe auf diesen großen Humanisten, Christen und Menschenfischer liest, fragt sich: Wie konnte so einer sein Leben lang Politiker sein, sogar einer der erfolgreichsten?

Johannes Rau war kein typischer Politiker: weder am Beginn seiner Karriere noch am Schluss. Er war meinungsfreudig, verteidigte mit bergischer Hartnäckigkeit seine Standpunkte, aber er war nie parteilich im parteipolitischen Sinne. Wahr wurde für ihn eine Angelegenheit nicht dadurch, weil eine Delegiertenmehrheit es so wollte. Er hatte nichts gemein mit der dröhnenden Formelsprache des funktionierenden Funktionärs, den Mikrofonauftritten, die dem »unter uns Gesagten« so beliebig widersprachen. Solche Widersprüche waren für ihn nicht etwa taktisch erlaubt nach dem Motto »so ist es eben in der Politik«, sondern sie waren für ihn der Anfang vom Ende einer auf Glaubwürdigkeit beruhenden Beziehung zwischen Politik und dem Volk. Er wollte dem Volk nichts vormachen. Er wollte hinter und zu seinem Wort stehen. Er wollte »sagen, was man tut« und »tun, was man sagt«.

Aber er war kein Moralprediger, sondern er war wirklich moralisch, sehr vielschichtig, sensibel, höchst selten verletzend, weil direkt, aber nie gewollt unehrlich. Konnte er aus Raison oder Rücksicht auf höhere Werte die Wahrheit nicht sagen, hat er lieber geschwiegen. Die unbefangene Unbekümmertheit des Machtmenschen, der meinte das mit donnernder Stimme und großer Geste erzwungene Schweigen der anderen sei schon Erfolg der Durchsetzung, war ihm nicht einmal Widerspruch, sondern nur Spott wert.

Ich durfte von ihm lernen und an seinem Geburtstag vor zwei Wochen in seinem Berliner Haus von ihm Abschied nehmen. Er hat sich über seinen Gesundheitszustand keine Illusionen gemacht. Im Nachhinein wird klar, er erlaubte einigen Freunden, sich zu trösten, indem er sie glauben ließ, er nähme die Verabredung zum nächsten Treffen ernst. Er hat an seinem Geburtstag von denen, die er nach Hause einlud, Abschied genommen, und er hat jedem ein paar Sätze ins Gepäck gegeben, die Nachhall haben werden. Er hat vielen vieles gegeben. Ich frage mich heute, hat er genug zurückbekommen?

Aber eins ist klar, die Fürsorge, ja liebevolle Begleitung und Umhegtheit, die er durch seine Familie, voran von seiner großartigen Frau Christina erfahren hat, hat an ihm gutgemacht, was er für andere Gutes gemacht hat. Ihr ist nichts entgangen. Sie hat verstanden. Sie wirkt auf mich unglaublich erwachsen, fast weise, und gleichzeitig jugendlich. Ihre zupackende, unaufgesetzte Unbefangenheit hat den Besuchern, die am Geburtstag von Johannes Rau Abschied nahmen, das Gespräch möglich gemacht. Damit hat sie ihm an diesem Tage schweigende Trauermienen erspart und uns die Beklommenheit, die die letzte Chance zum Gespräch verpasst hätte. Er knüpfte an alte Gespräche an und interessierte sich für Zukünftiges. Er sagte: »Es geht zu Ende.« Aber wie er das sagte, lässt mich nun über die Kraft des christlichen Glaubens neu nachdenken.

Bodo Hombach ist Geschäftsführer der WAZ-Mediengruppe.

Fritz Pleitgen
Nachwort

Johannes Rau hat wie kein anderer Politiker die Entwicklung und das Wesen von Nordrhein-Westfalen geprägt. Seine Reden, die in diesem Buch veröffentlicht werden, sind Zeugnisse seiner Menschlichkeit, seiner tiefen Bildung und seiner faszinierenden Rhetorik. Er hat stets versucht, zu vermitteln, Brücken zu bauen, einzubinden statt auszugrenzen. »Versöhnen statt spalten« – das war nicht nur sein Markenzeichen, sondern auch sein persönliches Leitmotiv. Seine ganz besondere Gabe, zu versöhnen, hat ihm im eigenen Land aber auch in aller Welt den Ruf des »Menschenfischers« eingebracht – eine Beschreibung voller Hochachtung und Sympathie. Kaum ein anderer Politiker genoss ein derart hohes Ansehen; die Menschen haben ihm vertraut. Es gibt nur wenige, die sich eine so hohe und zugleich dauerhafte Reputation erworben haben.

50 Jahre lang war Johannes Rau in der Politik aktiv. Als Stadtverordneter und Oberbürgermeister in Wuppertal, als Landtagsabgeordneter, als Landesminister, 20 Jahre als Ministerpräsident und schließlich als Bundespräsident. Als WDR-Intendant denke ich natürlich besonders an seine Zeit als NRW-Ministerpräsident. Was er in dieser Zeit erreicht hat, wird noch lange nachwirken. Die Menschen an Rhein und Ruhr waren ihm in seltener Einmütigkeit verbunden. Er war im wahren Sinne des Wortes ein Landesvater, den Menschen zugetan, mit offenen Ohren für ihre Sorgen und Nöte.

Durch seine gesamte politische Laufbahn zieht sich wie ein roter Faden ein von Humanität und Gerechtigkeit geprägter Grundgedanke des gesellschaftlichen Zusammenlebens. Stets hat er sich für das Miteinander der Kulturen eingesetzt, für Solidarität mit den Schwachen, für Menschenwürde und verantwortliches Handeln. Ganz gewiss hat er die Entwicklung und das Wesen der Bundesrepublik Deutschland mit geprägt. Man merkt das heute daran, dass er in unserer Mitte fehlt sowohl als Mahner für Gerechtigkeit als auch als streitbarer und nachdenklich machender Mensch.

Großen Respekt hat er sich mit seinen eindeutigen Stellungnahmen in aktuellen gesellschaftlich-politischen Debatten erworben. Er bezog klar Stellung für eine geregelte Einwanderungspolitik, für die Integration von Einwanderern, für eine tief greifende Bildungsreform und gegen eine grenzenlose Freigabe der Gentechnik. Auch im Ausland genoss er großes Ansehen – nicht erst als Bundespräsident. Die Aussöhnung mit Israel war ihm ein besonderes Anliegen. Seine Reputation verhalf ihm zu einem Auftritt, mit dem er sich international Gehör und Achtung verschaffte: Als erstes deutsches Staatsoberhaupt sprach er vor dem israelischen Parlament und bat das jüdische Volk in deutscher Sprache um Vergebung für den Holocaust.

Der öffentlich-rechtliche Rundfunk hatte in Johannes Rau einen überzeugten Fürsprecher. Er hielt ARD und ZDF für unverzichtbar. Die Gleichung »WDR = NRW« hat sich in seiner Zeit als Ministerpräsident fester denn je im Bewusstsein von Zuschauern, Politikern und Journalisten verankert. Egal welches Amt Johannes Rau inne hatte, mit seiner Solidarität und Unterstützung war immer zu rechnen. Er war ein aufmerksamer Programmbeobachter und engagierte sich in vielfältiger Weise. Er war sowohl Mitglied des WDR-Verwaltungsrates (1967–1978) als auch Vorsitzender des ZDF-Verwaltungsrates (1992–1999). Er stellte allerdings auch hohe Ansprüche an die Sendungen des gebührenfinanzierten Rundfunks. Nicht selten griff er auch zum Telefonhörer, wenn ihm etwas nicht gefiel. Er hat seine Kritik stets deutlich geäußert, sich allerdings nie in die Angelegenheiten des Senders unziemlich eingemischt.

Johannes Raus Tod hat uns allen bewusst gemacht, wie viel Gutes dieser außergewöhnlich menschliche Politiker für sein Land geleistet und erreicht hat. Wir vom WDR werden ihn mit größter Sympathie und Achtung in Erinnerung behalten.

Fritz Pleitgen ist Intendant des
Westdeutschen Rundfunks.